KB053540

앤디워홀은
저장강박증이었다

Andy Warhol was a Hoarder
Inside the Minds of History's Great Personalities

앤디 워홀은 저장강박증이었다

역사를 만든 인물들의 정신장애

클로디아 캘브 지음 | 김석희 옮김

모멘토

일러두기

* 각주는 모두 옮긴이의 것이다.
* 본문에서 인용된 책과 논문, 기사 등에 관한 세부 정보는 본문 뒤의 〈참고 자료〉에 수록되어 있다.

나의 부모님 필리스와 버나드 캘브,
그리고 스티브, 몰리, 노아에게
사랑과 감사를 담아 이 책을 바친다.

머리말

앤디 워홀은 왜 수백 개의 상자를 해묵은 엽서와 진료비 청구서와 피자 꽁다리 따위로 가득 채웠을까? 메릴린 먼로는 왜 진정제를 과다 복용했을까? 찰스 다윈은 왜 복통에 시달렸으며, 하워드 휴스는 왜 문을 열 때마다 손잡이를 화장지로 감싸 쥐었을까? 이 책을 쓰게 된 것은 이런 의문들 때문이다. 이 책은 세상에 새로운 변화를 가져온 유명한 인물 12명의 생애를 통해 인간 내면에 숨어 있는 경이와 고뇌 속으로 들어가는 여행이다. 알베르트 아인슈타인의 상대성이론은 시간과 공간에 대한 우리의 인식을 바꾸었고, 에이브러햄 링컨의 노예해방선언은 노예들에게 자유를 주었으며, 조지 거슈윈의 「서머타임」은 우리의 영혼을 뒤흔들었다. 이처럼 이들은 과학이나 사업, 정치나 예술 분야에서 뛰어난 업적을 이루었지만, 자폐증이나 우울증, 불안증, 약물 중독, 강박증 같은 정신건강 문제와 연관된 행동을 보이기도 했다.

많은 점에서 역사적 인물들은 우리 같은 평범한 사람보다 더 멀쩡하지도 않고, 그렇다고 더 엉뚱하지도 않다. 그들의 공적 생활은 책과 영화와 언론에 흥미로운 소재를 제공했지만, 그들의 심리는 우리가 배우자와 자녀와 친구들—심지어는 우리 자신—에게서도 발견할 수 있는 특징들을 드러낸다. 우리는 누구나 외적 인격을 교묘하게 만들어내고 내적 드라마와 씨름한다. 부유하든 가난하든, 음악가든 회계사든, 베이비붐 세대든 밀레니엄 세대든 상관없이, 우리들 대다수는 계속 반복되는 어떤 성향을 가지고 있다. 연필을 가지런히 놓으려는 강박증, 우정을 한순간에 날려 보내는 나쁜 버릇, 자신의 출세를 망칠 정도로 강한 자아, 감자튀김만 보면 참지 못하는 성향 등. 나만 해도 집을 나서기 전에 레인지를 세 번씩 확인하고, 낡은 잡지와 카탈로그를 쌓아두며, 감상적인 광고를 보면서 울음을 터뜨린 적도 있다. 하지만 '정상적'인 행동과 정신적인 문제를 가르는 경계선은 어디일까? 수줍음이 개인적 특성일 때는 언제이고 사회불안장애일 때는 언제일까? 머리카락을 쥐어뜯는 버릇을 그저 나쁜 버릇이 아니라 병적인 증상으로 만드는 것은 무엇일까? 슬픔을 항우울제로 치료해야 할 시점은 언제일까?

정신건강에 대한 우리의 인식은 우리 조상들이 악령에 들린 초자연적 현상을 치료하기 위해 뇌에 구멍을 뚫던 시대에 비하면 엄청나게 발전했다. 지난 수백 년 동안 정신병 환자들은 거머리에서부터 전기충격까지 온갖 무모한 치료법을 견뎌왔다. 무의식적 억압이라는 이론을 세운 프로이트는 20세기 전반에 이른바 '대화치료(talking cure)'를 정립했으며, 그 후 1950년대에 나온 신경안정제 밀타운(Miltown)에서부터 1980년대에 나온 항우울제 프로작(Prozac)에 이르기까지 수많은 향정신성 의약품이 폭포처럼 쏟아져 나왔다. 오늘날 뇌와 정신은 불가분하게 연결되어 있는 것으로 여겨지고, 과학자들은 정신건강 문제들의 생물학적 청사진을 작성하려 애쓰고 있으며, 흥미로운 사실들이 속속 발견되고 있다. 뇌의 특정 부위에서 일어나는 활동은 우울증 환자가 항우울제나 대화치료로 호전될 것인지 여부를 예측할 수 있게 해준다. 조현병 환자들은 발병 초기 단계에서 두뇌 조직이 정상인보다 작다. 사회적 행동과 관련된 호르몬인 옥시토신 수치가 낮은 것은 높은 불안 수준과 연계되었다.

그러나 새로운 사실이 발견될 때마다 알아야 할 게 더 많아진다는 사실이 사람들의 기를 꺾어놓는다. 인간의 뇌는 무한히 복잡하고 예측할 수 없다. 1,000억 개가 넘는 뉴런(신경세포)으로 이루어진 놀라운 조직 덩어리인 뇌는 가늠할 수 없을 만큼 무한한 능력을 가지고 있다. 하나의 기관이 우리의 가장 기본적인 요구─숨쉬기, 먹기, 걷기─에 동력을 공급하고, 우리의 지성을 육성하고, 무작위적인 사고와 감정을 관장한다는 것은 우주의 너비만큼이나 헤아리기가 불가능하다. 의사들은 정신병보다 심장병이나 당뇨병의 근저에 있는 메커니즘을 훨씬 많이 알고, 병을 진단할 때 쓰는 기기도 정신병보다 신체적 질병에 사용하는 것들이 더 정밀하다. 엑스선은 골절된 부위를 찾아내고, 체온계는 열을 재고, 혈액 검사는 감염 여부를 알아낸다. 그러나 뇌는 다르다. 뇌에 생긴 종양이나 혈전을 찾아낼 수는 있지만, 뇌를 아무리 스캔해도 양극성 장애(조울증)나 경계성 인격장애를 찾아낼 수는 없다. 그리고 설령 찾아낼 수 있다 해도 이런 질환을 눈으로 명료하게 '볼' 수 있을까? 증상들은 서로 교차하고 겹친다. 경계는 흐릿하다. 우울증과 불안증은 서로 공존하거나 중독증, 자폐증, 섭식장애 같은 다른 질환과 공존하는 경우가 많다. 정신장애 하나하나가 별개의 존재라는 개념은 바뀌기 시작했다. 예를 들면, 최근에 연구자들은 같은 변이들을 가진 유전자 한 무리가 겉보기엔 상이한 다섯 가지 정신장애─자폐증, 주의력결핍 과잉행동장애(ADHD), 양극성 장애, 우울증, 조현병─와 연관되어 있다는 사실을 알아냈다.

정신건강 평가는 주로 환자의 증상이 어떻게 보이는지에, 그리고 환자가 의사에게 하는 말에 바탕을 두고 있기 때문에 상당히 주관적이다. 지금 상황에서 의사들이 할 수 있는 것은 기껏해야 자기가 관찰한 환자의 증상과 환자의 말을 미국정신의학회에서 펴낸 『정신장애의 진단 및 통계 편람(*Diagnostic and Statistical Manual of Mental Disorders*, 약칭 *DSM*)』(이하 『정신장애 편람』 또는 『편람』으로 줄임)이라는 947쪽짜리 참고서에 실려 있는 서술적 정보나 증상 점검표와 대조하는 것뿐이다. 『정신장애 편람』은 정신건강 전문가들이 환자를 진단하고 치료할 때의 지침으로 큰 도움이 되지만, 오랫동안 많은 논란을 불러일으켜 왔다. 비판자들은 진단 기준의 타당성이 충분히 입증되지 않았고, 그 기준이 지나치게 포괄적이라고 비난한다. 1952년에 『편람』이 처음 나왔을 때는 별개의 질환으로 구분된 정신장애의 수가 80개였지만, 2013년에 발간된 제5판(*DSM-5*)에서는 그 수가 157개로 늘어났다. 새로운 질환이 추가될 때마다, 그저 별난 버릇이 있을 뿐 다른 면에서는 건강한 사람이 정신장애라는 진단을 받고 필요하지도 않은 약물 치료를 받게 될 가능성이 생긴다. 당신의 두통은 새로 설정된 진단 범주의 하나인 카페인 금단증상 때문인가, 아니면 단순히 카페라테를 너무 많이 마신 탓인가? 당신이 감자튀김을 걸신들린 듯이 먹는다면, 당신은 섭식장애의 일종인 폭식증이 있는가, 아니면 그냥 게걸이 들어서 다 먹지도 못할 것을 탐내는 문제일 뿐인가?

이런 타당한 우려들에도 불구하고 『정신장애 편람』은 오늘날 대부분의 정신건강 전문가들이 의존하고 있는 표준 참고서이고, 나도 이 책에 소개한 인물들의 증상과 행동을 이해하기 위한 준거 자료로 『편람』을 이용했다. 그들의 경험과 투병의 내막을 밝히기 위해 나는 공개된 진료 보고서, 전기, 자서전, 그리고 손에 넣을 수 있는 경우에는 편지와 일기도 조사했다. 정신건강 일반에 대한, 그리고 내가 소개하는 특정한 질환들에 대한 과거와 현재의 견해를 알기 위해서 나는 수많은 책과 학술지의 글들을 참조했으며, 신경과학자와 정신의학자, 정신분석가, 임상심리학자, 학술 연구자를 포함하여 다양한 전문가들을 인터뷰했다. 내가 이 책에서 12명의 인물화를 제시하는 목적은 그들에게 무슨 딱지를 붙이려는 것이 아니라, 과거와 현재의 정신의학을 이용하여 정신건강 문제의 특징들을 그들의 삶 속에서 살펴보고, 뇌와 인간 행동의 미스터리를 탐구하려는 것이다.

창조적 천재, 찬란하게 빛나는 지성, 탁월한 지도력을 움직이는 동력은 무엇인가? 그리고 그 근저에 놓여 있는 것은 무엇인가?

이 책에 등장하는 인물들 가운데 몇 명은 정신질환을 앓고 있음이 확인됐었고, 자신들도 거기에 대해 공개적으로 글을 쓰거나 말을 한 바 있다. 다이애나 세자빈은 사후에 공개된 비밀 인터뷰와 생전에 방송된 BBC 인터뷰에서 섭식장애의 일종인 신경성 폭식중에 시달리고 있다고 말했다. 찰스 왕세자와 결혼한 직후의 해외여행 때는 "줄곧 변기에 얼굴을 처박은 채 시간을 보냈다"라고 다이애나는 회고했다. 제럴드 포드 미국 대통령의 부인 베티 포드 여사는 자서전에서 처방약과 알코올에 중독되었던 일을 털어놓았으며, 백악관을 떠난 뒤에는 캘리포니아주 랜초미라지에 세운 '베티 포드 센터'에서 알코올 중독과 약물 의존증 환자들의 회복을 돕는 데 여생을 바쳤다. 그녀는 솔직히 고백함으로써 오히려 치욕을 줄일 수 있다는 자신의 뜻을 굽히지 않았다. "[술이나 약에서 깨어나] 맑은 정신이 되는 것은 정말 어렵고 힘든 일"이라고 그녀는 자서전에서 말했다.

이 책에 담긴 인물들의 이야기 가운데 상당수는 그 사람의 질환이 무엇인지, 또는 그에게 정말로 질환이 있었는지에 대해 오랫동안 계속된 논쟁들에서 착상을 얻었다. 에이브러햄 링컨의 우울증은 수십 년 동안 자세히 조사되었다. 그는 단지 슬픔이 많은 사람이었는가, 아니면 임상적 우울증의 양태를 보였는가? 링컨의 이야기는 흥미롭고 많이 논의된 의문을 이끌어낸다. 정신질환에 긍정적인 측면이 있는가 하는 의문이다. 이와 관련해서 특히 기분장애 및 그것과 창조적 재능의 연관성에 관해 흥미로운 연구들이 진행되고 있다. 링컨의 경우, 전문가들 중에는 그가 우울증 환자였다면 그런 혼란기에 나라를 제대로 이끌지 못했으리라고 주장하는 이들도 있고, 그의 절망이 오히려 그를 더 훌륭한 지도자로 만들었다고 말하는 이들도 있다. 링컨과 동시대에 대서양 건너편에서 살았던 찰스 다윈은 진화론의 자료를 수집하면서 오랜 기간 고통을 겪었다. 그가 건강 일지에 꼼꼼히 기록한 만성적이고 심신을 약화시키는 증상들은 수십 건의 의학적 연구를 촉발했고, 공황장애에서부터 과민대장증후군에 이르기까지 숱한 진단을 낳았다. 나는 정신건강 전문가들이 제시한 자료와 진단을 근거로 그가 불안장애에 시달렸을 거라고 판단하지만, 이것은 결코 확정적인 견해가 아니다. 우주 최대의 수수께끼들 가운데 하나를 푼 사람은 영원히 풀리지 않을 수도 있는 수수께끼를 우리에게 남겼다. 무엇이 그—그의 몸이나 정신, 또는 양쪽 다—를 그토록 아프게 했던 것일까?

　주의력결핍 과잉행동장애(ADHD)와 자폐 스펙트럼 장애 같은 유소년기의 장애만큼 '정상'과 '비정상'에 대한 토론이 심각하게 이루어지는 분야는 없을 것이다. 이 두 가지 장애 모두 지난 20년 동안 유병률(有病率)이 상당히 증가했다. 이 책에 소개된 인물들 가운데 두 사람은 21세기에 살았다면 진단 평가의 후보자가 되었을 행동을 어린 시절에 보여주었다. 알베르트 아인슈타인은 사회성이 부족했을 뿐더러 한 가지 주제에 과도하게 집중하는 버릇이 있었다. 몇몇 전문가들은 그가 고기능성 자폐증을 보였다고 주장했는데, 이는 최근까지만 해도 아스퍼거 증후군으로 진단되었을 증상이다. 아인슈타인보다 젊은 동시대인인 조지 거슈윈은 소싯적에 잠시도 가만있지 못하고 통제하기 어려울 만큼 제멋대로 굴었고 지나치게 활동적이어서, 어느 정신과 의사는 요즘 같으면 아동심리학자한테 데려가서 ADHD 검사를 받게 했을 거라고 말했다. 아인슈타인과 거슈윈의 이야기는 오늘날 논의되고 있는 중대한 문제—어린이에 대한 진단이 정당화되는 것은 어떤 경우이고, 그것은 어린이에게 무슨 영향을 줄 것인가?—와 관련되어 있다. 그가 리탈린(ADHD 치료제)을 복용했다면 과연 「랩소디 인 블루」를 작곡할 수 있었을까?

다이애나 세자빈과 베티 포드 여사를 포함하여 이 책에 소개된 인물들 가운데 상당수가 유익한 심리상담을 받았다. 하지만 나머지 사람들은 효과가 없는 치료를 받거나 아무 치료도 받지 못했다. 메릴린 먼로는 경계성 인격장애와 일치하는 증상을 보였는데, 그녀가 살았던 시대에 이는 불치병으로 여겨졌다. 오늘날에는 혁신적인 행동치료가 매우 유익할 수 있어서, 환자들이 생산적인 삶을 꾸려갈 수 있게 해준다. 먼로는 구원받을 수 있었을까? 빛이 차단된 밀실에 숨어서 몇 주씩을 보내곤 했던 하워드 휴스는 강박장애임이 확실했는데도 그에 대한 치료를 받은 적이 있다는 증거는 전혀 없다. 약물치료나 심리상담이 그가 세균에 대한 지나친 두려움에서 벗어나는 데 도움을 주었을 수도 있다. 자기애성 인격장애가 있는 사람들은 자신의 행동이 어떠한지를 알아차리지 못하는 경우가 많기 때문에 좀처럼 치료를 받으려 하지 않는다. 결국 정신분석가 앞의 침상에 누워 치료를 받는 것은 그들의 배우자와 자녀들인 것이다. 프랭크 로이드 라이트의 자기애는 가히 전설적이었다. 그의 나르시시즘은 사적 관계만이 아니라 공적인 관계들도 망쳐놓았다. 그의 치료법은 도움을 찾는 것이 아니라 숭배자들로 자신을 둘러싸는 것이었다.

이 책에 소개된 정신질환 가운데 일부는 최신판 『정신장애 편람』에 처음으로 등장한다. 과거에는 강박장애의 하위유형으로 여겨졌던 저장강박증도 독자적인 지위를 얻었다. 이 용어는 헌책을 버리지 않고 쌓아두거나 구두를 사 모으는 사람들에게 느슨하게 적용되기도 한다. 하지만 서술 동사인 '저장하다'가 '저장강박증'이 되는 것은 언제인가? 그리고 '수집벽'과 '저장강박증'의 차이는 대체 무엇인가? 앤디 워홀은 이에 대해 몇 가지 단서를 제공한다. 그가 남긴 4층짜리 저택 안에는 수많은 상자가 쌓여 있었을 뿐 아니라 다양한 식기에서부터 티파니 램프에 이르기까지 온갖 물건들이 가득 차 있었다. 표도르 도스토옙스키가 실생활과 소설 속에서 여실하게 보여준 도박장애도 최신판 『편람』에 처음으로 등장하여, 알코올과 마리화나, 흡입제 등의 물질사용장애와 함께 최초의 '행동 중독'으로서 새로운 분야를 열었다. 아직 끝난 게 아니다. 다음에는 인터넷 도박장애가 등장할 수도 있을 것이다. 끝으로, 과거에는 성정체성장애로 알려진 질환을 새롭게 개념화한 성별 불쾌감[1]이 있다. 1950년대에 미국인으로서는 최초로 성전환 수술을 해서 당대의 저명인사가 되었던 크리스틴 조겐슨은 트랜스젠더를 정신질환으로 간주할 수 있는 까닭을 탐구할 기회를 제공해준다.

역사적 인물들의 질병을 조사하는 것은 논란의 소지가 많은 영역이다. 정신건강 전문가들은 직접 만나보지 못한 환자에 대해 진단을 내리지 말라고 배운다. 정신을 해석하는 일은 원래 복잡하니까 조심하는 게 현명하다. 하지만 유수한 의학 저널들도 역사적 기록과 떠도는 이야기 등을 근거로 저명한 '환자들'을 괴롭혔을지도 모르는 질병에 대해 쓴 글들을 수시로 실으며, 이는 종종 흥미로운 토론과 논쟁을 불러일으켜 정신건강에 대한 대중의 인식을 높이는 데 이바지하기도 한다. 영국 왕 조지 3세의 머리

---

1) 자신의 신체적인 성별이나 성 역할에 대해 불쾌감을 느끼는 것.

카락에 대한 한 연구는 그의 머리카락이 비소에 오염되어 있었음을 밝혀냈는데, 이는 어쩌면 그가 보인 광기의 한 원인이 되었을지도 모른다. 수많은 저널들이 양극성 장애와 투렛 증후군을 포함하여 모차르트를 괴롭힌 질병에 대한 기사를 실었다. 메릴랜드 대학교 의과대학에서는 해마다 학술회의를 열고 역사적 인물 하나에 대한 사례 연구를 발표한다. 1995년 이 프로그램이 시작된 이래 전문가들은 크리스토퍼 콜럼버스(감염에 의한 관절염)와 에드거 앨런 포(광견병)에서부터 플로렌스 나이팅게일(정신증적 양상을 동반한 양극성 장애)과 조지 커스터 장군(연극성 인격장애)에 이르기까지 많은 인물에 대한 진단을 제시했다. 어떤 경우에는 과거의 인물이 진료실의 환자보다 자신을 훨씬 더 많이 드러낼 수도 있다. 찰스 다윈의 질병을 수십 년 동안 연구한 랠프 콜프 박사는 한 잡지와의 인터뷰에서 다윈을 얼마나 잘 아느냐는 질문을 받고 이렇게 대답했다. "적잖은 경우, 지금 살아 있는 내 친구나 환자들을 아는 것보다 다윈을 훨씬 더 잘 안다고 할 수 있겠지요."

정신질환은 심신을 망가뜨리고, 심지어 목숨을 앗아갈 수도 있다. 내가 조사 과정에서 발견한 사실들은 이 12명의 인물에 대한, 그리고 그들이 곤경을 끝내 극복해낸 데 대한 감탄의 마음을 더욱 깊게 해주었다. 나는 메릴린 먼로에 관해 조사하기 전에는 그녀를 할리우드의 여신 정도로 여기는 아주 단순한 시각을 가지고 있었다. 그러나 조사를 끝낼 때쯤에는 비참했던 어린 시절로 인한 공허감 속에서 자아의식을 추구하느라 발버둥 쳤던 한 여인에게 깊은 동정심을 느끼고 있었다. 다이애나 세자빈 역시 공적인 이미지와 내적인 고통 사이의 심각한 괴리를 극명하게 보여주는 사례다. 세계에서 카메라 세례를 가장 많이 받은 여성 가운데 하나인 그녀는 패션의 흐름에 영향을 주었고, 인도주의 운동에 대한 대중의 공감을 불러일으키기도 했다. 하지만 야회복과 미소에 가려진 그녀의 속내는 지극히 불안정했다. 나는 크리스틴 조겐슨에 대해 아는 게 거의 없었지만, 여성으로서의 정체성을 절실히 느꼈기 때문에 사회적 인습을 깨고 과감하게 자아를 실현한 그녀의 결연함은 나에게 깊은 감명을 주었다. 나는 프랭크 로이드 라이트와 그의 거대한 자아에 매료되었다. 나는 아마 그와 함께 일하고 싶지는 않았겠지만 그를 만나보고 싶었을 것은 확실하다. 나를 가장 많이 놀라게 한 사람은 찰스 다윈이었다. 나는 이 위대한 박물학자가 『종의 기원』을 쓰는 동안 탈진한 상태였으며 현기증과 구역질에 시달리고 있었다는 것을 전혀 몰랐다. 그러면서도 어떻게 그 일을 해냈는지, 나는 아직도 이해할 수가 없다.

궁극적으로 이 책은 교차와 연결에 관한 책이다. 마음과 두뇌 사이, 공적 이미지와 내적 고투 사이, 사람들이 본디 설계된 방식과 행동하는 방식 사이, 유명한 사람들과 평범한 사람들 사이의 교차와 연결 말이다. 알고 보니 이 책에서 다룬 인물들 가운데 몇 명의 삶은 실제로 이런저런 교집합을 이루고 있었다. 다윈과 링컨은 같은 날(1809년 2월 12일) 태어났다. 아인슈타인은 도스토옙스키의 애독자였으며, 1920년에 쓴 편지에서 "『카라마조프가의 형제들』은 이제까지 내 손이 닿았던 모든 것 가운데 가장 경이로운 것"이라고 말했다. 프랭크 로이드 라이트는 아인슈타인과 저녁식사를 같이 한 적이 있고, 메릴린 먼로(와 그녀의 세 번째 남편인 아서 밀러)의 집을 설계했다. 먼로의 영웅은 링컨이었다. 하워드 휴스와 조지 거슈윈은 둘 다 할리우드 영화계와 교유했으며, 둘 다 진저 로저스와 교제했다. 앤디 워홀은 아인슈타인과 먼로와 다이애나의 모습을 실크스크린 기법으로 찍어냈다. 하지만 이 인물들이 공유한 것은 무엇보다도 그들이 인간적이었다는 점이다. 나는 그들의 이야기를 통해서 우리 모두가 나름대로 직면해 있는 심리적 문제들이—그게 아무리 큰 문제든 작은 문제든 간에—조명되기를 바라고, 어쩌면 그런 문제들에 수반될 수 있는 문화적 오점까지도 뿌리 뽑을 수 있을지 모른다고 기대한다. 각기 시대의 아이콘이었던 이 매력적인 인물들에 대해 잘 알게 되면 우리는 인간의 경험과 행동의 깊이를 그만큼 더 이해할 수 있을 것이고, 우리 자신에 대해서도 더 많은 깨달음을 얻을 수 있을 것이다.

메릴린 먼로(Marilyn Monroe)

경계성 인격장애

"대통령님, 메릴린 먼로입니다." 이 말과 함께 드라마틱한 장면이 시작되었다. 1962년 5월 19일, 매디슨 스퀘어 가든이었다. 메릴린 먼로는 지인들의 경고와 공연에 대한 불안감에도 불구하고 존 F. 케네디 대통령의 45번째 생일 축하연 겸 기금 모금 행사에서 축가를 불러주기로 했다. 대통령의 매부이자 배우인 피터 로퍼드가 연단에 서서 먼로를 맞아들이기 위해 팔을 내뻗었다. 스포트라이트가 어두운 무대를 비추었다. 트레몰로 주법의 드럼 소리가 들렸다. 하지만 여배우는 나타나지 않았다. 로퍼드는 다시 말했다. "그녀에 대해서는 사실 어떤 소개도 필요 없다고 할 수 있습니다. 그냥 이렇게만 말하죠. 그녀가 왔습니다…" 그는 다시 팔을 내뻗었다. 다시 스포트라이트, 그리고 빠른 박자의 드럼 소리. 하지만 역시 아무 일도 일어나지 않았다. 결국 로퍼드가 또 한 번 그녀를 소개하기 시작했을 때 드디어 먼로가 나타났다. 모피 코트와 살색 드레스 차림으로 춤을 추듯이 몸을 흔들며 무대를 가로질렀다. 몸에 찰싹 달라붙는 그 드레스는 그녀가 몸에 걸친 채 바느질을 하여 만들었다는 얘기가 나돌기도 했다. 그녀가 연단으로 다가오자 로퍼드는 마지막 소개를 했다. "대통령님, '지각한(late)[1)] 메릴린 먼로입니다." 먼로는 스포트라이트의 눈부신 빛을 피하려고 두 손을 들어 눈 위에 차양을 만들었다. 그녀의 금발 머리와, 드레스를 장식하고 있는 2,500개의 모조 다이아몬드가 불빛을 받아 전기라도 통한 것처럼 반짝거렸다. 외설적 호기심이 가득한 순간이었다. 엘라 피츠제럴드, 잭 베니, 로버트 케네디, 그리고 물론 대통령을 포함하여 약 1만 5,000명의 사람들이 기대에 찬 얼굴로 관중석에 앉아 있었다. 먼로는 마이크를 쓰다듬으며 깊은 숨을 내쉰 다음, 작은 목소리로 대통령에게 바치는 노래를 읊조렸다. "생일 축하합니다. 생일 축하합니다. 대통령님의 생일 축하합니다." 먼로는 천진함과 섹시함이 어우러지고 콧소리가 섞여 있는 그녀 특유의 목소리로 노래했다. 이어 그녀는 "대통령님이 하신 모든 일, 대통령님이 승리하신 모든 전투에 감사를 드립니다"라고 친숙한 노래인 「추억에 대한 감사」의 가사를 바꾸어 부르기 시작했다. "대통령님이 US

---

1) 'late'는 '사망한, 고인이 된'을 뜻하기도 한다.

22

스틸을 다루는 방식, 산적한 우리 문제를 해결하는 방식에 진심으로 감사를 드립니다."[2] 여기까지 노래한 뒤 그녀는 두 손을 높이 들고 하이힐을 신은 발로 폴짝 뛰어오르며 소리쳤다. "다 함께 생일을 축하드려요!"

이날 먼로는 무대에 오래 있지 않았지만 미국 문화에 지울 수 없는 흔적을 남겼다. 어떤 이들은 그것을 먼로와 케네디의 성적 관계가 대중에게 널리 공표된 순간으로 인식했다. 한 신문 칼럼니스트는 먼로의 그 공연이 "4,000만 미국인이 빤히 지켜보는 앞에서 대통령과 섹스를 한 거나 마찬가지"라고 썼다. (영부인 재클린은 행사에 참석하기를 거절했다.) 이 사건은 섹스 심벌이자 멍청한 금발 미녀라는 먼로의 도발적 이미지를 더욱 부추겼다. 섹스 심벌이라는 이미지는 그녀 자신이 조장하는 것 같았지만, 멍청한 금발 미녀라는 이미지는 그녀가 싫어하게 되었다. 케네디는 "이렇게 달콤하고 건전하게 불러준 「생일 축가」를 들었으니 나는 지금 당장이라도 정계에서 은퇴할 수 있겠습니다"라는 말로 이 여배우에게 고마움을 표했다. 관중은 폭소를 터뜨렸다.

로퍼드가 먼로를 소개할 때 '지각한'이라는 말을 쓴 것은 먼로가 사생활에서뿐만 아니라 직업인 배우 생활에서도 지각을 일삼아 사람들을 분통 터지게 하는 것으로 악명이 자자한 걸 놀리려는 의도였다. 그런데 이 말은 무자비한 죽음의 신처럼 그녀를 따라다닌 셈이 되었다. 대통령에게 축가를 불러주고 석 달 뒤에 그녀는 정말로 '사망한(late)' 메릴린 먼로가 되었으니 말이다. 훗날 그녀의 전기를 쓴 소설가 노먼 메일러가 그녀를 "우리의 천사, 달콤한 섹스의 천사"라고 부른 것이 유명하지만, 그 천사는 36세 나

---

2) 1962년 4월, US스틸을 비롯한 철강업체들이 제품 가격을 인상하자 케네디 대통령은 담합과 공모 혐의로 압박을 가해 인상을 무산시켰다.

이에 세상을 떠나버린 것이다.

메릴린 먼로는 언제나 그리고 어디에나 존재한다. 누구나 당장 알아볼 수 있고, 욕망과 흥미를 부추기며 사람들의 애간장을 태운다. 그녀가 로스앤젤레스에 있는 웨스트우드 빌리지 메모리얼 파크 묘지에 묻힌 지 몇 주 뒤, 앤디 워홀은 먼로의 얼굴 50개를 실크스크린 기법으로 찍어낸 그 유명한 「메릴린 먼로 두 폭(Marilyn Diptych)」을 내놓았다. 먼로의 얼굴 50개로 구성된 이 작품의 왼쪽 절반은 채색이고 오른쪽 절반은 흑백이었다. 이후 마돈나부터 스칼렛 요한슨에 이르기까지 많은 연예인이 먼로의 고혹적인 미소와 백금빛 머리를 흉내 내어 그녀의 닮은꼴로 변신했다. 2015년에 화장품회사인 맥스팩터는 메릴린 먼로를 자사의 '글래머 세계 홍보대사'로 등장시킨 새로운 광고 캠페인을 발표했다. 그녀는 오래전에 세상을 떠났지만 그녀의 매력은 아직도 영원하다.

그러나 이 모든 것은 겉으로 드러난 모습일 뿐이었고, 실제로 메릴린 먼로는 사랑과 안정을 갈망한 불안하고 복잡한 여인이었다. 수십 명의 전기작가가 그녀에 대해 이야기했지만, 그들이 쓴 책은 사실일 수도 있고 아닐 수도 있는 지저분한 내용들로 가득 차 있다. 노먼 메일러, 다이애나 트릴링, 조이스 캐럴 오츠, 글로리아 스타이넘을 비롯하여 다양한 중량급 작가들이 여기에 끼어들었다. 하지만 그녀를 완전히 이해한 사람은 아무도 없었다. 먼로는 전형적인 모순덩어리였다. 그녀는 아이들을 사랑했고 엄마가 되기를 간절히 원했지만, 이와 상충되는 풍문에 따르면 여러 번 낙태를 했을지도 모른다. 그녀는 생기발랄함과 아름다움과 관능의 화신이었지만, 자기파괴적이고 자살 충동에 시달렸다. 자신에 대한 먼로의 인식과 남들이 바라본 그녀 사이에는 커다란 차이가 있다. 먼로는 스타로서의 특권을 남용해 남들을 교묘하게 조종한 사람이었는가, 아니면 돈벌이를 위해 그녀를 착취한 탐욕스러운 할리우드 영화산업의 희생자였는가? 그녀는 훌륭한 여배우였는가, 아니면 그저 외모 때문에 고용된 여자였는가? 엉뚱하고 변덕스럽고 무책임하고 멍청한 여자였는가, 아니면 영리하고 빈틈없고 만만찮고 약삭빠른 여자였는가? 성적 고정관념의 자발적 희생자였는가, 아니면 시대를 앞서간 페미니스트였는가? 대답은 누구에게 묻느냐에 따라 달라질 것이다.

분명한 것은 먼로가 심각한 정신적 고통을 겪고 있었다는 사실이다. 그녀의 증상은 공허감, 분열되거나 혼란된 자아정체성, 극도로 변덕스러운 감정 변화, 불안정한 대인관계, 그리고 그녀를 약물 중독과 자살로 몰아넣은 충동성 등이었다. 이것들은 모두 경계성 인격장애(borderline personality disorder)라고 불리는 질환의 교과서적 특징들이다. 이 맥락에서 '경계성'은 '주변적'이나 '거의'를 의미하지 않는다. 이 용어의 사용은 프로이트 시대까지 거슬러 올라간다. 당시 뉴욕의 한 정신분석가가 두 종류의 심리적 장애—신경증(우울증과 불안증)과 정신증(조현병과 망상장애)—사이의 경계에 놓여 있는 증상을 보이는 환자들을 일컫기 위해 이 용어를 사용했다. 경계성 환자들은 때로 매우 무기력하고 의기소침한 태도를 보여주었는데, 이것은 우울증의 주요 증상이다. 동시에 그들은 조현병 환자들과 마찬가지로 종종 비현실적인 생각을 하고 피해망상적인 경향을 보였다. 그들은 또 충동적 행동과 남에게 협조하기를 싫어하는 반사회적 인격의 특징을 보였다. "그들은 이것저것을 조금씩 섞어놓은 것처럼 보였고, 어떤 중심이 있는지도 분명치 않았다. 그들은 다른 어떤 진단 범주에도 들어맞지 않았다." 이 분야의 선구자이며 하버드 의과대학 정신의학 교수인 존 건더슨의 말이다.

오늘날까지도 대중은 경계성 인격장애를 잘 이해하지 못하고, 정신건강 전문가들조차 그것을 우울증이나 양극성장애(조울증)와 혼동할 때가 많다. 위안을 추구하지만 허사로 끝날 때가 많은 환자들에게 좌절감과 적막감, 분노와 공허감은 너무나 절실해진다. 메릴린 먼로는 치유를 모색하면서 짧은 생애를 보냈지만, 그것을 찾아낼 기회를 끝내 얻지 못했다.

메릴린 먼로는 생애 첫날부터 모든 것이 겉보기와는 달랐다. 어머니 글래디스 펄 먼로는 1926년 6월 1일 로스앤젤레스 카운티 병원의 자선병동에서 딸을 낳았다. 그녀는 아기에게 노마 진(Norma Jeane)이라는 이름을 붙여주었는데, 'Jeane'의 마지막 글자 'e'는 먼로가 죽을 때까지 붙기도 하고 떨어지기도 했다. 글래디스는 겨우 열다섯 살 때 결혼한 첫 남편 존 뉴턴 베이커와의 사이에서 아들 하나와 딸 하나를 낳았다. 병원에서 글래디스는 그 아이들이 죽었다고 주장했지만, 사실 아이들은 켄터키주에서 생부와 살고 있었다. 그녀는 이미 헤어진 두 번째 남편 에드워드 모텐슨을 아기의 아버지로 적었지만('Mortensen'을 'Mortenson'으로 잘못 썼다), 나중에는 할리우드의 필름 현상소에서 편집자로 함께 일한 스탠리 기퍼드가 아기의 진짜 아버지라고 주장했다. 그 후 딸의 이름을 노마 진 모텐슨에서 노마 진 베이커로 바꾸었고, 이 이름은 나중에 할리우드에서 배우 생활을 시작할 때 다시 메릴린 먼로로 바뀌게 된다. 먼로는 자기가 누구인지, 자기가 누군가에게 속해 있다면 과연 누구에게인지를 평생 동안 탐색했는데,

그 탐색의 시작은 그야말로 혼란의 미로였다.

경계성 인격장애를 가진 사람들은 어렸을 때 심각한 트라우마(정신적 외상)를 겪은 경우가 많다. 부모와 헤어지거나, 부모를 여의거나, 보호자에게 보살핌을 받지 못하고 방치되는 경우 등이다. 글래디스는 문제가 많은 어머니여서 아기를 제대로 돌보지 못했다. 그녀는 돈도 없었고, 기분이 양극단을 오가는 심각한 감정 변화에 시달렸으며, 어쩌면 산후 우울증을 앓았을지도 모른다. 노마 진이 생후 2~3주밖에 안 되었을 때 어머니는 교회에 열심히 다니는 엄격한 부부에게 일주일에 5달러를 주고 수양부모로서 갓난아기를 키워달라고 부탁했다. 이 계약은 약 7년 동안 지속되었다.

글래디스는 주말마다 딸을 찾아가 만났지만, 딸에게 그녀는 언제나 수수께끼 같은 존재였다. 나중에 먼로가 회고한 바에 따르면, 양어머니를 "엄마"라고 부르면 그 여자는 이렇게 말했다고 한다. "나는 네 엄마가 아니야. 여기 다녀가는 빨강머리 여자가 네 엄마란다." 하지만 빨강머리 여자는 어머니처럼 행동하지 않았다. 딸에게 뽀뽀해주지도 않았고 품에 안아주지도 않았다. 노마 진은 어머니 집에 갔을 때도 불편하고 어색한 기분을 느꼈다. 먼로는 자서전 『나의 이야기』에서 이렇게 말했다. "어머니를 찾아가면 나는 늘 겁을 먹었고, 어머니 방의 벽장 속에 들어가 옷들 사이에 숨어서 시간을 보내곤 했다. 어쩌다 한 번씩 어머니가 나한테 건넨 말이라고는 '노마, 너무 시끄럽게 굴지 마라'뿐이었다." 훗날 먼로는 이렇게 말하기도 했다. "나는 잘못 태어난 아이였다. 어머니는 나를 낳고 싶어 하지 않았다."

노마 진은 위안과 애정과 안정을 필요로 했지만 어머니는 딸에게 그걸 주지 못했다. 이에 대해 어린 노마 진은 아버지라고 믿은 남자와 가상의 관계를 만들어내는 방법으로 대처했다. 어머니 집에서 그녀는 챙이 넓은 소프트 모자를 쓰고 콧수염을 가늘게 기른 잘생긴 남자의 사진을 보았는데, 어머니는 그게 너의 아버지라고 말했다. 노마 진은 그가 영화배우 클라크 게이블을 닮았다고 생각했다. 먼로는 끝까지 진짜 아버지가 누구인지를 몰랐지만, 그 어떤 상황도 그녀가 마음속에서 아버지와의 삶을 상상하는 걸 막지는 못했다. 먼로는 방과 후에 학교 앞에서 그녀를 기다리거나 편도선 수술을 받은 그녀의 이마에 입맞춰주는 아버지를 상상하곤 했다. "아버지 사진을 본 날 밤 나는 꿈속에서 그 사진을 보았다. 그 후에도 수천 번이나 그 꿈을 꾸었다. 아버지 사진을 처음 본 그 순간은 내가 난생처음으로 행복을 느낀 순간이었다."

할리우드의 필름 편집자로서 글래디스의 동료이자 친구인 그레이스 매키는 노마 진의 대리모 같은 존재가 되었다. 매키의 도움으로 글래디스는 딸이 일곱 살쯤 되었을 때 수양부모한테서 다시 데려왔고, 그들은 집세를 나누어 낼 영국인 부부와 함께 할리우드볼(야외 공연장) 근처에 있는 집으로 이사했다. 그 후 정상적인 생활 비슷한 삶이 한동안 계속되었다. 매키는 노마 진이 그토록 필요로 했던 애정을 주었다. 노마 진은 매키를 그레이스 이모라고 불렀는데, 로스앤젤레스의 홈스 베이커리라는 빵집에서 빵을 사려고 둘이 함께 줄을 서 있을 때 그레이스 이모가 이렇게 말한 것을 기억했다. "걱정하지 마라. 넌 자라면 예쁜 여자가 될 거야. 난 그걸 직감할 수 있어." 그녀는 "그레이스 이모의 말에 너무 행복해져서, 곰팡내가 날 만큼 오래된 빵도 슈크림처럼 맛있었다"라고 회고했다.

하지만 이 막간은 오래가지 않았다. 노마 진이 여덟 살쯤 되었을 때의 어느 날, 아침식사를 하고 있는데 부엌 근처 계단에서 요란한 소리가 터져 나왔다. "나는 그때까지 그렇게 무서운 소리를 들어본 적이 없었다. 탕탕 소리와 쿵쾅 소리가 영원히 끝나지 않을 것처럼 번갈아 되풀이되었다."

그 소리는 신경쇠약 발작을 일으킨 어머니가 비명을 지르다 웃음을 터뜨리다 하는 소리였다. 어머니는 노워크 주립병원으로 실려 갔고, 망상형 정신분열증(조현병) 진단을 받았다. 그 병원에는 노마 진의 가족사가 얽혀 있었다. 글래디스의 어머니도 오늘날 양극성 장애로 불리는 질병으로 진단받고 여러 해 전에 그 병원에서 세상을 떠났던 것이다.

연구자들은 붕괴된 가정생활과 성적 학대가 경계성 인격장애의 발현으로 이어질 수도 있다는 사실을 알아냈다. 글래디스가 정신질환자 보호 시설에 들어가고 오래지 않아 매키는 노마 진을 로스앤젤레스 고아원으로 데려갔다. 노마 진은 여기서 몇 달 동안 지낸 뒤 위탁 가정을 여러 곳 전전했다. 훗날 먼로는 누더기를 걸치고 신데렐라처럼 학대당하고 더러운 욕조에서 목욕을 해야 했던 일을 회고했다. 그녀는 성폭행도 당했다고 말했는데, 가해자는 아마 그녀가 거쳐 간 어느 위탁 가정에서 하숙하던 사내였을 것이다.

전기 작가들은 먼로가 인터뷰와 자서전에서 회고한 것들 중 많은 부분에 의문을 제기한다. 그녀의 자서전은 아카데미 각본상을 받은 작가 벤헥트와 공동 작업으로 쓰였고, 그녀가 죽은 지 12년 뒤인 1974년에 출간되었다. 그런 의문에 대해 전문가들은 전혀 놀라지 않는다. 환자들은 어린 시절의 경험을 극적으로 과장하는 경우가 많다는 것이다. "이런 정신장애를 갖게 된 사람 중 다수가 가족의 기능을 제대로 발휘하지 못하고 자녀를 방치하는 가정에서 성장했지만, 성인이 된 경계성 인격장애자들이 종종 그런 방향으로 자신의 성장 과정을 윤색하는 것도 사실이다. 경계성 인격장애가 있는 사람들의 어린 시절을 이해하려면 때로는 그들이 다루기 어려운 아이였다는 사실도 감안해야 한다." 건더슨 교수의 말이다.

진실이 무엇이든, 중요한 것은 결과다. 먼로에게 그 결과는 깊은 고독감과 버림받은 느낌이었다. "나는 성장하면서 내가 다른 아이들과 다르다는 것을 알았다. 내 생활에는 입맞춤도 없었고 어떤 약속이나 기대도 없었기 때문이다. 나는 자주 외로움을 느꼈고, 때로는 죽고 싶었다." 이 깊은 공허감은 경계성 인격장애자들에게는 전형적인 감정이다. 그들은 버림받는 데 대한 두려움과 속이 텅 빈 듯한 공허감을 자주 토로하고, 자기가 누군지 잘 모르겠다고 말한다. "당신 자신을 어떻게 묘사하겠느냐?"라는 질문을 받으면 그들은 어떻게 대답해야 할지 잘 모른다고, 듀크 대학교 의료원의 임상심리학자로 경계성 인격장애 전문가인 안드라다 네악시우 박사는 말한다. 그러나 "당신은 공허감을 느끼느냐?"고 물으면 그들은 망설이지 않고 "물론이죠"라고 답한다는 것이다.

먼로가 이 공허감에 대처한 방법은 자기가 어떤 사람이 될 수 있을까를 꿈꾸는 것이었던 듯하다. 그녀는 어린 시절에 받지 못했던 관심을 끌고 싶어서, "내가 지나가면 사람들이 고개를 돌려 나를 뒤돌아보곤 할 만큼 아름다워지는" 것을 꿈꿨다. 사춘기에 그 일이 일어났다. 어느 날 열세 살의 노마 진이 수영복 차림으로 해변을 천천히 걸어가는데, 사내아이들이 와하고 외치기 시작했다. 그때를 그녀는 이렇게 회고했다. "나는 마치 두 사람이 된 듯한 야릇한 느낌으로 가득 찼다. 하나는 아무한테도 속하지 않은 고아원 출신의 노마 진이었고, 또 하나는 이름도 모르는 누군가였다. 하지만 나는 그녀가 어디에 속해 있는지 알았다. 그녀는 바다와 하늘과 온 세상에 속해 있었다."

경계성 인격장애의 두드러진 특징 하나는 정신과 의사들이 '정체성 혼란'이라고 부르는 것이다. 『정신장애 편람』에서는 이것을 "뚜렷하게, 그리고 지속적으로 불안정한 자아상 또는 자아의식"으로 정의한다. 먼로는 평생 동안 이 이중성—어린아이인 노마 진과 성숙한 여자 메릴린 먼로—과 싸웠다. 그녀는 성숙한 여인 속에서 엿보이는 어린 자아의 존재를 자주 느꼈다. 자서전에 실려 있는 통절하고 암시적인 문장에서 그녀는 "너무 빨리 자라버린 이 슬프고 쓰라린 아이는 내 마음에서 떠난 적이 거의 없다. 나는 성공에 온통 둘러싸여 있지만, 내 안에서 밖을 내다보는 그 아이의 겁먹은 눈을 나는 아직도 느낄 수 있다. 그 아이는 거듭 말한다. '나는 제대로 산 적이 없어. 사랑받은 적도 없어'라고. 나는 종종 혼란에 빠져, 그 말을 하고 있는 게 나라고 생각한다."

경계성 인격장애가 있는 사람들은 안정된 내적 자아가 없기 때문에—먼로의 세 번째 남편인 극작가 아서 밀러는 훗날 그녀의 삶을 "무심하고 중심이 없다"라고 묘사했다—자기가 남에게 어떻게 인식되는지에 대해 극도로 민감하며, 남을 즐겁게 해주는 것에서 자존감을 느끼는 경우가 많다. "그들은 카멜레온과 좀 비슷해서, 상대에 따라 다르게 자신을 적응시킨다"라고 맥길 대학교의 경계성 인격장애 전문의인 조엘 패리스 박사는 말한다. 이는 메릴린 먼로의 삶을 요약하는 말이기도 하다. 어렸을 때 그녀는 계속해서 새로운 가정환경에 적응해야 했으며, 훗날 스크린에서는 다양한 인물들을 연기했다. 대중의 관심 속에서 그녀는 누구나 보고 싶어 하는 '남자를 유혹하는 여자'의 역할을 했다. 먼로에게 단단한 발판 비슷한 걸 제공해준 것은 오로지 직업적 경력뿐이었다. 죽기 얼마 전에 한 인터뷰에서 그녀는 이렇게 말했다. "내 일은 지금까지 내가 발을 딛고 설 수 있었던 유일한 기반이에요. … 솔직히 말하면 나는 기초가 전혀 없는 건물 같아요."

이 모든 것은 두드러지게 격렬하고 불안정했던 먼로의 대인관계에서 그대로 드러났다. 경계성 인격장애가 있는 사람들은 끊임없는 관심과 지지를 요구하여 자기가 의지하는 사람을 지치게 만든다. "이 장애가 있는 사람들은 대부분 본질적으로 외로움을 많이 타고, 자기가 사랑스럽지 못하다고 느낀다"라고 건더슨은 말한다. 먼로는 세 번 결혼했지만 어느 것도 오래가지 못했다. 그녀는 16세 때인 1942년에 제임스 도허티라는 상선 선원과 처음으로 결혼했다가 4년 뒤에 이혼했다. 1954년에는 야구선수 조 디마지오와 두 번째로 결혼했으나, 그와는 9개월 만에 파경을 맞았다. 다른 문제들도 있었지만, 무엇보다도 디마지오는 먼로가 성적 매력을 공공연히 과시하는 데 화를 냈다. 분노는 〈7년 만의 외출(The Seven Year Itch)〉이라는 영화의 유명한 장면을 찍는 동안 비등점에 다다랐는데, 이 영화에서 먼로는 지하철 환풍구 바람 때문에 드레스가 훌러덩 올라가 소용돌이칠 때 보는 사람을 애태우듯이 도발적 미소를 짓는다. 이 매혹적인 이미지는 곧 스틸 사진으로 만들어져 대중문화의 아이콘 중 하나가 되었다. 촬영을 구경하러 모인 사람들은 환호하며 손뼉을 쳤다. 나중에 세인트 레지스 호텔에서 디마지오가 먼로에게 고함을 지르고 폭력을 휘둘렀다는 보도가 나왔다. "더는 못 참겠어!" 하고 그는 소리쳤다. 먼로는 디마지오가 '정신적 학대'를 했다고 비난했다.

1956년에 먼로는 아서 밀러와 세 번째로 결혼했지만, 이 결혼은 처음부터 성공할 가망이 없어 보였다. 지성적인 극작가와 매력 만점 여배우의 결합이라니. 먼로를 만났을 때 밀러는 유부남이었으나 먼로의 매력에 푹 빠져버렸다. 먼로도 밀러의 지성에 반했고, 그를 자신의 구원자 비슷하게 여겼다. 그는 그 역할을 받아들였다. 하지만 5년의 결혼생활 동안 먼로의 심적 불안정과 자신감 결여는 그를 피곤하게 했다. 그녀는 어디서든 자신에 대한 적개심의 징후를 아주 하찮은 것까지 찾으려 들었고, 끊임없이 자기를 안심시켜주기를 원했다고 밀러는 회고록 『시간의 굴곡』에서 말했다. 밀러는 그녀의 변덕을 참을 수 없었고, 특히 그녀의 화증을 견디기 힘들었다.

"툭하면 화를 내고, 냈다 하면 끝을 보는 버릇은 마침내 상황을 개선하려는 어떤 말에도 꺾이기를 거부하게 되었다. 나는 그녀의 고통을 누그러뜨리려고 애썼지만, 그녀는 자기를 화나게 만든 원인이 하찮게 다루어지고 있다고 생각했다." 밀러는 "모든 남자가 사랑하는 행복한 여자"를 기대했지만 그가 발견한 것은 "그것과는 정반대되는 여자, 탈출구를 찾아 어느 쪽으로 몸을 돌려도 절망이 더욱 깊어지기만 하는 문제 많은 여자"였다는 것을 인정했다.

먼로의 한정된 지적 능력이 불화를 일으키기도 했다. 그녀는 첫 남편인 도허티와 결혼하기 위해 고등학교를 중퇴했고, 평생 동안 세상에 대한 지식이 부족해서 고생했다. 그녀는 그런 상황을 개선하려고 애썼고, 그래서 미술 강좌에 등록하여 미켈란젤로와 라파엘로와 틴토레토를 알게 되었으며, 밀턴과 도스토옙스키, 헤밍웨이와 잭 케루악이 쓴 책을 수집했다. 시인이자 역사가인 칼 샌드버그와 우정을 맺었고, 그가 쓴 여섯 권짜리 에이브러햄 링컨 전기를 탐독했다. 그녀는 또 프랭클린 루스벨트 대통령의 부인 엘리너 루스벨트와 여배우 그레타 가르보를 존경한다고 말했다. 그녀는 영국의 극작가이자 소설가인 서머싯 몸에게 생일 축하 전보를 보내기까지 했다.

하지만 밀러와 결혼한 직후, 먼로는 그의 일기에서 그녀에 대한 실망감을 표현한 글을 보았다. 지식인 친구들 앞에서 먼로 때문에 곤혹스러울 때가 있다는 것이었다. 먼로는 놀라서 망연자실했고 배신감을 느꼈다고 한다. 이런 감정은 점점 깊어졌다. 먼로의 대인관계 유형은, 처음에는 우쭐하고 흥분하여 한껏 고양된 기분을 느끼지만 아무도 그녀의 요구에 부응할 수 없기 때문에 나중에는 좌절감과 낭패감을 맛보는 것이었다. 경계성 인격장애가 있는 사람들은 "자기를 보살펴줄 사람을 이상화하지만, 금세 표

변하여 그 상대를 아무 소용도 없는 사람, 누구한테도 관심이 없는 낙오자로 평가절하한다"라고 건더슨은 말한다. 밀러의 단편소설 「부적응자들(The Misfits)」이 같은 제목의 영화로 만들어져 1961년 개봉했는데,[3] 먼로가 젊은 이혼녀로 출연한 이 영화의 촬영이 시작되었을 때쯤에는 "메릴린의 절망을 해결할 열쇠가 있다 해도 그 열쇠를 내가 가지고 있지 않다는 사실을 스스로 부정하는 것은 더 이상 불가능했다"라고 밀러는 회고록에서 말했다. "그녀는 눈부시게 빛났지만 어둠에 둘러싸여 있었고, 그 어둠은 나를 혼란스럽고 난감하게 했다."

경계성 인격장애는 조현병과 양극성 장애만큼 많은 사람들이 겪고 있는 것으로 추정되지만, 그것들보다 훨씬 덜 인식되고 있을 뿐 아니라 오해되는 경우도 많다. 인격장애는 자기애성 인격장애, 반사회성 인격장애, 회피성 인격장애를 포함하여 모두 열 가지가 있는데, 타고난 인격 속에 깊이 내재되어 있고 오랫동안 지속된다는 점이 인격장애를 다른 주요 정신질환과 구별해주는 본질적인 특징이다. 예를 들어 우울증은 감정이 심하게 동요하다가도 시간이 지나면 다시 편안해지는 증상을 보이는데, 이와는 대조적으로 경계성 인격장애의 특징들은 오랫동안 지속된다. 인격장애의 주요 특징—충동성, 가까운 관계를 유지하지 못함, 분노 등—은 압도적인 불변성과 짝을 이룬다. 그 결과, 인격장애가 있는 사람은 새로운 상황에 잘 적응하지 못하며, 나아가 자신의 행동을 바꾸기도 어렵다.

---

3) 시나리오도 밀러가 썼다. 국내 번역 제목은 〈어울리지 않는 사람들〉이다.

경계성 인격장애는 유전성이 강하다. 가계를 통해 대대로 전해질 가능성이 크다는 뜻이다. 한 연구에서는 부모나 형제자매 중 경계성 인격장애자가 있으면 본인도 그런 장애를 갖게 될 위험이 서너 배 높다는 것을 알아냈다. 먼로는 불안정한 혈통을 갖고 있었고, 그녀 스스로도 자신의 고통을 유전적 뿌리와 관련지었다. 먼로는 자서전에서 정신건강 문제와 싸운 "가족 유령들"을 지적했는데, 어머니와 외할머니만이 아니라 외할아버지도 정신병원에서 죽었고, 외삼촌 한 명은 자살했다. 언젠가 먼로는 편지에서 이렇게 말한 적이 있다. "나는 내가 왜 그렇게 괴로워하는지 알고 싶어. 우리 가족이 모두 그랬듯이 나도 미쳤을지 모른다는 생각이 들어."

경계성 인격장애의 생물학적 토대는 대단히 복잡하고 거의 밝혀져 있지 않다. 연구자들은 스트레스 호르몬인 코르티솔과 사회적 유대와 친교에서 중요한 역할을 하는 옥시토신이 둘 다 경계성 환자들한테서는 잘 조절되지 않는 듯하다는 것을 발견했다. 환자의 두뇌를 스캔해보면 지나치게 활동하는 편도체(감정을 조절하는 중추)와 활발하지 못한 전두엽 피질(충동에 제동을 거는 책임을 맡은 부위) 등의 추가적인 특징이 드러날 수도 있다.

대부분의 경계성 환자들은 엄청난 감정적 고통을 겪고, 최악의 결과인 자살을 시도하기 쉽다. 어떤 보고서에 따르면 자살행동으로 응급실에 실려온 환자의 절반 이상이 경계성 인격장애를 갖고 있으며, 환자의 10%는 결국 자살에 성공하는 것으로 나타났다. 경계성 환자들은 응급실에 자주 실려오기 때문에 의료계에서 '단골손님'으로 알려져 있고, 그들의 질환은 오랫동안 중독성이고 불치병으로 여겨졌다. 하지만 많은 환자들은 정말 죽을 작정으로 자살행동을 하는 게 아니다. 수없이 자살을 기도한 먼로도 아마 마찬가지였을 것이다. 그들의 행동은 단호한 결심에서 나왔다기보다는 충동적이라고 건더슨은 말한다. 그들은 "누군가가 나를 구해주면 인생은 살 가치가 있고, 아무도 구해주지 않으면 나는 죽을 것이다"라고 생각한다는 것이다.

적절하게 치료하면 환자들을 구할 수 있고, 지난 50년 동안 근본적인 변화가 일어난 게 바로 이 분야다. 먼로는 심리상담을 받으려 했고, 그래서 베벌리힐스의 저명한 정신과 의사인 랠프 그린슨 박사, 뉴욕의 메리앤 크리스 박사, 심지어는 지그문트 프로이트의 막내딸인 안나 프로이트까지 포함하여 당대의 유수한 개업의들에게 진찰을 받았다. 이들은 모두 20세기 초반에서 중반까지 널리 인정된 치료법이었던 정신분석 수련을 받은 사람들이었다. 전통적인 정신분석은 적극적인 대화를 나누기보다는 환자의 말을 경청하는 데 바탕을 두고 있다. 의사들은 환자에게 "당신은 무엇을 고민하고 있습니까?"라고 묻는 것으로 시작한 다음 조용히 대답을 기다리는 경우가 많다. 환자의 생각과 꿈과 반응은 과거의 경험이 현재의 행동에 어떻게 영향을 미치고 있는가를 해석하는 데 도움을 주는 자료로 쓰인다. 정신분석은 오늘날에도 의학계 일부에서는 수많은 정신건강 문제들을 치료하는 방법으로 사용되고 있으며, 어떤 사람들은 단순히 자기 자신을 좀 더 이해하기 위해—어릴 적 경험이 어떻게 그들의 삶에 영향을 주었는지, 그들이 세계를 어떻게 인식하고 있는지, 남들과 어떻게 상호작용을 하는지를 이해하기 위해—정신분석을 받기도 한다. '말하기'는 환자들이 해묵은 상처를 드러내고, 딱지를 떼어내고, 상처 속을 치료하는 데 도움을 줄 수 있다.

하지만 경계성 인격장애 환자들은 늘 전투태세에 돌입할 준비가 되어 있기에, 의사가 환자보다 수동적이면 환자의 두려움과 불안이 더욱 악화될 수 있다. 먼로를 가장 오래 치료한 그린슨 박사와 먼로가 나눈 내밀한 대화를 아는 사람은 없지만, 그녀는 아마 자신의 어린 시절—어머니의 부재,

외로움, 고립감, 그녀가 주장한 학대 등──을 회상하면서 많은 시간을 보냈을 것이다. 먼로의 집에서 동거한 매니저 이네즈 멜슨은 먼로가 "자신의 문제들을 생각하는 시간이 너무 많은" 점과 "자신의 불행 속에서 괴로워하는" 것을 걱정하는 편지를 그린슨에게 보낸 적이 있다. 아서 밀러도 회고록에서 먼로의 치료에 의문을 품었다. "정신분석은 무언가를 하기보다 그것에 '대해' 말하기만 하는 것 같았다. 먼로가 그래도 믿는 구석이 있다면 그것은 뭔가를 하는 것이었다. '입 닥치고 행동으로 보여주기'야말로 그녀의 생활 자체였다." 밀러는 먼로가 "자신에게서 빠져나와 자신의 가치를 볼 수 있었다면 좋았을 텐데"라고 아쉬워했다.

그린슨은 먼로를 어떻게 다루는 것이 가장 좋을지에 대해 고심한 듯하다. 어느 시점에 그는 자신의 전통적인 치료법을 근본적으로 바꾸기로 했다. 그는 먼로가 어릴 적에 겪은 상실을 감안하여, 그녀가 한 번도 가져보지 못한 가족을 만들어주려고 애썼다. 그는 먼로를 자기 집에 초대했다. 환자와 의사 간의 경계가 신성불가침으로 되어 있는 의료계에서 이는 절대로 해서는 안 되는 일이었다. 그린슨은 먼로의 아버지를 대신하는 존재가 되어, 낮이든 밤이든 항상 그녀가 연락할 수 있고 그녀에게 도움을 줄 수 있는 사람이 되었다. 먼로는 그에게 완전히 의존하게 되어, 그린슨과의 치료 세션을 종종 몇 시간씩 연장하고, 그린슨 가족과 함께 식사를 하고, 심지어는 설거지를 하기도 했다. 치료를 받는 동안 먼로는 그린슨만이 아니라 다른 의사들한테서도 많은 약을 처방받았다. 오랫동안 그녀는 감정적 고통을 억누르기 위해 수면제와 진정제──그녀가 죽은 날 밤에 과용한 바로 그 약물들──에 탐닉했다. 맥길 대학의 조엘 패리스 박사는 "치료가 그녀에게는 도움이 되지 않았다고 볼 수밖에 없다"라고 말한다.

그린슨은 먼로와의 사이에 설정한 정신적 역학관계 때문에 호된 비판을 받았는데, 그가 환자와 의사 간의 신성한 관계를 훼손했기 때문만이 아니라 그의 치료법이 먼로의 상태를 악화시켰을 수도 있었기 때문이다. 그래도 그는 당시에 쓸 수 있었던 기법과 도구들에 기댈 수밖에 없었던 것이 현실이다. 오늘날 의사와 치료사들은 환자가 자신의 회복에 적극적으로 참여해야 한다는 확신에 뿌리를 둔 전혀 다른 치료법을 쓰고 있다. 이런 접근법 가운데 하나인 변증법적 행동치료의 선구자는 워싱턴 대학의 심리학자로 경계성 인격장애 전문가인 마샤 리너핸 박사였다. 그녀는 치료하기 어려운 장애 때문에 자살할 위험이 높은 환자들을 위한 치료법 개발이 절실하다는 것을 깨달았다. 그녀는 문제의 심각성을 잘 알 수밖에 없는 처지였다. 어떤 환자한테서 "당신도 우리와 같은가요?"라는 질문을 받은 뒤, 2011년에 리너핸은 자신의 정신질환 경험과 그에 따른 심한 고통, 여러 차례의 자살 기도를 공개적으로 털어놓았다. 그녀는 17세 때인 1961년에 코네티컷주 하트퍼드의 정신병원에 수용되었는데, 담뱃불로 손목을 지지고, 칼로 팔과 다리를 긋고, 벽에 머리를 쾅쾅 찧곤 했다(종종 다른 환자들과 격리될 정도였다). 지금 리너핸은 자신이 병원에서 보인, 그리고 퇴원한 뒤에도 한동안 보인 증상들이 경계성 인격장애와 비슷했다고 생각한다. 하지만 그녀는 조현병이라는 진단을 받고(오진일 가능성이 아주 높다고 그녀는 본다) 약물 복용과 정신분석, 전기충격 치료를 처방받았다. 하지만 어떤 방법도 도움이 되지 않았다. 〈뉴욕 타임스〉와의 인터뷰에서 리너핸은 이렇게 말했다. "나는 지옥에 있었어요. 나는 맹세했습니다. 여기서 나가면, 돌아와서 다른 사람들을 꺼내주겠다고."

리너핸이 고안한 치료법은 우선 환자들에게 정신적 트라우마를 심어준 과거를 스스로 인정케 하는 것으로 시작한다. 하지만 환자들은 과거 속에 머물면서 감정적 상처를 곱씹기보다는 앞으로 나아가는 데 도움이 될 기술을 배운다. 문제 해결에 뿌리를 둔 이 방법은 수용과 변화 사이에 균형을 확립하는 데 초점을 맞춘다. 일련의 훈련을 거치면서 환자들은 감정을 조절하고 충동을 억누르는 법을 배운다. 약물과 알코올을 남용하고 팔이나 손목을 칼로 긋는 행위처럼 경계성 인격장애와 연계된 자기파괴적 행위를 줄이는 법을 배우는 일은 매우 중요하다. 환자들은 또한 심호흡을 하고 산책을 하거나 친구에게 전화를 걸어서 잡담을 하는 등 자신의 강력하고 변덕스러운 감정을 진정시키는 활동을 해보라는 권고를 받는다.

먼로 시대의 정신분석과는 달리, 변증법적 행동치료나 이와 관련된 다른 접근방식을 쓰는 의사들은 환자들에게 직접 참견하는 방식을 취한다. 그들은 환자에게 말을 걸고, 지시를 내리고, 환자가 조바심하며 애를 태우도록 내버려두지 않는다. "그렇게 함으로써 프로이트식으로 과거를 다시 체험하거나, 없는 어머니를 대신하려고 애쓰는 일을 훨씬 덜 하게 되었다. 어쨌든 뒤돌아보기보다는 앞으로 나아가야 하니까"라고 조엘 패리스는 말한다. 환자들은 자기를 치료하는 의사가 그들의 고통을 인정해줄 뿐 아니라 좋아질 수 있는 능력을 믿어준다는 것을 발견할 때, 그들에게 절실하게 필요한 위안과 긍정을 얻는 수가 많다. 대체로 사람들은 경계성 인격장애 환자 주위에서는 발끝으로 살살 걷듯이 조심스럽게 행동하는데, 그러지 않고 의사들이 그들을 대등하게 대해주면 "환자들은 더할 나위 없이 만족스러워한다"라고 네악시우는 말한다.

경계성 인격장애의 치료에 사용하는 특별한 약은 없다. 많은 환자들이 양극성 장애나 우울증이나 조현병으로 오진되어 항우울제나 정신병 치료약을 받는다. 이따금 이런 약물이 현저한 기분변동처럼 인접한 두 질환에서 중복되어 나타나는 증상을 개선할 수도 있다. 하지만 그런 약물은 임시방편일 뿐이어서 정말로 필요한 일, 즉 환자가 자신의 삶을 이해하고 관리하는 방식을 바꾸는 매우 복잡한 과제는 건드리지조차 못한다. 그 일은 오직 환자 자신만이 할 수 있다. 궁극적인 목표는 "약물을 기술로 대체하는 것"이라고 네악시우는 말한다. 적극적 치료에서 획기적인 발전이 이루어지자, 가장 치료하기 어려운 정신질환의 하나였던 경계성 인격장애는 치료가 긍정적 결과를 낳을 가능성이 높은 정신질환이 되었다. "이 분야에서는 좋은 소식이 많다"라고 패리스는 말한다.

물론 메릴린 먼로는 일반적인 환자가 아니었다. 그녀는 역사상 가장 주목받고 성적으로 대상화되고 패러디되고 우상화된 유명인의 하나였다. 그녀는 속으로 느끼고 있던 고통과 절망에도 불구하고 미의 화신이었다. 오늘날과 같은 치료를 받았다면 그녀는 괴로웠던 과거를 받아들이는 것을 배우고 앞을 보며 나아가, 썩 만족스럽지는 못하더라도 그리 나쁘지 않은 인생을 살 수도 있지 않았을까? "물론 그랬을 것"이라고 건더슨은 말한다.

아서 밀러는 먼로가 "제 인생의 주역이 아니라 그저 과객처럼" 살았다고 회고록에서 말했다. 먼로가 자기 삶의 키를 잡는 법을 배웠다면 그녀의 운명은 완전히 달라졌을지도 모른다.

※

1962년 6월 1일, 메릴린 먼로는 로맨틱 코미디인 〈이대로는 안 돼 (*Something's Got to Give*)〉의 세트장에서 36번째 생일을 축하받았다. 사진들은 그녀가 생일 케이크에 꽂힌 촛불 뒤에서 미소 짓는 모습을 보여준다. 일주일 뒤에 그녀는 잘렸다. 주역(바다에서 실종되었다 돌아왔으나 이미 법적으로 사망 처리가 되었다는 사실을 알게 되는 주부 역할)을 맡은 먼로는 열이 난다느니 머리가 아프다느니 비염이 심하다느니 하면서 리허설에 계속 지각하거나 아예 나타나지 않았다. 한창 영화를 찍고 있을 때 케네디 대통령에게 생일 축가를 불러주려고 할리우드에서 매디슨 스퀘어 가든으로 갔는데, 허락도 받지 않은 이 느닷없는 여행 때문에 촬영이 훨씬 더 지연되어 20세기 폭스 영화사의 경영진을 화나게 했다.

그 후 두 달 동안 먼로는 〈라이프〉지의 리처드 메리먼과 생애 마지막 인터뷰를 한 것을 포함하여 많은 인터뷰와 사진 촬영을 했다. 8월 3일 자에 게재된 메리먼의 인터뷰 기사에서 먼로는 영화사 경영진이 스타들을 다루는 방식에 분개하고, 팬들에게 자신이 할 수 있는 최고의 연기를 보여주고 싶다는 소망과 명성의 덧없음에 대해 이야기한 다음 이렇게 덧붙였다. "사실 대부분의 사람들은 나를 몰라요." 며칠에 걸쳐 인터뷰를 하는 동안 먼로는 피곤한 모습에서 갑자기 활기찬 모습으로 바뀌는가 하면 인터뷰 자리에 늦게 나타나기도 했다고 메리먼은 후속 기사에 썼다. 어느 날은 그녀가 머리 손질을 받고 전화를 걸고 머리에 파마용 클립을 매단 채 맨발로 집 안을 돌아다니며 바쁘게 이런저런 일을 하는 동안 메리먼은 몇 시간이나 기다려야 했다. 많은 대화를 나누는 동안 먼로의 뒤섞인 감정들이 그녀의 입에서 폭포처럼 쏟아져 나왔다. 메리먼은 기사에서 이렇게 말했다. "그녀의 어조는 놀라우리만큼 거듭 바뀌었고, 모든 감정이 넘치도록 풍부한 몸짓과 함께 화려하게 표현되었다. … 그녀의 얼굴에는 분노와 아쉬움, 허세, 부드러움, 후회, 들뜬 기분과 깊은 슬픔이 번갈아 번득였다."

8월 5일 이른 아침, 로스앤젤레스에 있는 자택 침실에서 먼로가 알몸으로 한 손에 전화기를 든 채 숨져 있는 것이 발견되었다. 주위에 빈 약병들이 흩어져 있었고, 그녀의 혈액 속에서 진정제가 검출되었다. 검시관은 그녀가 자살했을 가능성이 높다고 판정했지만, 이후 지금까지 음모설—케네디 일가가 그녀를 죽였다는 설을 포함하여—이 끊임없이 소용돌이쳤다.

죽은 뒤에도 먼로는 편히 쉴 기회를 얻지 못했다.

배우로 활동한 16년 동안 먼로는 골든글로브상을 받은 〈뜨거운 것이 좋아(Some Like It Hot)〉를 포함하여 모두 29편의 영화에 출연했다. 그녀가 산 곳은 무대였고, 무대 밖에서는 살아남기 위해 몸부림쳐야 했다. 메릴린 먼로는 뛰어난 미모와 대단한 명성을 누렸지만, 삶의 소박한 만족은 그만큼 주어지지 않았다. 그녀는 메리먼과의 인터뷰에서 이렇게 말했다. "나는 언제나 행복에 익숙지 못했어요. 그래서 행복을 당연한 것으로 여겨본 적이 없어요."

하워드 휴스(Howard Hughes)

강박장애

마틴 스코세이지 감독의 영화 〈에이비에이터(The Aviator, 비행사)〉는 어린 하워드 휴스가 탁탁 소리를 내며 타오르는 난롯불 앞에 알몸으로 서 있는 장면으로 시작한다. 그는 어머니 앨린이 목욕시켜주기를 기다리고 있다. 이 장면은 모든 이미지와 모든 언어와 모든 뉘앙스의 중요성을 강조하면서 일부러 느리게, 그러면서도 꼼꼼히 촬영되었다. 우리는 극적인 조명 속에서 클로즈업된 앨린의 손 하나가 앞으로 뻗어 나가는 것을 본다. 그녀는 비눗갑에서 조심스럽게 비누를 꺼내고, 물이 가득한 욕조에 두 손을 집어넣는다. 그러고는 어린 아들을 다정하게 목욕시키기 시작한다.

시대적 배경은 1913년 무렵이다. 전염병들을 치료할 의약품이 없어서 속수무책으로 병에 걸리던 시대다. "Q-U-A-R-A-N-T-I-N-E" 하고 앨린이 하워드에게 작은 소리로 말한다. 그러자 소년은 "쿼런틴, Q-U-A-R-A-N-T-I-N-E, 쿼런틴"[1] 하고 대답한다. "너 콜레라 알지?" 하고 어머니가 묻는다. 하워드는 "네, 엄마" 하고 대답한다. "흑인들이 사는 집에 붙어 있는 표지판을 본 적 있지?" 하고 어머니가 묻는다. 그는 옅게 그림자가 진 얼굴로, "네, 엄마" 하고 말한다. 그러자 어머니는 아들의 표정을 눈으로 살피며, "너 발진티푸스 알지?" 하고 묻는다. 그는 "알아요, 엄마" 하고 대답한다. 그러자 어머니는 두 손을 컵 모양으로 오므려 아들의 양 볼을 감싸며, "그 사람들이 너한테 무슨 짓을 할 수 있는지도 알지?" 하고 묻는다. "네, 엄마." 그러자 앨린 휴스는 잠시 입을 다물고 있다가 고개를 천천히 저으며 말한다. "너는 결코 안전하지 않아."

이 장면은 정말 극적이다. 어쩌면 지나치게 극적이다. 하지만 '너는 결코 안전하지 않아'라는 네 마디는 스크린과 실생활에서 하워드 휴스의 존재 방식을 완벽하게 규정한다. 이 야심찬 억만장자는 연애와 사업에서, 그리고 그가 사랑한 비행기로 위험한 장난을 벌이길 즐겼고, 대개 성공했다. 자신이 설계한 군용 정찰기를 조종하다가 로스앤젤레스 컨트리클럽 골프장에서 그리 멀지 않은 베벌리힐스 지역에 추락했을 때도 간신히 살아남았다. 하지만 궁극적으로 휴스의 인생을 망친 것은 그의 마음속에 숨어 있

---

1) 방역을 위해 격리 · 차단을 하는 상태, 또는 그러한 장소나 기간, 검역소 등을 뜻한다.

었던 혼란의 소용돌이였다.

리어나도 디캐프리오가 휴스 역을 연기한 〈에이비에이터〉를 보면, 휴스의 병적 공포증과 병적인 집착, 부조리한 충동의 단편들이 나타났다 사라진 다음, 훨씬 증폭된 상태로 다시 떠오르곤 한다. 케이트 블란쳇이 연기한 캐서린 헵번이 휴스에게 비행기 핸들에 감은 게 뭐냐고 묻는 순간이 있다. 그러자 그는 별일 아니란 듯이 대답한다. "셀로판이야. 사람들이 손에 어떤 오물을 묻히고 다니는지, 당신이 조금이라도 알고 있는지 궁금하군." 세면대에서 휴스가 손을 너무 세게 문질러 씻어서 결국 손에서 피가 나는 장면도 있고, 공중화장실에서 목발 짚은 남자가 그에게 종이 타월을 집어서 건네 달라고 도움을 청하자 휴스가 "어어… 도저히 못 하겠소" 하고 고통스러운 표정으로 말하는 장면도 있다. 같은 말을 무의미하게 되풀이하는 경우도 있다. "청사진을 모두 보여줘. 청사진을 모두 보여줘. 청사진을 모두 보여줘." 그는 이 말을 서른 번도 넘게 중얼거리는데, 갈수록 속도가 점점 빨라진다.

그러다가 영화에서 가장 소름 끼치는 장면이 나온다. 중년이 된 하워드 휴스가 면도도 하지 않은 수척한 얼굴로 영화 시사실에 숨어 있는 장면이다. 그는 자신의 내적 혼란에 사로잡힌 포로다. 하얀 가죽 의자에 알몸으로 앉아 있기도 하고, 깜박거리는 붉은 불빛을 받으며 방을 서성거리기도 한다. 그는 또 지극히 사소한 일을 어떻게 끝낼지에 대해 고민한다. "저 우유는 상했어"라고 큰 소리로 혼잣말을 한다. "오른손으로 우유병을 집으면 안 돼. 왼손으로 우유병 뚜껑을 열어서 주머니에, 왼쪽 주머니에 넣으면 안 돼." 나중엔 빈 유리병에 오줌을 누고, 그것을 한 줄로 늘어서 있는 수십 개의 유리병 옆에 나란히 놓는다. 오줌이 들어 있는 그 병들 앞에 발가벗고 서서 그는 불현듯 어린 시절을 회상한다. 그리고 어머니가 그의 뇌리에 박아 넣은 낱말을 한 자씩 내뱉는다. "Q-U-A-R-A-N-T-I-N-E."

　대단한 성취를 이룬 인물—영화 제작자, 엔지니어, 시험비행사, 억만장자—인 휴스는 주위의 사람들과 상황을 통제하는 데 달인이었지만, 제 마음이 고통 속에서 정처 없이 헤매는 것은 억제하지 못했다. 이제 우리는 휴스의 괴상한 행동이 강박장애(obsessive-compulsive disorder, OCD)의 특징이라는 것을 안다. 미국에서만 200만 명 이상의 성인이 심신을 약화시키는 이 질환에 걸려 있고, 그들의 약 3분의 1은 어릴 적에 증상이 나타난다. UCLA(캘리포니아 대학교 로스앤젤레스 분교) 의과대학의 정신의학자이며 강박장애 전문의인 제프리 슈워츠 박사는 휴스의 병을 깊이 연구했고, 그 증상을 디캐프리오가 더 잘 이해할 수 있도록 개인 코치를 맡았는데, 그는 이렇게 말한다. "강박장애에는 경중이라는 게 존재하지 않는다. 그것은 심각한 질환이다." 그리고 휴스의 경우는 치료하기 힘든 악성이었다. "그는 중증 강박장애 증상을 모두 보여주는, 걸어 다니는 강박장애 백과사전이었다."

　하워드 로바드 휴스 주니어는 텍사스주 휴스턴에서 1905년 크리스마스이브에 태어났다. 휴스의 아버지는 1869년 미주리주에서 태어나 아이오와주에서 성장했는데, 제멋대로 날뛰는 좀 유난스러운 아이였고, 나중에 하버드 대학교를 중퇴하고 그 후 아이오와 대학교 로스쿨을 중퇴했다. 하지만 예리한 지적 능력을 지녔고, 기계학과 공학에 강한 호기심을 갖고 있었다. 법률과 광업에 잠깐 손을 댄 뒤, 휴스 시니어는 유전 개발에 흥미를 느끼고 텍사스로 갔다. 거기서 댈러스시 판사의 딸인 앨린 가노를 만나 결혼한 뒤 재산 모으는 일에 착수했다.

하워드는 아버지와 어머니의 기질을 고루 물려받았다. 아버지와 마찬가지로 기계 설계에 매료되어 간단한 기계장치들을 만지작거리며 어린 시절을 보냈고, 한번은 집에 있던 초인종의 부품을 조립하여 간단한 라디오를 만들기도 했다. 어머니가 오토바이 구입을 반대하자, 그와 아버지는 오토바이 대신 동력 장치를 단 자전거를 만들었고, 어린 하워드는 그것을 타고 동네를 자랑스럽게 돌아다녔다. 이게 너무 유명해져서, 그 지역 신문의 사진기자가 찾아와 사진을 찍기도 했다.

키가 크고 피부가 까무잡잡한 앨린 휴스는 외동아들을 맹목적으로 사랑했고, 아들과 마찬가지로 태도와 행동이 조용했다. 내성적이고 수줍음이 많은 하워드는 사교에도 서툴러 친구가 거의 없었지만, 어머니와는 대단히 가까웠다. 앨린은 아들에 대한 끊임없는 걱정 때문에 그가 시야에서 벗어나는 것을 좀처럼 허락하지 않았고, 결과적으로 일부 주위 사람들이 고독과 소외의 장벽으로 기억하는 것을 아들 주위에 쌓게 되었다. 도널드 L. 발렛과 제임스 B. 스틸이 쓴 전기 『하워드 휴스: 그의 생애와 광기』[2]에 따르면, 어머니 앨린은 마침내 하워드를 펜실베이니아주 포코노 산맥에 있는 여름 캠프에 보내기로 동의한 뒤에도 아들을 완전히 놔주지 못하고, 캠프 직원에게 편지를 보내 아이를 잘 돌봐달라고, 그가 향수병을 이겨내도록 도와달라고 부탁했다. 캠프 소장은 하워드가 "이곳 생활을 무척 즐기고 있으며, 인기 있고 흥미로운 꼬마 친구"라며 가족을 그리워하는 기색은 전혀 없다는 답장을 보냈다. 하지만 어떤 말도 앨린의 불안을 가라앉히지는 못했다. 이듬해인 1917년 여름에는 캠프의 카운슬러에게 아들의 정서적 안녕과 신체적 건강을 유심히 봐달라고 부탁하는 편지를 보냈다. 어머

---

2) 국역본은 『하워드 휴즈의 제국』이다.

니는 하워드의 '과민함'을 언급하며, 그런 기질과 마음에 상처를 잘 입는 성향 때문에 늘 고통을 받는다고 했다. 앨런은 아들의 발바닥 통증까지 걱정했다. 그녀는 자신의 염려가 지나친 것일 수 있음을 인정했지만 그래도 어쩔 수 없다고 편지에서 말했다. "하나뿐인 자식에 대한 지나친 걱정을 극복하려고 열심히 노력하고 있지만, 별로 성과가 없는 것 같군요."

앨런이 언제부터 또는 어째서 아들에 대해 그런 불안한 마음을 갖게 되었는지, 그리고 세균과 질병에 대해 왜 그렇게 강한 두려움을 느끼게 되었는지는 확실치 않다. 그녀의 성장기에 만연했던 전염병이 두려움을 부추겼을지도 모른다. 미국에서 19세기 말과 20세기 초는 엄청난 팽창과 발명의 시기로, 유전이 속속 개발되고 철강 생산이 활기를 띠고 간선도로와 철도와 전화가 전국으로 뻗어 나갔지만 사람들이 전염병에 걸려 죽는 것을 막을 방법은 알아내지 못했다. 세균병인설(몸에 침입한 미생물이 전염병의 원인이라는 깨달음)은 위생 시설과 관리의 개선을 촉진하여, 1800년대에 수만 명의 미국인을 사망케 했던 장티푸스와 콜레라, 결핵 같은 전염병의 확산을 완화시켰다. 하지만 이용 가능한 백신이 거의 없고 항생제가 개발되기까지는 아직 수십 년을 기다려야 했던 1900년대 초에는 치명적인 질병의 위험이 언제라도 닥쳐들 것처럼 지평선 위를 맴돌고 있었다. 어쨌든 이 시기는 수십 명을 장티푸스에 감염시켜 그들 가운데 적어도 세 명을 죽게 한 죄로 고발된 아일랜드 출신의 뉴욕 요리사 메리 맬런(1869~1938)의 시대였다. 흔히 '장티푸스 메리(Typhoid Mary)'라는 별명으로 불린 그녀는 일을 하면서 손을 씻은 적이 거의 없다고 시인했다. 메리 맬런은 하워드가 두 살 때인 1907년에 처음으로 격리되었고, 하워드가 아홉 살 때인 1915년에 다시 격리되었다.[3]

---

3) 장티푸스의 무증상 보균자였던 메리 맬런은 요리사로 일하는 동안 50명 내외를

48

앨린은 이렇게 위험해 보이는 세상에서 아들을 안전하게 지켜야 한다는 책임감에 짓눌리는 기분을 느꼈을 것이다. 적은 어디에나 있었지만, 기침이나 악수 속에 숨어서 눈에 보이지 않았다. 소아마비도 퍼지고 있었다. 여름 몇 달 동안 전국의 농촌과 도시에서 건강한 사람들이 소아마비에 걸렸다. 수만 명이 감염되어 팔다리가 마비된 사람도 있고 목숨을 잃은 사람도 있었다. 공중위생 캠페인을 통해 사람들의 인식을 높이려 했지만, 그것은 이미 걱정에 사로잡힌 사람들의 마음에 두려움을 심어주었을 뿐이다. 소아마비에 관한 어느 팸플릿에서는 씻기와 청소의 중요성을 강조했다. "자녀가 늘 깨끗한 상태를 유지토록 하세요. 자주 목욕을 시키세요. 아이들이 특히 손을 잘 씻도록 유의하세요. 아이들이 각자 깨끗한 손수건을 갖고 다니게 하세요. 집을 아주 깨끗하게 청소하세요. 집에 파리가 한 마리도 들어오지 못하게 하세요."

하워드는 어린이들 누구나 일상적으로 겪는 질병들에 자주 걸렸지만, 그의 어머니는 아무리 사소한 증상에도 병적으로 집착했다. 1919년 만 열세 살 때 그는 갑자기 걸음을 걷지 못해서 부모를 깜짝 놀라게 했다. 하워드가 소아마비에 걸렸을지 모른다고 생각한 아버지는 뉴욕에 있는 록펠러 의학연구소의 전문의를 비행기에 태워 텍사스의 집으로 데려와서 아들을 치료하게 했다. 하지만 의사는 소아마비 바이러스를 찾아내지 못했고, 어린 하워드는 몇 달 동안 휠체어에서 벗어나지 못했지만 완전히 회복되었다. 무엇이 잘못되었는지는 오늘날까지도 분명치 않다. 그래서 일각에서는 하워드가 꾀병을 부린 게 아닐까 의심하게 되었다. 그의 증상을 일으킨

감염시킨 것으로 알려졌으며, 이들 중 세 명이 사망했다. 보건 당국에 의해 두 차례에 걸쳐 26년간 격리되었고, 수용돼 있던 병원에서 69세에 사망했다.

원인이 무엇이었든, 그 일은 아들의 건강에 대한 앨런의 지나친 걱정을 더욱 부추겼다. 두려움이 이런 식으로 강해지는 성향은 하워드 휴스가 죽을 때까지 평생 동안 반항을 불러일으키게 된다.

하워드 휴스는 행동이 조용하고 사교에 서툴렀지만, 야심과 근성으로 가득 차 있었으며 고집이 세고 반항적이기까지 했다. 이런 성질은 그가 십 대였을 때 부모가 둘 다 갑자기 세상을 떠난 뒤에 나타났다. 1922년에 어머니는 사소한 자궁 수술을 받기 위해 병원에 입원했는데, 당일로 퇴원하여 귀가할 예정이었지만 마취를 한 뒤 끝내 의식을 되찾지 못했다. 39세 나이에 세상을 떠난 것이다. 2년 뒤, 겉으로는 팔팔하고 건강해 보였던 54세의 하워드 시니어가 업무 회의를 하던 도중에 쓰러져 치명적인 심장마비의 희생자가 되었다.

어머니와 아버지를 여읜 것은 하워드에게 깊은 영향을 주었다. 가뜩이나 질병에 대한 두려움이 많았는데, 이제는 자기도 요절할지 모른다는 걱정에까지 사로잡히게 된 것이다. 1976년 하워드 휴스가 사망한 뒤 심리적 부검 보고서 작성을 맡은 심리학자 레이먼드 파울러는 수년 동안 휴스의 개인 기록들을 면밀히 살피고 그의 지인들을 인터뷰했는데, 그는 보고서에서 휴스가 부모를 여읜 뒤 우울해졌고 자신의 건강 문제에 노심초사하게 되었다면서 이렇게 말했다. "그가 가까운 관계를 가졌던 사람은 부모뿐이었는데, 이 두 사람을 잃게 되자 죽음에 대한 두려움은 더욱 깊어졌고, 나중에 정신장애에 걸리게 될 가능성이 더욱 높아졌다."

하지만 휴스는 그가 나름대로 지닌 감성적 의지를 활용하여, 겨우 18세에 자립을 주장하고 나섰다. 조부모와 숙부 루퍼트 휴스는 아직 성년이 안 된 그에게 후견인을 붙여주려 했지만, 그는 그걸 거절하고 대신 아버지 한테서 물려받은 유산에 의지했다. 유산의 재원은 대부분 휴스공구회사의 주식 지분이었는데, 아버지가 설립한 이 회사는 유정의 단단한 암반을 뚫는 데 쓰는 획기적인 굴착장비를 제조하여 성공을 거두었다. 젊은 하워드는 일상적인 회사 업무를 관리하는 데는 관심이 없었지만, 회사에서 나오는 경제적 이득은 기꺼이 거두어들였다. 아버지가 타계한 뒤 얼마 지나지 않아서 휴스는 라이스 대학을 중퇴하고 1925년 초여름에 엘라 라이스(그녀의 종조부는 라이스 대학의 설립자였다)와 결혼했다. 휴스보다 두 살 연상인 엘라는 휴스턴 사교계의 명사였다.

몇 달도 지나기 전에 젊은 부부는 짐을 꾸려서 할리우드로 이사했다. 여기서 휴스는 경쟁이 치열한 영화 제작 분야에 뛰어들기로 마음먹었다. 그는 영화계 경험이 전혀 없었지만, 각본가로 성공한 루퍼트 숙부의 집에서 할리우드의 제작자 및 배우들과 어울린 적이 있었다. 휴스에게는 두 가지 이점이 더 있었는데, 상속받은 재산과 황소처럼 고집스러운 결기였다. 몇년 지나지 않아 그가 자신의 이름을 내걸고 제작한 〈미인국 2인 행각(*Two Arabian Knights*)〉이 홍행에서 첫 대성공을 거두었다. 이 영화는 제1차 세계대전 때 포로수용소에서 탈출한 미군 병사 두 사람의 어릿광대 같은 모험을 담은 코미디였다.

회의적인 사람들은 당초 휴스를 돈 많은 아마추어 정도로밖에 보지 않았지만, 할리우드에서 그가 이룬 성취는 그들의 예상을 뛰어넘는 것이었다. 〈미인국 2인 행각〉은 아카데미상이 창설된 해인 1929년에 감독상(루이스 마일스톤)을 받았고, 역시 휴스가 제작한 영화 〈시련(*The Racket*)〉도 같은 해에 작품상 후보에 올랐다. 이런 성공으로 휴스는 유명인사의 반열에 올랐다. 하지만 그는 세트장이나 편집실에서 많은 시간을 보내며 과로를 했고, 결혼생활을 위기에 빠뜨렸다.

20대 초반이었던 이 무렵부터 남들을 당황스럽게 하는 휴스의 행동들이 나타나기 시작했다. 강박장애는 삶에 변화가 많은 청소년기나 성년 초기에 나타나는 경우가 많다. 휴스의 경우, 가장 일찍 나타난 강박장애 증상의 하나는 어머니와 공유했던 세균 공포증이었다. 그는 "양치를 자주 하고 감기에 걸린 사람을 피했다"라고 파울러는 심리적 부검 보고서에 기록했다. "한번은 불륜관계를 맺고 있던 여배우가 성병 감염에 노출된 적이 있었다는 것을 알고는 자신이 입던 옷을 모조리 캔버스 가방에 집어넣고 불태우게 했다."

불안과 스트레스는 강박장애의 도화선이 된다. 휴스는 특히 제1차 세계대전을 다룬 영화 〈지옥의 천사들(Hell's Angels)〉을 제작하는 동안 불안과 스트레스에 시달렸다. 촬영은 〈미인국 2인 행각〉이 개봉된 직후인 1927년 10월에 시작되어 3년이 넘도록 계속되었다. 휴스가 세부 사항 하나하나에 병적으로 집착하여 필름을 편집하고 재편집하기를 거듭했기 때문이다. 휴스의 요구들은 가장 까다로운 할리우드 감독들의 요구 수준도 넘어서는 것이었다. 강박장애의 특징은 완벽주의, 그리고 자신의 주변 상황을 통제하려는 욕구인바, 이는 바로 휴스의 행동 방식을 규정한 특징들이다. 그는 모형 비행기 대신 진짜 전투기들을 사용하겠다고 고집을 부렸는데, 그러려면 정비공 등 100명이 넘는 지상 요원이 필요했다. 그는 강렬하고 사실적인 장면을 얻기 위해 같은 장면을 거듭 촬영할 것을 요구했다. 한번은 수십 대의 비행기가 공중에서 급강하하면서 전투를 벌이는 시퀸스를 위해 좀 더 인상적인 배경을 원했다. 캘리포니아 남부의 맑고 푸른 하늘은 지나치게 단조로웠다. 그가 원한 것은 솜사탕처럼 피어 오른 하얀 구름이었지만 자연은 협조하기를 거부했다. 그래서 휴스는 촬영지를 북쪽의 오클랜드로 옮겨서 그가 원하는 구름을 찾아냈다.

영화 제작비는 400만 달러(오늘날의 가치로 환산하면 약 5,400만 달러)에 이르렀다. 할리우드조차 충격에 빠뜨린 낭비였고, 그의 스태프들은 진저리를 쳤다. 그의 혹독한 스케줄에 넌더리가 난 아내는 촬영이 한창일 때 짐을 싸서 텍사스로 돌아가버렸다. (그들은 1929년에 이혼했다.) 하지만 휴스는 지칠 줄 모르고 열심히 일을 계속했다. 그가 머릿속에 그린 장면이 무모한 것일 때에도 그는 뜻을 굽히지 않았다. 한번은 비행기 중 한 대가 빙글빙글 돌면서 지상으로 떨어지는 장면을 계획했는데, 포기하라는 충고를 받고도 휴스는 어떻게든 해보라고 지시했고, 비행기가 추락하여 불타는 바람에 정비공 한 명이 목숨을 잃었다.[4]

이런 재난들에도 불구하고 〈지옥의 천사들〉은 휴스를 할리우드의 거물로 만들어주었고, 그는 취미이자 사업으로서 비행에 더욱 열정을 쏟게 되었다. 휴스가 태어나기 2년 전, 라이트 형제가 최초의 동력 비행기를 타고 59초 동안 나는 데 성공했다. 휴스가 다섯 살 되었을 무렵 라이트 형제는 비행기를 제작하면서 조종사를 양성하고 있었다. 비행은 휴스의 어릴 적 꿈이 되었고, 어른이 되면서 비행과 관련된 모든 것─새로운 비행기들, 아득한 고공, 그 모험 등─에 직접 참여하기를 원했다. 숙련된 조종사인 휴스는 밤에 자신의 경비행기를 몰고 캘리포니아 해안을 벗어났다가 어둠 속에서 로스앤젤레스의 휘황한 불빛을 향해 돌아오기를 좋아했다. 하늘 높이 떠 있으면 그는 혼자여서 좋았고, 아울러 다른 데서는 얻을 수 없는

---

4) 촬영에 참여한 조종사도 사고로 세 명이나 죽었으며, 휴스 자신도 직접 전투기를 몰다가 추락해 두개골이 골절되었다.

일종의 지배감, 주위의 모든 것을 통제하고 있다는 느낌이 들었다. 파울러는 비행이 휴스의 불안감을 덜어주었을지도 모른다고 말했다. "휴스에게 착륙은 주위 상황을 일부나마 통제할 수 있게 해주면서 그에게 위안을 주고 사회적 스트레스를 피하도록 도와주는 익숙한 활동이었다."

비행은 휴스가 아래 세상에서 가장 안 좋아한 것들—유명 배우들의 불평과 항의, 끊임없이 이어지는 영화 행사와 야회—로부터의 탈출구였다. "그는 하늘에서는 다른 사람이었다"라고 발렛과 스틸은 전기에서 말했다. "하늘로 올라가면 그는 더 이상 사람들이 땅에서 본 수줍고 긴장하고 신경과민한 남자가 아니었다. 온갖 계기가 어지럽게 배열되어 있는 계기판 앞에서 그는 편안함을 느꼈고, 엔진 소리와 조종간의 감촉, 하늘에서 내려다보는 지상의 멋진 풍경과 완전히 하나가 되었다."

비행기를 사랑한 휴스는 더 좋고 더 빠른—새로운 비행 기록을 세울 만큼 빠른—비행기를 만들기로 결심했다. 1932년에 그는 아버지한테서 물려받은 회사에 새로운 부서를 만들어 '휴스항공기회사'를 설립하고, 그 직후에 경기용 제트기인 휴스 H-1을 만들었다. 휴스는 직접 조종간을 잡고 캘리포니아 남부의 드넓고 평탄한 땅 위로 날아올라 시속 352마일(566킬로미터)까지 속도를 끌어올려 신기록을 세운 뒤, 연료가 떨어져 사탕무 밭에 불시착했다. 1938년에는 목표를 훨씬 높여서, 지구를 한 바퀴 도는 비행에서 경쟁자들을 이기기로 마음먹었다. 휴스와 그의 팀은 쌍발 여객기를 몰고 16.5시간 만에 뉴욕에서 파리까지 날아가, 린드버그의 대서양 횡단 기록을 단번에 절반으로 줄였다. 그리고 91시간 만에 지구를 한 바퀴 돌아 세계 신기록을 수립했다. 발렛과 스틸의 전기에 따르면, 휴스가 뉴욕 시에 접근하자 "2만 5,000명이 히스테리라도 일으킨 것처럼 흥분하여 환성을 지르며 그를 맞이했다"고 한다. 이튿날에는 색종이 테이프가 쏟아져 내리는 가운데 퍼레이드가 벌어졌고, 100만이 넘는 팬들이 비행사 휴스를 보려고 인도에 늘어서서 그를 환영했다.

하지만 이런 성취에도 불구하고 휴스의 마음속에서 점점 심해지고 있던 혼란은 가라앉지 않았다. 그 혼란은 이후 그가 비행정 문제로 큰 실패에 휘말리게 되었을 때 눈덩이처럼 커지게 된다. 제2차 세계대전 때인 1942년에 휴스는 군수물자와 병력을 수송하기 위해 이제까지 설계된 어떤 것보다도 큰 항공기를 만들어달라는 정부의 요청을 받고 계약을 맺었다. H-4 허큘리스라고 그가 명명한 이 항공기는 목재로 제작될 예정이었고,[5] 날개 폭이 미식축구장보다 길고 무게는 약 200톤에 달했다. 이 제안은 휴스의 마음을 온통 사로잡았지만, 도저히 실현할 수 없을 만큼 어마어마한 것이었다. 정부도 전혀 도움이 안 되었다. 열 달 안에 제작을 완료하라는, 지키기가 거의 불가능한 시한을 제시했으니 말이다.

프로젝트의 규모가 너무 컸기 때문에 휴스는 처음부터 실행할 수 없는 계획이라는 것을 알아차렸지만 어쨌든 거기에 동의했고, 그 바람에 그의 스트레스는 더욱 증폭되었다. "잠재된 문제들을 생각하면 할수록 걱정은 더욱 커졌고, 그의 수면 시간은 점점 짧아졌다"고 발렛과 스틸은 말한다. 첫 해에 휴스는 공정 마감 시한을 여러 번 놓쳤고, 정부가 프로젝트에 배정한 980만 달러를 대부분 소진한 상태였다. 하지만 그는 그 일의 완수에 온통 집착했다. 1944년 겨울에 계약이 파기될 예정이라는 말을 들은 휴스는 워싱턴으로 날아가 고위 관리들을 만나서 결정을 조금만 유예해달라고 설득했다. 하지만 비판자들이 '스프루스 구스(Spruce Goose)'[6]라는 별

---

5) 전쟁에 필요한 알루미늄 등 금속들을 절약하기 위해서였다.
6) '가문비나무로 만든 거위'라는 뜻인데, 실제로 쓴 목재는 주로 자작나무류였다고 한다.

명을 붙이면서 조롱한 그 항공기는 운이 없었다. 휴스가 비행기 제작을 끝냈을 때는 전쟁이 끝난 뒤였다.

허큘리스 프로젝트 때문에 휴스는 신경이 과민해졌고 기진맥진한 상태가 되었다. 파울러에 따르면, 그때쯤에는 이미 세균에 대한 그의 집착과 세균을 피하기 위해 취한 예방책들은 "대다수 사람들이 정상적인 것으로 여기는 범위를 훨씬 넘어서 있었다." 그리고 새로운 증상이 나타났다. 휴스는 부하 직원들에게 지시를 할 때 똑같은 말을 되풀이하기 시작했다. 직접 지시하기도 하고 지시 사항을 구술한 메모를 숱하게 보내기도 했는데, 의사소통에 관한 어느 메모에는 "좋은 편지는 즉각 이해할 수 있어야 한다… 좋은 편지는 즉각 이해할 수 있어야 한다… 좋은 편지는 즉각 이해할 수 있어야 한다"거나 "당신의 자료의 한계를 알아내기 위해 면밀히 검토할 것… 당신의 자료의 한계를 알아내기 위해 면밀히 검토할 것… 당신의 자료의 한계를 알아내기 위해 면밀히 검토할 것"이라고 씌어 있다.

반복은 강박장애의 핵심적인 특징이다. 그것은 병적 집착으로 나타날 때가 많지만, 휴스의 경우처럼 말에서 드러날 수도 있다. 어느 쪽이든 거기에는 다양한 이유가 있다. 어떤 경우 그것은 완벽주의로 인한 몸부림이다. 딱 맞다고 느껴질 때까지 어떤 행동이나 말을 몇 번이고 되풀이해야 하는 것이다. 다른 경우, 그것은 나쁜 생각을 중화하거나("나는 신을 화나게 했어") 일어날지도 모르는 무서운 일에 대한 두려움을 중화하려는("우리 형이 차를 몰다가 사고를 일으킬 거야") 노력이다. 미국 인구의 3퍼센트가 겪고 있는 것으로 추정되는 강박장애의 특징은 불쑥 밀고 들어오는 생각과 감정, 이미지 등 되풀이되는 강박사고("난롯불 끄는 걸 잊어버렸어"라든가 "도처에 세균이 널려 있어")와, 자신을 보호하거나 탈출하거나 불쾌감을 줄이려는 의도적 시도인 강박행동(레인지를 껐는지 몇 번이고 확인하거나 손을 되풀이해서 씻는 행위)이

짝을 이룬다는 데 있다.

강박장애의 증상들 가운데 가장 흔하고 잘 알려진 것은 거듭 확인하고 거듭 씻는 행동이지만, 증상은 매우 다양할 수 있다. 어떤 이들은 책이나 서류나 옷을 특정한 순서로 정리하고 싶은 욕구를 느낀다. 또 어떤 이들은 문설주를 일정한 횟수로 만지작거린 뒤에야 방에 들어가는 식으로 숫자나 기묘한 의례에 집착한다. 강박장애의 여러 형태 중에서도 가장 어려운 것 하나에서는 환자들이 자기가 어린아이를 성적으로 학대하거나 심지어는 배우자를 죽이는 등 남에게 중대한 피해를 줄지도 모른다는 두려움에 사로잡힐 수도 있다. 나쁜 일이 일어나지 '않으리라는' 것을 확실히 알지 못하기 때문에, 강박장애가 있는 사람들은 모든 것을 통제하에 두는 불합리한 방식들을 고안해낸다. "그들 모두를 연결하는 하나의 공통된 주제는 불확실성을 참지 못하는 것"이라고 매사추세츠주 벨몬트에 있는 매클린 정신병원 강박장애연구소의 제이슨 일라이어스 박사는 말한다.

많은 사람들이 양념이나 향신료를 알파벳순으로 배열하거나 운동화를 빨아야 한다는 강박감을 느낄 때 농조로 자신이 'OCD(강박장애)'라고 말한다. 사실 우리들 중에는 이따금 강박장애 비슷한 특징을 보이는 사람도 많다. 현관문이 잠겼는지 확인하려고 뛰어 돌아가거나 보도의 갈라진 금을 밟지 않으려고 건너뛰는 따위의 행동이 그렇다. 하지만 이런 행동은 대개 일시적인 기벽이고 오래가지 않는다. 우리에게 지속적인 고통을 주거나 삶을 심하게 방해하거나 가족을 괴롭히지도 않는다. 반면에 심각한 강박장애는 최악의 우울증만큼 심신을 피폐하게 만들 수 있다. 앞에서 본 것 같은 끊임없는 반복은 적어도 당사자에게는 그것이 문제를 예방하고 사람들을 안전하게 지키는 것으로 보이기 때문에 불안을 줄이는 데 도움을 줄 수도 있다. 하지만 동시에 그것은 자신에게 엄청난 스트레스를 주고,

견디기 어려울 만큼 큰 부담이 된다. 강박장애가 있는 사람들 가운데 일부는 메시지와 충동의 끊임없는 공격에서 벗어나기 위해 자살을 하기도 한다. "그것은 정말 끔찍합니다. 내부로부터 가해지는 고문이에요"라고 일라이어스 박사는 말한다.

강박장애의 특징들은 인간이 위험을 경계하며 지평선을 살피던 오랜 옛날부터 우리 주변에 있었다. 일부 진화심리학자들은 강박장애가 치명적인 위협과 질병으로부터 우리를 보호해주어 생존에 절대적으로 필요했던 조기경보 체제에 대한 극단적인 과잉반응일 수도 있다고 믿는다. 칼처럼 날카로운 송곳니를 가진 고양잇과 동물 검치호를 강박적으로 경계한 선사시대 인간은 검치호가 다가오는 것을 같은 동굴의 냉정하고 침착한 동료들보다 더 빨리 알아차리고 더 빨리 도망쳤을지도 모른다. 강박적 행동을 보이는 동물은 인간만이 아니다. 새들은 깃털을 지나치게 뽑아대고, 돼지들은 쇠사슬을 지나치게 씹어대고, 고양이들은 왔다 갔다 하면서 헝겊을 갉아먹고, 개들은 제 발과 옆구리를 너무 격렬하게 핥아서 궤양과 염증이 생긴다. 동물들이 실제로 강박감을 느끼는지는 알 수 없지만, 인간과 마찬가지로 그들도 몸에 상처를 입거나 친구 혹은 짝을 잃는 따위의 스트레스를 받는 경험을 한 뒤에 이런 행동을 보이는 경우가 종종 있다.

수많은 역사적 인물들이 강박장애와 싸운 것으로 생각되며, 그 역사는 1500년대 초에 종교개혁 운동을 주도한 독일의 마르틴 루터까지 거슬러 올라간다. 그는 양심적 소심증(죄를 짓는 게 아닐까, 지옥에 가는 건 아닐까 하고 도덕적 일탈에 대해 병적으로 사로잡히는 상태)이라 불리는 특별한 형태의 강박장애에 시달린 것으로 여겨진다. 루터는 그런 도덕적 일탈 문제에 완전히 사로잡혀 몇 시간 동안이나 자신의 걱정을 고해신부에게 털어놓았다고 한다. 19세기 말에는 강박장애의 현대적 개념이 발달하기 시작했다. 세르비아의 발명가인 니콜라 테슬라가 그의 유명한 증상들 중 몇 가지를 드러낸 것도 바로 이 무렵이었다. 그는 자신의 발걸음 수를 헤아렸고, 저녁 식탁에는 18장의 냅킨을 놓으라고 고집했고, 세균과 3이라는 숫자에 집착하게 되었다.

강박장애는 강박성 인격장애와 혼동될 때가 많은데, 이 둘은 서로 분명히 다른 별개의 진단명이다. 강박성 인격장애가 있는 사람은 질서정연함과 정확성에 집착하고, 규칙과 도덕에 관한 문제에서 아주 엄격하게 고지식한 경우가 많다. 그들은 자기가 옳으며 남들도 모두 자기처럼 까다로워야 한다고 생각하는 경향이 있다. 하지만 그들은 강박장애에서와 같은 집착과 충동에 시달리지는 않는다. 무엇보다도 그들은 강박장애의 뚜렷한 특징 중 하나인 자기 질병에 대한 통찰(질병인식)이 부족하다. 진짜 강박장애가 있는 사람들은 자신의 생각과 행동이 심신을 쇠약하게 만들고 있음을 고통스럽게 인식하지만, 그것을 그만두는 방법을 알지 못한다. 그들은 뇌와의 투쟁 속에 갇혀 있으며, 그 대결은 결코 끝나지 않는다.

휴스의 강박장애는 세균 공포증에서부터 옷을 걸 때 치러야 하는 의식, 음식을 내놓을 때 지켜야 하는 순서에 이르기까지 생활의 모든 영역에 걸쳐 있었다. 그는 세균이라면 몸이 돌처럼 굳을 정도로 무서워했기 때문에, 그에게 서류를 건넬 때는 먼저 손을 씻고 하얀 면장갑을 끼라고 조수들에게 요구했다. 신문은 세 부를 차곡차곡 겹쳐서 갖다 줘야 했다. 그러면 휴스는 중간에 끼어 있는, 그래서 가장 깨끗할 것으로 보이는 한 부를 집어 들었다.

증상이 심해지면서 휴스는 기능적인 상태와 편집중 상태 사이를 오락가락했다. 그는 스프루스 구스 프로젝트가 실패한 1944년에 처음으로 심각한 정신쇠약을 겪었고, 1958년에 또다시 그런 상태를 보였는데, 이때는 개인 시사실에 들어박힌 채 24시간 내내 쉬지 않고 영화를 본 다음 24시간 넘게 내리 잠을 잤다. 휴스는 특히 정확성과 규칙성에 집착했다. 식사도 몇 가지 메뉴만 고집했는데, 지방분을 빼지 않은 온전한 우유, 아몬드를 넣은 허쉬 초콜릿 바, 피칸, 병에 든 폴란드산 생수 따위였다. 모든 음식은 바깥쪽 가장자리를 돌돌 만 갈색 종이봉지에 넣어서 가져와야 하고, 배달하는 그의 도우미는 봉지가 자기 몸과 45도 각도를 이루도록 들어야 했다. 그러면 휴스는 화장지를 손에 잡고 봉지 속으로 넣어 음식을 꺼냈다. 이 모든 식사 습관은 그에게 전혀 도움이 되지 않았다. "그는 신체적으로 약해졌고 체중이 너무 많이 줄어서 고용인들은 그가 곧 죽으리라고 생각했다"라고 파울러는 보고서에 기록했다.

휴스는 베벌리힐스 호텔의 개인전용 방갈로에서도 은둔 생활을 했는데, 그곳에 들어박혀 있는 동안 이런 포고령을 내렸다. "무슨 일이 있어도 내 방이나 벽장, 캐비닛, 서랍장, 욕실, 또는 나를 위한 물건—음식이든 비품이든 잡지든 종이든 화장지든—을 보관하는 데 사용되는 구역에는 아무도 들어가서는 안 된다. 문을 열지 않는 것도 나에게는 똑같이 중요하다. 어떤 방이나 캐비닛, 벽장의 문도, 그 외에 내 물건을 보관하는 데 쓰이는 어떤 것의 문도 열어서는 안 된다. 1,000분의 1인치도, 1,000분의 1초 동안도 열지 말 것이다. 나는 먼지나 벌레 또는 그런 유의 다른 어떤 것도 안에 들어올 가능성을 원천적으로 봉쇄하고 싶다."

그는 지극히 사소한 일에 대해서도 세심하게 신경을 써서 꼼꼼하게 지시를 내렸다. 과일 통조림을 열 때도 세 쪽에 걸친 지시 사항에 따라야 했다. 첫 단계에서 도우미들은 우선 비누로 통조림 깡통을 씻은 다음, "맨 위에서 2인치(약 5센티미터) 내려온 곳부터" 북북 문질러 씻어야 했다. 라벨을 물에 적셔서 벗겨내고, 살균한 브러시로 "모든 먼지와 종이 라벨 조각, 그리고 전체적으로 모든 오염원이 티끌 하나 없이 제거될 때까지 몇 번이고 되풀이해서" 깡통을 문질러 닦아야 했다. 그렇게 씻은 통조림을 내놓을 때는 또 새로운 규칙에 따라야 했다. 서빙을 하는 사람은 항상 머리와 상체를 통조림 깡통에서 적어도 1피트(약 30센티미터) 이상 떨어지게 하고, "절대로 말을 하지 말고, 기침이나 헛기침도 하지 말고, 입술을 전혀 움직이지 말아야" 했다.

창문과 출입문은 마스킹 테이프로 밀봉되었다. 클리넥스 화장지는 세상의 공격에 대한 휴스의 방어 수단이 되었다. 그는 끊임없이 화장지를 사용했고, 다른 사람에게도 자기처럼 화장지를 사용하라고 요구했다. 욕실 수납장에서 보청기 코드(휴스는 거의 평생 동안 중등도의 난청으로 고생했다)를 꺼내는 방법을 적은 메모에서는 문손잡이를 잡고 이어서 물을 틀 때 6~8장의 화장지를 사용하고, 욕실 수납장을 열 때 다시 6~8장의 화장지를 사용하고, 수도꼭지를 잠글 때 15~20장의 화장지를 추가로 사용하라고 지시했다. 그런 다음에는 이런 지시 사항이 적혀 있었다. "수납장 문은 최소한 15장의 화장지를 사용하여 열어야 한다. (문을 여닫을 때는 극도의 주의를 기울여야 한다. 먼지가 일어날 만큼 문을 쾅 여닫거나 휙 여닫아서는 안 되지만, 벌레가 안으로 들어가지는 않도록 극도의 주의를 기울여야 한다.) 수납장 안쪽의 어떤 부분도—문의 뒷면이든 장 내부의 윗면이든 옆면이든 간에—만져서는 안 되며, 꺼내려는 봉투[7]를 제외하고는 수납장 안에 있는 어떤 것에도 절대 손

---

7) 보청기 코드가 든 것.

을 대면 안 된다."

발렛과 스틸의 전기에 따르면, 휴스는 그 자신의 '사설 정신병원'을 만들었다. 여기서 도우미들은 그의 요구를 아무리 터무니없는 것이라 해도 모두 들어주었다. 휴스의 지시 사항은 하나도 빠짐없이 지침서로 만들어졌고, 직원들은 거기에 따라야 했다. 휴스가 선셋 대로의 어느 식당에서 가져온 구운 치즈 샌드위치가 마음에 들었다고 말하자, 그 식당의 것과 매번 똑같이 만들기 위한 지시 사항이 담긴 보고서가 작성되었다. 이 보고서에 따르면 "[그 식당의] 웨이트리스와 요리사는 칼이나 도마만이 아니라 샌드위치와 접촉하는 어떤 것에서도 절대 양파 냄새가 나지 않게 하라는 지침"을 받았으며, "구운 치즈 샌드위치를 만들기 위해 그릴 담당 요리사는 다음과 같은 절차를 따랐다. 버터를 두껍게 바른 빵 두 조각을 버터가 발린 쪽이 아래로 가도록 그릴 위에 나란히 놓고, 얇게 썬 치즈를 두 조각의 빵 위에 한 장씩 올려놓았다. 그리고 충분히 구운 다음, 빵 두 조각을 합하여 샌드위치 한 개를 만들었다"는 것이다.

이 무렵 휴스는 두 번째 아내인 여배우 진 피터스와 결혼했다. 진 피터스는 자기가 남편이 지시한 별난 의식에 따라 살고 있다는 것을 곧 깨달았다. 두 사람은 영화를 함께 보곤 했지만 휴스는 아내에게 따로 살 것을 요구했다. 아내는 베벌리힐스 호텔에 전용 방갈로를 갖게 되었고, 남편과 연락하고 싶으면 휴스의 전화를 관리하는 '관제실'에 전화하라는 지시를 받았다. 휴스는 아내가 병에 걸려도 치료를 받으려면 미리 자신의 허락을 받아야 한다는 점을 직원들에게 분명히 했다. "어떤 상황에서도 HRH[8]가 아내와 그 문제에 관해 얘기할 때까지는 사무실이든 병원이든 다른 어떤 곳

---

8) 휴스의 이니셜. His Royal Highness 즉 '전하'라는 말과 약자가 같다.

으로든 아내가 의사를 만나러 가게 해서는 안 된다." 이 결혼생활은 두 사람이 1971년에 마침내 이혼할 때까지 13년 동안이나 어떻게든 지속되었다.

연구자들은 강박장애가 집안에서 대물림되는 것을 발견했고, 휴스도 이 질환에 걸리기 쉬운 유전적 취약성을 조상으로부터 물려받았을 가능성이 크다. 세균과 질병에 대한 어머니의 심한 공포증은 DNA를 통해 전달되었든 행동을 통해 모방되었든 그에게 영향을 주었을 것이다. "앨린 휴스는 아들의 성장에 막강한 영향력을 행사했다"라고 발렛과 스틸은 쓰고 있다. "그녀는 아들의 소화나 발, 이, 장, 혈색, 볼, 체중, 또는 전염병을 가진 다른 사람에게 접근하는 것을 걱정하지 않을 때는 그의 '과민함'과 신경질적인 성격, 그리고 다른 아이들과 잘 사귀지 못하는 것을 걱정했다. 설사 하워드가 어렸을 때는 그런 방면으로 타고난 불안을 갖고 있지 않았다 해도, 사춘기가 되었을 무렵에는 분명히 불안을 갖게 되었다. 어머니는 그의 마음속에 자신의 신체와 정신의 상태에 대해 평생 동안 지속된 공포증을 심어주었다."

유전자가 이 질환의 유일한 원인인 경우는 드물며, 과학자들은 다른 위험 요인들도 찾아내기 위한 탐색을 계속하고 있다. 그 가운데, 연쇄상 구균에 감염된 아이들이 이후에 갑자기 강박장애 증상을 나타낼 수 있다는 연구 결과는 흥미를 자아낸다. 이는 그들의 면역 체계가 박테리아에 과도하게 반응하여 뇌를 공격하기 때문일 수 있다. 휴스의 경우, 또 다른 요인이 작용했을지도 모른다. 그것은 바로 비행기 추락 사고들이다. 뇌가 입은 외상은 정신질환, 특히 우울증을 유발할 수 있다고 알려졌고, 뇌손상이 강박장애로 이어진 사례들도 보고되었다. 비행에 대한 휴스의 열정은 끝이 없어서, 시험비행을 할 때 그는 엄청난 위험을 무릅쓰곤 했으며, 실제로 시험비행이 심각한 추락 사고로 끝난 적도 여러 번 있었다. 그가 처음 다친 것은 〈지옥의 천사〉를 촬영하던 1928년이었다. 그는 비행기 조종을 직접 하겠다고 고집을 부렸고, 추락하여 머리를 다쳤다. 1943년에는 그의 비행기가 네바다주의 호수에 추락했다. 최악의 사고는 1946년에 군용 정찰기의 시험비행을 할 때 일어났다. 기름이 새는 바람에 비행기가 앞뒤로 흔들리다가 고도를 잃고 베벌리힐스에 추락했는데, 휴스는 갈비뼈와 빗장뼈가 부러지고 흉곽이 짜부라지고 3도 화상을 입었다. 그는 간신히 살아남았다. 훗날 그가 죽은 뒤에 나온 부검 보고서는 그의 두개골에 적어도 세 번은 금이 간 것을 밝혀냈다고 한다.

연구자들은 강박장애의 생물학적 토대에 대해 몇 가지 설득력 있는 단서를 찾아냈다. 강박장애가 있는 사람들을 신경학적으로 조사한 결과, 잘못을 탐지하고 결정을 내리는 데 관여하는 부위를 포함하여 뇌의 몇몇 부위의 활동이 증가했음을 알아낸 것이다. "문을 잠가라"라고 말하는 메시지가 자꾸 반복되면서, 본디 우리에게 절대 필요한 정신적 경보 체계가 사람의 심신을 피폐하게 만드는 끊임없는 강요가 되어버린다. 강박장애가 있는 사람의 경우, 뇌의 이 특정 부위는 "결코 포기하지 않는다"고 매클린 병원의 일라이어스는 말한다.

다른 정신질환과 마찬가지로 강박장애는 연속체(continuum)의 형태로 존재한다. 어떤 사람은 다른 사람들보다 되풀이되는 생각 즉 강박사고와, 의식화(儀式化)된 행동 즉 강박행동에 더 많이 시달린다는 얘기다. 강박장애의 증상은 다른 질환과 부분적으로 겹칠 때가 많다. 연구자들은 강박장애와 투렛 증후군이 생물학적으로 밀접하게 연결되어 있다는 것을 발견했다. 투렛 증후군은 틱(tic)이라고 불리는 빠르고 반복적인 동작이 특징이다. 강박장애가 있는 사람 대부분이 주의력결핍 과잉행동장애(ADHD)와 우울증, 그리고 불안장애와 싸우고 있다. 기분장애와 관련된 신경전달 물질 가운데 하나인 세로토닌도 강박장애에서 중요한 역할을 맡고 있다. 그래서 강박장애 치료에는 항우울제와 항불안제가 포함되는 경우가 많다.

행동요법은 지난 몇십 년 동안 상당히 발전했다. 초기에 의사들은 환자들로 하여금 그들이 지닌 최악의 공포증과 직면케 하는 것을 두려워했다. 환자에게 도움을 주기보다는 오히려 그들을 혼란에 빠뜨리지나 않을까 걱정해서였다. 하지만 오늘날에는 두려움과 대면케 하는 노출 및 반응 방지(exposure and response prevention, ERP) 요법[9]이 자주 쓰인다. 환자들은 그들을 가장 불안하게 만드는 바로 그 행동을 하라고 지시받는다. 그들은 문이 잠겼는지 확인하지 않고 집을 나서고, 수를 헤아리는 등의 판에 박힌 행동을 중지해야 한다. 그렇게 하면 무언가 나쁜 일이 일어날 거라고 그들이 아무리 강력하게 믿는다 해도, 반드시 그래야 한다. 이 치료법은 극도로 어려울 수 있다. 특히 치료를 시작한 초기에는 환자들이 통제력을 잃었다고 두려워해 몹시 동요하고 흥분하기 때문에 더욱 어렵다. 하지만 ERP를 계속하는 환자의 3분의 2는 치료에 좋은 반응을 보여, 강박적 사고와 행동을 억누르는 법을 배우게 된다. "결국 그들은 불확실성이나 불안에 직면한 상황에서도 자기한테 주어진 일을 편안하게 끝낼 수 있게 되며, 이것은 그들의 자신감과 삶의 질을 회복시킨다"라고 일라이어스는 말한다.

UCLA의 제프리 슈워츠 박사는 강박장애 환자들이 종종 보이는 상당한 통찰력을 이용하는 또 다른 치료법이 옳다고 믿고, 이를 사용하여 환

---

9) 이는 위험성을 제거한 상태에서 환자를 자신의 불안과 두려움의 원천 및 맥락에 노출시켜 둔감해지도록 하는 노출요법의 한 종류다.

자들의 정신을 재훈련한다. 슈워츠의 치료법은 '마음챙김(mindfulness)'[10]이라고 하는 것에 바탕을 두고 있다. 즉, 현재의 순간순간에 초점을 맞추고, 판단과 반응성을 줄이면서 자신의 생각과 감정을 바라보는 데 중점을 두는 것이다. 치료하는 동안 슈워츠는 환자들에게 그들의 강박장애에 '말대꾸'를 하라고 권고한다. 왜곡된 관념에 따라 행동하는 대신, 환자들은 자신의 강박사고가 스스로 통제할 수 있는 증상이라고 깨닫는 법을 배운다. 그들은 굴복하지 않고 이렇게 말할 수 있다. "그건 거짓된 메시지일 뿐이야. 나는 거기에 귀를 기울일 필요가 없어." 환자들은 일련의 과정을 통해, 문제의 생각들이 그들의 머릿속으로 마구 밀고 들어오는 것[11]은 슈워츠의 표현에 따르면 그들 뇌의 "기어가 고착되어" 있기 때문이라는 사실을 이해하도록 훈련받는다. 그들은 자신의 강박적 사고를 무시하고 파괴적인 행동에서 벗어나 좀 더 생산적이고 활기를 북돋우는 활동에 다시 집중하는 법을 배운다. 시간을 두고 상당한 연습을 거듭하면 그들의 반응은 훨씬 대담해지고 자신만만해질 수 있다. "좋아, 어디 할 테면 해봐. 내가 다시 손을 씻게 어디 한번 만들어보라니까." 슈워츠는 사람들이 자기 뇌의 회로를 바꾸는 능력을 갖고 있다고 믿는다. 그는 1990년대에 행한 실험에서 환자들의 뇌를 PET(양전자방출 단층촬영)로 스캔하여, 그들의 뇌가 보여주었던 과잉 활동이 마음챙김 치료를 받은 뒤에는 줄어드는 것을 발견했다.

휴스는 어떤 종류의 치료도 받아본 적이 없었다. 전에는 '강박반응'이라고 불렸던 이 장애는 휴스의 시대에도 그 존재가 알려져 있었지만, 그가 심신을 피폐하게 만드는 이 질환으로 진단을 받았거나 적절한 치료를 받았

---

10) 불교의 명상 수행법에서 나온 용어인 'mindfulness'는 '깨어 있음, 알아차림, 마음집중, 마음지킴, 수동적 주의집중' 등으로도 번역된다.
11) 이를 '침투적 사고'라고 한다.

다는 증거는 전혀 없다. 1960년대 말에 연구자들은 강박장애 증상을 보이는 환자들에게 클로미프라민이라는 초기 항우울제를 시험 투여하기 시작했다(클로미프라민은 나중에 유익한 의약품으로 승인을 받았다). 하지만 휴스의 시대와는 10년쯤 차이가 난다. 그래서 휴스는 진통제에 중독되었는데, 그가 진통제를 처음 처방받은 것은 1946년에 비행기 추락 사고를 겪은 뒤였다. 수십 년 동안 그는 진통제 코데인을 정기적으로 복용했고, 위험하리만큼 많은 양을 사용할 때도 많았다. "막대한 재산을 빼고는 남은 게 거의 없었던 말년에 휴스는 약이 유일한 낙이라면서 그것에 매달렸다"라고 파울러는 심리적 부검 보고서에 썼다.

휴스가 초기에 마음챙김 요법 같은 걸 받았다면 도움이 되었을지도 모른다고 슈워츠는 단언한다. 휴스는 엔지니어 기질을 갖고 있었고, 문제에 대해 생각하고 해결책을 체계적으로 강구하는 능력도 갖고 있었다. 무엇보다도 그에게는 강한 의지가 있었다. "그는 치료 대상으로 이상적인 사람이었다"라고 슈워츠는 말한다. 하지만 휴스의 강박장애는 통제를 벗어나 꾸준히 악화되었고, 급기야는 혼란이 질서처럼 보이기 시작했다. 그것은 아마 질병의 악화를 막아야 할 절박한 필요성이 없었기 때문일 것이다. 강박장애에 시달리는 대다수 사람들은 자신이나 가족을 부양할 수 있도록 증상을 억제하려고 애쓴다. 그들에게는 선택의 여지가 없다. 집에 봉급을 갖다줄 수 있으려면 심신이 제대로 기능해야 하기 때문이다. 슈워츠는 휴스가 그의 강력한 지위—그는 재정적 어려움을 겪은 적이 한 번도 없었고, 주위 사람들은 항상 그의 명령에 복종했다—덕분에 충동을 억제할 필요가 거의 없었을 것으로 본다. "그는 자신의 충동들에 저항하기는커녕 오히려 거기에 탐닉했다"면서, 슈워츠는 "그것은 재앙적인 강박장애를 불러오기에 딱 적합한 처방이다"라고 말한다.

하워드 휴스는 평생 동안 신체적으로나 감정적으로나 엄청난 고통에 시달렸다. 수많은 사람들이 그와 함께 일했고, 그는 캐서린 헵번에서부터 에바 가드너와 진저 로저스에 이르기까지 수많은 할리우드 스타들과 연인 관계를 맺었다. 그는 두 번 결혼하고 두 번 이혼했다. 하지만 결국에는 아무도 그를 구하지 못했다.

말년에 휴스는 코데인에 중독되어 섬망증과 탈수증에 빠진 상태로 멕시코의 아카풀코 프린세스 호텔에 몸을 숨겼다. 여기서 발작을 일으켜 의식을 잃은 뒤 휴스는 들것에 실려 소형 제트기로 옮겨졌다. 1976년 4월 5일, 고향인 휴스턴으로 날아가는 도중에 휴스의 심장이 멎었다. 나이 70세였고, 체중은 겨우 42킬로그램이었다. 이틀 뒤, 그는 휴스턴의 글렌우드 묘지의 어머니와 아버지 옆자리에 묻혔다.

〈에이비에이터〉가 개봉된 뒤의 한 인터뷰에서 리어나도 디캐프리오는 시나리오를 처음 받아보았을 때의 느낌을 토로했는데, 그렇게 뛰어나고 성공한 인물이 어떻게 그런 문제들에 시달려야 했는지 놀라웠다고 말했다. "휴스는 세상의 모든 자원을 갖고 있었지만, 편안함이나 행복감은 암만해도 찾지 못했다"라고 디캐프리오는 말했다. 그는 아주 높은 곳까지 솟아오를 수 있었지만, 끝내 자신의 고통에서 벗어나지는 못했던 것이다.

앤디 워홀(Andy Warhol)

저장강박증

앨러게니강을 사이에 두고 피츠버그 번화가의 상업 중심지와 마주보고 있는 앤디 워홀 미술관은 정면이 화려한 테라코타로 장식되어 있는 낡은 창고 건물에 자리 잡고 있다. 안으로 들어가면 혁신적이고 반항적인 워홀의 작품들에 요약되어 있는 1960년대와 1970년대의 활기찬 예술 세계로 돌아가게 된다. 캠벨 수프 실크스크린들, 브릴로 박스 설치미술, '은빛 구름' 풍선들, 해골과 저명인들의 실크스크린, 머리카락이 삐죽삐죽 길게 뻗친 잊히지 않는 자화상들, 그리고 크리스티 경매 회사에서 설명하기를 "물감에 구리 가루를 섞어 칠한 캔버스에 오줌을 갈겨" 창조되었다는 그의 악명 높은 '산화(Oxidation)' 시리즈.

하지만 2013년 9월의 어느 비 내리는 오후에 워홀의 열광적인 팬들을 유혹하여 샌더스키가(街)에 여기저기 생긴 물웅덩이를 첨벙첨벙 건너 미술관 안의 극장에 자리를 잡게 한 것은 그곳에 전시된 작품들이 아니었다. 극장에서는 미술관의 목록 편집자들이 워홀의 유명한 '타임캡슐' 가운데 하나의 내용물을 공개하려 하고 있었다. 그의 타임캡슐이란 569개의 골판지 상자와 40개의 파일 캐비닛, 그리고 커다란 트렁크 하나에 들어 있는, 워홀의 수집품이자 이젠 그의 기념물이 된 방대한 컬렉션이었다. 미술관 직원들이 부지런히 세부 사항을 기록하고 보관해온 다른 캡슐들에는 예컨대 빈 칫솔 케이스, 콩코드 여객기에서 훔친 은식기, 사진, 레스토랑 계산서, 캠벨 수프 캔, 헌 속옷 따위가 들어 있었고, 심지어는 미라화한 인간의 발 하나도 있었다. 극장 불빛이 어두워지자 기대감이 한껏 고조되었다. "상자들 중 하나에는 캐럴라인 케네디의 열여섯 번째 생일 케이크 한 조각이 들어 있대!" 하고 한 남자가 속삭였다.

무대 위에서는 '1967~1969'라는 연도가 적힌 낡은 골판지 상자 하나가 마술사의 탁자에 놓인 검은 모자처럼 스포트라이트 밑에 놓였다. "여러분은 흥분되지 않나요?" 하고 양손에 푸른 색 장갑을 낀 미술관 직원이 상자 뚜껑을 열면서 물었다. 이후 한 시간에 걸쳐 그녀는 몰입해 있는 관객 앞에서 동료 한 명과 함께 상자 속을 뒤져 물건을 하나씩 꺼냈다. 겉보기에 상자 속에는 온갖 잡동사니를 아무렇게나 모아놓은 것 같았다. '테트라사이클린 250밀리그램'이라고 적힌 처방전, 크리스마스카드, 대통령으로 선출되면 맨 먼저 무엇을 하겠느냐고 워홀에게 묻는《플레이보이》지의 설문지, 《뉴스위크》지와《타임》지, 워홀의 숭배자로서 그의 영화에 출연하기를 열망했던 어느 배우 지망생의 편지, 1968년 워홀에게 총을 쏜 여배우 밸러리 솔라나스에 관한 신문 기사 스크랩, 그때 워홀의 목숨을 구해준 외과의사 주세페 로시 박사가 보낸, 지금 기일이 지난 3,000달러짜리 청구서, 너무 오래돼서 당장이라도 푸슬푸슬 부서질 듯한 수표 사본 한 움큼. "이것들은 여러분이 영원히 보관하려고 마음먹을 만한 물건들이 아닙니다"라고 미술관 직원은 말했다.

하지만 워홀은 그것들을 보관했다. 그 자신도 어쩔 수 없었다. 은빛 가발을 쓰고 스키니진을 입고 도발적인 작품들을 창조하는 워홀의 공적 페르소나는 이미지와 드라마, 성적 관심, 신랄함을 발산했다. 그는 반문화의 본보기였으며, 자신만만하고 요란스럽게 소비주의를 받아들인 팝아트의 얼굴이었다. 하지만 워홀은 카메라와 캔버스 뒤에서는 또 다른, 덜 알려진 열정을 가지고 있었다. 그는 어마어마한 규모의 수집가였던 것이다. 그는 쇼핑을 좋아해서, 할 수만 있으면 언제 어디서나 쇼핑을 했다. 싸구려 잡화점, 골동품점, 최상급 갤러리 등 장소를 가리지 않았다. "그는 모든 것을 탐욕스럽게 사들이는 소비자였다"라고 워홀 미술관의 아카이브 실장인 맷 우르비칸은 말한다. 워홀은 30만 개의 물건으로 가득 찬 610개의 타임캡슐 외에 맨해튼에 있는 자택도 엄청나게 많은 물건들―진주 목걸이, 미스 피기 기념품, 베이클라이트 팔찌, 화가 로이 릭턴스타인의 데생 등 ―로 가득 채워서, 집 안을 돌아다니려면 "물건들을 타고 넘어야 했다"고 어느 방문객은 워홀이 죽은 뒤《뉴욕》지와의 인터뷰에서 말했다.

저장강박증(compulsive hoarding 또는 hoarding disorder)은 적어도 단테가 14세기에 쓴 서사시만큼 오랫동안 존재했다. 『신곡』은 저장강박증이 있는 사람들을 지옥의 제4층으로 보냈는데, 여기서 그들은 그들의 숙적인 낭비가들과 싸우면서 영겁의 시간을 보낼 것이다. 오늘날 우리는 낡은 잡지로 거실을 어지럽히고 벽장을 구두로 가득 채우는 나쁜 버릇을 묘사할 때 흔히 저장강박증이라는 말을 아무렇지도 않게 사용하지만, 워홀의 저장물은 그야말로 독보적인 것이었다. 온갖 물건을 방대하게 모아들인 그는 20세기의 가장 중요한 수집가 중 하나였지만, 저장강박증의 전형적인 특징들을 보여주기도 했다.

워홀의 이야기가 특히 매혹적인 까닭은 그가 서로 아주 다른 세계—부유층의 세계와 서민층의 세계—들을 두루 즐겼고, 양쪽의 물건이 뒤섞인 기념비적 수집품을 남겼다는 점이다. 우리들 대다수는 피카소의 작품과 아메리칸 엠파이어 양식[1]의 가구를 쌓아두는 심리를 헤아리기 어렵다. 하지만 우편 광고물이나 오래된 수표, 철지난 카탈로그를 모으는 것은 어떤가? 거기에는 우리도 공감할 수 있을 테다. 우리 누구나 조금은 그런 경향을 갖고 있으니까 말이다.

예술의 메카인 뉴욕시가 아닌 다른 곳에서 살고 있는 앤디 워홀을 상상하기는 어렵다. 하지만 그의 어린 시절은 펜실베이니아주 피츠버그의 노동자 계층이 사는 거친 거리에서 시작되고 끝났다. 앤드루 워홀라(Andrew Warhola, 그는 나중에 성씨의 마지막 글자인 'a'을 떼어냈다)는 1928년 8월 6일, 체코슬로바키아에서 이주해 온 독실한 가톨릭 신자인 온드레이 바르홀라와

---

1) 미국에서 1815년경부터 1840년경까지 유행한 가구 디자인.

줄리아 부부의 아들로 태어났다.²⁾ 세 아들 가운데 막내인 앤디³⁾는 수줍음이 많고 여자 같으며 예술적인 아이였다. 또한 병약해서, 여덟 살 때 처음으로 시드넘 무도병에 걸렸고, 그 후에도 이 신경질환에 여러 번 시달렸는데, 감염 때문에 발병하는 이 질병은 불수의적 근육 운동을 유발하고 피부를 변색시킬 수 있다. 워홀은 얼굴에 얼룩이 생겼고, 평생 동안 외모를 의식하며 살았다. 자주 아팠고 남들과 어울리지 못했던 그는 만화책과 유명인들 이야기가 실린 잡지, 그리고 그림에서 위안을 찾았다. 그림 그리는 재능은 어머니한테서 물려받은 것 같다. 어머니는 청소부로 일했는데, 일이 없어서 집에 있을 때는 통조림 깡통과 조화나 냅킨용 크레이프페이퍼로 수공예품을 만들곤 했다.

바르홀라 가족의 생활은 생존 투쟁일 때가 많았다. 건설 노동자였던 아버지는 집을 떠나 있는 날이 많았다. 대공황은 그들에게 큰 부담을 주었다. 하지만 어린 앤디는 멀리 떨어진 인기 연예인과 예술의 세계에서 기쁨을 찾았다. 그는 영화에 열정을 품고 헨리 폰다와 메이 웨스트, 셜리 템플을 비롯한 할리우드 스타들의 사진 스크랩북을 만들었다. 청소년 시절에 그는 토요일 오후마다 카네기 미술관에서 무료 수업을 받았고, 그 후 카네기 공과대학에 등록⁴⁾했다. 학비는 아버지가 남긴 저축으로 충당했는데, 아버지는 여기저기 탄광을 돌아다니며 생의 대부분을 보낸 뒤, 워홀이 열세 살 때 오염된 물을 마시고 사망했다. 미술학교에 다닐 때 워홀은 잉

---

2) 온드레이는 영어의 '앤드루'에 해당한다. 'Warhola'는 모국어 발음으로는 '바르홀라', 영어식으로는 '워홀라'다.
3) 앤드루의 애칭.
4) 전공은 상업미술이었다.

크 블로팅 기법[5]을 개발했는데, 이것은 일찍부터 그의 특징적인 스타일의 하나가 되었다. 하지만 그는 비전통적인 방식을 써서 강사들을 화나게 하기도 했다. 미술 평론가인 데이비드 보든이 전기『워홀』에 쓴 바에 따르면, 한번은 그림 한 점을 네 조각으로 잘라서 별개의 과제물로 제출하기도 했다. 4학년 때인 1949년 초에 기억할 만한 사건이 일어났다. 이 젊은 화가는 손가락으로 콧구멍을 후비는 남자의 그림을 피츠버그 화가협회의 연례 전시회에 제출했는데, 「내 얼굴은 그 계집[6]이 주었지만, 내 코는 내 마음대로 후빌 수 있다」라는 제목의 이 작품은 출품작 심사에서 퇴짜를 맞았다.

픽토리얼 디자인으로 학위를 받고 대학을 졸업한 뒤인 1949년 여름에 워홀은 상업미술가로서 일거리를 찾기 위해 뉴욕시로 이사했다. 몇 달도 지나기 전에 그는 《글래머》 잡지 기사의 삽화로 일련의 드로잉(소묘)을 발표했고, 강렬하고 장난스러운 그림 스타일로 곧 인기를 얻게 되었다. 워홀은 부지런한 화가이자 끈질긴 네트워크 활용자로서, 1950년대에 활기차고 다양한 프리랜스 작업을 벌여 주요 패션 잡지에 그림을 그리고, 티파니 사의 크리스마스카드를 디자인하고, 피아니스트 블라디미르 호로비츠와 지휘자 아르투로 토스카니니, 재즈 아티스트 카운트 베이시의 앨범 커버에 일러스트를 그렸으며, I. 밀러 구두회사의 광고에 등장한 경쾌한 신발 그림들로 상을 받기도 했다. 그는 1972년 세상을 떠날 때까지 20년 동안 맨해튼에서 함께 살았던 어머니를 화가로 만들기까지 했다. 줄리아 워홀라의

---

5) 블로팅 기법이란, 종이를 반으로 접었다 펴서 한쪽에 잉크로 의도하는 선을 그린 뒤 종이를 다시 접어 반대쪽에 대칭적으로 묻어나게 하는 방식으로, 이 절차를 거듭하여 완성된 그림을 만든다.
6) 동급생들에 따르면 제목의 '계집(broad)'은 본디 '하느님(lord)'이었는데 도발적인 단어로 바꾼 것이라 한다.

우아한 필체는 아들의 초기 삽화 여러 편에 첨부되었고, 그는 어머니가 그린 고양이 연작을 모아서『앤디 워홀의 어머니가 그린 신성한 고양이들』이라는 제목의 책으로 출판하기도 했다.

1960년께 워홀은 상업미술에서 거둔 성공 덕분에 새로운 아이디어를 자유롭게 실험해 볼 수 있는 재량권을 지니게 되었다. 그때쯤 로버트 라우션버그와 재스퍼 존스는 추상표현주의를 개조하고, 친숙한 형상들—신문지, 사진, 미국 국기—로 캔버스를 뒤덮고 있었다. 워홀은 작업의 초점을 기발한 삽화로부터 소비재들—코카콜라 병, 브릴로 패드, 델몬트 복숭아 통조림, 그리고 그의 아이콘인 캠벨 수프 캔—을 형상화한 선구적인 팝 이미지로 옮겼다. 그는 실크스크린을 이용하여 캔버스에 재키 케네디, 엘리자베스 테일러, 엘비스 프레슬리, 야구공, 자동차 충돌 사고, 심지어는 전기의자에 이르기까지 다양한 대상들을 재현해냄으로써 새로운 영역을 확보했다. 철강 도시에서 온 말라깽이, 사회적 관계에서 많은 어려움을 지닌 젊은이가 갑자기 논란을 불러일으키면서, 그가 무엇보다도 간절히 원했던 '명성'을 얻고 있었다.

그는 또한 물건들에 대한 열정도 키우고 있었다. 많은 양의 물건들 말이다. 돌이켜보면 흥미롭게도 워홀은 자기 삶의 거의 모든 영역에서 '많고 다양함'에 대해 특별한 애착을 가지고 있었다. 언제 어떤 상황에서도 더 많은 것이 더 적은 것보다 좋았다. 그의 실크스크린 작품들의 뚜렷한 특성은 바로 '반복'이다. 100명의 메릴린 먼로, 210개의 코카콜라 병, 교통사고로 망가진 자동차를 묘사한 14개의 오렌지색 이미지. 평론가들은 이것—유명인의 상품화와 공포의 둔화 등—이 지닌 내밀한 의미를 탐색했지만, 워홀의 연속적 이미지들은 풍부함에 대한 화가의 심취를 가장 단순한 방식으로 과시한 것이었다. 그는 사람들도 다수를 원했다. 어릴 적에 외로웠기 때문에 그는 많은 '동아리'를 모았고, 그런 무리를 거느리고 사교 행사에 나타나곤 했다. "그는 어디에나 수행원을 잔뜩 데려가는 것으로 유명해졌다. 사적인 모임에는 매우 성가신 일이었다"라고 워홀의 친구이자 측근 그룹의 일원이었던 보든은 말했다. "파티를 주최한 여주인이 앤디만 초대했다고 생각했다면, 그가 많은 사람을 거느리고 파티장에 들어오는 것을 보고 크게 놀라게 될 공산이 컸다." 워홀 자신도 인정했듯이, "우리가 도착할 때마다 하나의 파티 전체가 다른 파티에 합류하는 것 같았다."

하지만 워홀의 가까운 친구들에게 충격을 주고 그의 '소유에 대한 집착'(워홀 미술관에서는 2002년 그의 수집품 중 300점을 추려서 연 전시회에 이런 적절한 이름을 붙였다) 뒤에 숨어 있는 동기에 대해 열띤 논쟁을 불러일으킨 것은 물건들을 쌓아두는 워홀의 버릇이었다. 그 자신도 인정했듯이 워홀은 어떤 것도 버리기가 어려웠다. "나 자신은 원치 않는 물건이라도 그걸 버리는 건 내 양심이 용납하지 않는다"라고 그는 1975년에 출간된 『앤디 워홀의 철학』에서 말했다. 워홀이 1974년부터 채우기 시작한 610개의 타임캡슐보다 이를 더 잘 예증하는 것은 없다. 당초 그 상자들은 '팩토리(The Factory)'로 알려진 그의 작업실을 이전하는 동안 물건들을 보관하기 위한 것이었다. 하지만 이사가 끝난 뒤에도 오랫동안 워홀은 그 상자들을 책상 위에서 쓸어낸 일상의 물품들—점심 식사 영수증, 반쪽짜리 입장권, 진료비 청구서, 편지, 우표 등—을 눈에 띄지 않게 간수해두는 곳으로 이용했다. 데이비드 보든에 따르면 "팩토리에서 그는 우편물에 붙어 있는 우표에서부터 테이프리코더에 사용한 다 쓴 건전지에 이르기까지 거의 모든 것을 버리지 않고 보관하여 동료들을 미치게 만들 때가 많았다." 상자는 편리한 해결책이었다. 그 상자들 덕분에 워홀은 어떤 것도 버릴 필요가 없었던 것이다. 모든 것이—워홀이 쓰레기통에서 골라낸 허섭스레기들까지도—상자 속으로 들어간 뒤 창고로 옮겨졌다. 나중에 워홀은 이렇게 썼다. "나는 어떤 물건이 나한테 건네지면 당장 그것을 창밖으로 내던지고 싶지만, 그러는 대신 상대에게 고맙다고 말하고 '이달의 상자' 속에 그것을 떨어뜨린다."

소유물과 좀처럼 헤어지지 못하는 것은 저장강박증의 결정적인 특징 가운데 하나인데, 이 정신질환은 『정신장애 편람』 최신판에 처음으로 별개의 진단명으로 등장했다. 워홀은 1950년대에 맨해튼의 어퍼이스트사이드에 있는 아파트로 이사한 직후 가구와 미술품, 책과 장식품 등으로 아파트를 채우기 시작했는데, 그중에는 박제품 가게에서 발견한 공작새 박제까지 포함되어 있었다. "온갖 물건들로 어수선한 것은 워홀의 거처에서 필수적인 요소였고, 건물 입구 계단을 올라가자마자 있는 그의 아파트는 폐품 수집자의 쾌락 궁전과 비슷해졌다"라고 보든은 말했다. 저명인의 사진에 매료되었던 워홀의 어린 시절까지 거슬러 올라가는 수집벽은 곧 모든 장비와 장식물에 대한 열정으로 발전했다. 조잡한 쿠키 단지든 파울 클레의 그림이든 가리지 않았다. 지칠 줄 모르고 물건을 사들인 워홀은 온갖 종류의 시장—벼룩시장, 골동품점, 갤러리, 삭스 피프스 애비뉴[7] 등—을 찾아다녔다. 그가 좋아한 매장 가운데 하나는 맨해튼의 오래된 염가 잡화점 램스턴스였다. 여기서 그는 30센트짜리 쇼핑백을 하나 사서 거기에 얼마나 많은 물건이 들어가는지 시험하듯이 구매한 것들을 쑤셔 넣곤 했다. 집에 오면 쇼핑백의 내용물을 침대 위에 벌여놓고 지우개로 가격을 문질러 지웠다. "그러고는 그 모든 물건을 치우자마자 다시 쇼핑을 하러 가고 싶어진다"라고 그는 말했다.

많은 사람이 물건을 이것저것 구경하고 사기를 좋아하지만, 워홀의 열

---

7) 맨해튼 5번가에 있는 고급 백화점.

정은 어느 누구도 따라갈 수 없었다. 그가 얼마나 많은 물건을 사들였는 지는 1987년 그가 죽은 뒤에 분명해졌다. 그의 유산을 실사하고 경매할 물품을 고르라고 고용된 소더비 회사의 감정평가사들은 물품들의 목록을 작성하기 위해 워홀의 집에 가능한 대로 공간을 내어 사무실을 차렸다.[8] 그가 1974년에 이사한 이스트 66번가의 자택은 고급 건축 자재인 갈색 사 암으로 외벽을 마무리한 5층 건물이었다. 소더비 팀원들은 그 큰 건물에 있는 방들이 상자와 쇼핑백으로 가득 차 있는 것을 발견했다. 어느 벽장 에는 피카소 작품 하나가 모셔져 있었고, 보석들이 침대 속에 쑤셔 박힌 채 발견되었다. 티파니 전기스탠드, 릭턴스타인과 존스와 라우선버그의 그림 들만이 아니라 싸구려 시계 무더기들과 수십 개의 향수병, 쿠키 단지 175 개도 발견되었다.

저장강박증에 따른 혼란이 평범한 난장판 상태와 구별되는 특징은 생 활공간이 물건으로 가득 차서 그 공간을 원래 목적으로 쓸 수 없다는 점이 다. 워홀이 죽은 직후에 그의 식당을 찍은 사진을 보면 벽난로 앞에 상 자들이 높이 쌓여 있고 벽에는 그림들이 세워져 있으며 식탁에는 책과 서류 와 사발과 그 밖의 물건들이 수북이 쌓여 있는 완전한 혼란 상태를 보여 준다. "그 널찍한 식당에는 신고전주의 양식의 훌륭한 식탁이 놓여 있고, 아르데코 양식의 의자 12개가 식탁을 둘러싸고 있었다. 식탁 밑에는 호화 로운 카펫이 깔려 있었는데, 오뷔송 카펫[9]이 분명했다"라고 빅터 보크리스 는 그가 쓴 전기『워홀』에서 말했다. "하지만 그 방 안으로 들어갈 길은 없 었다. 바닥과 식탁과 찬장이 수많은 상자와 쇼핑백과 포장지에 싸인 꾸러

---

8) 모두 24명이 동원되어 여러 달 동안 일했다고 한다.
9) 프랑스 중부 오뷔송에서 수백 년 전부터 생산되는 카펫으로, 특유의 색상과 무늬로 유명하다.

미—헤아릴 수 없이 많은 물건들—로 빈틈없이 가득 차서 감정평가사들이 뚫고 들어갈 수가 없을 정도였던 것이다. 말이 식당이지, 적어도 여러 해 동안 아무도 거기서 식사를 한 적이 없었을 것이다." 죽을 무렵 워홀은 주로 침실에서 지내고 있었다. 그는 침실의 텔레비전 옆에 가발을 잔뜩 쌓아놓고, 네 개의 기둥과 닫집이 있는 침대에서 잠을 잤다.

워홀로 하여금 그토록 많은 물건을 수집해서 쌓아두게 한 것은 무엇이었을까? 그는 저장강박증 환자였을까? 아니면 아무리 평범한 물건이라 해도 아름다운 것은 무엇이든 높이 평가하는 안목을 가진 수집가였을까? 많은 점에서 워홀은 두 역할을 모두 아주 능숙하게 살아냈다. "내가 보기에, 대단히 흥미롭게도 [워홀에게서] 그 둘 사이의 경계선은 흐릿하다"라고 스탠퍼드 대학의 저장장애 연구 팀장인 캐럴린 로드리게스 박사는 말한다. 워홀은 아르데코, 아메리카 인디언의 공예품, 민속예술품, 뒤샹과 맨 레이의 작품 등을 놀라우리만큼 많이 수집했다. 하지만 수집품을 체계적으로 정리해서 보여주려는 노력은 전혀 하지 않았는데, 이것이야말로 저장강박증을 수집벽과 구별해주는 뚜렷한 특징이다. 수집가들은 자기가 모은 물건을 남에게 자랑하기를 좋아하는 반면, 저장강박증 환자들은 물건들을 감추어둔다. 이것은 워홀한테도 해당되는 점이다. 그는 방문객을 집에 들이지 않기로 유명했다. "그가 구입한 물건들 중에는 포장을 풀지 않은 것도 있었다"라고 소더비 사의 존 매리언 회장은 워홀이 죽은 뒤 《뉴욕》지와의 인터뷰에서 말했다. "그에게는 구입한 물건을 사람들에게 보여주는 것보다 그것을 구하려고 애쓸 때의 스릴이 더 재미있었다." 1975년에 어느 신문사와 인터뷰할 때 집을 어떻게 꾸며놓았느냐는 질문을 받고 워홀은 이렇게 대답했다. "그냥 쓰레기로 꾸몄지요. 종이와 상자들. 나는 무언가를 집에 가져오면 아무 데나 놔두고 다시는 집어 들지 않아요."

물건의 개수 자체는 수집벽과 저장강박증을 구별해주지 못한다. 그보다는 물건들의 배열에 어떤 논리가 있는지, 물건들이 얼마나 잘 관리되고 있는지가 중요하다. 유리장 안에 들어 있는 100개의 반짝이는 찻잔은 컬렉션이다. 하지만 껌 포장지와 급료 지불 수표, 신문 스크랩 따위가 가득 든 자루 100개를 쌓아두는 것은 저장강박증이다. 워홀의 타임캡슐은 홀륭한 본보기다. 그 안에는 이를테면 좌약 상자와 희귀한 사진 따위가 뒤죽박죽 섞여서 들어 있다. 그리고 그는 개개의 물건이 어떤 상태인지에 대해 주의를 기울이지 않았다. "워홀은 물건들이 어떻게 되든 전혀 관심을 두지 않고 상자 속에 그냥 던져 넣었다"라고 미술관의 아카이브 실장인 우르비칸은 말한다. 미술관 직원들이 타임캡슐의 내용물을 분류하여 목록을 만들기 시작한 후, 공처럼 둘둘 뭉쳐진 옷과 직물을 펴야 한 적도 있고, 내용물이 새고 있는 캠벨 수프 깡통과 바싹 말라버린 피자 꽁다리를 발견한 적도 있었다. 조카딸이 워홀에게 보내준 빵 한 조각이 썩은 채 상자 속에 들어 있기도 했다. 그의 특징적인 가발들도 마찬가지였는데, 미술관 직원 하나는 그 가발들이 "길에서 차에 깔려 죽은 동물 같아 보였다"라고 《카네기》지 기자에게 말했다.

워홀은 타임캡슐을 갤러리에 전시하는 게 어떨까 생각도 했고, 캡슐 하나당 4,000달러에 팔아볼까 하면서 즐거워하기도 했지만 그런 일은 결국 일어나지 않았다. 무엇이든 뒤로 미루는 버릇은 저장강박증 환자의 전형적인 특징이라고 TV 리얼리티 쇼 〈호더스(Hoarders)〉에서 이런 사람들의 치료를 맡았던 임상심리학자 로빈 재시오 박사는 말한다. "그들은 원대한 계획들을 갖고 있지만, 모아서 쌓아둔 것들 자체가 너무 방대하고 버거워서 절대로 그 계획의 실행에 착수하지 않는다." 그래도 워홀의 의도와 캡슐 내용물의 역사적 가치 때문에 워홀 미술관은 타임캡슐을 미술관 소장품의 주요 부분을 이루는 하나의 연작(連作)으로 여기고 있다. 전시를 위해 해외 갤러리에 다녀온 상자들도 여러 개다. 아무 거나 긁어모은 듯한 상자 속 내용물은 저장강박증의 표본이라 해도, 타임캡슐을 전체적으로 보면 예술적으로 의미 있는 '무언가'를 상징한다고 볼 수 있다. 사회 변천사를 단적으로 보여주는 스크랩북, 소비주의의 증언이자 기념물, 평범하고 일상적인 것에 대한 찬양 같은 것 말이다. "워홀은 일상적인 것을 끝없이 사랑했다"라고 우르비칸은 말한다.

하지만 그는 자기 물건을 항상 사랑하지는 않았다. 워홀은 물건 사냥을 즐겼지만, 마음속 한구석에서는 철저하게 깔끔한 사람이 되기를 갈망했다. "사람은 누구나 넓고 빈 공간에서 살아야 한다고 생각한다. 깨끗하고 비어 있기만 하다면 작은 공간이라도 괜찮다." 고민은 저장강박증의 주된 요소다. 워홀은 무언가를 버려야 할 상황에 직면했을 때, 그리고 온갖 물건이 빈틈없이 들어찬 주위 환경에 신물이 났을 때 그런 괴로운 감정을 느낀 듯하다. 그는 『앤디 워홀의 일기』에 이렇게 썼다. "나는 나의 생활 방식과 이 모든 쓰레기에, 그리고 언제나 또 다른 물건을 집으로 끌고 오는 것에 넌더리가 난다. 내가 원하는 것은 하얀 벽과 깨끗한 바닥, 단지 그것뿐이다."

물건을 저장하려는 인간의 충동은 진화에 뿌리를 두고 있고, 우리 뇌 속에 계속 머물러왔다. "혈거인 시절부터 우리는 줄곧 사냥과 채집과 수집을 해왔다. 그것은 정상적인 인간 행동이다"라고 스탠퍼드대의 로드리게스는 말한다. 그것은 우리 인간이 꿀벌에서부터 바베이도스의 푸른원숭이에 이르기까지 광범위한 동물들과 공유하고 있는 강박행동이다. 야생의 쥐들은 식량만이 아니라 먹을 수 없는 물건—겉보기에는 생존에 아무 쓸모도 없는 물건—도 수집한다는 사실이 밝혀졌다. 무엇이든 다 자기 굴로 끌고 들어가는 털북숭이 꼬리의 숲쥐를 이르는 '팩랫(pack rat)'이란 말이 그 비슷하게 행동하는 사람을 가리키는 데도 쓰이는 것은 이런 이유에서일지 모른다.

우리들 중에는 물건을 잘 버리지 못하는 사람이 많다. 우리는 영화관 입장권, 구두 상자, 잡지 따위에 집착한다. 일회용 반창고 상자를 약장에 너무 많이 채워 넣고, 낡은 전화번호부를 내버리지 못한다. 언젠가는 이런 반창고나 전화번호부가 요긴하게 쓰일지 모른다고 생각해서지만, 사실은 우리한테 필요 없는 것들이다. 우리는 물건을 잘 정리하겠다고 다짐하곤 하지만, 그럴 시간이나 정력을 갖고 있지 않다. 우리는 별 생각 없이 우리 자신을 저장강박증 환자라고 지칭하기도 하는데, 아마 실제로는 재시오 박사가 "깔끔하고 깨끗하다"고 부르는 단계로 시작하여 저장강박증으로 넘어가기 직전의 경계성 단계로 끝나는 어수선함의 연속체에서 중간쯤 되는 곳에 자리 잡고 있을 것이다. 경계성에서 다음 단계로 올라가면 저장강박증으로 진단받을 수 있는 상태인데, 그 수준이 되려면 우리 대다수가 그러는 것보다 훨씬 많은 물건 더미를 쌓아놓아야 하고 생활에 훨씬 많은 지장을 받아야 한다. 극단적인 경우, 저장강박증 환자의 집은 내전 지역처럼 보인다. 그 집에 사는 사람들은 산더미처럼 쌓인 옷과 곰팡내 나는 신문지, 썩어가는 샌드위치와 고양이 배설물 따위를 재주껏 피해 다니며 살아야 한다.

이렇게 위험한 수준의 저장강박증은 컬럼비아 대학에서 교육받은 뒤 은둔 생활을 한 두 형제—호머 콜리어와 랭글리 콜리어—를 통해 현대 미국인의 의식 속으로 불쑥 들어왔다. 1947년 3월 21일, 익명의 제보자가 뉴욕시 경찰서에 전화를 걸어 5번가와 128번로의 교차로에 위치한 저택에 죽은 사람이 있다고 신고했다. 저택에 들어간 경찰관들은 충격적인 광경을 목격했다. 방과 복도들은 망가진 유모차, 부서진 악기, 자동차 부품, 쥐가 들끓는 온갖 파편과 퇴적물 따위로 가득 차 있었다. 눈이 멀어서 동생의 보살핌을 받고 있었던 호머는 누더기 실내복을 걸친 채 발견되었는데, 그는 심장마비와 굶주림으로 죽어 있었다. 3주 뒤, 경찰이 호머네 집에서 피아노 14대와 2,500권의 법률 책을 포함하여 100톤 분량의 물건을 밖으로 끌어낸 다음에야 신문지 더미 밑에서 랭글리의 부패하고 쥐들에게 뜯어먹힌 시신을 발견했다. 그는 침입자를 막으려고 자신이 설치한 덫들 중 하나를 건드렸고, 형과 3미터쯤 떨어진 곳에서 신문지 더미에 깔려 질식사했다. 인부들이 물건들을 꺼내는 것을 구경하려고 수많은 인파가 모여들었다. 신문에는 그 집의 불결하고 너저분하기 짝이 없는 상태를 찍은 사진들이 실렸는데, 보는 이들의 넋을 빼놓을 만큼 굉장한 장면이었다. 뉴욕의 상류층 출신인 두 형제가 자신들이 수집한 쓰레기에 묻힌 것이다.

누구나 저장강박증에 걸릴 수 있다는 사실이 곧 분명해졌다. 부자든 가난뱅이든, 특권층이든 서민층이든, 저명인이든 무명씨이든 상관없었다. 재클린 케네디 오나시스의 고모인 이디스 유잉 부비에 빌('빅 이다'라는 별명으로 알려져 있었다)과 빌의 딸 이디스(별명은 '리틀 이다'였다)도 뉴욕시의 유복한 가정에서 자라났다. 빅 이다는 맨해튼의 세인트패트릭 대성당에서 결혼식을 올렸고, 가수가 되기를 열망했다. 리틀 이다는 사립학교에 다녔고, 1936년에 피에르 호텔에서 사교계에 데뷔했으며, 모델로 활동하면서 상당한 성공을 거두었다. 한 사촌은 그녀를 "부비에 집안[10]의 모든 여자들 가

---

10) 재클린도 부비에 집안이다.

운데 최고 미인"이라고 불렀다. 모녀는 이스트햄프턴의 다 무너져가는 저택에서 수십 마리의 길고양이와 함께 살았는데, 1971년에 이 저택을 급습한 위생 검사관들은 식당에 빈 통조림 깡통이 1.5미터 높이로 수북이 쌓여 있는 것을 발견했고, 위층에서는 인간의 배설물을 발견했다.

모녀는 건물에서 쫓겨날 뻔했지만, 재클린 케네디 오나시스가 청소비용을 내겠다고 제의한 뒤 퇴거를 면했다. 나중에 그들은 다큐멘터리 영화의 소재가 되기로 동의했다. 1975년에 만들어져 비평가들의 찬사를 받고 열광적인 팬들까지 거느리게 된 〈그레이 가든스(Gray Gardens)〉는 빌 모녀의 기괴한 생활상을 그대로 보여주었다. 영화의 한 장면에서 리틀 이디는 전에 남동생이 썼던 음침하고 지저분한 방으로 들어가 동생의 물건 몇 개를 추려내면서 이렇게 말한다. "나는 어머니 때문에 추억거리나 그런 모든 것에 대해 아주 강한 감정을 느껴서, 절대로 이 책상 서랍들을 깨끗이 비우고 이 물건들을 내버릴 수가 없어요." 다른 장면에서는 다락방에 침입한 너구리들을 위해 비스킷을 놓아둔다.

저장강박증이 놀라움을 주는 문화적 구경거리의 자리에서 벗어나 진지한 과학의 대상이 되기까지는 수십 년이 걸렸다. 1990년대 초까지만 해도 이에 대한 연구가 거의 존재하지 않았다고 스미스 칼리지의 심리학 교수로 저장강박증 연구의 선구자인 랜디 프로스트는 말한다. 당시 그는 강박장애를 주제로 한 학생들의 세미나(공동 연구 및 토론 강좌)를 지도하고 있었다. 거기서 한 학생이 저장강박증에 대한 연구가 있느냐고 물었다. 당시 정신건강 전문가들은 저장강박증이 강박장애의 한 아류형이라고 믿고 있었다. 프로스트는 저장강박증에 대한 연구는 전혀 없다고 대답했지만, 이 질문에 자극을 받아 저장강박증을 별개의 주제로서 살펴보게 되었다. 그와 제자는 지역 신문에 광고를 내어, 자신을 '팩랫' 또는 '고질적으로 물건을 모아두는 사람'으로 여기는 이들을 찾았다. 그들은 100통이 넘는 전화를 받고 깜짝 놀랐다. 지원자들의 집을 방문해본 결과, 저장강박증 환자들은 많은 사람이 오랫동안 믿어온 것처럼 헌 신문이나 향수 어린 봉제 인형 따위만 계속 보관하는 게 아니라 새로운 물건도 수집한다는 사실이 드러났다. 아직 가격표를 떼지 않은 물건들도 있었다. 프로스트는 물건을 모으고 쌓아두는 사람들은 그게 아무리 평범한 물건이라 해도 깊은 감정적 애착을 가지고 있다는 것을 알아냈다. 그리고 중요한 경향을 하나 발견했는데, 저장강박증은 유전성이 강하다는 것이다. 이는 그 후 쌍둥이들에 대한 연구를 통해 사실로 확인되었다.

지난 25년 동안 저장강박증에 대한 연구는 가속화했고 과학자들은 몇 가지 인상적인 발견을 했는데, 그 결과 저장강박증을 강박장애의 아류형이나 하나의 증상으로 보았던 과거의 관념이 바뀌게 되었다. 프로스트에 따르면 많은 저장강박증 환자들이 강박장애의 진단 기준—여기에는 강박적 사고와 강박적 행동의 순환과 반복이 포함된다—에 들어맞지 않는 것으로 나타났다는 것이다. 가장 중요한 것은 저장강박증 환자들이 자신의 행동을 강박장애가 있는 사람들과 같은 방식으로 보지 않는다는 점이다. 강박장애에 시달리는 사람들은 거의 언제나 자신의 불합리한 행동에 당황하는 반면, 저장강박증 환자들은 물건을 엄청 사들이는 행태가 터무니없는 혼잡을 초래하는데도 불구하고 그것을 즐긴다. 이 점을 깨달은 연구자들은 "이건 정말로 전혀 다르게 보인다'고 말하게 되었다"라고 프로스트는 말한다.

과학은 또한 저장강박증 환자의 뇌 속에서 일어나는 작용에 대해 명확한 시각적 단서를 찾아내기 시작했다. 2012년에 이루어진 두뇌 스캔 연구에서, 프로스트를 포함한 연구 팀은 저장강박증 환자들에게 종이 제품 몇 가지를 골라서 보여주고 그것을 보관하고 싶은지 아니면 파쇄기에 버리고 싶은지 둘 중 하나를 선택하라고 했다. 그 종이 제품의 절반은 지원자들의 집에서 가져온 것이었고 나머지 절반은 연구 팀의 소유였다. 강박장애를 가진 그룹과 건강한 자제력을 지닌 그룹에 비해 저장강박증이 있는 지원자들은 자기 소유의 물건을 훨씬 덜 버렸고, 결정을 내릴 때 시간이 조금 더 오래 걸렸다. 그들은 또한 선택을 할 때 다른 그룹보다 불안과 망설임과 안타까움을 더 많이 느꼈다. 가장 흥미로운 것은 그들이 누구의 물건을 보고 있느냐에 따라 의사 결정과 관련된 뇌의 부위에 나타나는 활동 수준이 달랐다는 사실이다. 물건이 그들의 소유가 아닌 경우, 뇌의 그 영역은 별로 흥분하지 않았다. 그런데 자신의 물건에 대해 선택해야 할 때는 거기서 불꽃놀이가 벌어졌다.

이렇게 연구 결과가 축적되면서 저장강박증을 별개의 질환으로서 좀 더 포괄적으로 이해하게 되었고, 이제 저장강박증은 강박장애와 관계가 있긴 하지만 별개의 질환으로 『정신장애 편람』 목록에 올라 있다. 연구자들은 가장 효과적이고 용납될 만한 치료법을 찾아내기 시작했다. 환자들은 강제로 물건들을 치워버리는 것처럼 극적인 개입에는 좋은 반응을 보이지 않는다. 이런 강제 청소는 환자가 보물처럼 소중히 간직한 소유물들을 쓰레기통으로 보내는 것이기 때문에 환자를 더욱 불안하고 우울하게 만들 수 있다. 연구의 예비 데이터는 항우울제가 저장강박 증상을 완화시킬 수도 있다는 것을 시사하지만, 많은 환자들은 약을 먹기 싫어하고, 물건들로 혼잡한 집에서 그들을 계속 추적하기도 쉽지 않다고 로드리게스는 말한다. 많은 환자들은 같은 질환이나 경험을 가진 이들로 구성된 자조모임에 참석하거나 개별 치료를 받는 것을 더 좋아한다. 이런 데서는 환자들이 자기 물건들을 정리하고, 버리고, 그것들에 관한 결정을 내리는 데 도움이 될 기술을 알려줄 수 있다.

확인해야 할 것은 아직도 많다. 애초에 물건을 모아서 쌓아두게 만드는 요인도 그중 하나다. "많은 점에서 저장강박증은 정상적인 행동이 병적으로 확대된 것"이라고 프로스트는 말한다. 하지만 무엇이 정상을 병적 상태로 몰아가는가? 저장강박증 환자들은 흔히 어렸을 때 스트레스나 정신적 충격을 주는 사건을 겪었다고 털어놓는다. 이는 물건을 축적하는 것이 기분을 달래주고 안전감까지 줄 수 있음을 암시한다. 박탈이나 상실도 하나의 요인으로 여겨지지만, 영향을 주는 고난의 유형에 대해서는 견해들이 계속 바뀌고 있다. 한 개인이 어린 시절의 물질적 결핍을 보상하기 위해 물건을 축적하게 될 수 있다는 것은 논리적으로는 납득이 간다. 어린 시절의 궁핍은 워홀이 경험한 현실이다. 하지만 지금까지의 연구는 이런 이론을 입증해주지 않는다. 유족한 집안에서 자란 콜리어 형제와 빌 모녀의 경우를 봐도 마찬가지다. 프로스트는 정서적 빈곤이 더 중요할 수 있다고 말한다. 그는 저장강박증 환자들은 강박장애가 있는 사람이나 저장강박증도 강박장애도 없는 사람들에 비해, 따뜻하고 자녀를 지지해주는 가정에서 자랐다고 말하는 경우가 훨씬 적다는 사실을 발견했다. 물건을 축적하는 것은 자신이 무관심 속에 방치되었다고 느끼는 사람들에게 위안을 주는 것일지도 모른다.

저장강박증과 강박장애가 공유하는 한 가지 증상은 불안이다. 저장강박증 환자들은 물건을 버리는 것에 불안을 느낀다. 그들은 그 물건이 필요해질지도 모른다고 걱정하고, 물건이 없어지면 그걸 기억하지 못할 거라고 걱정하고, 혹은 감상적인 이유로 그것을 계속 간직해야 한다고 생각한다. 어떤 물건도 버리지 '않음'으로써 그들은 불안을 피할 수 있다. 살아가면서 겪는 힘든 상황들—가족의 죽음, 학대, 실직 같은 것—도 저장강박증 환자들을 불안하게 만들 수 있다. 상황에 완전히 압도당한 기분을 느낀 그들은 삶의 예측 불가능성을 대체하는 것으로 무생물인 물건들에 의지한다. "많은 저장강박증 환자들은 물건을 축적하면서 자기가 통제력을 갖고 있다는 환상에 빠지고, 불안감은 안전감으로 바뀐다"라고 프로스트와 게일 스테키티는 공저서인 『잡동사니: 저장강박증과 물건의 의미』[11]라는 책에서 말한다.

어떤 경우, 저장강박증 환자들은 자기 물건과의 감정적 관계 때문에 사람들한테 애착심을 갖기가 어려울 수 있다. 워홀의 측근들이 그를 항상 즐겁게 해준 것은 사실이다. 스튜디오54라는 나이트클럽의 단골인 워홀은 캘빈 클라인에서부터 라이자 미넬리에 이르기까지 누구하고나 친하게 어울렸다. 그의 작업실인 팩토리는 온종일 그의 졸개들로 가득 차 있었다. 그들은 실크스크린을 만들고, 영화 장면을 촬영하고, 음악을 연주하고, 마약을 실험했다. 지칠 줄 모르는 가십쟁이였던 그는 아침마다 전화기를 들고 그날의 가십 듣기 '체크인'을 하고는 친구들에게 그들의 연애와 파티 순례에서 무슨 흥미진진한 얘깃거리가 있었는지 꼬치꼬치 캐물었다. 하지만 이런 것들은 다른 사람의 삶의 단편들이었다. 워홀은 어머니와 함께 살았고, 인테리어 디자이너인 제드 존슨과 12년 동안 연인 사이였던 것 외에는 깊고 지속적인 관계를 거의 맺지 않은 자칭 외톨이였다. 1981년 4월의 성(聖)금요일에 워홀은 일기에 이렇게 썼다. "나를 사랑하는 사람이 없어서 외롭고 의기소침한 상태로 집에 갔다. 부활절이었고, 나는 울었다."

물건들은 친밀함의 대용품이 되었다. "처음으로 내 텔레비전을 갖게 되었을 때, 나는 타인들과 가까운 관계를 맺는 데 지나치게 신경을 쓰는 것을 그만두었다"라고 그는 회고했다. 그 자신의 표현에 따르면 그는 자기

---

11) 국역본은 『잡동사니의 역습—죽어도 못 버리는 사람의 심리학』이다.

텔레비전과 '연애'를 했고, 그 후에는 1964년에 구입한 테이프리코더와 '결혼'을 했다. 오랫동안 워홀은 그가 '아내'라고 부른 그 장비를 어디에나 들고 다니면서 수천 시간의 대화를 녹음했다. 이 맹렬한 정보 수집은 그 자체가 저장강박증의 한 부문이다(워홀의 녹음테이프 가운데 4,000개가 지금 피츠버그의 앤디 워홀 미술관에 보관되어 있다). 하지만 녹음테이프는 워홀을 대인관계의 복잡성과 혼란에서 멀리 떼어놓는 데에도 도움이 되었다. "테이프리코더를 손에 넣은 뒤 내가 그때까지 겪었을지도 모르는 감정생활이 확실히 끝장났지만, 나는 그것이 사라지는 것을 보고 기뻤다"라고 그는 말했다. 그의 문제들은 일단 테이프로 옮겨지면 더 이상 문제가 아니라는 것이 그의 설명이었다.

워홀의 경우, "남들과는 가까운 관계를 맺을 수 없었기 때문에, 그가 자기 물건들과 밀접하게 결부되어 있다고 느꼈으리라는 것은 충분히 납득이 간다"라고 재시오는 말한다. "물건을 더 많이 가질수록 그는 심리적으로 기분이 더 좋아졌을 것이다. 그는 무언가와 연결되어 있고, 그것은 그의 공허감을 채워주었기 때문이다."

1968년 6월 3일, 워홀의 영화에 단역으로 출연했던 밸러리 솔라나스가 팩토리의 엘리베이터에서 내리더니 32구경 권총을 꺼내 워홀을 쏘았다. 총알은 워홀의 복부를 관통했다. 「SCUM[12] 선언서」라는 급진적 여성주의 문

---

12) SCUM은 그녀가 구상한 단체 'Society for Cutting Up Men'의 약자이며, 일반 단어로서는 '인간쓰레기'라는 뜻도 있다.

건을 써서 남성 말살을 주창한 바 있는 솔라나스는 자기가 쓴 시나리오를 워홀이 분실했다고 비난했으며, "그는 내 삶을 너무 많이 통제하고 있었다"라고 말하기도 했다. 워홀은 의식을 잃지 않았지만 중태에 빠져 인근의 콜럼버스 병원으로 급히 실려 갔다. 여기서 다섯 시간 동안 수술을 받았고, 회복하는 데 두 달이 걸렸다. 나중에 그는 사진작가 리처드 애버던을 위해 포즈를 취하면서, 제 몸통을 뒤덮은 정교한 미로 같은 흉터들을 보란 듯이 드러냈다.

총에 맞은 이후 워홀은 병원으로 돌아가는 것을 생각하기조차 두려워했다. 1970년대에 그는 담낭 수술을 받아야 한다는 말을 계속 들었는데도 오랫동안 수술을 미루었다. 수술 대신 진통제와 신경안정제를 복용했고, 그에게 활력을 준다는 수정요법[13]에 의존했다. 그가 건강에 대해 만성적으로 걱정하지 않았다는 뜻은 아니다. 그런 것들 중에는 엑스레이를 찍으면 암에 걸릴 것이라는 걱정, 자기가 에이즈에 걸릴지도 모른다는 불안도 있었다. 1987년 2월 초에 워홀은 일식당에서 저녁을 먹은 뒤 갑자기 심한 통증을 느꼈다. "내 짐작에 담낭 발작이었던 같다"라고 그는 일기에 썼는데, 스캔을 해보니 정말로 담낭이 심각하게 감염되어 파열의 위험이 있는 것으로 드러났고, 그제야 워홀은 마침내 수술을 받기로 동의했다. 수술은 순조롭게 진행되었지만, 워홀은 이튿날인 1987년 2월 22일 아침에 심장 발작으로 숨을 거두었다. 향년 58세였다.

감정평가사들이 워홀의 소유품을 분류하는 엄청난 일을 마친 뒤, 소더비 회사는 1만 개 가까운 품목으로 가득 찬 6권짜리 목록 『앤디 워홀 컬렉션』을 출간했다. 1988년 봄에 열흘 동안 열린 경매에는 이름난 물건을 매

---

13) 진동을 발생하는 수정을 이용한 대체요법.

점하기 위해 몰려든 국제적인 미술상들을 포함하여, 서 있을 자리도 없을 만큼 많은 군중이 밀어닥쳤다. 《뉴스위크》지는 2,500만 달러의 매상고를 올린 이 행사를 "역대 최대의 차고 세일"이라고 불렀다. 평소에 자기 자신에 대한 질문을 회피하고(언젠가 그는 "인터뷰하는 사람은 내가 무슨 말을 해주기를 바라는지 말만 해라. 그러면 그 말을 그대로 복창해줄 테니까"라고 말한 적이 있다) 자기 집과 저장물을 공개하지 않고 숨겼던 수수께끼 같은 화가에게는 아이러니한 에필로그였다.

다음은 그의 어록 중에서 가장 유명한 말일 것이다. "미래에는 누구나 15분 동안은 세계적으로 유명해질 것이다." 워홀과 그의 물건들에게 그 15분은 영원으로 이어졌다.

다이애나 세자빈 (Princess Diana)

신경성 폭식증

　우리 모두 보고 들었듯이 그것은 동화 같은 결혼식이었다. 어쨌든 동화 속에나 나올 결혼식처럼 '보인' 것은 분명했다. 붉은색과 황금색으로 장식된 신데렐라의 유리 마차 안에는 다이애나 스펜서가 아버지인 스펜서 백작과 나란히 앉아 있었다. 사륜마차가 런던 거리에 늘어서 있는 찬미자들 사이를 지나갈 때 수많은 카메라가 다이애나의 얼굴에 초점을 맞추었다.

그녀의 얼굴은 언덕 비탈에 쌓인 눈처럼 그녀의 무릎 위로 내려뜨려져 수북이 쌓여 있는 면사포에 가려져 있었다. 세인트폴 대성당 입구에서 그녀가 마차 밖으로 나오자 모든 눈길이 젊고 생기발랄한 19세 처녀와 그녀의 호화로운 실크태피터 드레스에 쏠렸다. 그동안 극비로 보관되었던 웨딩드레스는 부풀어 오른 소매와 25피트(약 7.5미터)나 되는 옷자락으로 그녀의 날씬한 몸매를 삼켜버렸다. "당신이 어린 소녀에게 공주를 그려보라고 하면, 소녀는 바로 저런 드레스를 그릴 겁니다. 자그마한 보디스와 잘록한 허리 그리고 풍성한 스커트." BBC 텔레비전의 한 해설자는 7억 5천만 명으로 추산되는 전 세계의 시청자들에게 이렇게 말했다.

신랑인 찰스 필립 아서 조지가 금색 술장식이 달린 해군 중령 복장에 하얀 장갑을 낀 손으로 의전용 칼을 잡은 채 먼저 성당에 들어갔다. 그는 이제 성당의 장엄한 돔 밑에 있는 강단 계단에서 신부를 기다렸다. 드레스의 긴 옷자락을 정리하느라 잠깐 어수선했으나, 곧 다이애나는 아버지의 팔을 잡고 붉은 카펫이 깔린 통로를 걸어가기 시작했다. 그리고 그토록 고대하던 1981년 7월 29일의 왕실 결혼식을 보기 위해 모여든 2,500명이 넘는 VIP 하객들 사이를 지나갔다. 텔레비전 아나운서들은 동화적인 묘사를 돋우어가며, 행사가 진행되는 내내 감미로운 발언을 계속했다. 그중 한 사람은 "평생 가장 길고 가장 행복한 길로 남을 이 길을 조용히 걸어가는 레이디 다이애나의 주위에는 신비로운 분위기가 감돌고 있습니다"라고 말했다.

제단에서는 캔터베리 대주교가 부부의 결혼 서약을 주재했다. "왕자와 공주[1]의 결혼, 이것은 동화에 나오는 소재입니다" 하고 대주교는 말했다.

---

1) 'princess'는 여기서는 왕자비를 뜻하지만, 문맥상 공주라고 옮겼다.

이날 다이애나는 잊을 수 없는 실수를 했다. "나 다이애나 프랜시스는 필립 찰스 아서 조지를…"이라고, 신랑 이름의 맨 앞 순서를 바꾸어 말한 것이다. 그게 무슨 대수겠는가. 반지가 교환되었고, 부부는 축복을 받았으며, 결혼식은 전통에 따라 장엄하고 화려하게 끝났다. 이제 결혼한 왕자와 왕자비는 트럼펫이 연주하는 팡파르가 울리는 가운데 엘리자베스 여왕에게 절을 한 다음, 성당을 나서기 위해 팔짱을 끼고 통로를 걸어갔다. "결혼한 사람들은 실제 삶의 모험에서 참고 견디면 결혼식 날 이후 내내 행복하게 삽니다. 그 모험이란 서로를 창조하고 좀 더 사랑이 깊은 세계를 창조하는 고귀한 일입니다." 대주교는 주례사에서 말했다. "그것은 결혼하는 모든 남자와 여자에게 해당되지만, 더없이 많은 기대가 걸려 있는 이 결혼은 특히 더 그럴 것입니다."

영국 왕실과 국민, 나아가 전 세계가 품은 그 기대는 결혼 케이크를 자른 직후에 꺾일 운명이었다. 찰스와 다이애나의 결합은 초장부터 왕실의 기대와 요구에 시달렸고, 두 사람 사이에 역사가 만들어질 시간도 갖지 못한 채 서둘러 약혼한 데다, 굶주린 파파라치들의 무분별한 짓도 이들을 괴롭혔다. 하지만 가장 심각한 문제는 찰스의 또 다른 여인인 커밀라 파커 볼스였다. 다이애나는 남편과 친숙해지고, 왕실의 요구에 부응하게 행동하고, 몇 년 뒤 "이 결혼에는 우리 세 사람이 있다"라고 말한 현실에 잘 대처하려고 애썼다. 그녀의 인기와 눈부신 외모, 그녀가 병들었거나 죽어가는 사람들에게 내민 동정의 손길 덕분에 얻은 찬사와 영예에도 불구하고 다이애나는 궁궐에서 보낸 시간의 대부분을 불행하게 살았고, 때로는 자살 충동에 사로잡히기까지 했다.

공주는 아름답고 화려하며 정신장애와는 거리가 먼 완벽한 존재로 이상화된다. 고립된 처지에 터무니없는 오해를 받고 있다고 느낀 다이애나는 내면으로 눈길을 돌려 위안을 찾았다. 그녀가 마틴 바시르와 가진 텔레비전 인터뷰는 1995년 BBC에서 방영되어 많은 사람이 시청했는데, 여기서 솔직히 인정했듯이 다이애나는 팔과 다리를 칼로 베는 자해 행위를 했고, 섭식장애인 신경성 폭식증(bulimia nervosa, 신경성 식욕항진증)에 걸려 몇 년 동안 그 병과 싸워야 했다. 다이애나는 도움이 가장 필요할 때 무시당한 느낌이 들곤 했다고 말했다. 그녀는 자신을 위로하는 수단으로 음식을 배에 가득 채워 넣었다. "그것은 마치 한 쌍의 팔이 나를 안아주는 것 같았어요"라고 그녀는 나중에 BBC 인터뷰에서 회고했다.

다이애나의 고통스러운 결혼생활과 그녀에게 떠안겨진 특별한 기대가 그녀의 정신적 문제를 유발한 것일까? 아니면 그녀는 버킹엄궁에 발을 들여놓지 않았다 해도 생애의 어느 시점에서는 자신을 해치는 행동을 할 운명이었던 걸까? 영원히 알 수 없을 것이다. 하지만 분명한 것은 정신질환이 사람을 차별하지는 않는다는 것이다. 다이애나의 남동생인 스펜서 백작은 1997년 누나의 장례식에서 이렇게 말했다. "그 모든 지위와 매력과 찬사에도 불구하고 내면적으로 다이애나는 내내 불안정한 사람으로 남아 있었고, 자신이 아무 가치도 없는 인간이라는 깊은 느낌에서 놓여나기 위해 남에게 도움이 되고 싶어 하는 소망은 거의 어린애 같았습니다. 다이애나의 섭식장애는 자신에 대한 그런 느낌의 한 증상일 뿐이었습니다."

다이애나와 찰스의 동화는 디즈니가 현대화하고 미화한 오래된 판타지 —평범한 집안 출신의 소녀가 백마 탄 왕자님을 만나서 사랑에 빠지고, 곧바로 성으로 모셔져 화려한 결혼식을 올린 뒤 오랫동안 행복하게 산다—

에 뿌리를 두고 있었다. 한 텔레비전 해설자는 결혼식 날 대성당으로 가는 다이애나를 이렇게 묘사했다. "그녀는 평민으로서 마차를 타고 세인트폴 대성당으로 갔다가, 이 나라에서 세 번째로 지위가 높은 귀부인이 되어 나올 것입니다."

하지만 다이애나는 그냥 평범한 영국 시민이 아니었다. 1961년 7월 1일에 잉글랜드 노퍽주의 파크하우스에서 태어난 다이애나 프랜시스 스펜서는 존 스펜서와 프랜시스 로슈의 셋째 딸이었다. 부모는 둘 다 영국의 최상류 가문 출신이었다. 외할아버지 모리스는 제4대 퍼모이 남작이라는 작위를 갖고 있었는데, 이것은 아일랜드계 조상한테서 대대로 물려받은 칭호였다. 그는 또한 조지 6세와 가까운 친구였다. 외할머니도 남작의 딸이었고, 30년이 넘도록 엘리자베스 여왕의 시녀로 봉사했다. 한편 스펜서 가문은 찰스 2세 및 제임스 2세의 혈족이고, 18세기와 19세기에 영국을 이끈 휘그당 귀족 정치의 지도자들을 배출했다. 다이애나의 아버지는 젊은 시절에 조지 6세와 엘리자베스 여왕의 개인 보좌관으로 봉직했고, 나중에는 부친의 뒤를 이어 제8대 스펜서 백작이 되었는데, 이 칭호는 1765년까지 거슬러 올라간다. 존 스펜서와 프랜시스 로슈가 1954년에 웨스트민스터 대성당에서 결혼식을 올렸을 때 하객 명단 맨 위에는 엘리자베스 여왕의 이름이 올라 있었다.

다이애나는 사회적 지위가 높고 부유한 집안에서 태어났지만, 그녀의 어린 시절은 처음부터 순탄치 않았다. 우선 그녀는 딸이었다. 프랜시스가 다이애나를 임신했을 때쯤 이들 부부는 스펜서 가문의 작위를 물려받을 남자 상속자를 낳으라는 압박을 받고 있었다. 그들에겐 이미 세라와 제인이라는 두 딸이 있었고, 셋째인 아들 존은 태어난 지 몇 시간 뒤에 죽고 말았다. 그리고 18개월 뒤에 태어난 다이애나는 아버지에게 "완벽한 신체적 표본"이라는 말을 들었지만, 후에 그녀는 부모가 자기를 낳았을 때 실망했을 거라고 항상 믿었다. "부모님은 아들이자 상속자를 낳기를 열망했는데 세 번째 딸이 태어난 거예요"라고 그녀는 저널리스트 앤드루 모턴과의 그 유명한 테이프리코더 인터뷰[2]에서 말했다. 모턴은 테이프들에 담긴 내용을 바탕으로 1990년 『다이애나의 진실』을 펴냈다. 그녀는 부모가 "정말 지겨워! 다시 한 번 시도할 수밖에 없겠네"라고 말했을 거라고 상상했다. 전기 작가인 샐리 비델 스미스는 다이애나의 심리적 갈등은 그녀의 존재 자체에서 비롯되었을지 모른다고 추측했다. 스미스는 『다이애나, 자기 자신을 찾아서: 괴로운 세자빈의 초상』에서 이렇게 말하고 있다. "다이애나를 괴롭힌 불안의 요체는, 태어나자마자 죽은 존이 만약 살아남았더라면 자기는 세상에 태어나지 않았으리라는, 지긋지긋한 믿음이었다."

스펜서 부부는 마침내 아들 찰스를 낳는 데 성공했다. 찰스는 다이애나보다 3년 뒤에 태어났다. 하지만 그때쯤에는 이미 그들의 결혼생활이 흔들리고 있었다. 애초에 부부 관계가 나빠지기 시작한 원인이 무엇인가에 대해서는 설이 분분하다. 남자 상속자를 낳아야 한다는 중압감, 갓난아기 존의 죽음, 다이애나가 태어난 뒤 프랜시스가 왜 건강한 사내아이를 낳을 수 없는지 알아보기 위해 임신 전문의들을 찾아다니게 한 일, 아버지 존의 급한 성미, 시골인 노퍽에서의 따분한 생활에 대한 프랜시스의 초조감. 모든 관계가 그렇듯이 여러 가지 이유가 복잡하게 얽혀 있었을 것이다. 나중에 두 사람은 부부 사이가 그냥 소원해졌다고만 말했다.

---

2) 질문자와 답변자가 직접 만나지 않은 이 원격 인터뷰는, 앤드루 모턴이 질문을 적어주면 다이애나와 가까운 의사 제임스 콜트허스트가 켄싱턴궁에 갖고 들어가고, 다이애나가 답을 테이프리코더에 녹음하면 콜트허스트가 그것을 모턴에게 전달하곤 하는 방식으로 진행되었다.

그러나 찰스의 출생 후 몇 년도 지나기 전에 결혼생활은 돌이킬 수 없는 손상을 입었다. 1966년에 프랜시스는 남편과 함께 런던에서 열린 만찬 모임에 참석했다가 오스트레일리아에서 양 목장을 경영했던 피터 샌드 키드를 만났는데, 피터는 아버지의 벽지 회사를 물려받은 부유한 남자였다. 1년 뒤, 유럽에서 단체로 스키 휴가를 보내고 임대 아파트에서 키드와 몇 번 밀회한 프랜시스는 불륜을 인정하고 남편에게 별거를 요구했다. 1969년에 프랜시스와 존은 간통을 이유로 공식 이혼을 했고, 존은 아이들의 양육권을 인정받았다. 아이들은 주말에 어머니를 방문하기로 했다. 다이애나와 찰스를 돌보기 위해(다이애나의 두 언니는 집을 떠나 기숙학교에 가 있었다) 고용한 보모들이 계속 바뀌었는데, 보모가 마음에 들지 않으면 "우리는 보모들의 의자에 핀을 꽂아 놓고 그들의 옷을 창밖으로 내던지곤 했다"면서, "보모들이 어머니 자리를 차지하려 했기 때문에 우리는 항상 그들을 위협적인 존재로 생각했다"라고 다이애나는 나중에 회고했다.

단 한 번의 부정적 경험이 섭식장애를 일으킨다는 증거는 없지만, 어린 시절의 역경은 섭식장애의 가능성을 높일 수 있다. 다이애나의 어린 시절에 즐거운 경험이 전혀 없었던 것은 아니다. 국왕 조지 5세가 다이애나의 외할아버지인 모리스에게 빌려준 파크하우스는 시골에 있는 넓은 영지였고, 전기 작가 앤드루 모턴에 따르면 스펜서네 아이들은 그곳 호수에서 송어에게 먹이를 주고, 웅덩이에서 헤엄을 치고, 나무 위의 집에서 놀고, 말을 탔다. 하지만 그 어느 것도 부모의 파경에 따른 여파와 어머니의 일상적인 사랑과 보살핌을 잃은 아픔을 벌충할 수는 없었다.

부모가 별거를 시작했을 때 고작 여섯 살이었던 다이애나는 그 어린 시절에 겪은 고통을 모턴과의 인터뷰에서 솔직하게 털어놓았는데, 모턴이 쓴 전기에 따르면 이런 일도 있었다. 하루는 남동생 찰스가 밤중에 "엄마를 부르며 우는 소리"를 들었는데, 어둠이 너무 무서워서 침대에서 나갈 수가 없었기 때문에 동생을 도와줄 수가 없었다는 것이다. 전기 작가 스미스에 따르면, 결혼생활이 파탄 난 것 때문에 "풀이 죽었다"고 한 친구가 묘사한 다이애나의 아버지는 이혼에 대해 아이들과 끝내 솔직하게 터놓고 이야기하지 못했다고 한다. 한편 다이애나의 어머니는 자주 눈물을 보였다. 특히 다이애나와 찰스가 주말에 찾아왔다가 떠날 때면 늘 그랬다. "나는 엄마가 아주 많이 울었던 것을 기억한다. 우리가 매주 토요일에 주말을 보내러 가면 엄마는 그날 밤부터 울기 시작했다. 그게 정해진 절차였다"라고 다이애나는 회고했다. "왜 그래, 엄마?" 하고 다이애나가 물으면 어머니는 "너희들이 내일 떠나지 않았으면 좋겠구나"라고 대답했다. 그것은 어린아이의 "마음을 멍들이는" 대답이었다면서, "정말 불행한 어린 시절이었다"라고 다이애나는 말했다.

이혼 가정의 아이들이 대부분 그렇듯이 다이애나도 부모 사이에서 쟁탈전의 대상이 된 기분을 느꼈다. 훗날 그녀는 "휴일이나 방학 때 이 집에서 저 집으로 오락가락하던 것의 트라우마"를 묘사했다. 그리고 그녀는 부모 중 어느 한쪽에다 불균등한 충성심을 보이게 될까 봐 걱정했다. 옷차림에 대해 사소한 결정을 내릴 때에도 자칫하면 부모 중 한쪽에 대한 충성으로 비쳐 다른 쪽에 고통을 안겨줄 수 있었다. 그녀가 사촌의 결혼식에서 신부 들러리를 서게 되었을 때 리허설에 입을 드레스를 부모가 각각 한 벌씩 주었다고 한다. 어머니가 준 것은 초록색 드레스, 아버지가 준 것은 하얀색 드레스였다. "내가 어느 옷을 입었는지는 지금도 기억나지 않지만, 그것은 내가 누구를 더 따르는지를 보여줄 것이라는 점 때문에 마음에 깊은 상처를 입었던 것은 기억난다"라고 말했다. 그녀는 봉제 동물 인형들로 자신을 위로했다. 수많은 봉제 인형이 이동 동물원을 이루어 그녀의 침대를 차지했다. "그게 내 가족이었다"라고 그녀는 말했다.

　섭식장애가 있는 사람들은 흔히 자존감이 낮아서 자기는 무가치하고 무능력하다고 느끼는 경우가 많은데, 이것은 분명 다이애나한테도 해당되었다. 그녀는 재능 있는 운동선수였지만(수영과 다이빙을 잘했고, 키가 너무 크기 전에는 발레리나를 꿈꾸었다), 지적으로 뛰어나지 못한 것 때문에 자신이 어울리지 않는 자리에 있는 듯한 위화감과 좌절감을 자주 느꼈다. 학교에 다닐 때는 부모가 이혼한 아이가 자기뿐이어서 일찍부터 "다른 아이들과는 다르다"는 끔찍한 느낌이 들었다고 한다. 다이애나는 아홉 살 때 퍼블릭스쿨[3]에 진학하기 위한 예비학교 리들스워스홀 스쿨에 보내졌고, 3년 뒤에는 언니들이 다닌 웨스트히스 스쿨에 입학했다. 켄트주에 있는 명문 기숙학교였다. 그 당시 웨스트히스 스쿨은 지적으로 엄격한 학교도 아니었고 학생들에게 대학에 진학할 것을 요구하지도 않았지만, 다이애나는 자신의 지적 능력에 불안을 느꼈다. "열네 살 때 나는 어떤 것도 별로 잘하지 못해서 구제 불능이라고 생각했던 게 기억난다"라고 그녀는 말했다.

　그래도 다이애나는 새로운 환경에 순응하고, 친구를 사귀고, 테니스와 피아노를 비롯하여 공부와는 상관없는 많은 취미를 즐겼고, 인근의 정신병원을 찾아가 환자들을 돌보기도 했다. 하지만 언니나 남동생의 학업 성적을 따라갈 수는 없었다. 두 언니는 공부를 잘했고, 그녀와 가장 가까운 사이였던 남동생은 특히 학업 성취도가 뛰어났다. "나도 학교에서 찰스처럼 잘해내고 싶었"지만, 다이애나는 고등학교 졸업에 필요한 표준 고사인 O-레벨 시험에 한 번이 아니라 두 번이나 떨어졌고, 이 흠결을 언론은 훗날 즐겨 보도하곤 했다. 그녀도 자신을 조롱했다. 한번은 어린 소년에게

---

3) 주로 상류층 자녀를 위한 영국의 사립 중등학교.

"나는 널빤지처럼 두꺼워"(머리가 둔하다는 뜻)라고 말했는데, 기자들은 신나게 팡파르를 울리며 이 말을 보도했고, 나중에 다이애나는 그런 말을 한 것을 후회한다고 했다.

십대 소녀에서 왕세자빈으로 변신하기 전에 다이애나는 도시에서 몇 년 동안 행복한 독신 생활을 즐겼다. 17세가 된 1978년에 런던에서 살기 시작했는데, 처음에는 애보개와 웨이트리스 같은 임시직으로 일하다가 유치원 보조교사가 되어 보람차게 어린애들을 돌보았다. 그녀는 난생처음으로 자립의 자유를 즐겼다. 레스토랑과 만찬회 같은 데서 사람들과 어울리기를 좋아했고, 룸메이트들과 아파트에 함께 사는 재미에 빠졌다. "나는 그걸 즐겼다. 정말 재미있었다. 나는 자지러지게 웃어대곤 했다." 그녀의 회고에 따르면 젊은 남자들과 진지한 로맨스를 즐기지는 않았던 모양이다. "나는 한 번도 남자친구를 사귄 적이 없었다. 항상 남자들을 멀리했고, 남자들은 모두 골칫거리라고 생각했다. 그런 관계를 감정적으로 다루는 방법도 몰랐다." 그녀의 이런 망설임이 부모의 이혼에서 비롯된 것인지는 알 수 없지만, 부모가 헤어진 뒤에 그녀가 느낀 불안정은 모든 대인관계에 불안을 느끼게 했을지도 모른다. 그리고 그녀가 남자를 가까이하지 않은 데에는 또 다른 이유가 있었다. 모턴과의 인터뷰에서 털어놓은 바에 따르면 그녀는 자기가 중요한 사람과 결혼할 운명이라고 믿었다고 한다. 그래서 "앞으로 나에게 일어날 일에 대비하여 나 자신을 아주 단정한 상태로 유지해야 한다는 걸 왠지는 몰라도 깨닫고 있었다"는 것이다.

그러면 장차 그녀에게 일어날 일은 무엇이었던가? 그것은 왕자, 궁성, 그리고 그녀의 정서적 불안정을 악화시키고, 심신을 피폐하게 만드는 정신질환을 조장하는 생활이었다. 동화는 불타버렸다.

다이애나는 1977년에 찰스 왕세자를 만났다. 그녀는 16세였고 찰스는 29세였다. 그때는 다이애나의 언니 세라가 찰스와 데이트하고 있었다. 두 집안은 귀족층의 사교계를 통해 서로 아는 사이였다. 스펜서 가족은 몇 년 전에 파크하우스에서 노샘프턴셔주에 있는 저택 올소프로 이사했는데, 세라가 자기네 경내에서 꿩 사냥을 하라고 찰스를 초대했다. "다이애나는 정말 유쾌하고 재미있고 매력적인 열여섯 살 소녀구나 하고 생각한 게 기억난다"라고 찰스는 다이애나와 약혼한 뒤 공식 텔레비전 인터뷰에서 말했다. 이 자리에서 다이애나는 찰스를 처음 보았을 때 맨 먼저 떠오른 생각이 "정말 굉장하다"였다고 했다. 어쨌든 그는 영국에서 최고의 신랑감이었다. 왕위 계승자, 즉 다음번 영국 왕이 될 사람이었으니까. 하지만 나중의 회고에서 다이애나의 평가는 훨씬 직설적이 되었다. 여기엔 언니와 찰스의 관계, 그리고 그녀의 자신감 결여가 작용했다. 그녀는 회고했다. "세상에, 얼마나 딱한 사람이었는지. 언니는 뾰루지처럼 들러붙어 그 사람한테 애정 공세를 퍼붓고 있었다. 그래서 나는 생각했다. '맙소사. 저 사람은 분명 저걸 싫어할 텐데.' 나는 그를 피했다. 내 기억에 그때 나는 뚱뚱하고 땅딸막하고 화장도 않고 영리하지도 못한 여자였다."

다이애나의 회고담에 널리 퍼져 있는 주제인 외모에 대한 불안은 섭식장애가 있는 사람들의 전형적인 증상이다. 십대 소녀 시절에 그녀는 쉽게 "통통해지는" 체질과 음식을 마구 먹어치우는 능력으로 사람들에게 기억되었다. 기숙학교에서는 급우들이 그녀를 부추겨 아침마다 많은 음식을 빨리 먹어치우게 했고, 그녀도 기꺼이 거기에 따르곤 했다고 다이애나는 말했다. "나는 먹고 먹고 또 먹었다. 그 애들한테 그건 언제나 재미난 장난이었다. 아침 식사 때 다이애나한테 훈제청어 세 마리와 빵 여섯 조각을 먹게 하자는 식의. 그러면 나는 그걸 다 먹었다." 한 친구는 다이애나가 브리지 게임 한 판을 하는 동안 1파운드짜리 캔디 한 봉지를 다 비웠다고 기억했다. 또 다른 친구는 다이애나를 "사탕과 초콜릿과 비스킷을 좋아하는 상냥한 시골 소녀"로 묘사했다. 티나 브라운이 쓴 『다이애나 일대기』에 따르면, 다이애나는 긴장을 하면 "'꽤 큰 치킨 한 조각을 먹어치우기' 위해 길 건너로 달려가는" 아이로 알려져 있었다. 요리 강습을 받을 때는 화덕 위에서 조리되고 있는 모든 음식에 유혹을 느껴서 "내 손가락은 항상 냄비 속에 들어가 있었다"라고 다이애나는 회고했다.

이런 사건들은 음식이 주는 기쁨을 즐기는 십대 소녀의 장난스러운 행동에 불과했을지도 모른다. 퍼블릭스쿨에 다닐 만한 나이의 많은 아이들이 한꺼번에 많은 음식을 먹은 일화를 이야기한다. 이런 폭식의 특징은 배가 고프지 않은데도 먹고, 너무 배가 불러서 불쾌감을 느낄 만큼 과도한 양의 음식을 먹는 것을 포함한다. 대부분의 경우 이 같은 행동은 버릇이 되지 않는다. 하지만 근원적인 취약점을 지닌 사람의 경우, 폭식은 정신의학계에서 쓰는 표현에 따르면 '이상 섭식(disordered eating)'의 한 증상일 수 있으며, 이상 섭식은 완전한 섭식장애로 진행할 수 있다. 폭식증이 시작되는 일반적인 나이는 사춘기나 성년 초기, 다이애나가 자신의 문제가 시작되었다고 말한 바로 그 시기로, 그녀가 19세에 찰스와 약혼한 직후였다.

첫 만남 이후 찰스와 다이애나는 1978년에 버킹엄궁에서 열린 왕세자의 30번째 생일 파티와 1980년 서식스주의 어느 시골 저택에서 열린 모임 등 여러 행사에서 다시 만나 친분을 맺게 되었다. 이때쯤 찰스와 세라의 교제는 끝난 지 오래였고(세라는 왕세자와 교제를 시작한 지 1년도 되기 전에 그들의 관계가 "완전히 플라토닉한" 것이라고 밝혔다), 다이애나는 16세 소녀에서 젊은 처녀로 성장해 있었다. 찰스와 다이애나가 개인적으로 가까워진 것은 서식스에서 여름 바비큐 파티가 열렸을 때였다. 건초 꾸러미 위에 찰스와 나란히 앉은 다이애나는 찰스와 아주 가까운 사이였던 종조부 루이 마운트배튼 경의 죽음에 애도를 표했다. 다이애나는 종조부의 장례식 때 통로를 걸어오는 찰스의 표정이 너무나 슬퍼 보였던 게 기억나서 말했다. "그걸 보며 왕세자님이 너무 가엾어서 제 마음이 아팠어요. 그래서 생각했죠. '이건 잘못됐어. 왕세자님은 외로워. 누군가가 옆에서 돌봐드려야 해.'" 나중에 찰스는 다이애나의 이런 배려에 감동했다고 말했다.

찰스는 또한 결혼하라는 강한 압력을 받고 있었다. 그는 이제 31세였고, 영국의 대중지들은 폴로 경기를 하는 총각 왕세자의 사진들과 그가 교제한 숱한 여자들의 사진을 신나게 실어대서 그를 난처하게 만들고 왕실을 화나게 했다. 다이애나는 귀족 혈통을 이어받았다. 그녀는 조금도 위험해 보이지 않았고, 활기차고 재미있고 아마도 '품행 방정한' 숫처녀 신부(왕가의 도덕률에 따른 필요조건)로 여겨졌다. 6개월의 교제 기간을 거친 뒤 두 사람은 1981년 2월 6일에 약혼하여, 경제가 절망에 빠진 시기에 기쁜 소식을 갈망했던 언론과 영국 대중을 즐겁게 해주었다. 찰스와 다이(다이애나의 애칭)의 약혼을 기념하는 머그잔, 식기용 마른행주, 골무, 작은 입상들 따위가 거리에 넘쳐흘렀다. 엘리자베스 여왕은 버킹엄궁에서 "더없이 기꺼운 마음으로" 약혼을 발표했다. 찰스 왕세자는 "기쁘고 행복하다. 그녀가 나를 받아들일 만큼 대담한 데 놀랐다"라고 말했다. 다이애나는 "정말 기쁘고 떨리고 더없이 행복하다"라고 말했다. 두 사람이 사랑에 빠졌느냐는 질문을 받고 다이애나는 얼른 대답했다. "물론이죠." 거기에 대해 왕세자는 "'사랑에 빠졌다'는 게 무슨 뜻이든 간에"라고 곁들였다. 나중에 이 말은 미래의 불화를 예고한 불길한 전조로서 계속 재탕될 터였다.

약혼 발표로 많은 축하를 받은 지 며칠도 지나기 전에 다이애나는 친구들을 그리워하기 시작했고, 약혼하자마자 5주 예정으로 해외여행을 떠난 약혼자에게 버림받은 기분이 들었다. 그녀는 자기를 지지해줄 사람 없는 버킹엄궁의 스위트룸에서 고립감을 느꼈다. "모든 사람이 얼마나 냉정한지, 도저히 믿을 수 없을 정도였다"라고 그녀는 말했다. 무엇보다도 그녀를 당황하게 한 것은 찰스의 전 여자 친구인 커밀라 파커 볼스의 그림자였다. 다이애나는 약혼한 다음 주에 "남편이 내 허리선에 손을 대고는 '여기가 좀 토실토실하지 않아?' 하고 말했을 때" 폭식증이 시작되었다고 말했다. "그 말은 내 안에 있는 무언가를 폭발시켰다. 거기엔 커밀라 문제도 한몫 했다. 나는 절망하고 또 절망했다."

거식증이라고도 부르는 신경성 식욕부진증(anorexia nervosa) 환자들은 자기가 먹는 음식의 양을 극도로 제한한다. 이와는 대조적으로 폭식증 환자들은 짧은 시간에 엄청난 양의 음식을 먹고, 자기가 먹는 음식의 양에 대한 통제력을 잃었다고 느낀다. 신경성 폭식증의 특징은, 엄청나게 먹고 나서 체중 증가를 피하기 위해 스스로 구토를 유발하거나 하제를 먹거나 관장을 하고 과도한 운동이나 단식을 함으로써 속을 깨끗이 비우는 2단계 패턴을 보인다는 점이다. 노스캐롤라이나 대학 섭식장애센터의 설립자이자 소장인 신시아 불릭 박사의 말에 따르면 폭식증 환자들은 일반적으로 폭식이 자신에게 위안을 주고 마비시켜서 부정적인 감정을 차단할 수 있게 해준다고 말한다. 한편 속을 비우는 행위는 폭식의 신체적 불쾌감과 거기에 종종 따르는 죄책감과 수치심에서 놓여나게 해줄 수 있다. 다이애나는 맨 처음 스스로 구토를 유발했을 때 "이것이 긴장을 풀어준다고 생각했기 때문에 짜릿한 기쁨을 느꼈다"라고 훗날 말했다.

섭식장애가 다이애나에게 미친 영향은 불과 몇 달 뒤에 뚜렷해졌다. 약혼한 1981년 2월부터 7월에 결혼식을 올릴 때까지 그녀의 허리둘레는 29 인치(약 74센티미터)에서 8세 소녀의 평균치인 23.5인치(약 58.5센티미터)로 줄어들었다. "나는 점점 줄어들어 아무것도 남지 않았다"라고 그녀는 말했다. 찰스와 결혼하기 전날 밤 다이애나는 유난히 심한 폭식행동을 보였다. "나는 찾을 수 있는 음식을 모조리 먹어치웠다. … 그날 밤 나는 몹시 아팠다. 그건 나에게 무슨 일이 일어나고 있는지를 극명하게 보여주는 것이었다." 이튿날 아침에는 "지극히 침착했다. 마치 도살장으로 끌려가는 새끼 양 같은 기분이었다." 텔레비전 해설자가 다이애나의 결혼식 날 묘사한 "자그마한 보디스"와 "잘록한 허리"는 공주의 상징이 아니라 심각한 질병의 증거였던 것이다.

다이애나의 폭식증은 신혼여행 기간에도 나아지지 않았다. '세자빈 전하(Her Royal Highness)'—그녀는 이혼한 뒤 이 칭호를 박탈당하게 된다—는 아내이자 공인으로서 떠맡게 된 역할에 이미 압도당해 있었다. 그녀는 앞에 놓여 있는 미지의 세계를 두려워했고, 찰스와 커밀라 파커 볼스의 관계가 지속되고 있는 데 낙담했다. 찰스와 약혼한 직후 커밀라가 찰스에게 전화를 걸어와 통화하는 동안 다이애나는 옆에 서서 기다렸다. "그 일은 내 가슴을 찢어놓았다"라고 다이애나는 모턴과의 인터뷰에서 말했다. 결혼식을 2주 앞둔 어느 날 그녀는 금팔찌 하나를 발견했는데, 왕세자의 전기[4]를 쓴 조너선 딤블비에 따르면 찰스는 그 팔찌를 커밀라에게 작별 선물겸 감사의 증표로 줄 계획이었다. 하지만 다이애나는 최악의 상황을 추정했다. "나는 엄청난 충격을 받았다"라고 그녀는 회고했다. 신혼여행에서 두 사람은 커밀라가 찰스에게 준 커프스단추 때문에 다퉜다. 신혼여행의

---

4) 제목은 *Prince of Wales: A Biography*다.

일환으로 왕실 요트 브리타니아호를 타고 지중해를 순항할 때 다이애나
는 구토를 거듭했다. "그때쯤에는 폭식증이 지독한 상태였다. 정말 지독
했다. 요트에서는 하루에 네 번씩 폭식을 했다. 찾을 수 있는 음식은 뭐든
지 집어삼키고, 2분 뒤에는 먹은 걸 다 토해냈다. … 신혼여행 내내 하염없
이 울기만 했던 게 기억난다."

다이애나가 장남 윌리엄을 임신하자 신체적 부담과 정신적 긴장이 더
욱 심해졌다. 그녀는 입덧과 폭식증을 동시에 견뎌야 했다. 그녀가 야회복
을 입은 채 끊임없이 화장실로 달려갔기 때문에 왕실 사람들은 그녀를 '골
칫거리'로 여기게 되었다. 1982년 6월에 윌리엄이 태어난 뒤에는 산후 우울
증에도 시달렸고 곧 눈에 띄게 수척해져서 영국의 대중지들은 그녀가 거식
증에 걸린 것 같다고 보도했다. 그런가 하면 한 영국 저널리스트는 미국
의 《피플》지에 쓴 기사에서 다이애나가 "거식증에 걸린 게 아니"라고 단언
하면서, "그녀는 단지 윈저 공작부인⁵⁾이 했다는 격언 같은 말—'여자는 부
유할수록 좋고 날씬할수록 좋다'—에 따르고 있을 뿐이다"라고 주장했
다. 하지만 이 기사에는 지나치게 가느다란 팔을 드러낸 드레스 차림의 다
이애나 사진이 실려 있었는데, 등뼈가 너무 두드러져서 돋을새김된 것처럼
보일 정도였다. 많은 사람들이 남모르는 섭식장애에 시달리고 있다. 그런
데 다이애나의 질환은 국제무대에서 드러나는 바람에, 언제 어디서나 좋아
보여야 한다는 중압감에 시달리고 있던 그녀는 더욱 거세지는 압력을 견
뎌야 했다.

모턴의 책으로 출간되고 1995년 BBC 텔레비전 인터뷰를 통해서도 공

---

5) 1936년 즉위한 영국 왕 에드워드 8세가 그해 말에 미국 여성인 월리스 심프슨
부인과 결혼하기 위해 왕위를 포기하자 후임인 동생 조지 6세는 '윈저 공작'이라는
칭호를 주었다.

유된 다이애나의 회고들은 불행한 시절을 겪은 두 사람 가운데 한쪽 당사자의 일방적인 이야기다. 이 점은 분명히 해야 한다. 다이애나가 자신의 고통을 토로한 것을 두고 일각에서는 제 입장만 내세우는 이기적인 행동으로 보았고, 다른 쪽에서는 그녀가 견뎌야 했던 고난의 증거로 보았다. 다이애나는 자신의 질환을 왕궁 생활의 시작과 결부시켰고 남편인 찰스와 결부시켰다. 그녀는 남편이 동정심도 이해심도 없는 사람이라고 비난했다. 둘째아들 해리의 출생조차 남편은 별로 좋아하지 않았다. 딸을 원했기 때문이다. 그 시점에서 "모든 것이 물거품이 되었다"라고 그녀는 말했다.

찰스 왕세자의 시각은 1994년에 출간된 딤블비의 공인된 전기에 가장 광범위하게 드러났다. 딤블비의 서술은 남편의 관심을 얻으려고 필사적인 아내, 자신의 문제에 시달리면서 지나친 요구를 해오는 아내와 어떻게든 잘해보려고 애쓰다가 지쳐버린 남편으로 찰스를 묘사하고 있다. 결혼식을 올리기 전에 다이애나가 몰라보게 살이 빠지고 갑작스러운 기분 변화를 보였지만, 찰스는 여기에 전혀 준비가 되어 있지 않아서 당혹했고 어찌할 바를 몰랐다. 그 후 신혼여행과 결혼생활을 하는 동안 찰스는 이러한 현상들을 반복해서 보았다. 그녀는 "압도적인 권태감, 고독감, 공허감, 허무감, 버림받은 느낌"에 시달렸다고 딤블비는 쓰고 있다. 이 모든 것이 결혼생활에 큰 부담을 주었다. 그녀는 때로 절망감으로 자포자기하거나, 자신에게만 몰두하거나, 질투심에 사로잡히거나, 자기연민에 빠지곤 했다. 다이애나는 불행할 때는 무릎에 머리를 대고 앉아 있었다. 찰스는 아내를 "위로하여 생기를 되찾게 하려고" 시도했지만 그녀를 돕는 게 불가능할 때가 많았다.

다이애나는 자신에게 그토록 갑자기 떠맡겨진 기대와 책임에 대처하기에는 심리적으로 준비가 갖추어져 있지 않았음을 인정했다. "엊그제까지만 해도 나는 이름 없는 사람이었는데, 어느 순간 왕세자빈이 되고 엄마가 되고 언론의 노리개가 되고 왕실의 일원이 되었다. 당시 그것은 한 사람이 감당하기에는 지나치게 무거운 짐이었다." 그것은 아마 누구에게나 지나친 부담이었을지 모른다. 십대를 겨우 벗어난 나이에 30대 초반의 남자와 결혼한 젊은 여성이라면 더 말할 나위도 없다. 따지고 보면 두 사람은 공통된 관심사가 거의 없었고(그녀는 사냥이나 폴로, 또는 찰스와 아주 가까운 남아프리카공화국의 철학자 로렌스 반 데어 포스트의 책을 별로 좋아하지 않았다), 서로의 성장에 도움이 되는 깊은 관계를 쌓아 올릴 토대가 거의 없었다. 그리고 무엇보다도 다이애나는 믿고 의지할 수 있는 감정적 발판이 전혀 없었고, 여전히 자신감 부족에 시달렸다. 그녀는 이렇게 말했다. "나는 심한 자기혐오에 빠져, 내가 남들에게 만족스러운 사람이라고 생각지 않았다. 나는 찰스에게 충분히 좋은 아내가 아니고, 충분히 좋은 엄마도 아니라고 생각했다. 그러니까, 나 자신에 대해 온갖 회의가 다 들었다는 얘기다."

이런 불안에서 벗어나기 위해 다이애나는 그녀를 안심시키고 기운을 북돋워줄 사람을 필사적으로 찾았지만 실패한 듯하다. 다이애나는 왕실 사람들이 자기를 성원해주지 않는다고 한탄했고, 임무를 잘 해냈다고 누구한 사람 칭찬하고 격려해준 적이 없다고 불평했다. 그녀가 남편보다 더 관심을 끌면(매력적인 외모와 환한 미소, 솔직한 태도 덕분에 어디에서나 군중의 환호를 받았다) 남편은 그것을 시기했다고 그녀는 말했다. 인상적인 연설을 해도 전혀 칭찬을 받지 못했다. "내가 아무리 좋은 일을 해도, 아무도 거기에 대해 한마디 해주지 않았다. '잘했어'라든가 '괜찮았어' 같은 말도 들은 적이 없다. 하지만 내가 실수라도 하면—나는 그 게임에 익숙지 않은 풋내기여서 뭔가 항상 실수를 했다—온갖 비판이 쏟아졌다." 여기에 대처하기 위해 그녀는 자신이 표현한 바 "도피 기제"이자 "방출 밸브"로서 폭식증에 뛰어들었다. 마요르카 섬을 공식 방문했을 때는 "줄곧 변기에 얼굴을 처박은 채 시간을 보냈다."

音식 문제에 대한 병적인 집착, 특히 의도적인 굶주림에 대한 이야기는 수백 년 전까지로 거슬러 올라간다. 중세 유럽에서 성녀들은 자신의 신성함을 지키는 수단으로 음식을 거부했다. 어떤 성녀들은 고기 냄새를 맡으면 토했고, 어떤 성녀들은 음식이 근처에 있으면 얼굴을 가렸고, 또 어떤 성녀들은 굶어 죽기까지 했다. 그중 가장 널리 알려진 성녀는 1300년대 중엽에 살았던 시에나의 카타리나였다. 그녀는 "날마다 허브 한 줌만 먹었고, 불가피하게 다른 음식을 먹어야 했을 때는 토해내기 위해 나뭇가지를 목구멍 속으로 밀어 넣곤 했다"라고 역사가인 존 제이컵스 블룸버그는 저서 『단식하는 여자들: 신경성 식욕부진증의 역사』에서 쓰고 있다.

지난 수십 년 동안 섭식장애는 언제나 마른 몸매를 찬미하는 문화와 관련되었다. 모델들의 넓적다리와 팔은 에어브러시로 날씬하게 다듬어진다. 다이어트 광고는 빠른 체중 감량을 장담하고 그리 안 되면 돈을 돌려주겠다고 약속하면서 방송 전파를 가득 채운다. 패션업계는 이른바 "배너티 사이징(vanity sizing, 허영심을 만족시키는 치수 매기기)"에 몰두한다. 예컨대 원래는 77 사이즈를 입는 여자들이 즐겁게 66 사이즈를 사서 입을 수 있도록 사이즈 숫자를 대폭 줄이는 것이다. 2014년에 의류 제조업체인 제이크루는 이런 경향을 완전히 새로운 차원으로 끌어올려, 허리둘레가 23인치(58.5센티미터)인 여자들을 위해 000이라는 새로운 사이즈를 도입했다. 다이애나가 결혼식 날 입었더라면 딱 맞았을 사이즈다. 영양학자들과 정신건강 전문가들은 이 조치를 공공연히 비난했다. 가장 몸집이 작은 여자를 제외하고는 모든 여자의 건강에 해로울 만큼 작은 사이즈의 옷에 몸을 쑤셔 넣기 위해 젊은 여자들이 극단적인 다이어트에 의존할 것을 우려해서다.

그렇다고 문화적 중압감만으로 섭식장애가 유발되는 것은 아니다. 날마다 수백만 명의 사람들이 스키니 패션에 집착하고 도저히 도달할 수 없는 '미'의 기준에 복종하지만, 그중 약 1%만이 신경성 식욕부진증에 걸릴 테고 2%가 생애 중 언젠가 폭식증에 걸릴 것이다. 과학자들은 섭식장애의 심리적 뿌리와 생물학적 원인을 탐구하면서 수많은 기여 요인들을 밝혀내고 있다. 다른 정신질환과 마찬가지로 섭식장애도 개인의 심리적 특성, 유전자(아마 수백 개), 그리고 환경 등의 복잡한 상호작용으로 유발된다. 연구 결과, 섭식장애는 적어도 50%는 '유전성'인 것으로 드러났다. 이것은 물려받은 DNA에 섭식장애가 내재되어 있으면 그 장애에 걸릴 가능성이 더 높다는 뜻이다. 알고 보니 다이애나의 집안에서 그 장애에 걸린 사람은 그녀만이 아니었다. 언니 세라도 20대 시절, 찰스 왕세자와 교제하던 무렵에 신경성 식욕부진증으로 고심했다.

섭식장애는 오로지 환자 자신에게 책임이 있다는—즉, 굶든 과식하든 그걸 결정하는 것은 환자 자신이라는—주장이 자주 제기되는데, 유전자의 중대한 영향력은 그런 주장을 무력화한다. 실제는 그보다 훨씬 복잡하다. "어느 누구도 자신이 선택하여 섭식장애자가 되지는 않을 것이다. … 섭식장애는 어떻게든 환자 자신이 선택하는 것이라는 오래된 신화를 퇴출시키기 위해서는 유전적, 생물학적인 부분을 좀 더 강조할 필요가 있다"라고 신시아 불릭은 말한다. 그녀는 신경성 식욕부진증에 관여하는 유전자를 확인하기 위해 세계적 규모의 연구를 진행하고 있다.

거식증과 폭식증은 발현 양상이 서로 다르지만 몇 가지 주요한 특징을 공유하고 있다. 불릭에 따르면 상당히 많은 사람들이 '진단의 유동'을 경험하는데, 이것은 그들이 거식증과 폭식증을 넘나든다는 뜻이다. 바꿔 말하면 어떤 때는 거식증에 시달리고 또 어떤 때는 폭식과 제거(purging, 구토·설사·관장·굶기 등) 행동에 시달린다. 섭식장애는 남성보다 여성에게 훨씬 더 흔하다. 피츠버그 대학교 의과대학의 정신의학 및 심리학 교수인 마사 마커스의 말에 따르면 데이터는 사춘기에 수반되는 호르몬 변화가 섭식장애에 대한 여성의 취약성과 관계있을지 모른다고 시사한다. 거식증과 폭식증은 또한 다른 정신장애들과도 강한 연관성이 있다. 폭식증 환자의 50~70%가 그 질환을 앓는 동안 어느 시점에서는 우울증에 시달릴 것이고, 많은 환자가 갖가지 형태의 불안과 싸우게 될 것이다.

대부분의 경우 기분장애가 먼저 나타나고, 이것이 거식증이나 폭식증으로 가는 통로가 된다. 일단 거식증이나 폭식증이 시작되면 그 근저에 있는 우울증이나 불안증의 증상들이 영속화될 수 있고 심지어 악화될 수도 있다. 다이애나는 지속적인 좌절감, 자신의 능력이 모자란다는 열패감, 슬픔과 두려움 같은 감정들—이런 것들은 모두 우울과 불안의 증상이다—을 솔직히 이야기했다. 그녀에게 어려움을 준 것은 궁전 안에서 벌어지는 소동만이 아니었다. 그녀는 전 세계에서 병들고 죽어가는 사람들을 많이 방문했는데(그 일을 좋아했다), 그러고 나면 정작 자기 마음은 추스르지 못할 때가 많아서 먹는 일에 의지했다. "밖에서는 수많은 사람들을 위로했는데, 집에 돌아오면 나 자신을 어떻게 위로해야 할지, 그 방법을 알기가 너무 어려워요. 그래서 냉장고 속으로 뛰어드는 게 통상적인 일이 되었지요."[6]

---

6) 이혼 전해인 1995년 11월 마틴 바시르와의 BBC 인터뷰에서 한 말이다.

폭식증은 1980년에 공식적으로 정신장애로 분류되었는데, 이 장애가 있는 사람들은 충동성에 시달릴 가능성이 특히 커서, 결과를 생각지 않고 위험한 행동을 해버리는 경우가 많다. 이것은 그들이 폭식할 때 먹기를 멈추지 못하는 데서 분명히 드러나지만, 알코올이나 마약의 남용, 가게에서 물건 훔치기, 난잡한 성관계, 자해 행위 등으로 나타날 수도 있다. 다이애나는 여러 번 자해를 했는데, 윌리엄을 가졌을 때는 계단 아래로 몸을 던졌고, 톱니날의 레몬 나이프를 갖고 돌아다니며 일부러 팔과 다리에 상처를 내기도 했다.

섭식장애자들은 자신을 징벌하거나 내면의 불행을 신체적으로 드러내는 방법으로 칼을 이용한 자해 행위를 할 수도 있다. 다이애나는 자신의 고통을 남들에게 알리고 거기서 구출되기 위해 자해를 했다고 설명했다. 거식증 환자는 병색이 짙어 보이고 비쩍 말라서 뼈만 앙상한 경향이 있지만, 폭식증에 시달리는 사람들은 그와 달리 겉으로는 아주 건강해 보일 수 있다. 다이애나도 그랬다. 하지만 그녀는 겉모습 아래에서 무슨 일이 일어나고 있는지를 주위 사람들에게 알리고 싶어 했다. "내면에 고통이 너무 많으면 자신의 외관을 해치려 들게 된다. 다른 사람에게서 도움을 받고 싶으니까. 그래서 나는 자해를 했다. 나 자신이 마음에 들지 않았다. 중압감을 이겨내지 못하는 내가 부끄러웠다." 그녀는 가장 깊은 절망에 빠져 있을 때 남편이 자기를 무시하고 저버렸다고 말했다. 어느 날 밤 남편에게 거부당했다고 느낀 그녀는 "남편의 화장대에서 주머니칼을 집어 들어 내 가슴과 양쪽 넓적다리를 힘껏 그었다."

폭식증과 자해의 결합은 경계성 인격장애와 결부된다. 메릴린 먼로를 괴롭힌 이 인격장애의 특징들을 많이 공유했던 다이애나에 대해서도 경계성 인격장애라는 주장이 줄곧 제기되었다. 샐리 비델 스미스는 전기『다이애나, 자기 자신을 찾아서』에서 다이애나의 급격한 기분 변화, 공허감과 충동성, 그리고 자신의 정체성을 찾으려는 몸부림을 언급하면서 그녀가 경계성 인격장애라는 진단에 동의했다. 다이애나는 폭식증과 자해의 경험이 있음을 공개적으로 인정했는데, 이 두 가지 모두 다른 질환과 별개로 존재할 수 있다. 하지만 폭식증과 자해가 다른 질환의 특징이거나 다른 질환과 깊이 연관될 수 있는 것도 사실이다. 이런 점들은 행동과 증상들이 끊임없이 서로 충돌하고 겹치고 결합하는 정신질환의 모든 영역에서 명확한 진단을 내리기가 얼마나 어려울 수 있는가를 말해준다.

폭식증의 경우, 연구자들은 위에서 언급한 증상들 가운데 하나인 충동성이 환자의 뇌에서 어떻게 나타나는가를 조사하고 있다. 어느 흥미로운 연구에서 컬럼비아 대학의 레이철 마시 박사 팀은 폭식증이 있는 여성 20명과 없는 여성 20명이 컴퓨터 화면에서 화살표의 방향이 어느 쪽인지를 선택하는 과제를 수행하는 내내 그들의 뇌를 스캔했다. 과제는 두 가지 유형으로 주어졌는데, 한 유형에서는 화살표가 컴퓨터 화면에서 논리적으로 옳은 쪽에 자리 잡고 있었고(즉, 왼쪽을 가리키는 화살표는 왼쪽에, 오른쪽을 가리키는 화살표는 오른쪽에), 다른 유형에서는 화살표가 반대쪽에 나타났다(왼쪽을 가리키는 화살표는 오른쪽에, 오른쪽을 가리키는 화살표는 왼쪽에). 후자가 좀 더 까다로워서, 환자들은 행동하기 전에 먼저 생각을 해야 했다. 폭식증에 걸린 여자들은 보다 어려운 이 과제에서 더 빨리 반응했고 실수도 더 많이 저질렀는데, 이는 그들이 더 충동적이었음을 암시한다. 과학자들은 뇌 속의 전두엽 줄무늬체 회로(자기 조절과 충동 제어를 조정하는 부위)가 폭식증을 가진 여자들의 뇌에서는 비정상적으로 활발치 못한 것을 발견했다. 또한 뇌의 이 부위는 폭식증이 있는 사람이 그렇지 않은 사람보다 실제로 더 작을 수 있다. 이는 폭식증 환자들이 자기 행동을 통제하지 못하는 한 이유일지도 모른다. 이런 발견들은 아직 예비 단계지만, 폭식증 환자들의 뇌가 구조적으로 다를 수 있다는—선천적으로 그렇게 태어났거나 아니면 질병 때문에 그들의 뇌가 차츰 변했거나—흥미로운 가능성을 제기한다.

섭식장애는 위장 문제, 뼈 손실, 심장 이상, 호르몬과 전해질 장애를 비롯하여 건강을 해치는 수많은 문제를 낳을 수 있고, 폭식증의 경우에는 인위적인 구토로 말미암아 식도가 손상을 입을 수 있다. 가장 큰 위협은 장기의 기능 상실이나 자해로 인한 사망이다. 폭식증의 주요 치료법은 사고 유형을 부정적인 것에서("나는 구제 불능이야." "나는 말라야만 행복해질 거야.") 긍정적인 것으로("나는 좋은 사람이야." "내 몸무게는 내가 어떤 사람인가 하는 것과는 아무 상관도 없어.") 바꾸는 방법을 환자들에게 가르치는 인지행동요법이다. 이 치료법은 또한 증상을 촉발하는 요인과 계기를 인지하고 폭식과 구토의 악순환을 막을 수 있게 해주는 수단들을 제공한다. 환자들은 폭식증에 수반되는 우울과 불안을 치료할 항우울제를 처방받는 경우도 많고, 건강한 식사 패턴을 다시 확립하도록 도와주는 영양 상담을 받기도 한다.

다이애나가 받은 치료는 다양했다. 결혼 초기에 그녀는 정신과 의사들을 불신했고, 의사들이 진정제를 처방하면 화를 냈다. "그녀는 마음속으로 자신에게는 약이 필요 없다는 것을 알고 있었다. 그녀에게 필요한 것은 휴식이었고, 주위 사람들의 인내와 이해였다"라고 앤드루 모턴은 전기에서 말했다. 스트레스를 풀기 위해 그녀는 최면요법, 침술요법, 아로마 요법을 시도했다. 병이 한참 진행된 1988년이 되어서야 그녀는 마침내 폭식증 치료에 필요한 도움을 받았다. 다이애나의 오랜 친구는 그녀의 건강을 염려한 나머지, 의사를 찾아가 상황을 솔직히 털어놓지 않으면 그녀의 비밀을 공표하겠다고 위협했다. 그 위협이 통해, 다이애나는 런던의 유명한 의사인 모리스 립세지 박사(몇 년 전에 다이애나의 언니 세라의 거식증을 성공적으로 치료한 바 있었다)에게 치료를 받게 되었다. 립세지 박사는 매주 다이애나와 상담하면서 그녀가 자존감을 회복하도록 도와주었다. 1990년에 이르자 그녀의 폭식증 발작은 하루 네 번에서 대폭 줄어들어 3주에 한 번밖에 일어나지 않게 되었다. 이런 호전은 "나에게는 '만만세'였다"라고 다이애나는 회고했다. 1995년의 BBC 인터뷰에서 그녀는 자신의 폭식증이 "아주 오랫동안" 지속되었지만 드디어 끝났다며 "나는 이제 거기서 벗어났어요"라고 말했다.

그녀가 겪는 고통은 그때쯤에는 이미 널리 알려져 있었다. 모든 내막을 까발린 모턴의 책 『다이애나의 진실』이 1992년 출간되어 호기심과 충격과 논란의 돌풍을 불러일으켰다. 처음에는 다이애나의 친구들이 털어놓은 이야기를 모은 것으로 소개된 이 책은(모두 세자빈 자신이 한 이야기라는 사실은 나중에야 공개되었다) 수백만 부가 팔렸고, 버킹엄궁을 발칵 뒤집어놓았다. 다이애나는 나중에 "내가 어쩔 줄 모르는 무능력자로 보이는 데 넌더리가 나서" 자신의 결혼생활, 삶의 스트레스, 폭식증, 자살 기도 등에 대한 정보를 넘겨주었다고 말했다. 비밀이 폭로되자 왕실 문제 전문가와 역사가들, 그리고 어디에나 끼어드는 언론은 이 결혼의 붕괴─그리고 어쩌면 군주제의 붕괴─에 대해 이런저런 추측들을 내놓았다. 엘리자베스 여왕은 1992년이 "끔찍한 해(annus horribilis)"라고 했다.

그해 11월, 찰스와 다이애나는 한국을 방문했다. 그들이 함께 한 마지막 공식 해외 순방이었다. 한국전쟁 때 전사한 영국 군인들을 기리는 의식에서 그들이 서로 반대 방향을 바라보고 있는 모습이 사진에 포착되었다. 두 사람 사이의 거리를 보여주는 상징적인 장면이었다. 한 달 뒤에 존 메이저 영국 총리가 이들에 관한 소식을 발표했다. 찰스 왕세자와 다이애나

세자빈이 서로 별거하는 데에 "원만하게" 합의했다는 것이었다. 다이애나는 궁 밖에서 열린 행사에 참석하고 있다가 자기네 부부의 별거에 관한 뉴스를 방송 보도로 들었다. 그녀는 1995년에 그 순간을 회고하며 "정말 너무너무 슬펐다. 이제 동화가 끝난 것이었다"라고 말했다. 별거 발표 후 몇 년도 지나기 전에 다이애나와 찰스는 전 세계에 방영된 별도의 텔레비전 인터뷰에서 각기 간통 사실을 인정했다.[7] 그들의 결혼생활이 끝나는 것은 한때는 생각할 수도 없는 일이었지만, 이제는 불가피한 일이 되었다. 열다섯 번째 결혼기념일에서 한 달이 지난 1996년 8월, 찰스와 다이애나는 공식적으로 이혼했다.

다이애나가 자신의 폭식증에 대해 솔직히 털어놓기로 결심한 덕분에 세계는 켄싱턴궁의 금도금된 창문을 통해 궁전 안을 들여다볼 수 있었고, 정신질환은 어디에나 존재한다는 것을 절감할 수 있었다. "그녀는 인간적이었고, 자신의 약점을 인정하고 있었다"라고 보스턴 대학의 영국 근대사 전문가인 아리안 셔녹 교수는 말한다. 미국 대통령 부인이었던 베티 포드 여사가 유방암 진단을 받은 사실을 솔직히 털어놓은 것이 유방암 검진을 증가시켰듯이, 폭식증 환자들도 다이애나의 솔직한 고백에 자극을 받아 도움을 청하게 되었다. 영국 내의 섭식장애 추세를 연구한 결과가 2005년에 《영국 정신의학 저널》에 발표되었는데, 이 연구는 1990년대에 새로운 폭

---

7) 다이애나의 상대는 영국 육군의 제임스 휴잇 소령으로, 그에 따르면 두 사람의 관계는 1986년부터 91년까지 5년간 계속되었다고 한다.

식중 환자가 극적으로 증가했다가 (반면 거식증 환자의 수는 안정세를 유지했다) 1997년에 다이애나가 사망한 뒤 다시 줄어든 사실을 발견했다. 이 논문의 저자들은 다이애나의 경험에 대한 언론의 집중적인 취재 보도가 폭식증에 대한 대중의 인식을 높여서 보고되는 환자의 수가 늘어났을 수도 있다고 추측했다. "폭식증과 싸우는 공인과의 동일시가 그 질병과 결부된 수치심을 일시적으로 줄여주어서 여성들이 처음으로 도움을 청할 용기를 얻었을지도 모른다."

다이애나는 역사에 깊고 지속적인 각인을 남겼다. 초기에는 그녀의 질환과 찰스 왕세자와의 이혼이 영국 왕실에 오점이 될 거라는 우려가 있었지만, 무엇이 잘못되었는지에 대한 다이애나의 진솔한 토로는 다음 세대가 처음부터 현명한 선택을 하도록 이끄는 데 도움이 되었을 수 있다고 셔녹은 말한다. 윌리엄 왕세손과 캐서린 미들턴은 교제를 시작한 지 8년 뒤에야 결혼했기 때문에 관계를 숙성시킬 시간이 훨씬 많았다. (캐서린은 2011년에 결혼식을 올렸을 때 29세였고, 윌리엄은 두 달 뒤에 29세가 되었다.) 그들은 또한 오래 교제한 덕분에 언론을 다루는 데에도 능숙해질 수 있었다. 실제로, 엘리자베스 여왕이 2012년에 즉위 60주년을 자축했을 때 영국인의 69%가 왕실이 없다면 영국이 더 나빠질 거라고 했다. 전례 없이 높은 이 같은 지지도는 부분적으로는 다이애나의 공이 분명하다고 셔녹은 믿고 있다. "왕실은 지금 입지가 더욱 강화되었다. 이런 성공에서 다이애나의 기여를 떼어놓을 수는 없다."

다이애나는 폭식증과 싸우는 동안, 그리고 폭식증에서 회복되고 찰스와 별거하게 된 뒤에도, 켄싱턴궁에서 나와 각기 나름의 문제들과 싸우는 보통 사람들을 방문하는 데에서 위안을 찾았다. 긴장이 풀려 편안해진 그녀는 그들과의 잡담에 기꺼이 참여했고, 다른 사람들을 상냥하게 위로해주었다. 대다수의 사람이 에이즈 환자를 두려워하여 가까이 가려고도 하지 않았던 시절에 그 환자들을 만지고 안아주기까지 했다. 그녀는 자신이 고통을 겪었기 때문에 위기에 빠진 사람들에게 공감할 수 있다고 말했다. 1997년 8월 31일 프랑스 파리에서 자동차 사고로 비극적인 죽음을 맞기 전에 프랑스의 일간지 《르몽드》와 가진 마지막 인터뷰에서 그녀는 이렇게 말했다. "나는 맨 위에 있는 사람들보다 맨 밑에 있는 사람들과 훨씬 가까워요."

다이애나가 죽은 뒤 《영국 의학 저널》의 편집장 리처드 스미스는 직접 쓴 두 단락 길이의 추모 기사에서, 아픈 아이들을 대상으로 한 다이애나의 활동, 그녀의 지뢰 제거 운동, 그녀가 캠페인을 벌인 수많은 건강 문제들(에이즈, 나병, 마약 중독 등), 그리고 폭식증에 대한 그녀의 솔직함을 부각했다. 그는 의료계 인사가 아닌 일반 공인의 추모 기사를 이 저널에 싣는 것은 매우 이례적인 일이라고 인정했다. 하지만 이번에는 그렇게 하는 것이 옳은 일이라고 느꼈다. "그녀는 자신이 살면서 겪은 어려움들 때문에 취약한 사람들과 말이 잘 통하고 그들을 잘 대변하는 것 같았다"라고 스미스는 썼다. "그녀의 삶은 매력과 기회로 가득 차 있었지만, 그녀가 타고난 재능은 역경에서 아주 특별한 삶을 창조하는 것, 그리고 많은 사람들에게 영감을 주는 것이었다." 다이애나의 특별한 삶을 인정하는, 학술지 안에 숨겨진 그 한 줌의 말은 1997년 9월 6일 웨스트민스터 대성당에서 거행된 장엄한 장례식과는 비교가 되지 않는다. 하지만 따지고 보면 그 말들은 다이애나가 무엇보다도 고맙게 여겼을 헌사가 아니었을까.

에이브러햄 링컨(Abraham Lincoln)

우울장애

미국 제16대 대통령의 얼굴보다 더 잘 알려진 얼굴은 드물다. 죽은 지 150년이 지났지만 에이브러햄 링컨의 유명한 얼굴은 여전히 도처에 존재한다. 아이들의 돼지 저금통을 채우는 1센트짜리 동전에도 새겨져 있고, 5달러 지폐에도 그려져서 우리를 일상적으로 바라보고 있다. 그는 오클라호마주 클레어모어의 로저스 주립대학교 구내에 있는 남북전쟁 전적지 한

복판에 서 있고, 켄터키주 호젠빌에는 청동으로 주조된 어린 소년의 모습으로 나무 그루터기에 기대어 있다. 미국 국회의사당에서는 나비넥타이를 매고 망토를 걸친 모습으로 서 있고, 링컨 기념관에서는 높이 5.8미터의 거대한 모습으로 앉아 있으며, 사우스다코타주의 블랙힐스 산지에 있는 러시모어산에서는 그의 얼굴이 화강암 벽을 극적으로 뚫고 나와 있다.

두드러진 코와 무성한 눈썹, 그리고 폭풍이 휩쓸고 지나간 것처럼 헝클어진 머리카락(한번은 사진사가 머리를 빗어서 곱게 펴주자 그가 일부러 머리를 다시 헝클어뜨린 적도 있었다)—링컨은 좀처럼 잊기 어려운 독특한 외모를 가지고 있었다. 어느 토론회에서 한 정적이 그를 두 얼굴의 사나이라고 부르자 링컨은 이렇게 응수했다고 한다. "내가 다른 얼굴을 갖고 있다면 이 얼굴을 내걸고 다니겠소?" 한데 그 얼굴 밑에서는 무슨 일이 일어나고 있었을까? 그의 마음과 영혼 속 깊은 곳에는 무엇이 숨어 있었을까? 이것은 링컨의 동시대인과 역사가들이 한 세기가 넘도록 토론해온 의문이다. 대통령은 재미있을 때가 많았고 때로는 아주 쾌활하기까지 했다. 그가 야심이 컸으며 대단한 소양을 지녔다는 것은 논란의 여지가 없다. 그는 정치인이 쓴 글 가운데 가장 기억할 만하고 우아한 산문들을 썼고, 미국이 사상 최대의 내전을 겪는 동안 나라를 이끌었으며, 노예제를 끝장냈다.

그러한 링컨도 정신적 고통을 겪었으며, 임상적 우울증(clinical depression)[1] 에 시달렸을 가능성이 크다는 사실은 별로 알려져 있지 않다. 그는 평생 동

---

[1] 우울한 기분에 더해 원인 모를 통증 등 각종 신체 증상, 흥이나 쾌락의 현저한 저하, 집중력 저하, 부적절한 죄책감, 절망감, 무가치감, 죽음이나 자살에 대한 생각 등 심각한 인지적 문제를 보이는 본격적 질환으로서의 우울장애. 조증 혹은 경조증의 증상 발현은 없으면서 앞의 증상들이 2주 이상 지속될 경우 이 장애로 진단된다. '주요우울장애(major depressive disorder)'라고도 한다.

안 숱한 비극을 겪었다. 아홉 살 때 어머니가 운명하는 것을 지켜보았고, 어린 두 아들을 전염병으로 잃었으며, 국가적 참사인 남북전쟁을 지휘했다. 남북전쟁은 62만 명이 넘는 엄청난 사망자 수를 기록했는데, 이는 미국이 그 이전이나 이후에 경험한 어떤 전쟁보다도 훨씬 많은 인명 손실이었다.

그러나 삶이 안겨준 외적 트라우마 외에도 링컨은 유전적으로, 그리고 영혼 깊숙한 곳에 우울증의 소인을 갖고 있었던 듯하다. 그는 자신의 "신경질적인 기질"에 대해 이야기했고, 놀랍게도 이따금 스스로 목숨을 끊고 싶은 욕망을 느낀다고 털어놓았다.

역사 기록을 보면 링컨의 동시대인이 그의 내면에서 배어 나오는 우울한 기분을 감지하고 묘사한 이야기가 아주 많다. 링컨의 법률사무소 파트너였던 윌리엄 헌던은 "그가 걸으면 우울감이 그에게서 뚝뚝 떨어졌다"고 말했다. 또 어떤 이는 링컨을 처음 본 뒤 그의 길쭉하고 창백한 얼굴과 커다란 손발에 대해 기록했는데, 그에게 가장 깊은 인상을 준 것은 링컨의 눈빛이었다. "링컨은 내가 지금까지 본 모든 사람 가운데 가장 슬픈 눈을 갖고 있었다."

링컨의 어린 시절은 숲속에서 보낸 행복한 시간과 가족의 비극이 뒤섞인 시기였다. 그가 살았던 고난의 시대가 가족의 비극에 박차를 가했다. 그는 1809년 2월 12일 켄터키주 호젠빌에 있는 통나무집에서 태어났다. 그는 학구열이 대단했고 독서광이었지만 꽤 유능한 농장 일꾼이기도 해서 도끼질도 능숙했고 가족을 위해 옥수수를 수확하기도 했다. 가족 중에 누군가가 갑자기 죽는 일은 안타깝게도 드문 일이 아니었다. 19세기에는 감염병을 치료할 항생제가 없었기 때문이다. 출산하다가 죽는 여자들도 많았다. 그리고 많은 아이들이 영양 결핍이나 오염된 물과 우유를 통해 퍼지는 전염병으로 다섯 번째 생일도 보지 못하고 죽었다.

아버지 토머스 링컨은 목수이자 농부였는데 73세까지 살았다. 하지만 어머니 낸시는 링컨이 아홉 살 때인 1818년에 '우유병'이라는 것에 걸렸다. 독초에 오염된 소의 젖을 마시는 게 원인이라고 생각되던 병이었다. 며칠 동안 그녀는 고열과 오한으로 몸부림치며 괴로워하다가 아이들을 병상으로 불러 아버지한테 "착하고 고분고분한" 자식이 되라고 말하고는 임종했다. 그때 그녀는 겨우 34세였다. 9년 뒤에는 누나 세라가 아이를 사산한 뒤에 죽었다. 한 이웃 사람은 링컨이 두 손에 얼굴을 묻고 슬피 우는 것을 보았다. "뼈만 앙상한 손가락 사이로 눈물이 방울져 떨어졌고, 그의 수척한 몸은 흐느낌으로 들썩였다."

이런 트라우마들이 링컨에게 깊은 충격을 준 것은 분명하지만(나중에 그가 우울증에 걸린 것에도 아마 영향을 주었을 것이다) 그의 기개를 꺾지는 못했다. 힘든 청소년기를 보낸 뒤 그는 친절하고 호감이 가는 젊은이로 성장했다. 그는 이야기를 아주 잘했고, 이 뛰어난 재능으로 동시대인들에게 특별한 기쁨을 주었다. 수십 년 뒤, 탐사보도의 선구자로 유명한 저널리스트 아이다 타벨은 링컨에 관해 취재하면서 존 롤이라는 남자를 인터뷰했는데, 그는 일리노이주 상거먼강 근처에 있는 오래된 도시 상거먼에서 스물세 살난 링컨을 만났을 때의 얘기를 해주었다. 그때쯤 이미 키가 훤칠하고 홀쭉했던 링컨은(그의 키는 당시로선 보기 드물게 큰 193센티미터에 이르렀다) 뗏목 형태의 평저선 한 척을 만들려고 왔는데, 그 일을 하다 보니 휴식 시간에 일꾼들을 즐겁게 해주는 역할도 하게 되었다. 1895년 《매클루어 매거진》에 실린 기사에서 타벨은 일꾼들이 껍질 벗긴 기다란 통나무 위에 모여 앉아 작은 칼로 나무 조각을 하든지 얘기를 나누든지 하다가 "저항할 수 없을 만큼 익살스러운" 링컨의 이야기에 귀를 기울이는 모습을 묘사하고 있다. 그의 이야기가 너무 재미나서, "통나무 위에 걸터앉은 젊은이들은 우아 하고 소리 지르며 웃다가 굴러 떨어지곤 했"는데, 계속 그러다 보니 나중에는 통나무가 반들반들 닦여서 거울처럼 윤이 났다고 했다. "뗏목을 만드는 데에는 4주가 걸렸는데, 그동안 링컨은 재미난 이야기로 온 마을 사람을 사로잡아 버렸다." 링컨이 상거먼을 떠난 뒤에도(나중에 그는 상거먼 카운티를 대표하는 일리노이 주의회 의원이 되었다) 사람들이 그의 얘기를 들을 때 걸터앉았던 '에이브의 통나무'는 썩어서 없어질 때까지 그를 기념하여 보존되었다.

우울증은 성년이 된 초기에 발병하는 경우가 많다. 저널리스트이자 전기 작가인 조슈아 울프 솅크에 따르면 링컨이 26세이던 1835년 여름에 그의 정서적 건강에 대한 심각한 우려가 제기되기 시작했다. 솅크는 『링컨의 우울증: 우울증은 어떻게 한 대통령의 능력을 시험하고 그의 위대함을 키웠는가』[2]라는 책에서 상세한 논거를 제시하며 링컨에게 우울증이 있었다고 주장한다. 그때 링컨은 일리노이 주의회 의원으로 처음 선출된 뒤였고, 어엿한 직업과 소득을 얻기 위한 수단으로 법률을 공부하고 있었다. 법률 공부에 몰두한 나머지 몸무게가 줄고 친구들과도 소원해졌다. 링컨의 가장 가까운 친구들은 "그가 미치지나 않을까, 정신 착란을 일으키지는 않을까 걱정했다"라고 그 지역에 살았던 한 지인은 회고했다.

링컨을 진정한 절망의 구렁텅이로 몰아넣은 것은 앤 러틀리지라는 젊은 여인의 죽음이었던 듯하다. 링컨은 앤의 아버지가 경영하는 주막 겸 하

---

2) 국역본은 『링컨의 우울증─역사를 바꾼 유머와 우울』이다.

숙집에서 그녀를 만났는데, 그들의 관계가 어느 정도까지 진척되었는지는 분명치 않다. 그들은 친구였을까? 아니면 사랑하는 사이였을까? 결혼까지 약속했을까? 확실한 것은 알 수 없지만, 링컨이 그녀에게 강렬한 감정을 갖고 있었던 것은 분명하다. 러틀리지가 장티푸스로 짐작되는 전염병에 걸려 1835년 8월에 22세의 나이로 세상을 떠났을 때 링컨에게 주요우울장애(임상적 우울증)의 증상이 처음으로 발현되었다고 솅크는 말한다. 링컨은 사람들과의 관계를 끊었고, 혼자 총을 들고 숲속을 돌아다니곤 했으며, 춥고 비 내리는 날씨가 조금만 계속되어도 러틀리지의 무덤이 비에 젖는 것을 걱정하여 안절부절못했다. 러틀리지의 남자 형제들 가운데 하나는 당시 이런 글을 썼다. "그 일이 링컨 씨의 마음에 미친 영향은 굉장했다. 그는 절망에 빠졌다." 가장 걱정스러운 것은 링컨이 자살을 언급하기 시작했다는 점이다. 불안해진 친구들은 그가 자살하지 못하도록 주위에 모였다. "그 무렵 동네에서는 그가 미쳤다고들 했다"라고 한 이웃은 회고했다.

링컨이 다만 슬퍼했을 뿐이라고 추측하는 것도 합리적일 수 있다. 비탄에 잠긴 상태는 우울증처럼 보일 수 있기 때문이다. 하지만 러틀리지를 잃은 충격에서 벗어난 것으로 보인 뒤에도 그는 계속 정신적 고통과 씨름했다. 1836~37년에 링컨과 함께 일리노이 주의회 의원을 지낸 로버트 L. 윌슨은 링컨이 그에게 "나는 삶을 열광적으로 즐기는 것처럼 보이지만, 실은 지독한 우울증에 사로잡혀 있다"라는 말을 했다고 나중에 회고했다. 혼자 있을 때면 "정신적 우울에 완전히 사로잡혀서 주머니에 칼을 넣고 다닐 수도 없다"고 했다는 것이다.

러틀리지가 죽은 지 5년 뒤인 1840년 겨울, 이번에는 아무도 죽지 않았는데도 링컨은 또다시 깊은 우울증에 빠지게 되었다. 이 두 번째 발작이 있기 전의 몇 달 동안 그는 직업적으로나 개인적으로나 심한 혼란을 겪었다. 그의 정치 경력에서 유난히 힘든 시기였다. 1830년대 말에 링컨은 주의 원 선거에서 세 번 승리한 3선 의원으로서 존경받는 인기 정치인이 되어 있었다. 하지만 그가 지지한 계획이 일리노이주의 경제를 곤경에 빠트린 뒤 1840년 주의원 선거에 네 번째로 출마했을 때는 하마터면 낙선할 뻔했다. 이 일은 그의 자신감을 흔들어놓았다. 같은 시기에 링컨은 한 정치적 동지를 위해 온 힘을 다하여 열심히 선거운동을 했지만 실패했다. 주 대법원에서 변론을 해야 할 사안이 여러 건이어서 가뜩이나 일을 잔뜩 짊어지고 있었는데, 선거운동 때문에 부담이 더욱 무거워지기도 했다.

링컨의 애정 생활도 혼란스러웠다. 그는 약혼녀인 메리 토드와 자신이 서로 어울리지 않는다는 불안감 때문에 파혼했다. 나중에는 결국 메리와 결혼했지만, 관계를 끊는 일은 도덕적 차원에서 그에게 영향을 미쳤고, 그 결정 때문에 그는 괴로워했다. 링컨과 연애 비밀까지 털어놓을 만큼 가깝고 오랜 친구인 조슈아 스피드는 친구를 너무 걱정한 나머지 "그의 방에서 면도날을 모두 없애야 했고, 칼만이 아니라 비슷한 유의 위험한 물건을 모조리 치워버렸다."

1841년 1월에 들면서 몇 주 동안 링컨은 의회에 출석하지 못하여 다수의 정치적 표결을 놓쳤다. 셍크의 책에 따르면 "이때쯤 링컨의 병은 이미 장안의 화제가 되어 있었다." 지역 신문 하나에서는 "그의 불편한 상태를 조롱거리로 다룬" 기사를 싣기도 했다. 링컨은 계속 침대에 누워 있었는데, 그런 가운데도 '히포콘드리아시스'에 대한 치료를 받고자 하기는 했다. 히포콘드리아시스란 당시에는 악화될 가능성이 있는 가벼운 형태의 우울증을 가리킬 때 쓰는 용어였다.[3] 이 무렵 링컨은 같은 사무실의 변호사 중

---

3) 'hypochondriasis' 혹은 'hypochondria'는 요즘은 건강염려증(심기증)을 말한다.

한 사람에게 "나는 지금 세상에서 가장 비참한 사람"이라고 하소연하는 편지를 썼다. 친구인 스피드에게 보낸 쪽지에서는 "내가 느끼는 기분을 인류 전체에 똑같이 나누어주면 지구상에 쾌활한 얼굴은 하나도 없을 것"이라고 말했다.

비극과 불운이 그 사람의 정신건강을 규정하거나 진단명을 결정하지는 않는다. 슬픔에 빠져 있다고 해서 반드시 항우울제를 먹어야 하는 것은 아니다. 우울증이 아니라도 슬프고 괴로울 수 있다. 오늘날에도 우울증을 정확하게 평가하기는 어렵다. 그리고 두말할 필요 없이 우리는 링컨이 식욕부진과 무기력과 절망을 얼마나 자주 경험했는지를 판단하기 위해 그를 앉혀 놓고 21세기식 선별검사를 할 수도 없다. '전혀 그렇지 않다, 가끔 또는 조금 그렇다, 항상 또는 많이 그렇다' 같은 선택지들 중에서 하나를 고르도록 하는 검사 말이다.

그럼에도 불구하고 링컨이 처음 두 차례의 우울 발현에서 겪은 증상들은 우울증에 대한 오늘날의 정의와 일치한다. 우울증의 주요 특징으로는 적어도 2주 동안 우울한 기분이 지속됨, 일상적 활동에서 흥미나 기쁨을 느끼지 못함, 체중이 감소하거나 증가함, 피로감, 죄책감, 우유부단함, 자신이 무가치한 존재라고 느낌, 죽음이나 자살을 생각함 등이 포함된다. 어쩌다 한두 번 깊은 우울을 느꼈다고 해서 임상적 우울증인 것은 아니지만, 보스턴에 있는 터프츠 의과대학 병원의 기분장애 프로그램 책임자인 나시르 가에미 박사의 말대로 "그런 일이 반복적으로 되풀이되면 그것은 병이다."

우울증은 자폐증이나 중독, 그 밖의 정신질환들과 마찬가지로 하나의 연속체 위에 존재한다. 우울증이 어느 정도 심한지를 평가하는 데는 당사자가 겪는 우울 삽화(episode, 증상 발현)의 빈도와 강도가 부분적인 기준이 된다. 대다수의 사람은 가벼운 정도(경도)에서 중간 정도(중등도)에 속한다고 가에미는 말한다. 링컨의 우울증도 중등도쯤으로 볼 수 있다는 것이다. 링컨이 자살 충동에 사로잡힌 처음 두 차례의 삽화는 분명 심신을 쇠약하게 했다. 그 후의 삽화들은 덜 압도적이었고 지속 시간도 더 짧았던 것 같다. 그럼에도 불구하고 그것들은 그의 관점과 행동에 깊은 영향을 미쳤다.

링컨에게 깊이 스며든 우울감에 대한 주위 사람들의 언급은 그의 생애 전반에 걸쳐 풍부하고 일관적이다. 링컨의 법률사무소 파트너이자 전기를 쓴 윌리엄 헌던은 걸핏하면 비참한 기분에 사로잡힌 이 남자에 대해 대단히 상세한 기록을 남겼는데, 단 하루 동안에 링컨의 기분은 쾌활하고 온화한 상태에서 "슬프고 지독히 우울한 상태"로 바뀔 수 있었다고 한다. 이런 시기엔 링컨은 왼쪽 손바닥으로 턱을 괴고 먼 곳을 멍하니 바라볼 때가 많았다. 아침에 종종 헌던은 소파에 누워서 하늘을 쳐다보거나 의자에 앉아서 두 발을 창턱에 올려놓고 있는 링컨을 발견하곤 했다. 링컨은 자기 안으로 완전히 침잠해서 동료가 들어와도 알은척을 하지 않았다. 헌던이 "굿모닝" 하고 아침 인사를 해도 링컨은 무관심하게 "흠" 하고 답할 뿐이었다. "나는 곧 펜을 들고 종이에 무언가를 쓰거나 책을 훑어보느라 바빴다. 하지만 그가 우울하고 고통에 시달리고 있다는 것이 너무나 명백했고, 그의 침묵이 워낙 의미심장했기 때문에 나 자신도 불안해지곤 했다." 이럴 때면 헌던은 한동안 사무실에서 나가 있을 핑계를 찾곤 했는데, "내가 층계를 다 내려가기도 전에 자물쇠 돌아가는 소리가 들렸고, 링컨은 그렇게 자신의 우울 속에 혼자 남았다."

링컨의 결혼생활과 그것이 그의 정신건강에 미친 영향은 매우 중시되어 왔다. 링컨은 결국 1842년 11월 4일 메리 토드와 결혼했고, 부부는 스프링필드의 작은 집에 살림을 차렸다. 그 후 11년 동안 그들은 아들 넷—로버트, 에드워드(에디), 윌리엄(윌리), 토머스(태드)—을 낳았다. 두 사람이 전혀 어울리지 않는 부부는 아니었다. 둘 다 시와 유머를 좋아했고, 메리 링컨은 남편의 정치적 야심을 뒤받쳐주었다. 링컨은 연방 하원의원으로 일하느라 워싱턴에서 살고 메리와 아이들은 일리노이주의 집에 남아 있었던 1840년대 말에 두 사람 사이에 오간 편지는 서로에 대한 애정과 함께 있고 싶은 소망을 보여준다. 하지만 대개는 감정적 변덕이 그들의 결혼생활을 괴롭혔다. 메리는 성미가 급해서 걸핏하면 화를 냈고(백악관 시절, 링컨 대통령의 비서들은 그녀에게 '헬캣[Hellcat, 마귀할멈]'이라는 별명을 붙였다), 격렬한 기분 변화에 시달렸고, 이상한 행동, 특히 터무니없이 많은 물건을 사들이며 돈을 펑펑 쓰는 것으로 악명이 높았다(언젠가는 한 달도 안 되는 기간에 새끼 염소 가죽 장갑을 무려 84컬레나 사들인 적도 있었다). 남편뿐 아니라 메리 링컨의 정신건강도 그동안 큰 논쟁거리가 되어왔다. 링컨이 죽은 지 10년 뒤, 맏아들 로버트는 어머니를 정신병원에 보내는 데 협력했다. 그녀는 조현병을 앓았던 것일까? 양극성 장애에 시달렸을까? 아니면 남편이 암살당하고 네 아들 가운데 셋이 일찍 죽는 것을 목격하면서 이루 말할 수 없는 슬픔에 사로잡힌 희생자였을까?

링컨도 남편으로서 나름의 문제를 안고 있었다. 아내가 격렬하게 감정을 폭발시키면 그는 제대로 대처하지 못했고, 그래서 무엇이 잘못되었는지를 가려내어 문제를 해결하기보다는 아내의 행동을 무시하고 집을 나가버릴 때가 많았다. 게다가 어두운 곳으로 들어가 고독과 우울 속으로 사라져버리는 그의 성향은 아내를 몹시 속상하게 했다. 그의 전기를 쓴 대니얼 마크 엡스틴에 따르면 그녀는 남편의 우울함을 "고질적이고 남을 격정시키는 골칫거리"로 여겼다. "그는—특히 다른 사람들 앞, 청중이 있는 저녁 식탁 같은 데서는—활기에 찰 수도 있었다. 그의 눈은 반짝반짝 빛났고, 아내의 웃음소리를 듣는 것도 농담과 재미난 이야기를 꾸며내는 것만큼 그에게 큰 즐거움을 주었다"라고 엡스틴은 『링컨 부부: 어느 결혼의 초상』에서 말하고 있다. "하지만 그는 발작적으로 우울한 기분에 빠져들어 방에서 빛을 없애버릴 수도 있었다. 그보다 더 자주 그녀를 걱정시키거나 화나게 한 것은 그의 침묵이었다. 그는 마치 죽은 듯이, 또는 시간여행이라도 하고 있는 듯이 허공을 바라보며 앉아 있었다. 가수(假睡) 상태나 마비 상태에 든 것 같았다. 그가 1미터도 안 되는 거리에 앉아 있는데도 그녀는 그에게 다다를 수가 없었다."

자식들의 비극적인 죽음은 링컨 부부에게 개별적으로 영향을 미쳤고, 부부관계에도 분명히 영향을 주었다. 1850년에 세 살 된 에디가 죽었다. 결핵 때문이었던 것 같다. 성격이 가장 아버지를 닮았던 윌리는 링컨이 백악관에 들어간 이듬해인 1862년에 장티푸스에 걸려 열한 살 나이로 세상을 떴다. 메리의 말마따나 가족들이 "우상처럼 모셨던" 윌리는 총명함과 활기로 대통령에게 특별한 기쁨을 안겨주던 아이였다. 윌리가 죽자 메리는 무엇으로도 달랠 수 없는 슬픔에 잠겨 몸져누웠다. 윌리의 죽음은 대통령도 주저앉혔다. 메리의 보좌역 겸 양재사로 일한 노예 출신의 엘리자베스 케클리는 아들의 주검을 본 링컨의 몸이 "격렬한 감정으로 경련을 일으켰다"고 말했다. "나는 슬픔으로 그렇게 기가 꺾인 사람을 본 적이 없다." (부부의 막내아들 태드는 링컨이 암살당하고 6년 뒤에—아마도 폐렴으로—열여덟 살 나이에 세상을 떴다.)

대통령이 된 뒤 링컨의 개인적 트라우마들은 남북전쟁의 끔찍한 전투와 인명 손실로 인해 더욱 악화되었다. 펜실베이니아 주지사한테서 한 전쟁터에서 벌어진 살육의 참상을 들은 뒤 대통령은 "신음을 토하고 두 손을 쥐어짜며 정신적으로 몹시 괴로워하는 모습을 보였다"라고 링컨 연구가인 마이클 벌링게임은 『에이브러햄 링컨의 내면세계』에서 기술했다. 그 전투가 진행되는 동안 링컨한테 메시지를 받아서 보내곤 했던 전쟁부의 한 전신기사는 이렇게 말했다. "1만 3,000명이 넘는 장병이 전사한 것을 알았을 때, 그 참화는 링컨을 짓뭉개버린 것 같았다. 그는 창백하고 허약하고 초췌해 보였다. 그는 오랫동안 그 충격에서 벗어나지 못했고, 1863년의 그 겨울 내내 우울하고 풀이 죽어 있었다. 그는 그 많은 죽음이 자기 책임이라고 느꼈다." 1864년 여름에 북군이 패한 뒤 링컨은 "나는 거의 살아갈 수 없을 만큼 달랠 길 없는 깊은 슬픔에 잠겼다"라고 말했다.

평생 동안 링컨은 다양한 치료를 통해 구원을 찾았다. 그는 수은을 비롯해 여러 가지 성분을 섞은 '블루 매스(blue mass)'를 복용한 것으로 생각된다. 오늘날에는 그 알약이 강한 독성을 가진 것으로 여겨지겠지만, 링컨 시대에는 치통과 변비와 우울증 등 다양한 건강 문제를 치료하는 약으로 흔히 처방되었다. 대통령에게 가장 위안이 되는 피난처는 말과 이야기와 유머였다. 그는 시와 셰익스피어의 희곡을 좋아해서 그것들을 밤늦게까지 읽었다. 그의 연설 재능과 이야기를 할 때의 열정은 청중을 즐겁게 해주었고 그 자신의 기운도 북돋워주었다. 그를 아는 한 판사는 "긴 하루를 보내면서 그가 중압감을 느꼈다 해도, 이야기를 풀기 시작하면 그런 기분은 곧 누그러졌다"라고 말했다. "그의 표정과 이목구비 전체가 공연에 참여하는 것 같았다. 농담이나 이야기의 핵심 포인트가 가까워지면 그의 얼굴에서 진지함은 흔적도 없이 사라졌다. 그의 작은 회색 눈은 반짝반짝 빛났고 미소가 입꼬리를 커튼처럼 끌어 올리는 것 같았다. 흥분을 억누르느라 몸이 떨렸고, 이야기의 포인트―그는 그것을 '골자'라고 불렀다―에 이르면 어느 누구의 웃음소리도 그의 웃음소리만큼 기운차지 않았다."

웃음은 링컨이 신뢰하는 해독제로서, 그 빛으로 그의 고통을 치유해주었다. 링컨의 유머는 "그의 우울감만큼이나 타고난 것이었다"라고 타벨은 썼다. "그것은 울퉁불퉁한 암반 지역에서 이따금 만날 수 있는 온천처럼 단단한 표면을 뚫고 부글부글 솟아올랐다." 오늘날 의학적 연구들은 유머가 스트레스를 줄이고 통증을 완화하고 기분을 밝게 해준다는 것을 증명하고 있다. 링컨은 이런 사실을 본능적으로 아는 것 같았다. 그는 동업 변호사인 헌던에게 이렇게 말했다. "이 이야기들, 농담, 익살이 없다면 나는 죽을 거야. 내겐 그것들이 배출구야. 짜증과 우울한 기분을 내보내는 배출구!"

✳

우울증의 중대성—이 질병은 미국인 열 명 가운데 적어도 한 명에게 영향을 주고, 전 세계적으로 심신을 무력화하는 주요 원인이다—에도 불구하고 연구자들은 아직도 그 원인이 무엇인지를 온전히 파악하지 못하고 있다. 기분장애가 집안 혈통에 깊이 내재해 있다는 것은 분명하다. 쌍둥이 연구들은 쌍둥이 중 한쪽에게 우울증이 있다면 다른 쪽도 그렇게 될 위험이 상당히 크다는 것을 보여준다. 당신의 부모나 형제자매가 우울증을 앓는다면 당신도 우울증에 걸릴 확률이 평균치의 두세 배나 된다. 여기서 중요한 말은 '위험(risk)'이다. [4] 당신은 부모한테 어떤 신체적 특징들—예를 들면 고수머리, 갈색 눈, 얼굴 면과 붙어 있거나 떨어져 있는 귓불 등—을 물려받는다. 이에 비해, 정신질환에 걸리는 것은 유전자와 생활 여건과 주위 환경의 아주 복잡한 배합과 상호작용에 달려 있다. 부모한테 물려받은

---

4) 이 말은 해로움이나 손실이 생길 '우려가 있다'는 뜻이지 꼭 그렇게 된다는 뜻은 아니다.

DNA가 우울증에 걸릴 가능성을 높일 수는 있으나, 당신이 실제로 그 질병에 걸릴지는 확실치 않다.

링컨 집안의 정신병력을 완전히 확인할 수는 없지만 그의 부모는 둘 다 조금 음울한 편이었다고 한다. 링컨의 어머니는 "슬픈" 모습으로 자주 묘사되었고, 링컨 자신도 어머니에 대해 그 말을 썼다. 이야기꾼이자 재담꾼으로 알려진 링컨의 아버지도 솅크에 따르면 "우울한 성향"을 갖고 있었다. 그는 울적한 기분을 흔히 느꼈고, 그럴 때면 들판이나 숲에서 혼자 몇 시간씩 보내곤 했다. 한 이웃 사람은 그가 "자주 울적한 기분에 사로잡혔다"라고 말했다. 링컨의 백부인 모데카이는 기분 변화가 심했고, 그의 세 아들은 모두 우울증 환자의 특징을 보여주었다. 다른 사촌의 딸은 일리노이 주립 정신병원에 수용되었다. 한 동료 변호사는 링컨에 대해 이렇게 말했다. "그의 우울감은 태아기에 각인되었다. 그것은 그가 타고난 본성의 일부였다."

"각인되었다"는 DNA가 지닌 힘과 그것이 질병의 소인을 대대로 전달하는 데에서 하는 역할에 관해 우리가 오늘날 알고 있는 바를 우아하고 예지적으로 묘사하는 말이다. 그 말은 또한 어머니 자궁의 환경적 요인들이 그 속에서 자라고 있는 태아에게 미치는 영향에 대해 요즘 발견되고 있는 사실들과 상통한다. 이런 연구 결과들은, 불안하거나 우울한 여성의 몸속에서 자라는 아기는 두뇌 발달에 영향을 미치는 스트레스 수준과 호르몬에 노출될 수 있고, 그 결과 아기가 훗날 정신질환에 걸릴 가능성이 높아질 수도 있다는 것을 시사한다. 출생 이후에 받는 다른 영향들도 유전적으로 우울증에 취약한 사람을 벼랑 너머로 밀어버릴 수 있다. 성적 학대나 신체적 학대와 정서적 방임을 수반한 혼란스러운 어린 시절은 특히 중대한 결과를 초래할 수 있다. 아이가 어렸을 때 어머니나 아버지가 죽는 것도 마찬가지다.

링컨의 어머니 낸시는 '우유병'에 걸린 지 일주일도 지나기 전에 급작스럽게 세상을 떠났다. 수십 년 뒤에 링컨은 어머니가 돌아가신 뒤 얼마나 외로움을 느꼈는지를 한 친구에게 털어놓았다. 링컨 연구자인 벌링게임은 낸시의 죽음이 "링컨의 우울증을 초래한 가장 중요한 원인"이라고 말한다. 링컨은 또한 냉정하고 가혹했던 것으로 알려진 아버지와 불행하고 소원한 관계를 유지했다. 글을 배우지 못한 토머스 링컨은 책에 대한 아들의 열정을 용인하지 못했다. 한 사촌의 말에 따르면 에이브[5]가 집안의 잡일을 하거나 밭에서 일하는 대신 책을 읽고 있다가 아버지한테 들키면 회초리나 채찍으로 맞기도 했다는 것이다. 토머스는 아내가 죽은 뒤 열 살 난 에이브와 그의 누나인 열두 살의 세라를 몇 달 동안 단둘이 남겨둔 채 켄터키에 가서 새 아내를 데리고 돌아왔다. 그들이 돌아왔을 때 링컨의 계모인 세라부시 존스턴이 본 아이들은 "야생아처럼 누더기 차림에 더러웠다." 세월이 지난 뒤에 링컨은 죽어가는 아버지를 방문하기를 거절했고, 1851년의 아버지 장례식에도 참석하지 않았다. 아버지가 아들을 지지해주지 않고 그에게 공감하지도 못한 것은 "어머니의 갑작스러운 죽음이 준 충격만큼 그에게 해로웠을지도 모른다"라고 벌링게임은 쓰고 있다.

어린 시절의 이런 트라우마들이 아마 링컨의 마음속에 우울증의 토대를 놓았을 것이다. 그리고 어른이 되었을 때 감정적으로 고통스러운 사건들을 겪은 것도 과거의 상실에 대한 기억을 활성화했을 가능성이 크다. 흥미로운 것은 시간이 흐르면서 우울증이 두뇌를 바꾸는 방식이다. 연구 결과, 우울증 삽화를 여러 번 겪은 환자의 경우엔 뇌의 학습 및 기억 중추인 해마

---

5) 에이브러햄의 애칭.

가 위축되어 평생 동안 우울증과 싸워야 할 가능성이 더 높아지는 것으로 나타났다. 우울증 삽화를 한 번 경험한 사람 가운데 절반 이상은 죽기 전에 그런 일을 또 한 차례는 겪게 된다. 우울증 삽화가 한 번 나타날 때마다 재발 위험이 더 높아져서, 세 번을 겪었다면 네 번째가 발생할 가능성은 90%에 이른다. 과학자들은 이것을 '점화 효과'라고 부른다. 뇌는 언제든지 점화될 준비를 한 채 기다리고 있다는 것이다.

우울증의 첫 삽화는 삶의 특정한 경험으로 촉발되는 경우가 많다. 링컨의 경우도 그랬던 것으로 보인다. 하지만 그 후의 재발은 단지 그 사람의 두뇌가 우울해질 준비가 되어 있기 때문에 일어나는 것일 수 있다. 많은 사람이 이혼하고 실직하고 병든 부모를 돌보지만, 대부분은 그것 때문에 임상적 우울증에 걸리지 않는다. 대신 그들은 외로워하고 화를 내고 좌절하고 슬퍼한다. 그러고는 삶의 다음 단계로 나아간다. 반면에 본격적인 우울증에 걸린 사람들은 쉽게 낙담에 빠지게끔 두뇌 회로가 설정되어 있다. 인생이 순조롭게 굴러가는 듯이 보일 때에도 사소한 불운이 우울 증상을 촉발할 수 있다. 순조롭게 운항하던 비행기에 갑자기 닥쳐드는 난기류처럼 증상이 엄습해오기도 한다는 얘기다.

최악의 경우 우울증은 심신을 약화시키고 숨 막히게 하고 고립시키는 경험이다. 소설가인 윌리엄 스타이런은 자신이 겪은 고통을 "뇌 속에서 울부짖는 폭풍우"라고 묘사했다. 그는 회고록 『보이는 어둠: 광기의 기록』[6]에서 자신의 뇌가 사방에서 공격받는 느낌, 자신의 생각이 "살아 있는 세계에 대한 즐거운 반응을 말살하는 무어라 부를 수 없는 유독한 물결에 휩쓸리는" 느낌을 받았다고 말했다. 우울증은 모든 기쁨과 낙관을 마지막

---

6) 국역본은 『보이는 어둠—우울증에 대한 회고』다.

한 방울까지 서서히 쥐어짜서 없애버린다. "고통보다 더 영혼을 짓뭉개는 것은 [구원의] 희망이 없다는 것"이라고 스타이런은 말했다. "그래서 일상 생활의 의사결정에 수반되는 것도 정상적인 경우처럼 하나의 골치 아픈 상황에서 그보다 덜 골치 아픈 다른 상황으로—또는 불편한 상황에서 비교적 편안한 상황으로, 또는 따분함에서 활발함으로—옮겨 가는 일이 아니라 그저 고통에서 고통으로 옮겨 가는 일이다. [우울증에 걸린 사람은] 잠깐이라도 바늘방석을 버리지 못하고, 어디엘 가든 바늘방석에 묶여 있는 것이다."

여러 세기가 지나는 동안 우울증의 개념은 큰 변화를 겪었다. 초기에는 슬픔과 부정적 사고를 경험한 사람들이 외부의 악마적인 힘에 사로잡힌 것으로 여겨졌고, 그래서 그 악마적 힘을 떼어낼 필요가 있다고 생각했다. 히포크라테스를 비롯한 고대 그리스인들은 정신질환이 네 가지 체액—혈액, 점액, 황담즙, 흑담즙—의 불균형 때문에 생기는 것이라고 믿었다. 우울증은 흑담즙의 과다 분비와 결부되었고, 따라서 사혈(瀉血)[7]을 통해 흑담즙을 몸에서 빼내야 했다. 초기 기독교인들은 우울증을 악마에 유혹되고 악행을 저지른 데 대한 벌로 생각했다. 반면에 르네상스 시대의 위대한 사상가들은 우울증의 긍정적인 측면에 주목하여, 우울증이 문학이나 예술적 창조를 부추김으로써 천재적 재능의 촉매가 될 수 있다고 생각했다. 19세기 초에 링컨이 태어났을 때쯤에는 이미 우울증(당시 용어로 melancholia)과 우울한 기질(melancholic temperament)이 구분되어 있었다. 우울증은 모든 것을 포괄하는 절망으로 규정되었고, 우울한 기질은 사람을 침울하게 만들지만 감성과 예리한 분석적 사고를 고취하기도 한다고

---

7) 침이나 거머리 등으로 피를 뽑아내는 것.

여겨졌다.

링컨은 분명 우울증 삽화들을 겪었지만, 그가 완전한 임상적 우울증에 걸렸다는 데 모든 사람이 동의하는 것은 아니다. 가장 중요한 쟁점은 링컨의 우울과 그의 업적 사이의 조화 문제다. 우울증에 시달리는 사람이 어떻게 내전에 휩쓸린 나라를 이끌고, 게티즈버그 연설문을 쓰고, 노예제를 폐지하면서 여전히 풍부한 유머감각을 유지하고 종종 쾌활함까지 보일 수 있을까? 우울증과 생산성은 사실 어울리지 않는 짝처럼 보인다. 회의적인 사람들은 링컨이 대통령으로서 그토록 성공을 거두는 동시에 우울증 환자였을 수는 없었을 거라고 주장한다. "심신을 약화시키는 이 질병과, 큰 노력을 요구하는 대통령 임기 동안 지칠 줄 모르고 효율적으로 직무를 수행한 링컨을 조화시키는 것은 불가능하다"라고 링컨학자인 해럴드 홀저는 썼다. 링컨 시대에 살았던 우울증 환자들 중에는 치료를 받지 않아서 미치거나 자살한 사람이 많았다고 홀저는 주장한다. "우울증 환자들은 군대를 지휘하기는커녕 침대 밖으로 나오지 못하는 경우도 많았다."

모두 사실이다. 하지만 우울증의 주된 특징은, 세차게 밀려와 부서지면서 거품을 일으키며 잔잔해지는 파도처럼 우울증 발작도 나타났다가 사라지곤 한다는 것이다. 우울증은 날마다 온종일 사람을 괴롭히지는 않는다. "우울증에 관해 천 년 동안 축적된 기록 가운데 우울증이 사람을 끊임없이 괴롭힌다는 말은 한마디도 없다"라고 나시르 가에미 박사는 말한다. "그것은 훨씬 짧고 이따금씩만 일어난다." 반드시 사람을 무력하게 만들어야만 우울증으로 불릴 수 있는 것도 아니다. 경증이나 중간 정도의 우울증을 앓는 사람은 "생산적인 사람이 충분히 될 수 있다." 심각한 우울증 증상이 나타났을 때 블라인드를 내리고 이불 속에 숨는 사람도 몇 주 뒤에는 완전히 정상적으로 기능을 발휘할 수 있어서, 외과 수술을 하거나 다양한 주제에 대해 흥미로운 강연을 하거나 뛰어난 문학 작품을 쓰거나 명곡을 작곡할 수도 있다. 괴테, 슈만, 루터, 톨스토이도 우울증과 싸웠지만 그들의 업적은 전설적이다. "어떤 이들은 가벼운 우울증에 걸리고도 그것 때문에 완전히 무능력해진다. 다른 이들은 심한 우울증을 앓으면서도 어떻게든 삶에서 성공을 일구어낸다"라고 앤드루 솔로몬은 말하고 있다. 솔로몬 자신도 전미도서상을 받은 『한낮의 악마: 우울증의 지도』[8]를 쓰는 마지막 단계에서 심한 우울 증상에 시달렸지만, 어떻게든 집필을 마무리했다.

20세기 영국의 정신과 의사인 앤서니 스토는 거듭 재발하는 우울증을 '박차'라고 불렀는데, 우울증 환자들은 낙담의 진구렁에서 벗어나려고 필사적이기 때문에, 아주 비참한 상태에서도 위대한 행동을 하도록 몰아붙여진다는 뜻이다. 링컨의 경험도 이 견해에 부합한다. 친구 조슈아 스피드에게 보낸 편지에서 링컨은 절망에 빠졌을 때 "빈둥거리는 것을 피하라"고 권하면서 "그럴 때 나는 곧바로 무언가 일을 한다네"라고 했다. 윈스턴 처칠도 행동으로 내몰린 우울증 환자였다. 처칠은 자신의 우울증을 "나의 검은 개"라고 불렀다. 우울증은 그의 꾸준한 동반자였고, 때로는 너무나 압도적이어서 자신이 거기에 아예 짓눌릴지도 모른다고 걱정했다. 그는 의사에게, "나는 급행열차가 지나가고 있을 때 플랫폼 가장자리에 서 있는 것을 좋아하지 않아요. 나는 당장 뒤로 물러서고 싶고, 가능하면 나와 열차 사이에 기둥을 두고 싶소"라고 말했다. "나는 뱃전에 서서 물속을 내려다보는 것도 좋아하지 않아요. 한순간의 행동으로 모든 게 끝날 테니까. 몇 방울의 절망으로 말이오."

---

8) 국역본은 『한낮의 우울』이다.

1940년 여름의 영국 본토 항공전에서 독일 공군이 끊임없이 영국 공군을 공격했을 때 절대로 물러서지 않고 꿋꿋이 버텨야 한다는 확신을 처칠에게 준 것은 바로 우울증을 겪어본 처칠 자신의 경험이었다고 앤서니 스토는 믿었다. 당시 상황에서는 어떤 이성적 국가 지도자라도 종말이 다가왔다는 결론에 도달했을 수 있다고 스토는 저서인 『처칠의 검은 개』[9]에서 말했다. "절망적인 상황에서 한 줄기 희망의 빛을 인식하는 게 어떤 것인지 아는 사람, 터무니없으리만큼 큰 용기를 지닌 사람, 적에게 완전히 포위되어 있을 때 공격적인 기질이 가장 격렬하게 타오르는 사람만이 1940년 그 위기의 여름에 우리를 결집시키고 지탱케 해주었던 저항의 말들에 감정적인 현실성을 부여할 수 있었을 것이다. 처칠은 바로 그런 사람이었다. 그리고 그가 절망은 극복될 수 있다는 것을 다른 사람들에게 전할 수 있었던 것은 그가 평생 동안 자신의 절망과 싸워왔기 때문이었다."

우울증이 있으면 더 좋은 지도자가 될 수 있다고 스토는 주장하는 것 같은데, 정말 그럴까? 나시르 가에미는 그렇게 생각한다. 『일급의 광기』[10]라는 책에서 그는 우울증과 그 밖의 기분장애들이 처칠과 간디, 마틴 루서 킹 같은 지도자들에게 공감 능력과 창의력, 회복력과 현실주의 등, 위기에 직면했을 때 뛰어난 지도력을 발휘하도록 고취하는 속성들을 기르게 해주었다고 주장한다. 실제로 1970년대 후반에 생겨난 '우울증적 현실주의(depressive realism)'라는 개념은 우울증에 걸린 사람들이 터무니없이 낙관적일 수도 있는 동료들보다 세상을 더 현실적으로 본다고 주장하는 학파를 출범시켰다. 링컨의 경우, 신중하고 차분한 기질 덕분에 반대자들을 내

---

9) 국역본은 『처칠의 검은 개 카프카의 쥐』다.
10) 국역본은 『광기의 리더십』이다.

치지 않고도 노예제 폐지를 주장할 수 있었고, 남북전쟁이 가져올 수 있는 최악의 결과들을 많은 조언자들보다 통찰력 있게 충분히 인식하면서 남북전쟁에 대처할 수 있었다고 가에미는 말한다. "링컨은 지나치게 낙관적이지도 않았고, 쉽게 승리하리라고 생각지도 않았다"는 것이다.

우울증이라는 질병의 심각성과 자살 위험을 고려하면, 우울증이 긍정적인 속성을 수반한다는 견해는 논란의 여지가 있다. 하지만 여러 우울증 환자의 회고록을 보면, 심각한 우울증에 시달리는 많은 사람이 자기가 경험하고 있는 엄청난 감정적 깊이를 소중히 여긴다고 말하기도 한다는 것을 알 수 있다. 솔로몬은 『한낮의 악마』의 마지막 단락에서 우울증 덕분에 자신의 영혼을 발견할 수 있었다고 결론짓는다. "나는 7년 전 어느 날 지옥이 나를 불시에 찾아왔을 때까지는 상상조차 할 수 없었던 나 자신의 한 부분을 발견했다. 그것은 귀중한 발견이다."

우울증과 기쁨이 서로를 무효화하지 않고 공존할 수 있음을 보여주는 증거도 많다. 사실 한 사람이 지닌 상충하는 두 자질이 일종의 심리적 모순어법을 창출하는 경우는 드물지 않다. 뛰어난 연예인들이 무대 공포증에 시달리고, 의사들은 심한 건강염려증을 앓기도 한다. 퓰리처상 수상자들이 자신감 상실과 싸우는 수도 있다. 속으로는 암적인 불행에 시달리면서 세계를 웃긴 코미디언 로빈 윌리엄스[11]보다 더 좋은 사례는 없을 것이다. "링컨은 강한 생명력, 유능함, 유머 감각, 공감 능력—우리가 인간의 가장 훌륭한 존재 양식과 결부시키는 자질들—이 지독한 고통과 서로 손을 잡고 달리는 사람의 한 본보기에 불과하다"라고 셍크는 말한다.

우울증이 긍정적인 자질들과 불가분하게 결부되어 있다는 견해는 약물

---

11) 파킨슨병으로 진단된 뒤 우울증으로 자살했다.

로 우울증과 싸우는 것이 절망을 줄이는 동시에 기백까지 꺾어서 의기소침하게 만드는 일인지에 관한 흥미로운 의문을 제기한다. 규칙적인 운동을 하는 등 생활양식을 바꾸면서 심리치료를 하면 우울증을 완화시킬 수 있다. 하지만 몸의 문제든 마음의 문제든 '신속한 해결'을 원하는 요즘 사회에서는 항우울제가 만연해서, 오늘날 미국인 열 명 가운데 한 명은 이 약을 복용하고 있다. 일부 사람들은 가벼운 우울증인데도 일상의 스트레스와 혼란을 완화하고 싶어서 항우울제를 복용한다. 병세가 심한 경우 약물은 특히 심리치료와 병행하면 상당한 도움이 될 수 있다. 많은 임상의들이 주장하고 있듯이, 진정한 문제는 도움이 필요한데도 도움을 청하지 않는 사람들을 찾아서 치료받도록 하는 일이 충분히 수행되지 못하고 있다는 것이다.

링컨이 항우울제 프로작을 복용했다면 도움이 되었을지, 그를 치료했다면 그의 위대성에 이바지한 심오한 자질들—감수성, 공감 능력, 통찰력—이 억눌리거나 사라졌을지는 알 수 없지만, 궁금한 문제인 것은 사실이다. 몇 년 전 《뉴요커》지에 실린 만화는 링컨이 즐거워했을지도 모르는 유머로 이 의문을 묘사했다. '19세기에 프로작이 있었다면'이라는 제목의 이 만화에는 프로작을 복용한 후의 칼 마르크스와 프리드리히 니체와 에드거 앨런 포가 등장하는데, 마르크스는 "물론이지! 자본주의는 자신의 문제들을 해결할 수 있어!" 하고 선언한다. 니체는 "나도 그래요, 엄마. 사제가 힘없는 모든 사람에 관해 말한 건 정말 마음에 들었어요"라고 한다. 포는 검은 큰까마귀[12]를 바라보면서 즐겁게 지저귀듯이 말을 건다. "새야, 안녕!"

---

12) 「큰까마귀(The Raven)」는 포의 대표시 중 하나로, 돌이킬 수 없는 상실과 그로 인한 광기를 다루고 있다.

1865년 4월 14일은 부활절을 앞둔 성금요일이었다. 워싱턴 D.C.의 날씨는 쌀쌀하고 흐렸다. 그날 오후에 링컨 대통령 부부는 무개마차를 타고 국회의사당을 지나 해군 공창으로 갔다. 링컨은 거기서 전함들을 보고 싶어 했다. 해군 장교들과 수병들이 그에게 경례를 했고, 전쟁은 아직 끝나지 않았지만 대통령은 이제 끝난 것으로 여긴다고 아내에게 말했다.[13] 메리 링컨은 나중에 이렇게 회고했다. "마차를 타고 가는 동안 남편은 아주 명랑했어요. 그래서 나는 웃으면서 남편에게 말했죠. '여보, 당신이 너무 즐거워해서 깜짝 놀랄 지경이에요.'"

몇 시간 뒤 링컨 부부는 영국의 익살극인 〈우리의 미국인 사촌(Our American Cousin)〉을 보러 포드 극장으로 출발했다. 메리 링컨의 초대로 그들과 동행한 뉴욕주 연방 상원의원의 딸 클라라 해리스도 대통령이 매우 유쾌했다고 기억했다. "그는 웃고 농담을 하고, 분명 즐거운 저녁을 보내기로 작정하고 있었다." 그들이 도착하자 관객들은 박수를 보냈고 오케스트라는 「대통령 찬가」를 연주했다. 오후 10시쯤, 한 배우가 웃기는 대사를 하면서 무대에 등장했다. 바로 그때 상상할 수도 없는 일이 벌어졌다. 존 윌크스 부스가 특별관람석 문을 열고는 권총을 에이브러햄 링컨 대통령의 머리에 겨누고 발사했다. 이튿날 《뉴욕 타임스》 1면의 표제는 '끔찍한 사건─링컨 대통령 암살자의 흉탄에 맞다'였다.

일주일 뒤 링컨의 관을 실은 열차가 워싱턴 D.C.를 떠나 대통령의 마지막 안식처인 일리노이주 스프링필드로 향했다. 어렸을 때 죽은 셋째아들

---

13) 종전일은 한 달 뒤인 5월 9일이다.

윌리의 관도 열차에 실렸다. 아버지 곁에 묻힐 수 있도록 워싱턴의 묘지에서 파낸 것이었다. 약 2,500킬로미터를 달리는 동안 '링컨 특별열차'는 7개 주와 200개 가까운 도시를 통과했고, 슬픔에 잠긴 시민들은 오열하면서 정의로웠던 대통령에게 경의를 표했다.

"강철처럼 단단하면서도 벨벳처럼 부드러운 사람, 바위처럼 단단하면서도 흐르는 안개처럼 부드러운 사람, 가슴과 머릿속에 끔찍한 폭풍우와 형언할 수 없이 완벽한 평화의 역설을 함께 간직하고 있는 사람이 지상에 태어나는 일은 인류 역사에서 그리 흔치 않다." 링컨 전기를 쓴 칼 샌드버그[14]는 1959년 링컨 탄생 150주년 기념일에 이렇게 말했다. 켄터키 출신의 농장 소년, 익살꾼이자 이야기꾼, 전략가, 애정 깊은 아버지, 비범한 품성의 대통령. 강철과 벨벳, 우울함과 유쾌함.

---

14) 미국의 시인, 작가(1878~1967). 그의 링컨 전기는 1940년에 퓰리처상을 받았다.

크리스틴 조겐슨(Christine Jorgensen)

성별 불쾌감(트랜스젠더)

23세의 조지 윌리엄 조겐슨이 돈 몇백 달러와 덴마크의 코펜하겐으로 가는 편도 승선권을 들고 원양 정기선 스톡홀름호에 올라탄 것은 1950년 5월 1일이었다. 뉴욕 항에는 비가 내리고 있었다. 배가 열흘간의 항해를 떠나기 전에 조지는 객실에서 가족 및 친구들과 함께 이 여행을 축하했다. 그들은 북유럽의 오래된 건배사인 "스콜!"을 외치며 젊은 모험가에게 노래를 불러주었다. 그리고 그가 방문해야 할 친척들(조지의 조부모는 1800년대 말에 덴마크에서 미국으로 이주했다)과 그가 가봄직한 장소들, 그가 찍게 될 사진들에 대해 이야기했다.

조지는 누구누구에게 안부를 전해달라는 부탁들을 다 받아주고 충실한 유럽 관광객이 되겠다고 약속하면서 열심히 사람들과 어울렸다. "네, 자주 편지할게요. 아니, 돌아오는 배는 예약하지 않았어요. 가진 돈이 얼마나 갈지를 몰라서요. 네, 그거 기억할게요. 잊지 않을 거예요."

표면상의 분위기는 즐거웠고 기대감에 차 있었지만, 조지는 아무도 상상치 못했을 만큼 중대한 비밀을 가슴에 품고 있었다. 그는 집안의 뿌리를 찾고 청어절임을 먹고 네덜란드 르네상스 양식의 건축으로 유명한 로센보르성을 보려고 덴마크에 가는 게 아니었다. 육군 일병으로 제대한 조지 조겐슨은 여자로 변신하기 위해 유럽으로 가고 있었다.

5월의 그날, 조지는 짧은 머리에 남자용 코트를 입고 떠났다. 그리고 근 3년 뒤, 호르몬 요법과 성전환 수술을 마친 조겐슨은 새로운 모습과 새로운 성별, 크리스틴이라는 새 이름을 가지고 미국으로 돌아왔다. 조지는 조용하고 얌전한 사람이었지만, 크리스틴은 당장 언론의 화제가 되었다. 《뉴욕 데일리 뉴스》는 조겐슨의 변화에 대한 정보를 은밀히 제공받고 그녀의 도착을 미리 특종으로 보도했다. 이어서 속보가 쏟아져 나왔고, 사람들은 더 많은 후속 기사를 열망했다. 조겐슨이 립스틱을 바르고 모피 코트를 입고 거기에 어울리는 모자를 쓰고 뉴욕 국제공항[1]에 도착하자 수많은 기자들이 서로 밀치닥질하며 그녀를 맞이했다. "마치 전쟁터 같았다"라고 그녀는 나중에 회고했다. "플래시가 펑펑 터지고, 사진기자들이 이렇

---

1) 현재의 존 F. 케네디 국제공항.

게 해달라 저렇게 해달라고 소리를 지르고, 취재기자들은 질문을 던져댔다." 조겐슨은 앞이 안 보일 만큼 눈부신 플래시 속에서 땀을 흘리며, 빗발치는 질문 공세에 당황했다. "모피 코트는 어디서 구했나요?" "결혼할 작정인가요?" "섹시한 포즈를 좀 잡아주지 않겠어요, 크리스틴?"

미국의 1950년대는 고상한 체하는 성도덕과 여성에 대한 성차별적 태도가 널리 퍼져 있던 시대였다. 그런 시대에 조겐슨의 충격적인 변신은 신문 1면용 뉴스거리였고, 그 기사들에는 "전직 미군이 금발 미녀가 되다", "브롱크스 출신 '청년'이 이제 '처녀'가 되었다" 같은 표제들이 붙었다. 기자들은 그녀의 일거수일투족을 추적했다. 그녀가 '블러디 메리' 칵테일을 어떻게 단숨에 들이켰는지, 하이힐을 신고 어떻게 뒤뚱거렸는지 따위도 뉴스가 되었다. 어떤 기자는 그녀가 가짜라고 비난하기까지 했다. 미국인들은 충격을 받는 동시에 흥미와 호기심을 느꼈고, 당혹하기도 했다. 어떻게 남자가 여자가 될 수 있지? 도대체 왜 여자가 되고 싶어 한 거지? 그 후 몇 달, 아니 몇 년 동안 조겐슨 사건은 성별이란 변할 수 없는 것이라는 견고한 가정을 뒤흔들고, 성별을 어떻게 정의할 것인지에 대한 논란을 불러일으키면서 미국과 전 세계에서 성의 역사상 가장 큰 변화를 일으킨 사건의 하나가 되었다.

오늘날이라면 조겐슨에게는 '성별 불쾌감'이라는 진단이 내려졌을 것이다. 이것은 누군가가 선천적으로 타고났다고 여겨지는 성과, 그 사람이 일체감을 느끼고 동경하는 성이 '현저하게 불일치하는' 게 특징이다. 몸과 마음의 교차점이 미묘하게 똘똘 말려 있는 것을 푸는 일이 의학과 심리학의 모든 분야에 종사하는 학자들의 중요한 목표다. 그리고 교차점의 그런 특성이 섹스(sex, 생물학적 성/성별)와 젠더(gender, 사회적·심리적 성/성별)의 긴장 가득한 세계보다 더 뚜렷한 곳은 세상 어디에도 없다. 조지 조겐슨의 몸은 태어날 때부터 여성이 되기로 예정되어 있었을까? 그러니까, 긴 속눈썹이나 허스키한 웃음소리처럼 미리 결정되어 있었던 걸까? 아니면 그는 바로잡을 필요가 있는 정신건강 문제에 시달리고 있었던 걸까? 크리스틴 조겐슨은 이 두 가지 의문에 대해 할 말이 많았다.

✿

많은 점에서 조지 조겐슨은 행복하고 거칠 것 없는 어린 시절을 보냈다. 부모인 조지 시니어와 플로렌스는 뉴욕시의 덴마크계 미국인 동네의 사교장에서 만나 1922년에 결혼했다. 조지 시니어는 해안경비대에서 복무한 뒤 부친, 남동생과 함께 건축회사를 차렸다. 플로렌스는 첫 아이인 돌리와 1926년 5월 30일 태어난 조지를 돌보며 집을 지켰다. 조지가 태어난 날은 그해의 전몰장병 추도기념일이었기 때문에 거리에서는 퍼레이드가 벌어지고 취주악단이 요란하게 음악을 연주하며 행진했다.

서로 긴밀한 관계를 유지한 조겐슨 집안은 뉴욕시 브롱크스 자치구의 스로그스넥 구역에 모여 살았고, 이곳에서 조지는 수십 명의 숙부 숙모, 고모와 사촌들에게 둘러싸여 자랐다. 집안의 여가장인 조겐슨 할머니는 은발이었고 아프리카제비꽃을 무척 좋아했는데, 해마다 흥겨운 스칸디나비아식 크리스마스 파티를 열었다. 어린 조지는 손에 손을 잡고 나무 주위를 돌면서 캐럴을 부르고, 칠면조 다리를 먹고, 라이스푸딩 속에 단 한 알만 숨겨진 아몬드를 찾는 크리스마스를 해마다 손꼽아 기다렸다.

조지 조겐슨은 가족의 따뜻한 품안에서 안전했지만, 자신에 대해 편안한 기분을 느낀 적은 한 번도 없었다. 예민하고 수줍은 아이였던 그는 자신의 감정과 흥미를 사내아이들의 사회적 규칙과 조화시킬 수 없었다. 훗날 조겐슨은 베스트셀러가 된 자서전에서 이렇게 말했다. "사내아이들은 바지를 입고 머리를 짧게 잘라야 했다. 사내아이들은 공격적으로 주먹을 쓰는 법을 배워야 했고, 운동 경기에 참여해야 했고, 무엇보다도 울지 않는 것이 중요했다." 하지만 어린 조지는 싸우고 싶은 마음이 전혀 없어서, 혹시 다툼이라도 벌어지면 싸우는 대신 달아났다. 이따금 그는 울고 싶은 기분을 느꼈고, "계집애들 장난감"도 좋아했다. 다섯 살 때는 아름다운 금발 인형을 크리스마스 선물로 달라고 기도했다. 하지만 그는 인형이 아니라 빨간 기차를 받았다.

조지와 또래 사내아이들의 차이점은 어렸을 때부터 분명했다. 그는 거칠고 공격적인 운동보다 누나 돌리의 줄넘기와 사방치기 놀이를 좋아했다. 그는 돌리의 옷과 긴 금발도 좋아했다. 그는 자기가 참가하는 캠프 샤퍼룬보다 누나의 캠프에서 더 편안함을 느꼈다. 캠프 샤퍼룬에서는 날카로운 호루라기 소리에 맞춰 하나의 활동에서 다음 활동으로 넘어가야 했고, 다른 사내아이들과 어울릴 것을 조지에게 강요했다. 하지만 그는 자기가 눈에 띄고, 그래서 놀림을 받게 되리라는 것을 알았기 때문에 다른 사내아이들과 어울리는 것을 두려워했다. 이와는 달리 돌리의 캠프에서는 "여자아이들이 캠프 샤퍼룬의 사내아이들처럼 나를 '계집애 같은 놈'이라고 부르지 않았고, 내가 사실은 남자 옷을 입은 여자 아니냐고 묻지도 않았다"라고 조겐슨은 회고했다.

어린 시절 조지의 가장 괴로운 경험 가운데 하나는 학교에서 일어났다. 그는 바늘로 뜬 레이스 하나를 보물처럼 소중히 여겨 책상 서랍에 간직해 두었다. 그는 서랍에 손을 넣어 그걸 만지기를 좋아했고, 아무도 보지 않을 때는 그걸 꺼내어 보면서 남몰래 감탄하곤 했다. "나는 그걸 공개적으로 드러내지는 않았다. 그랬다가는 조롱거리가 되리라는 것을 알았기 때문인 듯하다." 당시 여덟 살쯤이었던 조지는 어느 날 휴식 시간이 끝난 뒤 서랍에서 레이스가 없어진 것을 알아차리고 슬픔에 빠졌다. 담임인 여자 선생님은 조지에게 말하지 않고 사람을 보내 그의 어머니를 학교로 오게 했다. 그러고는 반 아이들에게 조용히 하라고 말한 다음 조지와 어머니를 책상 앞으로 불렀다. 급우들이 지켜보는 가운데 선생님은 조지의 소중한 레이스를 들어 올리고는 이게 네 거냐고 물었다. "네" 하고 대답하면서 조지는 얼굴이 화끈거리고 눈에 눈물이 글썽거리는 것을 느꼈다. 그러자 선생님은 조지의 어머니에게 말했다. "조겐슨 부인, 이게 활기찬 사내아이가 책상 속에 기념품처럼 간직할 만한 물건이라고 생각하세요? 다음에는 조지가 뜨개질감을 학교에 가져오지 않을까 싶군요!" 조지의 급우들은 킬킬 웃어댔다.

조겐슨은 '남성다움'과 '여성다움' 사이에 그어진 선 때문에 "충격과 당혹감"을 느꼈던 것을 기억한다. 레이스 뜨기를 좋아하는 게 뭐가 잘못이지? 왜 사내아이는 누나처럼 머리를 기르거나 드레스를 입으면 안 되지? 하루는 어머니에게 자신의 이런 의문들을 얘기했다. "엄마, 왜 하나님은 우리를 다 비슷하게 만들지 않았어요?" 그러자 어머니는 "세상에는 남자와 여자가 다 필요하고, 아기가 태어날 때까지는 그 아기가 남자인지 여자인지 알 수 없단다"라고 부드럽게 설명하고는 덧붙였다. "그런데 브러드 (Brud, 가족들이 조지에게 붙인 별명), 그게 하나님의 놀라운 일 가운데 하나란다." 하지만 그는 이렇게 대답했다고 한다. "글쎄요. 하나님이 저에게 주신 놀라움은 별로 마음에 들지 않아요!"

어린아이들이 남성적 또는 여성적인 것으로 여겨지는 장난감이나 색깔이나 옷을 그러한 고정관념에 구애받지 않고 좋아하는 일은 드물지 않다. 많은 사내아이들이 인형놀이와 소꿉장난을 즐기고, 많은 여자아이들이 짧은 머리와 전투 인형을 더 좋아한다. 그러면 안 될 게 뭔가? 대부분의 부모는 아이들이 아장아장 걷는 나이일 때는 이것을 받아들인다. 오히려 부추기는 부모도 많아서, 딸아이가 핑크 드레스와 공주 인형을 싫어하고 아들이 장난감 트럭과 슈퍼히어로 인형을 피하면 안심하기도 한다. 이 아이들 대부분은 애들답게 여기저기 혹이 생기고 멍이 들면서 어린 시절을 보낸 뒤, 우리가 모두 그렇듯이 성인으로 살아가는 일과 씨름하게 된다. 그 과정에서 그들은 자기 몫의 개인적 어려움과 정신적 곤경에 직면하게 된다. 나는 부모가 되고 싶은가? 나는 정말로 변호사가 되기에 적합한 사람인가? 나는 신의 존재를 믿는가?—하지만 그들은 자기정체성의 가장 기본적인 본질에 대해서는 결코 의문을 제기하지 않을 것이다. "나는 남자냐 여자냐?" 하는 의문 말이다.

이것은 조지 조겐슨을 늘 따라다니며 괴롭힌 곤경이었다. 문제는 그가 단순히 여자애들과 어울리는 걸 더 좋아했다거나 여자애들의 외모를 좋아했다는 게 아니라, 자기가 실은 여자로 태어나게 되어 있었다고 느꼈다는 것이다. 그것은 그의 마음속 깊이 뿌리를 내리고 그의 존재의 핵심에 단단히 묶여 있는 확신이었다. 나이가 들어도 그 확신은 줄어들 줄 몰랐다. 사춘기에 이르렀을 때는 육체적으로나 정서적으로나 남자의 틀에는 들어맞지 않는다는 사실이 분명해졌다. 조겐슨이 나중에 회고했듯이, "나는 지극히 여자 같았고" 전통적으로 "여성적인" 관심사에 공감했다. 그에게는 여자 친구가 많았지만, 그 많은 여자 친구들 가운데 누군가와 데이트를 하는 데에는 전혀 관심이 없었다. 십대 시절에는 "나는 다른 사내아이들과 다르다는 것을 더더욱 예민하게 의식했던 게 생각난다"라고 조겐슨은 말했다. "한번은 사내아이들 가운데 하나가 '조지는 정말 이상한 녀석이야'라고 말하는 것을 우연히 들었다. 다른 때는 아이들이 굳이 그런 말을 할 필요도 없었다. 태도만 보아도 나는 그들의 생각을 훤히 읽을 수 있었다."

누구에게 들어봐도 조지의 부모는 아들의 성장기에 그를 충분히 뒷받침해주었다고 한다. (조겐슨의 말에 따르면, 어머니 플로렌스는 딸과 아들 둘 다 "바람직한 아이들"이었다고 기억했다.) 하지만 남과 어울리지 못하는 아이를 키우기가 쉬웠을 리는 없다는 것을 조겐슨은 알고 있었고, 이것이 군 복무에 매력을 느낀 이유의 하나였다. 조지는 저체중 때문에 두 차례나 징병검사에 떨어졌지만, 고등학교를 졸업한 1945년 가을에 드디어 합격했다. 그때는 제2차 세계대전의 실전 상황이 이미 끝난 뒤였기 때문에 그는 귀환병들의 서류를 처리하는 업무에 배정되었다. 육군은 조지에게 조국에 봉사할 기회를 주었고, 부모에게는 아들을 자랑할 기회를 주었다.

조지는 14개월의 군대 경험에 대해 전반적으로 긍정적인 평가를 내렸다. 하지만 여기서도 다를 바 없어서, 그와 또래 남자들 사이의 간격은 더욱 공고해졌다. 그의 동료 군인들은 결혼하여 가족을 갖고 싶어 했다. 조지는 스스로를 "보호하는 껍데기" 속으로 더 깊숙이 틀어박히는 것 말고는 자기가 무엇을 원하는지 알지 못했다. 제대한 뒤 어느 날 그는 두 여자 친구에게 자기가 혼란에 빠져 있다고 털어놓았다. "너희들은 아마 내가 미쳤다고 생각할지도 모르지만, 혹시 너희 둘 중 누구든 지금까지 나를 보면서 내가 남자가 아니라 어쩌면… 여자일지 모른다고 생각해본 적은 없니?" 친구들은 당황했다. "하지만 조지, 넌 남자처럼 생겼잖아. 안 그래?"

하고 한 친구가 되물었다. "그래, 내 몸은 발육이 좀 불충분하긴 하지만 남자야" 하고 그는 대답했다. "하지만 나는 내가 기억할 수 있는 한 언제나 여자의 감정을 느꼈어." 조지는 남자들한테 매력을 느꼈음을 인정하면서 이렇게 말했다. "나는 그들을 남자로서가 아니라 여자의 관점에서 바라봐. 나 자신을 어느 범주에 넣어야 할지 정말 모르겠어." 나중에 조젠슨의 주치의들이 보고한 바에 따르면 그는 "자연이 실수를 했다"고 느꼈고, 초기에는 스스로 최선을 다해 그 실수를 바로잡으려고 애썼다. 그는 남자 옷을 입었을 때 느끼는 "정신적 압박감"을 누그러뜨리기 위해 남몰래 여자 옷을 입기도 했다. 또한 좀 더 여자처럼 보이고 "내적인 만족"을 얻기 위해 음모 일부를 면도로 밀기도 했다고 의사들은 말했다. 하지만 겉으로는 남자처럼 보이고 남자처럼 행동하기 위해 최선을 다하는 것밖에 다른 도리가 없었다.

조지 조젠슨이 자기가 동성애자가 아닐까 생각한 것도 놀라운 일은 아니다. 조지가 자라던 시기인 1930년대와 1940년대 초에는 오늘날 우리가 트랜스젠더(transgender)로 알고 있는 이들에 대한 지식은 말할 것도 없고 대중의 이해도 거의 없었다. 미국심리학회의 정의에 따르면 트랜스젠더는 "성정체성(gender identity)[2]과 젠더 표현(gender expression)이나 행동이 태어날 때 지정된(assigned) 성과 일반적으로 결부되는 젠더 표현이나 행동과 합치하지 않는 사람"이다. 그 시기 미국에서는 소수의 전문의만이 자신의 생물학적 성에 위화감을 느끼는 환자들을 상담하고 있었다. 반면에 유럽

---

2) '성정체성'은 '성별 정체성' 혹은 '성 동일성'이라고도 한다. 이것은 어떤 사람에게 연애 감정이 생기거나 성적으로 끌리는지를 말하는 '성적 정체성(sexual identity, 성적 지향 정체성)'과는 다른 개념이다. 성(성별)정체성, 성적 정체성 모두 본인 자신의 의식, 자각을 기준으로 한다.

에서는 여러 명의 의사가 호르몬 요법과 수술을 통한 실험적인 치료에 착수했다는 사실을 조지는 곧 알게 되었다. 하지만 아직은 트랜스젠더가 별개의 문제로 인식되지는 않았다. '의상도착증(transvestism)'이라는 당시의 포괄적인 용어에는 조겐슨 같은 사람들도 포함되었지만, 이른바 '크로스드레싱(cross-dressing)'을 하는 사람들, 즉 자신과 다른 성의 옷을 입는 데에서 기쁨과 만족을 얻는 사람들을 지칭하는 말로 더 널리 쓰였다. 남자에서 여자로, 여자에서 남자로 신체적 변신을 할 수 있고, 그것을 선택하는 사람이 있으리라는 생각은 인간이 달에 간다는 것만큼이나 터무니없는 일로 여겨졌을 것이다.

반면에 동성애자는 여러 세기 동안 세계 곳곳의 교회 설교단에서 호된 비난을 받아온 잘 알려진 존재였다. 조겐슨이 자라던 무렵, 주류 의학계에서는 자궁 절제술과 거세, 충격요법, 심지어는 뇌엽 절제술까지 사용하여 동성애자를 이성애자로 바꾸려고 진력했다. 같은 시기에 성적 행동은 일종의 틈새 연구 주제가 되어, 과학자들은 미국인들이 성적으로 무엇을 하고 있는지, 누구와 그러고 있는지를 알아보려 시도하고 있었다. 이때는 수천 명의 미국인을 인터뷰하여 그들의 성생활과 성적 취향을 조사한 저명한 사회학자 앨프리드 킨제이의 시대였다. 1948년에 출간된 그의 첫 번째 보고서 『남성의 성적 행동』은 남자들의 동성애가 사람들이 생각하는 것보다 훨씬 흔하다고 결론지었다. 성직자가 뭐라고 하든, 의사들이 무슨 짓을 하든, 성을 연구하는 사람들이 무엇을 발표하든 간에 동성애는 사라지지 않았다. 사실 동성애 문화는 샌프란시스코에서 시카고를 거쳐 조겐슨이 자란 곳에서 그리 멀지 않은 맨해튼 남부의 거리에 이르기까지 나이트클럽과 카바레에서 번성하기 시작하고 있었다.

조지는 성적 차이들에 관한 자신의 감수성에도 불구하고, 동성애자를 종교적으로 용인할 수 없는 부도덕한 사람들로 생각했다. 하지만 자기가 사내아이들에게 매력을 느끼는 것은 부인할 수 없었다. 조지는 십대 시절 여러 해 동안 여름이면 뉴욕주 북부에 있는 고모네 농장에 가서 일을 배웠는데, 그때 네 살 위인 톰이라는 소년을 알게 되었다. 두 소년은 아주 친해져서, 여름 아닌 계절에는 편지를 주고받았다. 어느 날 톰이 자기가 만난 소녀 얘기를 열렬히 털어놓는 편지를 보내왔다. 조지의 즉각적인 반응은 질투였다. 그는 도서관에서 인간관계에 관한 책을 읽다가 "성적 일탈"을 다룬 부분을 본 적이 있었는데, 그는 자기가 친구에게 특별한 감정을 품었다는 것을 깨닫고 자문하지 않을 수 없었다. "이게 내가 느낀 것과 같은 거였나? 나도 그런 사람들 가운데 하나였나?"

대답을 찾기 위해 조지는 인간의 행동과 성적 취향을 다룬 책과 신문기사를 뒤졌다. 이런 것들을 읽을수록 그는 자신의 상태가 호르몬과 관련되어 있는 게 아닐까 하고 의심하기 시작했다. 1948년 10월의 어느 날 그는 동물을 상대로 호르몬 실험을 하고 있는 뉴헤이븐의 저명한 내분비과 의사에 대한 기사를 우연히 접했다. "암탉을 수탉처럼 만드는 웅성화와 거세된 수탉의 정력 회복"을 다룬 기사였다. 조지는 용기를 내어 그 의사한테 연락해서 만날 약속을 잡았고, 만나서는 자기가 여자처럼 느끼며 "성적 혼란" 상태로 살아온 내력을 털어놓았다. 남자처럼 느끼며 살려고 애썼지만 실패했다고 말하고는 이렇게 물었다. "혹시 제가 어떤 화학적 불균형에 시달리고 있는 것은 아닐까요?"

조지는 의사가 진찰과 이런저런 검사를 할 거라고 생각했는데, 의사는 어느 정신과 의사의 이름만을 적어주었다. 당시의 지배적인 견해는 감정과 행동의 혼란은 그것이 어떤 식으로 표출되든 유년기의 경험—대개는 부모의 방치나 학대—에 의해 유발된다는 것이었다. 그 해결책은 정신분석이라고 여겨졌고, 그 외에 의사가 제안할 수 있는 것은 거의 없었다. 낙심한 조지는 정신과 의사를 만나러 갔고, 의사는 그를 "여성적 성향"에서 끌어내기 위해 한동안 상담 치료를 받으라고 권했다. 그는 거절했다.

모든 걸 바꾸어놓은 어떤 순간이 있었다면, 그것은 바로 조지가 1945년에 출간된 『남성 호르몬』이라는 책을 우연히 발견한 순간이었다. 당대의 저명한 과학 저술가인 폴 드 크라이프는 이 책에서 테스토스테론 주입으로 발기부전을 치료하고 근지구력을 증가시키고 우울증까지 해결한 일련의 실험에 대해 서술했는데, 무엇보다 중요한 메시지는 성 호르몬이 남자와 여자를 분화시키는 데 결정적인 역할을 한다는 점이었다. 훗날 조겐슨은 이 책을 "내 손에 들어온 구원"이라고 묘사했다. 이 책은 자신이 심리적 부조화가 아니라 호르몬 부조화로 고통받고 있다는 그의 믿음을 재확인해주고, 몸속의 화학적 균형을 바꾸면 문제가 해결될지 모른다는 희망을 안겨주었다. 그 직후 조지는 성과 성별에 대한 연구가 훨씬 활발하고 과감하게 진행되던 유럽에서 이루어지고 있는 치료에 대해 알게 되었고, 코펜하겐으로 떠나겠다는 중대한 결심을 하기에 이르렀다. "친구들과 가족에게는 그냥 관광을 하러 갈 계획이라고만 말해두었다"라고 조겐슨은 자서전에 썼다. "하지만 유럽은 '조지 조겐슨으로서 돌아오는 것이 불가능해지는 곳'이 될 터였다."

덴마크에서 조지는 크리스티안 함부르거 박사를 만났다. 저명한 내분비학자인 함부르거는 그를 실험 환자로 받아들여 무료로 치료해주는 데 동의했다. 나중에 함부르거가 《미국의사협회 저널》에 발표한 논문에서 말했듯이, 조지는 여자가 되기로 단단히 결심한 남자라는 인상을 주었다. "그는 자신의 생식기와 남성으로서의 신체적 특징에 대해 명백한 혐오감을 느꼈고, 계속 남자로 사는 것은 불가능하다고 느꼈다." 함부르거는 호르몬의 역할에 대해 관심이 아주 많았기 때문에 조지의 문제에 과학적 흥미를 느꼈다. 게다가 조지가 드러낸 고통의 정도가 워낙 심해서 함부르거는 그를 환자로 받아들이지 않을 수 없었다. 조지는 괴로운 나머지 자살까지 생각할 정도였다. 함부르거는 동료들과 함께 그를 돕는 것이 자신의 책임이라고 결론지었다. "우리는 그에게, 돌이킬 수 없는 조치는 신중한 고려를 한 뒤에만 취해야 한다는 점을 분명히 지적했다. 하지만 한편으로 우리는—온갖 어려움에도 불구하고—환자에게 의학적 도움을 주는 시도를 거절할 수 있는 입장이 아니라고 생각했다."

처음에 함부르거는 조지에게 좀 더 남성다움을 느끼게 해줄 테스토스테론을 복용하는 것을 고려해보라고 제의했지만 조지는 거절했다. 그 대신 그는 여성 호르몬인 에스트로겐을 꾸준히 투여받기 시작했고, 그 결과 엉덩이가 풍만해지고 유방이 발달했으며 얼굴도 부드러워졌다. 그는 수염이 자라는 것을 막기 위해 전기침으로 모근을 제거하는 치료를 받았고, 머리를 길렀다. 치료를 받는 내내 조지는 그의 판단을 흐리고 있을지도 모르는 정서적 혼란을 안고 있지 않다는 것을 확인하기 위해 계속 정신의학적 평가를 받았다. 결국 주치의들은 그가 정신적으로 안정되어 있고, 성전환 수술로 여성이 되겠다는 그의 신념이 깊고 진지하다고 확신하게 되었다. 그들은 거세를 해달라는 그의 요구를 받아들였다. 두 차례의 수술로 조지의 생식기가 제거되었다. 그것은 그의 몸에 마지막까지 남아 있던 남성의 흔적이었다.

1952년 5월, 스물여섯 번째 생일을 맞기 직전에, 새롭게 변신한 조겐슨은 이제 '그녀'로 바뀐 그의 여권에 적힌 이름을 바꾸어달라고 요청하기 위해 베레모를 쓰고 덴마크 주재 미국 대사관을 찾아갔다. 신청은 승인되었다. 조지 조겐슨은 이제 크리스틴 조겐슨이 되었다. '크리스틴'은 크리스티안 함부르거 박사에게 경의를 표하기 위해 선택한 이름이었다. 조겐슨은 미국으로 돌아가기 전에 그녀의 인생에서 가장 중요한 편지를 보냈다. 그녀가 유럽에서 이제까지 실제로 무엇을 했는지 가족에게 설명하고 자신의 성전환 사실을 처음으로 밝히는 편지였다. 그녀는 이렇게 썼다. "제 사진을 보시면 알겠지만, 저는 이제 변했습니다. 아주 많이 변했어요. 하지만 제가 매우 행복하며, 신체적인 제가 아니라 진정한 저는 전혀 변하지 않았다는 것을 알아주셨으면 합니다. … 자연은 실수를 저질렀고, 저는 그 실수를 바로잡았습니다. 그래서 이제 저는 부모님의 딸입니다."

어떤 사람들은 트랜스젠더가 되도록 운명지어진 걸까? 그것은 그들의 호르몬 속에 깊이 배어들어 있는가? 그들의 뇌에 각인되어 있는가? 아니면 그들은 진단과 치료를 할 수 있는 뿌리 깊은 심리적 문제나 정신질환에 시달리고 있는 걸까? 조겐슨이 조지에서 크리스틴으로 변신한 것은 미국인들의 의식 속에 이런 의문들을 던졌다. 신문기사들이 조겐슨의 겉모습—그녀의 몸짓, 몸매, 진주 귀고리, "저음역의 부드러운 목소리" 등—을 묘사하는 데 초점을 맞추는 가운데, 전에는 성별(gender)의 본질에 대해 한 번도 의문을 품지 않았던 사람들도 궁금증이 생기기 시작했다. 남성과 여성을 구성하는 것은 무엇인가? 인체의 해부학적 구조가 정체성을 규정하는가? 도대체 성별이란 무엇인가?

조겐슨은 1952년 12월 1일에 대중의 이야깃거리가 되었다. 코펜하겐에서 수술을 받은 뒤 아직 회복 단계에 있던 그녀의 성전환 얘기를 다룬 기사가 그날 《뉴욕 데일리 뉴스》에 실린 것이다. 누가 기자에게 정보를 제공했는지는 분명치 않지만(어쩌면 덴마크 병원 연구실의 기술자나 조겐슨 가족의 친구였을지도 모른다) 그 기사는 언론의 광기를 유발했다. 인터뷰를 요청하는 기자들의 전화로 병원의 전화 교환대가 불이 났다. 신문 잡지 발행인들은 특종 기삿거리 제공의 대가로 수천 달러씩을 내걸었다. 오늘날까지도 유명인의 트랜스젠더 고백이나 폭로는 엄청난 관심을 끈다. 2015년에는 당시 이름이 브루스 제너였던 올림픽 십종경기 금메달리스트가 "나의 뇌는 남성적인 면보다 여성적인 면이 훨씬 많다"라고 밝히는 것을 보기 위해 1,700만 명의 시청자가 ABC 방송의 뉴스쇼 〈20/20〉에 채널을 맞추었다. 몇 주 뒤에 제너는 잡지 《배니티 페어》 표지에서 자신의 새로운 이름이 케이틀린이라고 발표했고, 트위터에서 불과 네 시간 만에 기록적인 속도로 100만 명의 팔로워를 모은 뒤 지지자들에게 감사를 표했다.

조겐슨 시대에는 그 뉴스가 훨씬 더 충격적이었다. 사람이 자신의 성별을 바꾼다는 이야기를 들어본 이가 거의 없었기 때문이다. 언론의 추잡한 호기심을 경계한 조겐슨은 5회에 걸쳐 자기 방식대로 이야기한다는 조건으로 《아메리칸 위클리》지와 계약을 맺고 2만 달러를 받았다. 시리즈 첫 회는 조겐슨이 비행기로 뉴욕에 도착한 날에 맞춰 1953년 2월 12일에 실렸다.

그녀의 사례가 알려진 뒤, 조겐슨과 담당 의사들은 자신의 성정체성 문제에 대한 관심과 대책을 필사적으로 찾고 있는 이들로부터 수백 통의 편지를 받았다. 고뇌와 소망의 이 같은 분출 앞에서 주치의 함부르거와 동료들은 분명한 입장을 취하기로 했다. 그들은 1953년 5월 《미국의사협회 저널》에 기고한 글—「의상도착증: 호르몬 치료, 정신의학적 치료, 그리고 수술적 치료」—에서 자기네 환자 조겐슨의 진료 내력을 상세히 열거한 뒤, 이러한 환자들을 좌절하게 만들지 말고 지지해달라고 간청했다. 심리치료는 환자들을 '고치는' 데 실패했으며, 이제 의사들은 환자가 생산적인 삶을 살아가도록 도울 수 있게 환자들의 상태를 더 잘 이해해야 할 때가 되었다고 그들은 주장하며 이렇게 덧붙였다. "이들이 의사들에게, 그리고 다른 사람들에게 느낀 실망과 배신의 감정이 어느 정도인지를 아는 것은 더없이 우울한 경험이었다. 그들은 외로움과 고통 속에서 자신의 비극적 운명과 싸워야 했다."

조겐슨의 변신은 격렬한 논쟁을 끌어들이는 피뢰침이었다. 이 논쟁은 궁극적으로 의료계와 정신의학계로 하여금 사회적 · 심리적 성별과 생물학적 성이 실제로 무엇인가를 규정하도록—그리고 그 정의를 더욱 정교하게 다듬도록—요구하게 될 터였다. 수술에 반대하는 사람들의 목소리도 커졌다. 함부르거의 보고서가 발표되자 한 의사는 조겐슨이 "마조히즘적 성향"을 보이며 조현병 환자일지도 모른다고 암시하는 편지를 《미국의사협회 저널》 편집자에게 보냈다. 이것은 분명 다른 쪽의 견해를 대표하는 전형적인 반응이었다. 그 의사는 환자의 '성적 도착'은 좀 더 집중적인 심리치료를 행했다면 개선되었을지도 모른다고 조언하면서 "함부르거와 그 동료들의 수술 기법에 대해서는 마땅히 경의를 표하지만, 이 치료 과정에 대한 정신의학적 근거가 충분했다고 주장하기는 어렵다"라고 말했다.

하지만 1960년대에 이르자 전문가들은 이미 성정체성이라는 개념을 성적 지향(sexual orientation)이나 크로스드레싱과 분리하고 있었다. 트랜스젠더 환자들의 옹호자가 되어 미국에서 이런 이들을 많이 치료한 내분비과 전문의 해리 벤저민은 1966년에 출간한 『성전환 현상』이라는 책에서 심리요법으로 치료를 시도하는 것은 "쓸데없는 일"이라고 단언했다. 같은 무렵, 공식적으로 성전환 수술을 제공하는 미국 최초의 진료 센터가 볼티모어의 존스홉킨스 병원에서 문을 열었다. 의료진은 정신과 의사들과 외과 의사들을 비롯한 전문의들로 구성되었다. 그때도 의학계의 주류에 속하는 의사들은 대부분 트랜스젠더 환자들을 정신병자나 망상증 환자로 생각하고 그들에게 호르몬 요법과 성전환 수술을 하는 것을 지지하지 않았다. 하지만 존스홉킨스 병원의 성정체성 클리닉 원장은 1966년의 기자회견에서 남자를 여자로 바꾸는 두 건의 수술에 성공했다고 발표하면서 이렇게 말했다. "마음을 몸에 맞게 바꿀 수 없다면, 우리는 몸을 마음에 맞게 바꾸는 것을 고려해야 하지 않을까요."

트랜스젠더를 둘러싼 용어들은 세월이 흐르면서 변해왔고, 지금도 계속 변하고 있다. 조겐슨 시대에는 성전환 수술을 받고자 하는 사람들을 '트랜스섹슈얼(transsexual, 성전환증을 보이는 사람)'이라고 불렀는데, 이 말은 그들을 '트랜스베스타이트(transvestite, 의상도착자)'와 구별하기 위해 사용한 용어였다. 트랜스베스타이트란, 남자의 경우 여성의 옷을 즐겨 입지만 그렇다고 반드시 자신의 신체까지 바꾸기를 원하지는 않는 사람을 말한다. 오늘날에는 생물학적 성과는 다른 성정체성을 가진 사람을 지칭하는 용어로 '트랜스젠더'가 널리 쓰이고 있다. 임상 진단에서 쓰는 용어도 '성정체성장애(gender identity disorder)'에서 최근에는 '성별 불쾌감(gender dysphoria)'으로 바뀌었다. 성별 불쾌감으로 진단하려면 자신의 성별이 출생 시에 지정된 성, 즉 생물학적인 성별과 일치하지 않는다는 느낌이 적어도 6개월 동안 지속되어야 한다. 『정신장애 편람』에 따르면, 무엇보다도 중요한 진단 기준은 그 불쾌감이 "임상적으로 유의미한 고통이나 장애"를 초래해야 한다는 것이다.

가장 최근의 것인 이 명칭 변경은 중요한 의미를 갖는다. 전에 사용한 '장애'라는 말은 많은 이들에게 비판적인 어감으로 다가왔다. 자신의 몸이 주어진 성별과 일치하지 않는다고 느끼는 사람들은 정신적으로 무언가가 잘못되었다고 일방적으로 판단하는 듯하다는 얘기다. 트랜스젠더를 옹호하는 사람들 가운데 일부는 『정신장애 편람』에서 트랜스젠더 관련 내용을 아예 없애야 한다고 주장하여, 이전에 동성애가 걸어온 치열한 역사를 그대로 되풀이하고 있다. 동성애는 1952년에 '사회병질적 인격장애(sociopathic personality disorder)'라는 명칭을 부여받았다가 1973년 주류 의학계에서 동성애는 병리학적 장애가 아니라고 결정한 뒤 『정신장애 편람』에서 삭제되었다. 하지만 성적 지향과 성별 불쾌감은 적어도 한 가지 중요한 점에서 다르다. 동성애자는 호르몬이나 수술을 필요로 하지 않는다. 이에 반해, 몸을 바꾸고 싶으면 호르몬과 수술이 필요하다. 결국 환자들이 임상 치료를 받을 수 있도록 관련 내용은 그대로 유지되었지만, 오명이나 낙인의 요소를 줄이기 위해 진단명은 바뀌었다. '디스포리아(dysphoria)'—사전에는 "불쾌감이나 불행감을 느끼는 상태"라고 정의되어 있다—라는 용어는 그 상태와 결부될 수 있는 고통을 명확히 가리키기 위해 선택되었다. 하지만 미국정신의학회가 밝혔듯이 "성별 비순응(gender nonconformity)[3] 그 자체는 정신장애가 아니다."

일부 사람들이 자신의 성에 대해 왜 그렇게 강한 반감을 갖는지, 그 이유는 아무도 모른다. 신체적 원인에 대해서는 수많은 이론이 있다. 그중 유력한 이론의 하나는, 태아가 어머니의 자궁 속에서 지나치게 많은 성호르몬에 노출되면—어쩌면 어머니가 건강상의 이유로 호르몬 치료를 받았기 때문에—남자아이의 뇌가 결국 '여성화'하고 여자아이의 뇌는 '남성화'할 수 있다는 것이다. 유전적 결함도 기여 요인이 될 수 있다. 한 연구에서 과학자들은 남성에서 여성으로 전환한 트랜스젠더 성인들은 테스토스

---

3) '젠더 비순응' 또는 '젠더 비관행'이라고도 한다.

테론 수준을 조절하는 유전자에 변이가 있을 가능성이 높다는 것을 발견했는데, 이런 변이는 발달하고 있는 두뇌에 도달하는 테스토스테론의 양을 줄일 수 있다. 일란성 쌍둥이는 둘 다 트랜스젠더가 될 가능성이 이란성 쌍둥이나 쌍둥이 아닌 형제보다 높다는 점도 유전과의 연관성을 암시한다. 그리고 성호르몬 조절에 관여하는 두뇌 부위는 시상하부인데, 일반 남성보다 남자에서 여자로 전환한 트랜스젠더들의 시상하부가 더 작고, 그 크기가 일반 여성에 훨씬 가까웠다는 흥미로운 연구 결과도 있다. 그러나 지금까지의 연구는 기껏해야 준비 단계일 뿐이다. "현재 수많은 이론이 나와 있지만, 증거라 할 것은 거의 없다"라고 암스테르담의 자유대학교 의료원 교수로 트랜스젠더 연구의 개척자인 심리학자 페기 코헨-케테니스 박사는 말한다.

하지만 분명한 것은 많은 트랜스젠더가 아주 어릴 적부터 강한 확신을 느낀다는 것이다. 웨일스계 영국인 역사가이자 여행 작가인 잰 모리스는 46세 때인 1972년에 제임스에서 잰으로 전환했는데, 서너 살 때 집에서 피아노 밑에 앉아 있다가 자신을 여자로 인지한 것을 기억하고 있다. "나중에는 나 같은 경우를 '성별 혼란(gender confusion)'이라고 부르는 것이 유행하게 되었다"라고 모리스는 회고록에서 말하고 있다. "하지만 그것은 속물적이고 잘못된 명칭이라고 생각한다. 나는 그 자각의 순간부터 한 번도 내 성별에 대해 의심을 품은 적이 없었다." 그녀의 느낌은 너무나 강력해서, 다시 그것을 해야 한다면 "나는 전 세계를 뒤져서 외과 의사를 찾을 것이고, 이발사나 낙태 시술자를 매수해서라도 수술을 부탁할 것이고, 그것도 안 되면 내가 직접 칼을 쥐고 수술을 할 것이다. 조금도 두려워하지 않고, 아무런 거리낌 없이, 두 번 생각지도 않고."

2008년에 여성에서 남성으로의 전환을 시작한 채즈 보노는 자신의 문제가 심리적인 것이 아니라 신체적인 것이라고 얼마나 굳게 믿고 있는지를 솔직하게 털어놓곤 했다. 1969년에 유명한 2인조 팝 가수인 소니와 셰어의 딸로 태어나 '채스티티'라고 이름 지어진 보노는 기억할 수 있는 가장 어린 시절부터 줄곧 자신을 남자로 느꼈다고 한 기자에게 말했다. 그래도 유년기에는 아주 잘 지냈다고 한다. 거의 항상 그렇듯이, 어릴 때는 남자아이가 드레스와 인형을 좋아하는 것보다는 여자아이가 사내아이처럼 구는 편이 문제가 덜 된다. 하지만 사춘기에 이르자 그는 몸이 자신을 배반하고 있다는 느낌을 받았다. "뇌 속과 몸 속에는 각기 나름의 성별이 있습니다. 99%의 사람들은 그 둘이 서로 맞아 들어가는데, 트랜스젠더의 경우에는 그것이 잘못 짝지어져 있어요. 그뿐입니다. 복잡하지도 않고, 신경증 같은 것도 아니에요. 그저 착오가 생긴 거지요. 구개열(입천장갈림)처럼 타고난 결함일 뿐입니다"라고 보노는 말했다.

오늘날 모든 성별 불쾌감에 두루 적용되는 치료법은 존재하지 않는다. 트랜스젠더들 중에도 어떤 이들은 몸을 물리적으로 바꾸지 않는다. 또 어떤 이들은 자신의 성적 특징을 변화시키기 위해 호르몬 요법을 시도한다. 여성에서 남성으로 전환하는 사람에게는 테스토스테론이 발모를 촉진하고 목소리를 더 낮고 굵게 해준다. 남성에서 여성으로 전환하는 사람에게는 에스트로겐이 유방을 발달시키고 근육을 줄여준다. 또 다른 이들은 수술을 선택할 것이다. 남성에서 여성으로 전환하는 경우에는 유방 확대술과 질을 새로 만드는 수술이 포함될 것이고(조젠슨은 미국으로 돌아간 뒤 질을 비롯한 여성 생식기를 만드는 성형 수술을 받았다), 여성에서 남성으로 전환하는 경우에는 유방 축소술과 남성 생식기를 새로 만드는 음경 성형술이 포함될 것이다. 믿을 만한 자료는 구하기 어렵지만, 여성에서 남성으로 전환하는 수술보다는 남성에서 여성으로 전환하는 수술이 더 흔하다. 그 이유

164

중의 하나는, 호르몬 요법을 받는 여성들은 어려운 수술을 받는 고통과 비용을 치르지 않고도 차츰 남성으로 바뀌어가는 자신의 상태에 만족감을 느낄 수 있기 때문이다.

가장 치열한 논쟁은 호르몬 요법을 시작해도 괜찮은 가장 어린 나이가 언제냐 하는 것이다. 조겐슨이 유럽에 가서 의학적 해결을 모색하기 시작한 것은 20대 중반이었다. 보노와 모리스는 40대에 성별을 바꾸었다. 1934년에 리처드 래스킨드로 태어난 프로 테니스 선수 러네이 리처즈도 마찬가지였다. 케이틀린 제너는 65세에 자신이 트랜스젠더임을 공표했다.[4] 하지만 오늘날에는 다섯 살배기 아이들까지도 자기를 사내아이나 여자아이가 되게 해달라고 부모에게 간청하고 있다. 부모들은 아이의 강한 욕구를 평가하기 위해 소아과 의사나 심리학자에게 데려가고 일부는 호르몬 전문가에게 데려가기도 한다.

대중은 말할 나위도 없고 임상의들의 경우에도 그들이 적절하다고 믿는 것이 극적일 만큼 다양하고, 클리닉이 제공하는 치료도 저마다 다르다. 한쪽 극단에는 조기 치료가 적절하며 경우에 따라서는 결정적으로 중요하다고 믿는 전문가들이 있다. 조기 치료는 또래들의 놀림이나 괴롭힘 때문에 더욱 악화되는 아이들 자신의 내적 고뇌를 덜어줄 수 있고, 심지어는 죽음에서 구해줄 수도 있다는 것이다. 트랜스젠더와 '성별 비순응적인' 미국인을 대상으로 한 조사에서 무려 41%가 자살을 기도한 적이 있다고 답했는데, 이 비율은 미국인 평균치의 거의 9배에 이른다. 조기 치료가 옳다고 믿는 의사들은 그 통계치가 조금이라도 더 높아지는 것을 보고 싶어 하지 않는다. 그들은 자녀가 스스로 동일시하는 성별의 옷을 입고 이름을 바

---

4) 성전환 수술은 두 해 뒤인 2017년에 마쳤다.

꾸는 것을 허용하라고 부모들에게 권한다. 의학적 치료는 사춘기 차단제로 시작한다. 이것은 남성이나 여성의 2차 성징이 발달하는 것을 막기 위해 사춘기가 시작된 직후에 처방되는 약이다. 약의 효과는 가역적이기 때문에 복용을 중단하는 아이들은 다시 정상적인 발육이 시작된다. 하지만 복용을 계속하면 신체적으로 '잘못된' 성으로 성장하는 고통을 면할 수 있다. 십대 후반이 되면 생물학적 성과 반대되는 성호르몬(테스토스테론이나 에스트로겐)을 복용하여, 자신이 동질감을 느끼는 성을 더 유연하게 받아들일 수 있게 된다.

스펙트럼의 반대쪽 끝에 있는 전문가들은 성별이 무엇을 뜻하는지를 이해하기엔 아직 너무 어린 아이들을 진단하고 치료하는 것은 비윤리적이라고 믿는다. 그들의 목표는 아이의 비정형적 성정체성에 잠재되어 있는 심리적 뿌리를 밝혀내려고 시도하는 것이다. 부모들은 자녀의 성전환에 동의하기보다는 자녀가 자신의 생물학적 성과 일치하는 성별에 편안한 기분을 느낄 수 있도록 도와주라는 권고를 받는다. 예를 들면 딸을 '데이비드'라고 부르면 안 되고, 딸이 사내아이들하고만 어울리는 것을 내버려두면 안 되며, 아들이 머리를 말총머리로 묶거나 인형만 갖고 노는 것을 허용해서는 안 된다. 무엇보다도 이 전문가들은 아이들을 호르몬으로 치료하면 안 된다고 경고한다. 호르몬 요법은 심장병과 암에 걸릴 위험을 늘리는 것을 포함하여 즉각적이고 오래 지속되는 부작용을 초래할 수 있기 때문이다. 가장 노골적인 비판자들은—그중 하나는 1970년대에 존스홉킨스 병원에서 성전환 수술을 중단하는 데 일조한 정신과 의사였다—아이들에게 호르몬을 투여하는 것은 아동 학대와 다를 바 없다고 주장한다.

양쪽 다 자신의 신념을 완강하게 고집하고 있다. 가장 중요한 단계는 정확한 진단이다. 임상의들은 아이 및 부모와의 심층적인 논의를 통해 행동과 감정의 강도를 평가해야 하고(어떤 사내아이들은 자신의 생식기를 잘라내고 싶거나 가슴을 키우고 싶은 욕구에 대해 구체적으로 말할 것이다), 그런 행동과 감정이 얼마나 오래 지속되었는지를 판단해야 한다. 지금까지의 연구 결과는 어릴 때 강한 트랜스젠더 감정을 보고하는 아이들 가운데 약 15~20%만 의사들이 이름한 바 '퍼시스터(persister, 지속자)'로 판명된다는 것을 보여준다. 퍼시스터는 사춘기가 시작된 뒤에도 사라지지 않을 성별 불쾌감을 지닌 사람이라는 뜻이다. '디지스터(desister, 중단자)'라고 불리는 나머지 사람들은 시간이 지나면 그런 감정을 잃어버리게 되는데, 그들 중 상당수가 나중에 자라서 동성애자나 양성애자가 되는 것으로 나타났다. 퍼시스터와 디지스터를 구별하기가 항상 쉬운 것은 아니다. 트랜스젠더 연구자인 코헨-케테니스가 앞에서 언급된 양 극단의 견해 사이에서 일종의 절충적 입장을 취하고 있는 것은 그 때문이다. 아이들이 어릴 때는 친구와 장난감을 스스로 택하도록 허락해야 하지만, 부모는 이름을 바꿔달라는 아이들의 요청을 들어주면 안 되고, 딸이 실제로는 'she'인데 'he'라고 불러서도 안 된다는 얘기다.

　연구 결과들은 성별 불쾌감이 청소년기 끝까지 지속되면 성인이 된 뒤에도 계속 그럴 가능성이 크다는 것을 보여준다. 1980년대부터 줄곧 트랜스젠더 아동 및 청소년과 성인을 연구하고 치료해온 코헨-케테니스는 적절한 조건의 대상에게는 사춘기 초기에 신중하게 개입하는 것이 좋다고 믿는다. 그녀와 동료 연구자들은 아이들에게 12세 무렵부터 사춘기 차단제를 사용하는 것을 선구적으로 시도했다. 12세는 어린 시절의 욕망이 이쪽이나 저쪽으로 구체화되는 시기이고, 퍼시스터들은 대개 이 시기에 자신의 소망을 아주 분명히 드러낸다고 한다. "그들은 선택의 여지가 없다는 인상을 주었다. 이 길이 갈 수 있는 유일한 길이라는 느낌이었다." 이런 경우, 코헨-케테니스는 세심한 치료의 이득이 위험을 능가한다고 믿는다. 그녀와 동료들이 사춘기 차단제를 복용한 70명의 청소년을 연구한 결과, 치료하는 동안 우울 증상과 정서 문제, 행동 문제들이 줄어들었고, 일상의 기능이 개선되어 삶의 질이 트랜스젠더가 아닌 젊은이들에게 비견할 만큼 좋아졌다.

장기적으로는 어떨까? 그것을 말하기에는 너무 이르다. 성과 성별에 대해 폭넓게 저술해온 생명윤리학자 앨리스 드레거는 자녀들을 위해 강력한 옹호자이자 현명한 소비자가 되라고 부모들에게 권고한다. "사랑이 취해야 할 형태는 분명치 않을 때가 많다. 하지만 사랑이란 우리가 부모로서 우리의 두려움과 불안, 소망과 희망으로 빚어내야 하는 것이다."

1950년에 조겐슨이 배를 타고 코펜하겐으로 떠난 이후, 트랜스젠더 세계는 극적으로 발전했다. 트랜스젠더에 얼굴이 없었던 시대에 조겐슨은 신기원을 열었다. 전문가들조차 제공할 만한 정보가 거의 없었던 시대에 그녀는 지극히 개인적인 싸움을 벌였다. 오늘날 휴대용 기기를 손에 쥐고 있는 남녀 트랜스젠더들은 즉석에서 연락을 취해 서로 만나고, 어디서 호르몬 치료를 받을 수 있는지를 알아내고, 대학 캠퍼스 내 성중립 화장실[5]의 위치를 파악할 수 있다. 불과 수십 년 전만 해도 상상조차 할 수 없었던 옵션들—예를 들면 여성에서 남성으로, 또는 남성에서 여성으로 전환하기 전에 난자나 정자를 어떻게 냉동시킬 것인지—에 대한 안내를 이제는 클릭

---

5) 성별 구분 없이 이용 가능한 화장실.

한 번만 하면 언제든지 손에 넣을 수 있다.

《타임》지가 최근에 표지에서 선언했듯이, 트랜스젠더 운동은 "미국 민권운동의 다음 개척지"다. 옹호자들은 운전면허증이나 출생증명서 같은 공식 서류에 적힌 성별을 바꾸는 유일한 방법은 외과 수술로 생물학적 성이 바뀌었다는 증거를 보여주는 것이라고 규정한 오래된 조항을 없애라고 요구하고 있다. 많은 주에서 이것을 요구하지만, 미국의사협회는 2014년에 새로운 방침을 채택하여, 외과 수술은 트랜스젠더가 남성이나 여성으로 사는 데 필수적인 요소로 볼 수 없기 때문에 출생증명서에 대한 그런 규정은 삭제되어야 한다고 했다. 미국 국무부는 여권에 대한 그 비슷한 조항을 없앴다. 트랜스젠더 운동의 지지자들은 의료 분야에서도 변화를 요구하고 있다. 그들은 트랜스젠더 치료에도 의료보험 급여를 지급하라고 보험회사들에 압력을 가하고 있다. 이와 관련된 주목할 만한 사례로, 남자로 태어났지만 오랫동안 여자로 살아온 74세의 퇴역 군인이 성전환 수술에 대한 보험 급여를 거절했다는 이유로 메디케어[6]를 상대로 소송을 제기했다. 소청심사위원회는 그녀에게 유리한 결정을 내렸다. "나는 크리스틴 조겐슨에 대한 첫 기사가 나온 이후 지금까지 줄곧 내가 해야 할 일은 바로 그것[수술]임을 알고 있었어요"라고 그녀는 《뉴욕 타임스》에 말했다. "나는 인간으로서의 나와 내 몸이 일치하기를 바랍니다."

트랜스젠더 남자와 여자들은 문화 예술 및 연예계에서 발판을 확보하고 있다. 채즈 보노는 〈댄싱 위드 더 스타스〉[7]에 출연한 최초의 트랜스젠더 참가자였다. 그는 뮤지컬 곡 「오페라의 유령」에 맞추어 탱고를 추었는

---

6) 미국에서 65세 이상 노인과 소정의 자격 요건을 갖춘 사람을 대상으로 시행하고 있는 의료보험제도.
7) 2005년부터 미국 ABC 방송에서 시리즈로 방영하고 있는 댄스 경연대회.

데, 표결에 의해 탈락한 뒤 관객들의 우레 같은 기립박수를 받으며 이렇게 말했다. "저는 다른 종류의 인간을 미국에 보여주고 싶어서 이 프로그램에 나왔습니다. 제가 자랄 때 저 같은 사람이 텔레비전에 나왔다면 제 삶 전체가 지금과는 완전히 달라졌을 것입니다." 라번 콕스는 어렸을 때 앨라배마주 모빌에서 자라면서 심한 괴롭힘을 당했다. 그녀는 자라서 인기 드라마 〈오렌지 이즈 더 뉴 블랙〉의 스타가 되었고, 《타임》지 표지에 실린 최초의 트랜스젠더가 되었다. 바니스 뉴욕 백화점은 획기적인 광고 캠페인의 일환으로, 발렌시아가와 마놀로 블라닉 같은 일류 디자이너들이 만든 옷을 입은 트랜스젠더 남녀들이 모델을 맡고 유명한 패션 사진작가 브루스 웨버가 사진을 찍은 봄철 상품 카탈로그를 내놨는데, 여기에 출연한 모델 중 한 사람은 이렇게 말했다. "내 다리 사이에 있는 것은 나를 속속들이 규정하지 못해요. 성별이 흑색과 백색이라면, 나는 회색입니다."

트랜스젠더들은 상당히 통상적인 삶을 살아가는 경우도 많다. 메인주의 콜비 대학에서 인기 있는 영어 교수로 재직하고 있을 때인 40대에 남성에서 여성으로 전환한 제니퍼 피니 보일런은 제임스와 제니퍼로서 산 삶에 관해 많은 글과 몇 권의 책을 썼다. 그녀는 자신의 성전환이 아내—그녀는 지금까지 25년 넘게 아내와 결혼생활을 유지해왔다—와 두 아들에게 미친 영향 등 삶의 기복을 재치 있게 털어놓았다. 보일런은 《뉴욕 타임스》에 기고한 칼럼에서 두 아들이 열 살도 되기 전에 이루어진 그녀의 성전환이 아이들에게 부정적인 영향을 미치지나 않을까 두려웠다고 말했다. 그래서 큰아들 잭이 부모를 불러놓고 두 가지 중요한 결정을 내렸다고 말했을 때, 그녀의 마음은 불안으로 가득 찼다. 그런데 잭의 '중대 발표'는 자기가 평화주의자가 되기를 원한다는 것과, 악기를 튜바에서 바이올린으로 바꾸기로 했다는 것뿐이었다. 몇 해 뒤 텔레비전 인터뷰에서는 부모를 옹호하는 말도 했다. "엄마와 아빠, 두 아이, 하얀 울타리가 있는 가정이 정상이라면, 저는 정상적인 가정에서 살고 있지 않아요. 하지만 가족 모두가 서로를 대등하게, 그리고 사랑으로 대하는 가정이 정상이라면, 저는 정상적인 가정에서 살고 있습니다."

지난 50년 동안 일어난 가장 극적인 진전 가운데 하나는 성별(gender)에 대한 사람들의 사고방식이다. 조겐슨의 시대에는 성별은 서로 뚜렷이 구별되는 두 범주, 즉 남성과 여성이라고 생각했다. 각자에게 주어진 범주에서 벗어나면 동성애자로 분류되었다. 오늘날에는 성별들이 스펙트럼 속에 놓여 있는 것처럼 여겨진다. 예컨대 '젠더퀴어(genderqueer, 자신을 남성과 여성 어느 쪽과도 동일시하지 않는다)', '젠더 플루이드(gender fluid, 성정체성이 시간의 흐름에 따라 변한다)', '시스젠더(cisgender, 자신이 생각하는 성별이 생물학적 성과 일치한다) 등등. 페이스북은 이것들 외에도 '남녀 양성적(androgynous)'에서 '젠더 퀘스처닝(gender questioning)'에 이르기까지 수십 가지의 성별 선택지를 드롭다운 메뉴로 제공한다. 보일런은 회고록 『그녀는 거기에 없다』에서 이 같은 개념 변화를 지적했다. "남성과 여성을 가르는 선은 상당히 얇은 것으로 드러났다. 우리는 우리의 성별이 확고부동하다고 상상하지만, 실은 모래성만큼이나 가변적이다."

조겐슨은 1953년 미국으로 돌아온 뒤 가족과 재회하여 롱아일랜드의 매서피쿼에 집을 지었다. 초기에 그녀에 대한 언론과 대중의 관심은 한도 끝도 없었다. 모든 사람이 그녀를 지지한 것은 아니었다. 오히려 그 반대여서, 조겐슨에 대한 저속한 농담이 난무했다. 기자들은 그녀를 "여성 족

속에게 인류가 준 선물"이며 "섹시한 금발 미녀의 최신판"으로 묘사했다. 우아하게 옷을 입고 솔직하게 말하는 조겐슨은 성적 특징이 부여된 이상 야릇한 변종이라기보다는 사려 깊고 결연한 인간으로 보이기 위해 최선을 다했다. 그녀가 세계 곳곳의 사람들에게서 받았다는 수천 통의 편지가 대부분 그녀를 지지하고 격려하는 내용이었던 것도 도움이 되었다. 조겐슨의 새 집에서 함께 살았던 부모도 그녀를 지지했다. 조겐슨은 아버지가 "그 애는 우리 자식이고, 우리는 그 애를 사랑한다"라고 언론에 말한 것을 기억했다.[8]

조겐슨은 1950년대에 무대에 서기 시작해, 나이트클럽 공연을 하며 피츠버그의 코파 클럽에서 디트로이트와 필라델피아, 뉴욕, 심지어는 쿠바까지 온갖 곳을 돌아다녔다. 그녀가 원하든 원치 않든 간에 어쨌든 그녀는 유명인이었으니까. 세련된 드레스를 입은 조겐슨은 노래와 춤과 농담을 뒤섞은 공연으로 관객을 즐겁게 해주었다. 일부 클럽은 도덕적인 이유로 그녀를 출연시키기를 거절했지만, 다른 클럽들은 이 새로운 스타를 기용하고 선전하여 좌석을 가득 채웠다. 어떤 평론가들은 그녀를 조롱했으나(영국 언론은 조겐슨이 그곳의 무대에 오르기도 전에 그녀의 공연을 비웃었다), 다른 평론가들은 그녀를 칭찬했다. 이 모든 일을 겪으면서도 그녀는 유머 감각을 잃지 않았다. 어느 날 밤 조겐슨은 맨해튼의 레스토랑에서 친구들과 식사를 하다가 유명인의 이름을 붙인 음식들—빙 크로스비 샌드위치, 프랭크 시내트라 디저트 등—이 메뉴에 있는 것을 알아차렸다. 회고록에 따르면 그녀는 "별 생각 없이 말했다. '이 음식들은 모두 유명한 사람들의 이름을 땄는데, 내 이름을 붙인 건 혼합 샐러드조차 없잖아.'" 그러자 "식탁에

---

8) 아버지는 'she'와 'her'라는 여성 인칭대명사를 썼다.

둘러앉은 사람들은 깜짝 놀라서 한순간 아무 말도 못했다. 나는 친구들이 갑자기 큰 소리로 웃음을 터뜨릴 때까지 내가 무슨 말을 했는지도 깨닫지 못했다."

조겐슨은 나중에 연극에 출연하여 헨리 필딩[9]의 소설 『톰 존스』를 각색한 작품에서 미스 웨스턴 역을 맡는 등 다양한 역을 연기했다. 덴마크에서 돌아온 지 10여 년이 지난 1967년에 그녀는 자서전을 출판하여 페이퍼백으로 45만 부 가까이 팔았다. 조겐슨은 남자와 두 번 약혼했지만 결혼은 한 번도 하지 않았다. 첫 번째 약혼은 취소되었고, 또 한 번은 노동조합의 통계 전문가와 약혼하고 결혼 허가 신청을 했지만, 뉴욕의 결혼 허가증 발급 사무소가 조겐슨의 출생증명서에 성별이 '남성'으로 기재되어 있다는 이유로 허가를 거부했다. 조겐슨은 자신의 경험에 대해 강연을 하기 시작했고, 트랜스젠더와 그들의 권리를 위해 거리낌 없이 목소리를 높였다. 그녀는 생애의 마지막 20년을 캘리포니아주에서 살다가 방광암과 폐암 진단을 받았고, 예순세 번째 생일을 4주 앞둔 1989년 5월 3일 샌클레멘테에서 세상을 떠났다.

조겐슨의 명성은 수십 년이 지나는 동안 희미해졌지만, 그녀가 남긴 유산은 전혀 퇴색하지 않았다. 조겐슨은 자신의 참된 성정체성을 받아들이려는 선구적인 노력을 통해 다른 수백만 명의 사람들에게 길을 터주었다. 그녀는 거짓되게 여자 행세를 한다는 비난을 수없이 받았으나, "진짜 위장된 삶은 나의 예전 상태로 계속 살아가는 것이었을 테다. 나에겐 그것이 바로 거짓된 삶이었을 것이다"라고 회고록에서 말하고는 덧붙였다. "나는 하늘이 주는 가장 오래된 선물을 받았다—나 자신이 되는 것 말이다."

---

9) 18세기 영국의 소설가.

프랭크 로이드 라이트(Frank Lloyd Wright)
자기애성 인격장애

    1943년 6월, 프랭크 로이드 라이트는 결코 거절할 수 없는 초대를 받았다. 뉴욕시에서는 처음 받은 의뢰였다. 사업가이자 미술품 수집가인 솔로몬 구겐하임의 미술 자문역인 힐라 리베이가 이 유명한 건축가에게 편지를 보내, 샤갈과 들로네, 칸딘스키와 클레의 추상화가 포함된 구겐하임의 방대한 현대 미술 컬렉션을 전시할 새 미술관을 설계해 달라고 요청한 것이다. "제가 원하는 사람은 투사이자 공간을 사랑하고 창의적이며 실험적인 현자입니다. 저는 정신의 신전, 기념비적 건물을 원하고, 그것을 가능하게 해줄 당신의 도움을 원합니다."

많은 점에서 라이트는 그 일에 안성맞춤인 인물이었다. 언행이 거리낌 없고 다채로운 당시 76세의 이 건축가는 50년이 넘는 세월 동안 대담하고 혁신적인 건축물로 디자인계를 휘젓고 있었다. '유기적(organic)' 건축에 대한 그의 예술적 비전은 유례없는 방식으로 자연과 융합한 놀라운 건축물들을 만들어냈다. 다른 사람들이 하늘을 찌르는 고층건물을 세우는 동안 라이트는 빛으로 가득하고 주변 언덕들을 끌어안는 안식처를 지었다. 모든 것이 새로웠다. 그가 독자적으로 받은 첫 의뢰는 1893년에 일리노이주 리버포리스트에 지은 '윈슬로 하우스'였다. 여기서 라이트는 당시의 수직적 경향에 도전하여 수평적인 집을 지었는데, 이 건물은 그의 향후 트레이드마크 같은 건축 스타일의 한 랜드마크가 되었다. '폴링워터'는 그가 1930년대 말에 펜실베이니아주 앨러게니산맥에 지은 아주 인상적인 휴양용 별장인데, 여기서 라이트는 상상할 수도 없었던 일을 해냈다. 9미터 너비의 폭포 위에 약 500제곱미터의 주거용 건물을 펼쳐놓은 것이다.

그런데 구겐하임과 그의 스태프들이 곧 알게 되었듯이, 라이트의 비범한 재능은 그의 지독한 나르시시즘과 뒤얽혀 있었는데, 이 나르시시즘은 고객들과의 관계에서 수없이 다양한 방식으로 드러나곤 했다. 일반적 관행을 체질적으로 거부하는 이 독불장군 건축가는 안정성, 실용성과 비용이라는 실리적 문제들에는 거의 관심을 두지 않고 자신의 예술적 신념을 추구했다. 유기적 단순성과 건축 미학이 다른 무엇보다도 중요했고, 라이트는 자신의 이상을 실현하기 위해 비전통적인 재료와 특이한 설계를 이용하여 한계를 확장해나갔다. 그의 건축물들은 난방이 불충분한 방과 처진 들보

같은 물리적 결함으로 악명이 높았다. 그가 지은 슬래브 건물들의 달갑지 않은 특징인 비가 새는 지붕은 그의 건축적 표지(標識)나 다름없게 되었다. 라이트의 가장 확고한 찬미자들조차 사회학자이자 건축 평론가인 루이스 멈퍼드가 라이트의 "어마어마한 자만심"이라고 부른 것의 심각성을 인정하지 않을 수 없었다.

라이트의 자만심은 나이가 들어도 약해지지 않았다. 실제로 그 자만은 구겐하임 미술관을 설계하고 건축하는 내내 중심적인 위치를 차지하여, 구겐하임 자신부터 미술관에 작품이 전시될 당대의 화가들에 이르기까지 모든 사람을 화나게 했다. 라이트의 초기 설계는 건축 법규들을 위반한 것이었고, 과다한 비용 때문에 계속 불화를 불러일으켰다. 하지만 가장 큰 분노에 불을 붙인 것은 이 미술관에 대한 라이트의 기본 구상이었다. 라이트는 구겐하임에게 보낸 편지에서 "구식 '미술 전시'의 잘난 척하고 가식적인 '그랜도마니아(grandomania)'¹⁾를 없애버리고 싶다"는 점을 분명히 했다. 하지만 그의 '신식' 설계 역시 그것 나름의 그랜도마니아를 드러냈다. 라이트의 설계도는 미술품을 우선하는 대신, 그가 설계한 극적이고 눈에 두드러지는 나선형 통로를 수용하는 각도로 미술품을 전시하도록 요구했다. 이 같은 설계는 곧 미술관이 전시하려는 게 무엇인가—현대 미술인가 아니면 라이트의 자만심인가—하는 근본적인 의문을 불러일으켰다.

건축이 시작된 직후인 1956년 12월, 밀턴 에이버리와 빌럼 데 쿠닝, 로버트 마더웰을 비롯한 21명의 화가들이 라이트의 설계는 미술 작품의 적절한 전시와 관람 문제를 "무신경하게 무시하는 태도"를 보여준다고 항의하는

---

1) 라이트가 즐겨 쓴 용어 'grandomaina'는 영미 사전에도 거의 오르지 않은 단어로, '정교하고 위풍당당하며 현란한 건물이나 설치물, 장식물 등에 지나치게 집착하는 것'을 말한다.

편지에 서명했다. 언제나 자신만만한 라이트는 이런 비판에 눈도 깜짝하지 않았다. 1년 뒤에 그는 마이크 월리스와의 텔레비전 인터뷰에서 이렇게 말했다. "어떤 사람은 여기 5번가에 있는 미술관이 꼭 세탁기처럼 보인다고 합니다. 하지만 나는 그런 유의 반응을 전에도 자주 들었고, 아무짝에도 쓸데없는 것으로 무시해왔습니다. 정말 아무 가치도 없다고 생각해요."

프랭크 로이드 라이트는 역사상 가장 자기과시적이고 찬양받은 건축가 중 한 사람이었다. 건방지고 선구적이며 드라마틱한 라이트는 평생 동안 자신의 자아를 신봉했고, 출세하기 위해 그것을 이용했으며, 겸손이라고는 털끝만큼도 없이 세상에 자신을 선전했다. 많은 사람이 자기도취적인 성격을 갖고 있지만, 라이트의 행동은 그보다 훨씬 깊고 단단하게 자리 잡은 정신질환, 즉 자기애성 인격장애(narcissistic personality disorder)의 특징들에 부합한다. "어렸을 때 나는 정직한 오만과 위선적인 겸손 중에서 하나를 선택해야 했다"라는 그의 말은 유명하다. "나는 전자를 선택했고, 그것을 바꿔야 할 이유를 지금까지 찾지 못했다."

프랭크 로이드 라이트는 진실까지도 뻔뻔스럽게 변조했다. 그가 어떻게 일감들을 얻었는지, 그가 설계한 건물을 짓는 데 얼마나 많은 비용이 들지, 심지어는 자신의 생일까지 속였다. 출생 기록에는 1867년 6월 8일에 태어났다고 되어 있지만, 나중에 라이트는 자신의 생년이 1867년이 아니라 1869년이라고 공언했는데, 그것은 아마 늘그막에 조금이라도 젊어 보이고 싶었기 때문일 것이다. 그의 고향은 위스콘신주의 농촌인 리칠랜드

센터였다. 하지만 라이트는 고향에 대해 아리송한 태도를 취했고, 입을 꾹 다물어버릴 때도 많았다. 아마 고향이 그의 미천한 출신을 드러내기 때문이었을 것이다. 오늘날까지도 그가 태어난 집의 정확한 주소를 아는 사람은 아무도 없다. 중간 이름도 링컨에서 로이드로 바꾸었는데, 외가인 로이드 존스 집안에 대한 경의의 표시였다. 그의 외가는 1840년대에 영국 웨일스에서 폭풍우가 몰아치는 대서양을 건너 미국으로 이주했다고 한다.

라이트의 아버지인 윌리엄 케리 라이트는 1860년대에 애나 로이드 존스와 결혼했을 때 슬하에 어린 세 아이를 둔 홀아비였다. 매력적이고 사람들에게 인기 있었던 윌리엄은, 그 아들의 전기를 쓴 메릴 시크레스트에 따르면 "삶이 가장 사랑한 사람들 가운데 하나"였다. 그는 다양한 재능과 직업—가수, 피아노 연주자, 변호사(학위도 없었지만), 설교가 등—으로 존경을 받았다. 웅변술이 뛰어난 덕에 1865년 4월에는 위스콘신주 론록에서 에이브러햄 링컨을 추모하는 연설을 하기도 했다. 그와 결혼한 애나는 20대 중반의 교사였고 10남매 중 하나였는데, 자신의 혈통(금욕적이고 근면한 농부 집안)에 대단한 자부심을 가진 고집 센 여자였다. 그녀는 남자처럼 성큼성큼 걸었고, 로웰과 롱펠로의 시를 자녀들에게 읽어주었고, 사과껍질을 벗기지 않고 파이를 만들었으며, 자연의 아름다움과 청정함을 소중히 여겼다.

윌리엄 라이트는 두 번째 아내보다 열 살 이상 나이가 많았고, 키는 아내(172센티미터)보다 작았다. 나이와 키의 차이는 부부의 부조화 가운데 그래도 가장 정도가 덜한 것이었다. 뉴잉글랜드에서 자란 윌리엄은 잉글랜드에 뿌리를 둔 침례교도였고, 웨일스에서 태어난 애나는 먼 옛날부터 종교적 급진주의자들로 유니테리언파에 속했던 집안 출신이었다. 하지만 두 사람을 가장 멀리 떼어놓은 것은 그들의 자녀였다. 결혼과 함께 어린아이

셋을 돌보게 된 애나는 갑작스럽게 떠맡은 역할에 짓눌린 듯했다. 게다가 아들 프랭크와 딸 메리와 매지널이 차례로 태어나면서 결혼생활은 그녀에게 더 많은 스트레스를 주게 되었다. 이제 먹여야 할 입이 여섯으로 늘어났는데, 걸핏하면 일을 그만두는 윌리엄의 버릇과 돈을 마구 써버리는 무분별함 때문에 가뜩이나 어려운 살림이 더욱 곤궁해졌다. 윌리엄의 불안정과 애나의 좌절이 만나면, 두 사람의 동반자 관계가 돈독해질 여지는 거의 없었다. 애나가 남편의 관심을 끌기 위해 의붓자식들과 경쟁했다는 얘기도 있다. 특히 의붓딸인 엘리자베스 라이트 헬러는 애나에 대해 좋은 기억을 품고 있지 않았다. "내가 아무리 열심히 노력해도 새엄마를 만족시킬 수 없었다"라고 헬러는 회고록에서 말했다.

그래도 한 아이는 나머지 아이들보다 훨씬 애나를 기쁘게 해주었다. 바로 프랭크였다. 자기가 처음 낳은 아이에게 매혹된 애나는 다른 자식들은 모두 제쳐놓고 오로지 프랭크만 맹목적으로 사랑했다. 또 다른 전기 작가인 브렌던 길에 따르면 "애나가 아들을 애지중지한다는 것은 윌리엄 라이트와 그의 딸들에게 의심의 여지 없는 사실이었다." 아버지에 대한 프랭크의 기억은 애정 어린 게 아니었다. 프랭크는 아버지의 설교를 자랑스럽게 여겼고 아버지와 마찬가지로 음악을 깊이 이해했지만, 피아노 연습 중에 벌로 그의 손가락 마디를 때린 아버지, 아들에게 시간이나 노력, 애정을 그리 쏟는 것 같지 않았던 아버지를 두려워하기도 했다. 라이트는 담담하게 3인칭으로 쓴 자서전에서 이렇게 말했다. "아버지는 아이를 소중하게 여긴 적이 없었다. … 한 번도 아들을 사랑하거나 원한 적이 없었을지 모른다." 어린 프랭크는 어머니에게서 위안을 찾았다. 애나는 아들을 숭배하다시피 했고, 라이트는 그것을 "비상한 헌신"이라고 표현했다. 애나의 그런 태도는 남편의 마음을 어지럽혔고 부부 관계를 해쳤다. "남편과 아내

사이의 불화는 모두 그 아들 문제로 일어나는 것 같았다"라고 라이트는 회고했다. 여기서 드러나는 것은 하나로 결합된 두 동맹자—남편이자 아버지에 맞서는 어머니와 아들—의 초상이다.

하지만 애나와 프랭크의 관계는 단순한 편애를 넘어섰다. 라이트는 자서전에서 어머니를 그의 충실한 보호자이자 운명의 관리자로서 거의 신화적으로 묘사하고 있다. 그의 회고에 따르면 자신은 어머니의 큰 희망이었고 "어머니의 꿈을 실현하는 수단"이었으며, 그가 나아갈 길에 대한 어머니의 생각은 외골수였다. 그가 태어나기 전부터 애나는 아들을 건축가로 만들기로 결심했던 것이다. 어머니의 확신이 얼마나 강했는지, 아기 프랭크의 방 벽에 오래된 영국 대성당들의 목판화를 액자에 넣어 여러 개 걸어놓았을 정도였다. "아들은 아름다운 건물들을 지을 운명이었다"라고 라이트는 회고했다.

라이트는 과거를 능란하게 개조하는 재능을 타고났기 때문에, 그의 전기를 쓴 작가들은 그의 자서전을 꼼꼼히 조사했다. 라이트의 말년에 그의 친구였던 브렌던 길은 이 건축가가 자기 삶의 상서로운 출발을 높이 끌어올리기 위해 어머니를 찬미하고 아버지를 깎아내린 '최면술사'였다고 말했다. 라이트의 전기에서 브렌던 길은 라이트가 자서전에 쓴 내용 가운데 지극히 사소한 세부 사항들까지 조목조목 검토한다. 예를 들면, 라이트 자신의 방에 대한 묘사(라이트 가족의 작은 집에 어떻게 프랭크를 위해 별도의 아기방을 마련할 공간이 있었을까?), 어머니가 걸어놓은 목판화들에 대한 언급(애나의 가족은 소박한 교회당에서 열리는 예배에 참석했고 종교적 장식을 삼갔다) 같은 것들이다. 브렌던 길에 따르면 라이트의 자서전은 "광범위하고 세세한 변명서, 프랭크 로이드 라이트를 주인공으로 하는 달콤씁쓸한 로맨스 형태의 거짓말"이다. 하지만 그건 놀라운 일이 아니다. 자신의 과거를 고쳐 쓰는 것은 자기도취적인 사람들의 특징으로, 그들은 자아상을 높이기 위해 자기 삶의 이야기를 윤색하는 데 능숙해진다. 라이트의 이야기는 그가 지어내고 다른 사람들이 믿어주기를 바란 진실이다. 중요한 것은 바로 이 점이다.

　나르시시즘—자만심과 자기중심주의와 무례한 행동의 혼합—은 리틀리그 외야석("내 아이가 투수를 맡아야 해!")에서부터 법조계와 의료계, 정부와 실업계의 최고위층에 이르기까지 사회의 모든 분야에 만연해 있다. 하지만 일반적인 자기도취는 『정신장애 편람』에 포함된 열 가지 인격장애 가운데 하나인 자기애성 인격장애의 임상 사례와는 다르다. 자기애성 인격장애라는 진단은 환자가 『편람』이 제시하는 아홉 가지 증상 가운데 적어도 다섯 가지 증상을 보일 때에만 내려진다. 그 아홉 가지 증상이란, 자신의 중요성에 대한 과장된 지각, 무한한 성공과 권력·탁월성·아름다움 또는 이상적인 사랑에 대한 공상에 집착, 자신이 특별하고 독특하며 자기처럼 높은 수준에 있는 특별한 사람들만이 자기를 이해할 수 있다는 믿음, 과도한 찬사에 대한 욕구, 자기는 특권을 부여받았다는 의식, 대인관계에서 착취적인 행동, 공감(감정이입) 능력 결여, 남에 대한 시샘과 선망 또는 반대로 남들이 자기를 시샘하고 부러워한다는 믿음, 거만하고 방자한 행동과 태도 등이다.

　자기애성 인격장애는 1980년 『정신장애 편람』에 처음 등재된 이후 줄곧 뜨거운 논쟁거리가 되었다. 이 진단을 받을 수도 있는 자신만만하고 유력한 많은 사람들이 아무렇지도 않게 잘들 지내고 있다. 어쨌든 그들 자신은 그렇다고 생각한다. 그런데 그들에게 왜 딱지를 붙이는 걸까? 개인의 성취를 공동체의 성공보다 중시하는 사회에서 살아남으려면 나르시시즘은 어쩌면 꼭 필요한 것일지도 모른다. 불과 몇 년 전에도 자기애성 인격장애가 과연 독립된 임상적 질환으로 존재하는가를 둘러싸고 요란한 논쟁이 벌어졌었다. 일부 전문가들은 이 인격장애가 『정신장애 편람』에 별개의 질환으로 등재된 것을 삭제하려 했지만 성공하지 못했다. 삭제하려던 이유의 하나는 그 증상들이 경계성 인격장애를 포함한 다른 인격장애들의 특징과 겹치는 경우가 너무 많았기 때문이다.

지난 수십 년 사이에 좀 더 미묘한 뉘앙스를 띤 정의가 나타났다. 나르시시즘은 오랫동안 포괄적이고 과도한 자부심과 결부되었지만, 반드시 자신감에 뿌리를 두고 있는 것은 아니다. 이는 나르시시즘이 두 가지 유형, 즉 당당한 '외현적(overt)' 나르시시즘과 연약한 '내현적(covert)' 나르시시즘으로 존재하는 것일 수 있다는 이론을 낳았다. 외현적 나르시시스트들은 자기 행동을 태연하게 드러내기 때문에 알아보기가 쉽다. 반면에 내현적 나르시시스트들은 같은 감정 대부분을 드러내긴 하지만—공을 남과 나누기를 싫어하고, 자기 자신에게 열중하고, 비판에 지나치게 예민한 것 등—불안해하고 내향적이기 쉽다. 일부 나르시시스트는 두 유형의 특징을 모두 지닐 수도 있다.

프랭크 로이드 라이트는 외현적인 자기애성 인격장애자의 아주 강력한 후보일 수 있다. 그의 자서전에 나와 있는 어린 시절에 대한 서술은—사실이든, 터무니없는 공상이든, 사실과 공상 사이의 어디쯤이든—그 질환의 발생과 연관되는 몇 가지 주된 요인들에 대한 사례 연구처럼 읽힌다. 부모와 자녀 간의 초기 상호작용은 특히 중요하고, 방임(neglect)에 뿌리를 두는 경우가 많다. 어떤 경우에는 부모 중 하나가 냉정하거나 곁에 없을 수도 있다. 하지만 방임은 지나친 관용(응석 받아주기)에서 생겨날 수도 있고, 그것은 아이 자신의 자아의식을 무시하는 결과를 낳는다고 하버드 의과대학의 정신의학 임상부교수로 나르시시즘 전문가인 엘사 로닝스텀은 말한다. 예를 들면 아버지나 어머니가 아이에게 특정한 역할을 부여하는 것

—커서 뛰어난 의사나 배우, 라이트의 경우에는 건축가가 되리라고 기대하는 것—은 아이의 건강한 발달을 오히려 저해하는 결과를 낳을 수 있다. 그런 기대를 잔뜩 받은 아이는 "이 길을 따라가지 않으면 나는 존재하지 않는다"라고 생각하게 된다고 로닝스텀은 말한다.

아이에게 이런 목표를 설정해주는 것은 대개 훌륭한 사람이 되려고 노력했지만 성공하지 못한 부모인 경우가 많고, 그런 아버지나 어머니는 그 자신이 자기애적 특질을 갖고 있을 수 있다. 라이트의 전기를 쓴 시크레스트에 따르면, 애나 라이트는 자신이 실제로 이룰 수 있었던 것보다 훨씬 많은 것을 해낼 능력이 있다고 믿었고, 이것은 "그녀가 이루지 못한 야망을 아들에게 전가했다는 명백한 증거"였다. 프랭크의 누이동생인 매지널은 훗날 쓴 글에서 어머니가 프랭크를 보통의 어린애로 보지 않았다고 회고했다. "오빠는 어머니가 돕고 인도할 대상이고 어머니가 남길 유산이었다. 오빠는 어머니와 아버지가 이루지 못한 것을 이루게 될 터였다." 앞날에 대한 이러한 단정은 아이에게 반드시 성공하고야 말겠다고 결심하도록 부추길 수 있다. 하지만 그것은 마음 속 깊은 곳에 정서적 불안정을 낳을 수도 있다. 어떤 경우에는 나르시시즘의 허장성세나 엄포가 근원적인 취약함이나 자존감 결여를 가리는 것일 수 있다고 로닝스텀은 말한다. 시크레스트가 지적했듯이 라이트는 그가 "본래의 모습으로는 사랑받을 수 없고, 어머니가 원하는 사람의 모습으로만 남에게 사랑받을 수 있다"고 믿었는지도 모른다.

애나가 아들을 소중히 여기고 귀여워한 것은 분명하지만, 지나친 칭찬은 역효과를 낳기도 한다. 애지중지 키워 응석받이로 자란 아이는 자기가 다른 모든 아이들보다 훌륭하고, 따라서 특별대우를 받을 자격이 있다고 믿고(자기애성 인격장애의 핵심적 특징 가운데 하나다) 특권의식을 키울 수 있다.

종종 부모들은 아이가 언짢은 상황이나 실패한 상황에 처했을 때 개입하여(친구와 말다툼하고 있을 때 편을 든다든지 음악 경연대회에서 탈락했을 때 심사위원에게 항의하는 것 따위) 구해냄으로써 아이의 버릇을 잘못 들이곤 한다. 여기서 문제는 지나친 관용, 역성들기가 인생의 통상적인 부침에 반응하여 아이가 회복력을 키우는 능력을 저해할 수 있다는 점이다. 이것은 삶이 주는 상처들에 대한 취약성을 낳을 수 있다. 이런 아이들은 인생에서 플러스와 마이너스를 조화시키는 법을 배우지 못했기 때문에 건강한 자존감을 형성하지 못하고 일종의 무력감을 키우게 된다고 로닝스텀은 말한다. "그들은 만약의 경우에 대한 대비가 되어 있지 않다."

라이트의 소싯적 기억 가운데 하나는 어머니가 아들을 얼마나 너그럽게 봐주었는지를 완벽하게 보여준다. 열한 살쯤 되었을 때 그는 시골에 사는 사촌 셋에게 파티를 열어주겠다면서 깜짝 선물도 주겠다고 말했다.[2] "얘기를 하다 보니 파티에 이런저런 요소가 자꾸 더해져서 아이들의 기대는 무한대로 부풀어 올랐다." 그 파티는 실은 프랭크의 상상 속에만 존재한 것이었지만, 사촌들은 그런 줄도 모르고 집으로 달려가 옷을 갈아입고 파티를 즐기기 위해 프랭크 외할아버지의 집에 일찍 도착했다. 그의 어머니는 처음엔 놀랐지만 당장 아들을 구하러 나섰다. 아이들에게 사탕과 팝콘과 생강과자를 내주고, 어딘가에 박혀 있던 물건 몇 개를 찾아서 선물로 주기까지 했다. 그에 더해 남편을 설득하여 바이올린으로 「족제비가 뿅 튀어나온다」를 연주하게 했다. 나중에 애나가 왜 사촌들을 속이고 싶었느냐고 묻자 프랭크는 오히려 사촌들을 탓하면서, 그들이 애당초 자기를 믿어서 재미를 모두 망쳐버렸다고 비난했다. "그러자 어머니는 이해해주었지만

---

2) 라이트가 시골 외가에 가 있을 때의 일이다.

다른 사람은 아무도 이해하지 못했다."

프랭크가 열여덟 살이 되었을 때 부모의 결혼생활은 이미 끝장나 있었다. 애나는 더 이상 남편과 한 침대를 쓰지 않고, 남편을 집에서 제일 추운 방으로 쫓아냈을 뿐만 아니라 남편에게 "당신이 밟는 땅조차도 싫다"라고 말했다. 윌리엄은 "수년 동안 폭력과 모욕과 학대를 당했다"면서 아내를 "불같이 분통을 터뜨리는" 여자로 표현하고 그녀를 떠났다. 아버지와 아들은 그 후 다시는 만나지 않았다고 한다.

건축가의 길을 가기로 결심한 라이트와 어머니는 계획을 세웠다. 라이트는 토목기사의 하급 제도공이 되어 파트타임으로 일하기 시작했고, 한편으로는 위스콘신 대학교 매디슨 캠퍼스에서 강의를 들었다. 하지만 그는 학교 교육의 인습적인 규칙과 관례에 반발했다. 그는 4학년 때 중퇴했다고 주장했지만, 기록에 따르면 두 학기만 마친 것으로 되어 있다고 한다. 라이트는 훗날 말하기를, 자신이 받은 진정한 교육은 어렸을 때 유명한 아동교육가인 프리드리히 프뢰벨이 만든 나무 블록과 울긋불긋한 색종이 조각들을 갖고 논 것, 그리고 위스콘신주 스프링그린 근처에 있는 외가 농장에서 여러 해의 여름을 보낸 것이라고 했다. 그가 몹시 힘든 노동의 가치를 배운 것도 이 농장에서 암소 젖을 짜고 나무를 나르고 말벌을 피하고 상처를 입기도 하면서였다고 했다. 자연이 주는 즐거움—하얀 유액을 분비하는 밀크위드 꽃, 짙푸른 밤하늘, 발가락 사이로 스며드는 진흙의 감촉—을 체험한 것도 그 농장에서였다.

라이트는 자신이 천직으로 생각하는 일을 하려면 건축가들이 일하는 곳에서 살 필요가 있다는 것을 깨달았다. 1887년 초에 그는 아버지가 남기고 간 책들(그가 무척 좋아한 플루타르코스의 『영웅전』도 포함되어 있었다)과 어머니가 외투 깃에 달아준 밍크 칼라를 전당포에 맡겨서 얻은 돈으로 시카고행 기차표를 샀다. 이제 운명을 실현할 때였다.

꽃

　19세의 프랭크 로이드 라이트는 아주 맞춤한 시기에 시카고에 도착했다. 1871년에 일어난 대화재로 시카고 도심의 건물들이 대부분 파괴되었고, 그 후 도시는 새로운 모습으로 급속히 발전하고 있었다. 그래도 라이트는 별로 감명을 받지 못했다. 여기저기 설계 사무소들로 일자리를 찾아다니면서 그는 다른 건축가들의 작품에 대해 경멸을 드러냈고, 몇 년 뒤에는 그걸 거침없이 말하고 다녔다. 자서전에 나온 표현에 따르면 파머하우스 호텔은 "모든 주름이 엉뚱한 곳에 잡혀 있는 추한 상늙은이" 같았고, 시카고 상공회의소는 "가슴이 얄팍하고 낯 두꺼운 모습에다 모서리를 깎은 거대한 괴물"이었으며, 주간(州間) 박람회장은 "돔 지붕이 다닥다닥 달린, 호반의 누런 헛간"이었다. 시카고의 도시 경관은 거리에 늘어선 일반 건물들의 단조로움 말고는 보여줄 게 아무것도 없다고 라이트는 결론지었다.

　도제에서 거장으로 올라가는 동안 라이트는 자기를 도와줄 수 있는 사람에게는 굽실거리며 비위를 맞추다가도 그들이 자기한테 줄 수 있는 게 아무것도 남지 않으면 매몰차게 떠나버리는 재주를 보여주었다. 이런 태도는 자기애성 인격장애의 전형적인 특징이다. 그는 학위도 없었지만, 시카고의 최고급 구획을 설계하고 있던 유명한 건축가 조지프 라이먼 실즈비 밑에서 첫 일자리를 얻었다. 공교롭다 할까, 실즈비는 라이트의 외삼촌인 젱킨 로이드 존스의 교회도 설계해 건물이 완공 단계에 있었다. 실즈비가 그를 고용했을 때는 이런 가족 관계를 전혀 몰랐다고 라이트는 주장했지만, 역사가들은 이를 반박하면서 라이트의 또 다른 역사 왜곡으로 치부하고 있다. 이 무렵 라이트는 고향에서 파트타임 제도공으로 일할 때 이미 제도법도 웬만큼 익힌 상태였다. 어쨌든 라이트와 실즈비의 상호작용은 그의 특권의식을 분명하게 보여주는 예였고, 이런 특권의식은 평생 동안 그의 행동의 모든 측면에 스며들게 되었다.

실즈비는 일을 시작한 지 몇 달 지나기도 전에 라이트의 주급을 8달러에서 12달러로 대폭 올려주었다. 그러나 라이트는 더 많이 받기를 원했다. 실즈비가 거절하자 라이트는 즉석에서 그만두고 경쟁 회사에 일자리를 얻었지만, 새 직장이 자기한테 맞지 않는다고 판단하고 실즈비한테 돌아가겠다고 새 고용주에게 알렸다.[3] "그는 아마 나를 잘난 척하는 젊은 얼간이로 생각했을 것이다"라고 그는 자서전에서 말했다. 하지만 그에게는 자신의 입신출세가 더 중요했다. 어느 나르시시스트나 그렇듯이, 궁극적인 문제는 "여기서 내가 마땅히 해야 할 일이 무엇인가?"가 아니라 "어떻게 하면 내가 이 상황에서 이익을 얻을 수 있을까?"였다.

그리고 그는 이익을 얻었다. 실즈비는 그를 다시 받아주었고, 봉급도 올려주었으며, 라이트가 독자적으로 설계 의뢰를 받는 걸 허락했다. 그가 처음 의뢰받은 일은 위스콘신주에 있는 외할아버지의 농장을 상속받은 두 이모를 위해 학교를 설계하는 일이었다. 하지만 또다시 라이트는 다른 쪽으로 눈길을 돌렸다. 이번에 그가 겨냥한 것은 당크마르 아들러와 루이 설리번의 설계사무소였다. 이 회사는 시카고에서 제일 높은 빌딩을 지어달라는 의뢰를 받은 상태였다. 그 빌딩은 사무실과 상점, 극장, 그리고 뉴욕의 메트로폴리탄 오페라 하우스에 필적하도록 설계된 콘서트홀이 들어설

---

3) 자서전에 따르면 새 직장에서는 그의 요구대로 주급 18달러를 주었지만, 아직 배우는 중인 그가 감당하기엔 어려운 일을 맡겼다고 한다.

17층짜리 고층 건물이었다. 라이트는 뛰어난 젊은 건축가인 설리번이 그를 이용하는 만큼 자기도 설리번을 이용하려고 했다. 회사를 옮긴 지 몇 달도 지나기 전에 라이트는 고용주를 설득하여 그와 5년 계약을 맺고 자신에게 돈을 빌려주는 데 동의하게 만들었다. 그래서 라이트는 자신과 새 신부 캐서린 토빈을 위해 시카고 교외의 오크파크에 집을 지을 수 있었다. 캐서린은 젠킨 외삼촌의 교회에 다니는 교구민의 딸이었다. 라이트와 설리번은 친밀한 관계를 맺게 되었지만—라이트는 나중에 설리반을 자신의 '리버 마이스터(lieber Meister)', 즉 경애하는 스승이라고 지칭했다—그렇다고 그가 설리번의 신뢰를 저버리는 것을 막지는 못했다. 그가 맺은 계약은 개인적으로 부업을 하는 것을 명시적으로 금하고 있었는데도 라이트는 이른바 '밀조한 집'[4]들을 짓기 시작하여 고용주를 화나게 했다. 계약이 만료되기 몇 달 전에 라이트는 "연필을 내던지고 아들러 앤드 설리번 사의 사무실에서 걸어 나와 다시는 돌아가지 않았다."

라이트의 대인관계도 마찬가지로 금이 가고 상처를 입었다. 나르시시스트들은 칭찬과 존경을 먹고살고, 주위 사람들에게서 그런 것을 기대한다. 키가 크고 활기찬 붉은 머리의 캐서린 토빈은 1889년 6월 1일 라이트와 결혼했을 때 겨우 열여덟 살이었고, 라이트는 스물두 번째 생일을 일주일 앞두고 있었다. 키티라는 애칭으로 불린 아내도 처음에는 라이트를 아주 좋아했을지 모르지만, 그녀의 헌신은 오래가지 않았다. 부부는 빠른 속도로 연달아 여섯 아이를 낳았다. 처음 8년 동안 아들 셋과 딸 둘이 태어났고 1903년에 막내아들이 태어났다. 이따금 라이트는 재미있고 유쾌한 아버지 노릇을 했지만, 때로는 아주 냉담해질 수도 있었다. 그는 아이

---

4) bootleg house. 회사 몰래 지은 집이어서 이렇게 불렸다.

들을 위해 벽난로와 반원통형 천장이 있는 놀이방을 지어주고, 장난감과 색색의 풍선으로 방을 가득 채웠다. 그는 피아노를 연주하며 손님들을 즐겁게 해주기도 했다. 둘째아들인 존 로이드 라이트는 아버지가 그를 공중으로 던져 올리고, 발바닥을 간질이고 하던 것들을 기억했다. "아버지는 재치와 즐거움이 넘쳤다. 덕분에 우리 집엔 유쾌한 축제 분위기가 감돌았다"라고 그는 회고록에서 말했다. 하지만 라이트는 아버지다운 헌신에 구애받지도 않았다. 그는 당시 걸음마 하는 나이였던 다른 아들이 진흙 웅덩이에 빠져 일어나지 못하고 스프링클러가 뿌리는 물에 흠뻑 젖은 채 헐떡거리는 것을 지켜보던 때를 자서전에서 이렇게 묘사했다. "나는 잔인하게 '그래, 저 녀석이 어떤 물건인지 한번 보자!' 하고 생각했다. 그리고 나는 아이가 어떻게 하는지 보려고, 녀석이 그야말로 반쯤 물에 잠긴 채 누워 있게 내버려두었다."

아이들의 끊임없는 소란에 짜증이 난 라이트는 그가 "아버지다운 감정"을 품는 대상은 자식이 아니라 오로지 자신의 일이라는 것을 분명히 했다. "아이들은 자기네 엄마의 자식이었다. 나는 '파파'라는 말의 어감을 싫어했다." 건축은 그를 완전히 사로잡았다. 남의 사무실에 고용되어 일하면서 기술을 갈고 닦은 라이트는 아내가 아이들을 키우고 가르치는 데 전념하는 동안 자신의 건축 설계 사업을 펼쳐 나가기 시작했다. 그는 수평적인 선들, 경사가 완만한 지붕, 탁 트인 실내 공간, 집 한가운데에 자리 잡은 벽난로 등을 특징으로 하는 그의 유명한 '프레리 주택'[5]들을 포함하는 대담하고 참신한 디자인 프로젝트들에 도전했는데, 미국 중서부 지역의 평

---

5) 라이트 등 이른바 '프레리(초원) 스쿨' 혹은 '프레리 양식'의 건축가들이 지은, 수평성을 강조하는 집.

탄한 풍경과 조화를 이루는 프레리 주택은 20세기로의 전환기에 짓기 시작했다. 한편 키티는 그녀대로 사회 운동과 문학 단체들에 관심을 갖게 되었다. 두 사람은 필연적으로 멀어질 수밖에 없었다. 결혼이 파경에 이르는 과정은 언제나 복잡하지만, 이 무렵 키티의 헌신적인 애정은 남편에게서 자녀들한테로 옮아간 상태였고, 늘 관심을 요구하는 성향의 남자로서는 이런 아내가 불만스러웠을 것이다. 그때 이미 중년이 되어 있었던 그는 초조하고 불안하기도 했다.

1909년 가을에 42세의 라이트는 아내와 자식들을 버리고 마마 체니라는 여자와 함께 유럽행 배에 올랐다. 라이트의 고객인 마마 체니는 유부녀였고 키티의 친구였으며, 그의 애인이기도 했다. 라이트와 함께하기 위해 남편과 두 아이를 버린 마마는 고등교육을 받았고 프랑스어와 독일어를 유창하게 구사했다. 두 사람은 '소울메이트'라고 라이트는 선언했다. 아들 존의 회고에 따르면 "아버지는 어느 날 밤 홀연히 집을 떠났다. 작별 인사조차 하지 않았다." 하지만 그는 가족들이 그를 기억할 수 있는 무언가를 남겨놓았다. 그것은 식료품점에서 날아든 900달러의 외상 청구서였다.

라이트는 결혼 서약과 아버지로서의 의무를 저버리는 데 대해 양심의 가책 따위는 전혀 느끼지 않는 듯했다. 전통적인 규범은 그에게 적용되지 않았다. 그의 전기를 쓴 에이다 루이즈 헉스터블이 말했듯이 "그는 자신만의 도덕률을 새로 만들었다." 1910년 가을에 유럽에서 돌아온 라이트는 자기 동네인 오크파크의 주민들이 그의 불미스러운 불륜 행위를 용인하지 않는 것을 알았다. 이웃 사람들은 그를 피했고 고객들은 그를 버렸다. 키티는 남편과 재결합하겠다고 고집하면서 이혼 요구를 들어주지 않았다. 하지만 그 무엇도 라이트가 이듬해 여름에 미국으로 돌아온 마마와 새살림 차리는 것을 막지는 못했다.

라이트는 이제 사생활과 건축가 생활의 다음 단계를 구축할 은거지가 필요했다. 다행히도 어머니 애나가 위스콘신주에 사둔 땅이 있었다. 라이트가 이모들을 위해 설계한 힐사이드홈 스쿨 근처에 있는 땅이었다. 평생 동안 라이트는 세 개의 원형무대에서 동시에 공연하는 곡예사들을 감독하는 사람처럼 자신의 재정 문제를 아슬아슬하고 절묘하게 관리했는데, 예컨대 고객들에게 선금을 요구하고, 소중히 여기는 일본 판화 컬렉션을 담보로 돈을 빌리고, 채권자들한테 돈을 더 빌리기도 했다. 이제 땅이 손에 들어오자 라이트는 부유한 사업가이자 그의 고객이며 돈줄인 다윈 마틴에게 그와 마마가 살 집의 건축비 조달을 도와달라고 부탁했다.

처음엔 어머니를 위해 그 집을 지을 거라고 주장했다. 다윈 마틴은 돈을 빌려주기로 했을 뿐만 아니라 키티가 아이들과 함께 살고 있는 오크파크의 집을 담보로 빌린 돈을 상환하는 것도 도와주기로 했다. 이것은 정말 이해하기 힘든 일이다. 하지만 이 일은 나르시시스트들이 남을 현혹하여 뜻대로 조종할 수 있다는 것을 보여준다. 대단히 매혹적이고 카리스마적인 나르시시스트들은 원군이 될 만한 사람들을 효과적으로 유혹하여 자신의 요구를 충족시키고 자기를 도와주게 만든다. 이것은 라이트의 경우 분명한 사실이었다. 채권자들은 그의 뻔한 호언장담과 많은 빚에도 불구하고 그에게 계속 돈을 빌려주었다. "사실 그는 무한한 매력을 지닌 사기꾼이었다"라고 브렌던 길은 말한다. "그가 요구하는 것을 오랫동안 거절할 수 있는 사람은 아무도 없었다."

어머니가 살 집을 짓기 위해 돈을 빌려달라고 해놓고는 자신과 정부를 위해 구릉지에 왕국을 세울 꿈을 꾸다니, 믿기지 않을 만큼 놀라운 일이다. 하지만 늘 그랬듯이 이번에도 라이트의 당당한 태도와 무한한 성공에 대한 판타지가 힘을 발휘했다. 돈이 궁할 때에도 그는 평생 동안 그의 추진력이 된 '유기적 건축'이라는 비전을 흔들림 없이 고수했다.

자연을 영적 표현으로 보는 랠프 월도 에머슨[6]의 사상에 깊이 빠져 있던 라이트의 관점은 인공 구조물이 그것을 둘러싸고 있는 나무와 언덕, 물과 하늘과 조화롭게 융합할 것을 요구했다. "어떤 집도 언덕 '위'에 있으면 안 되고 다른 어떤 것 '위'에도 있으면 안 된다는 것을 나는 잘 알고 있었다. 집은 언덕'의' 일부여야 한다. 집은 언덕에 속해 있어야 한다. 언덕과 집은 함께 살아야 하고, 언덕은 집 때문에 그리고 집은 언덕 때문에 더 행복해야 한다." 인습에 순응하기를 거부하는 에머슨의 신조는 라이트의 외가 쪽에 내려오는 종교적 반대파[7]의 혈통과 결합하여 건축에 대한 그 특유의 접근방식을 부추겼다. 실제로 라이트의 중요하고 유력한 이상들을 표현하는 데 로이드 존스 집안의 좌우명인 "세상에 맞서서 진리를 추구하라"보다 더 좋은 말은 찾을 수 없을 것이다. 라이트는 이렇게 썼다. "우리가 추구하는 유의 표현은 조화, 즉 선(善)—다르게는 진(眞), 또 다르게는 미(美)라고 불리기도 하는 것—의 표현이다."

이 도그마는 위스콘신주의 자기 땅과 작업실에 대한 라이트의 비전에 영감을 주었다. 그는 그 작업실을 '탤리에신(Taliesin)'이라고 불렀는데, 웨일스의 음유시인 이름을 딴 이 말은 번역하자면 '빛나는 이마'라는 뜻이다. 라이트는 자서전에서 드넓은 포도밭과 과일나무들이 내려다보이는 언덕마루에 집을 짓는다는 장려한 구상을 자세히 털어놓았다. 그는 사과나무와 자두나무, "분홍색과 초록색 구스베리를 목걸이처럼 두른" 덤불, 아스파라거스와 멜론, 꿀벌 집, 암소, 양, 말을 상정했다. "나는 자바공작과 흰

6) 19세기 미국의 시인이자 초월주의 철학자.
7) 유니테리언파는 그리스도교의 정통 교의인 삼위일체론을 거부하고 예수 그리스도의 신성을 부정한다.

공작이 건물의 낮은 지붕 위에 올라가 있거나 안마당의 담장 위에서 우는 것을 즐겁게 기대했다." 고드름이 떨어져 풍경을 아름답게 해줄 수 있도록 처마에는 홈통을 달지 않을 것이다. "겨울의 탤리에신은 눈에 덮이고 눈으로 둘러싸이고 무지갯빛으로 반짝이는 술 장식이 달린 얼어붙은 궁전이었다."

1911년 가을, 라이트와 마마는 탤리에신으로 이사했다. 하지만 그들의 부정한 관계가 남들에게 눈치 채이지 않고 넘어갈 리는 없었다. 이 커플이 동거를 시작했다는 기사가 신문에 나온 뒤 라이트는 크리스마스 날 집에서 기자회견을 열었다. 그는 기자들에게 자기가 사실 너무 젊은 나이에 결혼했고 그 결혼은 결국 파경에 이르렀다고 말했다. 그리고 마마와 함께 예술가로서 삶을 마치게 되기를 바란다고 했다. 라이트는 호기심에 찬 대중에게 정직하게 설명하겠다는 의도로 그런 말을 했을지 모르지만, 그의 말에는 독선이 스며 있었다. "보통 사람은 자기 행실의 길잡이가 되는 규범이 없으면 살 수 없습니다. 규범 없이 사는 것은 훨씬 어렵지만, 정말로 정직하고 진지하며 분별 있는 사람은 규범 없이 살 수밖에 없습니다." 라이트와 마마의 관계는 결국 오래가지 못하고 1914년 여름에 비극적으로 끝났다. 라이트가 시카고에서 일하고 있는 동안 미친 하인이 탤리에신에 불을 지르고는 마마와 그녀의 두 아이뿐 아니라 다른 하인과 직원 등 여러 명을 살해했기 때문이다.[8] 라이트는 마마의 관을 꽃으로 가득 채웠고, 절망 속에서 탤리에신을 재건하기 시작했다. "마마의 영혼이 나에게 들어왔습니다"라고 그는 이웃 사람들에게 보낸 편지에서 말했다. "그녀의 영혼은

---

8) 범인은 줄리언 칼튼이라는 요리사로, 피해망상증을 심하게 보여 해고 통지를 받고는 범행을 저질렀다고 하며, 살해 도구는 손도끼였다.

결코 길을 잃지 않을 것입니다."

라이트의 개인적인 혼란은 탤리에신 참화 이후에도 계속되었다. 마마가 죽은 직후, 미리엄 노엘이라는 여류 조각가한테서 온 위로 편지가 라이트의 관심을 끌었다. 그녀는 자기도 사랑에 빠져 고통을 겪은 적이 있다면서 한번 만나보고 싶다고 말했다. 어디서나 돋보이고 활기찬 노엘은 라이트의 의상 스타일과 잘 어울렸다. 그는 지팡이를 들고 망토를 걸치고 중절모를 썼다. 그녀는 목걸이들을 하고 케이프를 걸치고 터번을 둘렀다. 만난 지 며칠도 지나기 전에 그녀는 편지에서 그를 "깨어나고 있는 내 꿈들의 주인"이라고 불렀다. 아직 마마의 죽음이 준 충격에서 벗어나려 애쓰고 있던 라이트는 미리엄이 '계몽된' 교유 상대라고 하면서 거기에 끌려 들어갔다. 하지만 그들의 관계는 일찍부터 소란스러웠다. 라이트는 미리엄이 모르핀 중독자이고 어쩌면 조현병에 걸렸을지도 모른다는 것을 곧 알아차렸다. 그래도 두 사람은 9년 동안 함께 지낸 뒤 1923년(아내 키티가 마침내 남편의 이혼 요구를 받아들인 지 1년 뒤)에 결혼했다. 라이트는 결혼하면 미리엄과의 관계가 좋아지리라고 기대했다. 하지만 두 사람의 사이는 좋아지기는커녕 결국 "파탄으로 끝났다"라고 그는 나중에 썼다. 몇 달도 지나기 전에 미리엄은 집을 나가버렸고, 몇 년 뒤에 두 사람은 공식적으로 이혼했다.

라이트가 다른 여자한테 옮아가는 데에는 그리 오랜 시간이 걸리지 않았다. 1924년에 시카고에서 열린 러시아 발레 공연에서 몬테네그로 출신의 무용수인 올기바나 라조비치가 라이트의 관심을 끌었다. 당시 그녀는 26세, 그는 57세였다. 동거에 들어갔을 때 두 사람 다 이혼하지 않은 상태였고, 곧 두 딸—올기바나가 전 남편과 낳은 어린 딸과 라이트와의 사이에 낳은 딸—을 돌보게 되었다. 1926년에 라이트는 올기바나와 아이들과 함께 유치장에서 이틀 밤을 보냈다. 간통을 저지르고 "부도덕한 목적"

으로 여성들을 주 경계 너머로 데려가는 것을 금지한 법률을 위반한 혐의였다.

라이트가 직업상 저지른 죄도 그에 못지않게 놀라웠다. 자신의 설계가 추구하는 미학적 이상을 다른 무엇보다도 소중하게 여긴 그는 건물 구조의 가장 기본적인 사항이 잘못되는 것에도 관심을 보이지 않았다. 그가 설계한 건물들이 지붕에서 비가 새기로 악명이 높았다는 이야기는 듣는 사람을 당혹하게 할 뿐 아니라 즐겁게 해주기도 한다. 뉴욕 현대미술관(MoMA)이 라이트를 주제로 발행한 책에 실린 글에서 사학자인 윌리엄 크로넌이 말했듯이, 1960년에 필라델피아 교외의 베스 숄롬 유대교회당에서 준공 후 첫 번째 대제일(大祭日)을 기리는 행사가 열렸을 때 참석 신도들은 머리에 물벼락을 맞았다. 위스콘신주 러신에 있는 존슨 왁스 빌딩의 지붕은 약 6.5미터 높이의 '릴리패드'(꼭대기가 수련 잎처럼 둥글게 퍼지는 가느다란 기둥)들로 떠받쳐져 있었는데, 지붕에서 물이 너무 자주 떨어졌기 때문에 거기서 일하는 사람들은 물을 받기 위해 책상 위에 항상 5갤런(약 19리터)들이 양동이를 놔둬야 했다. 유명한 만찬회 이야기도 있다. 어느 날 밤 존슨 왁스 회사의 허버트 F. 존슨 회장은 역시 라이트가 설계한 건평 약 1,300제곱미터의 우아한 자택에서 만찬회를 하는 도중에 라이트에게 전화를 걸었다. 크로넌이 묘사했듯이 파티는 "존슨의 벗겨진 머리 위로 끊임없이 떨어지는 물방울 때문에 중단되었다." 라이트는 "성난 집주인에게 의자를 옮기는 것으로 문제를 해결해보라"고 제의했다고 한다.

라이트의 고객들은 아무리 불편해도 그가 지은 고매한 집에 사는 것을 고맙게 여겨야 했고, 그의 건축 미학을 받아들여야 했다. 라이트는 '유기적 단순성'을 위한 계획의 일환으로 자기가 설계한 어떤 집들에는 특별 주문한 목제 가구를 비치했고, 그래서 집주인은 자신의 가구를 새 집에 들여

196

놓기가 어려웠다. 미술품과 장식물은 라이트가 가장 순수한 예술 형식으로 평가한 일본 판화를 제외하고는 환영받지 못했다. 고객들은 그의 작품을 어설프게 손봐도 안 되었다. 정원을 꾸미는 것조차 그의 허락을 받아야 했다. 천장이 낮아도—그는 키가 172센티미터라고 주장했지만, 그보다 작았을지도 모른다—그대로 받아들여라. 벽장 공간이 충분치 않다고? 지금은 과잉을 없애야 할 때다. 아들 존이 말했듯이, 라이트는 "당신에 대한 로맨스를 집으로 짓고, 당신은 그 로맨스 안에 살게 된다. 당신은 집 중의 집을 얻고, 거기 사는 모든 사람은 그 집 덕분에 더 나은 삶을 살게 된다. 집에 금이 가거나 비가 새거나 또는 둘 다일 수도 있지만, 그래도 당신은 그 집을 그렇지 않은 집과 바꾸려 하지 않을 것이다."

라이트와 아서 밀러—메릴린 먼로 부부 사이에 있은 일은 이 건축가의 이기적인 관점을 보여주는 전형적인 사례다. 1957년에 이 부부는 코네티컷 주 록스베리에 그들이 살 집을 설계해 달라고 라이트에게 의뢰했다. 라이트는 밀러 부부의 낡은 농가 주위로 펼쳐져 있는 구릉지가 한눈에 바라보이는 높은 곳으로 올라갔다. "그는 풍경을 흘깃 본 뒤 오줌을 누고 '좋은 곳이군' 하고 말하더군요. 그리고 우리는 다시 언덕을 내려왔지요." 수십 년 뒤 아서 밀러가 라이트의 도제 중 한 사람에게 보낸 편지에 나오는 대목이다. 밀러 부부는 손님을 접대할 집이 아니라 소박하게 살 집을 원했지만, 라이트는 그들이 무엇을 원하는지엔 관심이 별로 없었다. 마침내 도착한 도면[9]은 둥근 돌기둥이 떠받치고 있는 원형 거실, 의자가 열두 개나 놓여 있는 회의실, 돌로 된 수영장 등을 담고 있었다. 잠을 잘 공간은? 별로 없었다. 그것은 "시골에서 두 사람이 살 집이 아니라 사옥에나 어울리

---

9) 수채화로 그린 스케치였다고 한다.

는 건물"이었다고 밀러는 말했다. "라이트는 우리를 완전히 잘못 봤어요." 그뿐 아니라 라이트는 건축비가 얼마나 들 것인지를 전혀 알지 못했다고 한다. "그는 25만 달러쯤 들 거라고 막연히 말했지만, 1950년대 중반이라 해도 그 만한 건물을 짓는 데 25만 달러밖에 안 든다는 것은 터무니없는 얘기였지요."

별로 놀라운 일이 아니다. 라이트는 항상 돈에 무책임했다. 자기 돈만 이 아니라 고객의 돈에 대해서도 그랬다. 그가 실제보다 싸게 건축비를 추산하여 고객을 유인하고, 일단 의뢰를 받은 뒤에는 뻔뻔스럽게 건축비를 올리는 짓도 결코 비밀이 아니었다. 라이트가 6만 달러에 지어주겠다고 약속한 어느 교회는 결국 20만 달러가 넘는 돈을 지불했다. 그가 백화점 소유자인 에드거 카우프먼 가족의 휴일용 별장으로 지은 폴링워터의 건축비는 3만 5,000달러에서 15만 5,000달러로 치솟았다. 그는 언제나 선금을 요구했지만, 그렇게 받은 돈을 건축 공사에 투입하지도 않았다. 그걸로 그는 그랜드피아노를 사거나(본인 주장에 따르면 탤리에신에는 그랜드피아노가 열한 대 있었다고 한다) 그의 방대한 일본 판화 컬렉션에 추가할 작품을 하나 더 샀을지도 모른다. 돈은 그가 원하는 걸 갖게 해주는 것 말고는 아무런 가치도 없었다고 아들 존은 나중에 아버지에 관한 회고록에서 말했다. "아버지는 지폐를 구겨서 아무 주머니에나 쑤셔 넣고 다녔다. 바지나 조끼, 코트나 외투의 주머니들에 꾸깃꾸깃 구겨진 지폐가 들어 있었다. 얼마짜리인지를 보려면 구겨진 돈을 펴야 했다. 아버지는 거스름돈을 세어본 적이 없었다. 그래서 무엇을 사든 언제나 돈을 너무 많이 지불하거나 너무 적게 지불했다."

라이트는 돈을 쓰는 데는 재빨랐지만 돈을 갚는 데는, 그것이 식료품점의 외상값이든 부동산에 매겨진 세금이든, 태만했다. "아름다운 것들—

깔개, 책, 판화, 그 밖의 미술이나 공예 작품, 또는 건축물—특히 건축물에 대한 사랑이 정육점이나 빵집 주인, 임대주를 항상 기다리게 했다"라고 라이트는 솔직히 고백했다. "그들은 때로 믿을 수 없을 만큼 오래 기다리기도 했다." 역시 건축가였던 존은 아버지가 정기적으로 봉급을 주겠다고 약속하고 그를 고용했을 때 이런 경우를 직접 겪었다. 라이트는 이따금 아들을 식당에 데려가서 밥을 사주고 20달러짜리 지폐 한 장을 그의 주머니에 찔러주곤 했지만, 봉급을 제 액수대로 제때에 준 적은 한 번도 없었다. 존이 문제를 제기하자 아버지는 나무라는 눈으로 아들을 바라보았다. "그러더니 내가 태어났을 때부터 그때까지 나에게 들어간 돈을, 산파한테 지불한 비용까지 포함하여 모두 계산하기 시작했다. 나로선 이해할 도리가 없었던 그 액수가 얼마였든 간에, 아무튼 내가 앞으로 평생 동안 아버지한테 봉급을 받지 않아도 나한테 들어간 돈이 훨씬 많을 테니까 봉급을 주지 않아도 된다는 것이었다." 존은 계속 아버지와 함께 일했고, 라이트가 유명한 제국호텔을 지으러 도쿄에 갈 때 일을 도우러 함께 가기도 했다 (라이트는 호텔이 건축되는 4년 동안 거의 일본에 머물렀다). 그러나 봉급 문제는 여전해서, 한 일본인 고객이 돈을 보내왔을 때 존은 기회를 놓치지 않고 자기가 받아야 할 돈을 거기서 공제하고 잔금만을 아버지에게 보냈다. 이튿날 그는 아버지한테서 전보를 받았다. "넌 해고야! 다음 배를 타고 귀국해!"

이런 행동에도 불구하고 라이트는 계속 숭배자들을 끌어들였다. 1932년에 라이트는 탤리에신에서 젊은 건축가들을 위한 '탤리에신 펠로십'을 시작했고, 그곳에 자신의 왕국을 세웠다. 그가 이 계획을 궁리해낸 것은 대공황 시대에 돈이 필요했기 때문이다. 라이트는 특히 1920년대에 경제적으로 쪼들렸다. 그가 일본에 체류하는 동안 건축 의뢰가 고갈되었고, 탤리에신에 두 번째로 불이 나서 거주 구역이 불타버렸다. 그는 융자금을 갚지 못해 부동산을 팔아야 할 형편이었지만 어떻게든 팔지 않고 간신히 붙잡고 있었다. 라이트가 1928년에 결혼한 올기바나는 가장 충실하게 그를 옹호한 사람이었고 진정으로 그에게 헌신했다. 교육이라는 이름의 돈벌이 사업을 생각해낸 것도 그녀였다. 전기 작가인 에이다 헉스터블이 말했듯이 "창의력과 절망이 만나서, 빈곤을 소득으로 바꿀 멋진 계획이 만들어졌다."

당시 60대 중반이었던 라이트와 30대 중반인 올기바나는 이 펠로십이 이를테면 노동 협동조합으로, 함께 살면서 실체험으로 배우는 것이라고 선전했다. 라이트는 종래의 대학이 "창의성에서 무능하고" 책상 앞에나 앉아 있는 학생들을 대량으로 생산하고 있다고 비난하고, 그런 대학은 생각만 해도 소름이 끼친다면서, 자기한테 배우는 학생들은 육체노동에도 종사해야 한다고 강력하게 주장했다. 탤리에신에 모여든 도제들은 날마다 노동을 하면서 과일나무들과 채소밭, 물고기를 방류한 인공호수가 있는 810만 제곱미터의 땅을 운영하는 일에 참여했다. 그들은 밭을 갈고, 거름 구덩이를 관리하고, 식사를 조리하고, 빨래를 하고, 돌을 나르고, 나무를 베고, 자기네 숙소를 지었다. 정식 교육은 전혀 없었다. 그 대신 도제들은 작업실에서 라이트와 함께 일할 기회를 얻었다. 이 특권을 얻기 위한 대가는 무척 비쌌다. 처음에도 아이비리그[10] 대학들의 학비보다 비싼 연간 650달러였지만, 오래가지 않아 1,100달러가 되었다. 그런데도 라이트는 어렵지 않게 도제 자리들을 채울 수 있었다.

헉스터블의 표현에 따르면, 탤리에신 펠로십은 보는 사람의 관점에 따라 "라이트의 사리사욕을 채우기 위한 교활하고 손쉬운 돈벌이"일 수도 있

---

10) 미국 동북부에 있는 여덟 개의 명문 대학을 통틀어 일컫는 말.

고, "건축가로 살아가기 위한 뜻깊은 준비 과정"일 수도 있었다. 많은 도제들이 라이트 가족을 위해 크리스마스 선물을 만드는 일에서부터 올기바나의 감독을 받으며 러시아식 스튜를 만드는 일에 이르기까지 온갖 잡일에 시달리다가 라이트가 건축 실무를 거의 가르쳐주지 않는 데 실망하여 몇 년도 지나기 전에 떠나버렸다. 그를 가장 심하게 비판하는 사람들은 탤리에신 펠로십을 라이트가 교주인 사이비 종교 집단으로 보았다. 그리고 그들이 보기에 올기바나는 교주를 등에 업고 권력을 휘두르는 가모장(家母長)이었다. 하지만 다른 학생들은 노동은 물론이고 그들에게 문화 교육의 일환으로 요구된 콘서트와 영화 감상, 강연회 참석에 대해서도 그 가치를 인정하여 그곳에 오랫동안 머물렀다. 그들 가운데 일부는 충실한 조수가 되었고, 나중엔 건축 프로젝트에 동참하여 라이트와 함께 일하기도 했다.

하지만 아무도 라이트가 도달하고 올기바나가 그토록 찬미한 위상에는 이르지 못할 터였다. 올기바나는 그가 죽은 지 1년 뒤에 출판된 남편에 관한 회고록에서 이렇게 말했다. "그는 여러 세대의 인간들 사이에 거인으로 우뚝 서 있다. 지상에 남은 그의 설계물들은 앞으로 수천 년 동안 그를 이해하는 사람들에게 호소력을 지닐 것이다."

'나르시시즘'이라는 낱말은 그리스 신화에 나오는 아름다운 사냥꾼 나르키소스에서 유래한다. 그는 수많은 인간과 님프로부터 구애를 받았으나 아랑곳하지 않는다. 하루는 에코라는 이름의 님프가 나르키소스를 따라 숲으로 들어가서 그를 껴안으려고 한다. 나르키소스는 에코를 거부하면서 그녀를 땅바닥에 내동댕이친다. 그녀는 실의에 빠져 죽고 그녀의 목소리 즉 에코(메아리)만 남는다. 한편 나르키소스는 복수의 여신 네메시스의 꾐에 빠져 물웅덩이로 가고, 거기서 물에 비친 얼굴이 제 얼굴인 줄도 알아차리지 못하고 그 미모에 매혹되어 그 자리에서 꼼짝도 못하게 된다. 하지만 제 욕망의 대상을 얻지 못하고 나르키소스는 죽는다.

자기애성 인격장애를 정확히 탐지하기는 쉽지 않다. 이 장애의 특징을 보이는 사람들은 대부분 치료받으려고 서두르지 않는다. 대체로 그들은 자신의 행동이 잘못되었다고는 전혀 생각지 않고, 그 행동이 남에게 미치는 영향도 알아차리지 못한다. 어쩌다 의사나 치료사를 찾아간다 해도, 그것은 약물의존처럼 그 인격장애와 공존하는 다른 질환 때문이든지, 배우자나 상사의 최후통첩("정신 차리고 똑바로 해. 안 그럴 거면 여기서 나가!")을 받았기 때문인 경우가 대부분이다. 임상적 수준의 자기애성 인격장애에 관한 가장 믿을 만한 추산에 따르면 전체 인구의 6%까지가 이 장애를 지니고 있다고 한다.

일상적인 나르시시즘은 훨씬 더 널리 퍼져 있고, 일부 연구자들에 따르면 계속 증가하고 있다. 21세기 미국에 사는 사람이라면 자기도취에 빠진 사람이 얼마나 많은지를 누구나 알고 있다. 이렇게 흔해빠진 나르시시즘을 평가하는 표준적 도구는 '자기애적 성격 척도'[11]라고 불리는 질문서다. 40개 문항으로 이루어진 이 질문서의 각 문항에는 자신에 대한 대척적인 두 개의 진술이 있다. 예를 들면, "나는 군중 속에 섞여드는 것을 좋아한다"와 "나는 관심의 중심에 있는 것을 좋아한다", "나는 남을 위해 무언가 해주기를 좋아한다"와 "나는 남들에게서 많은 것을 기대한다", "내가

---

11) Narcissistic Personality Inventory(NPI). '자기애적 성격 검사'라고도 한다.

세계를 지배한다는 생각은 나를 몹시 두렵게 한다"와 "내가 세계를 지배한다면 세상은 더 살기 좋은 곳이 될 것이다" 같은 것들이다. 응답자들은 자기한테 더 잘 들어맞는 답변을 고르게 되어 있고, 어느 쪽을 선택하느냐에 따라 다른 점수를 매긴다. 대학생들을 대상으로 수십 년 동안 이 검사를 해왔는데, 최근의 한 연구는 1979년부터 2006년 사이에 나르시시즘 수준이 무려 30%나 높아졌다는 것을 발견했다.

이 연구 보고의 저자들은 "어린이집이나 유치원에서부터 자존감 북돋우기를 강조하는 것"을 포함하여 가능한 사회적 원인들을 고찰했다. 오하이오 주립대학에서 커뮤니케이션과 심리학을 가르치는 교수이자 이 연구의 참여자 중 하나인 브래드 부시먼은 아이들로 하여금 자기가 특별하다고 느끼게 만들어 자존감을 키워주려는 부모들의 노력이 오히려 역효과를 낳을 수 있다고 말한다. 2015년에 발표된 후속 연구에서 부시먼과 동료들은 부모가 자녀를 "더 특별하고 더 많은 특권을 가진 아이"로 생각하면 아이들은 이렇게 부풀린 생각을 내면화하여 자기애적 특성을 나타내게 될 가능성이 더 높아진다는 것을 알아냈다. 이와는 대조적으로, 자녀에게 애정과 이해를 표현하는 부모는 아이의 건강한 자존감을 키워준다. 아이들에게는 "포괄적인 칭찬보다 아이의 행동에 따라 적절한 피드백을 주는 것이 정말로 중요하다"라고 부시먼은 말한다.

소셜 미디어도 나르시시즘을 조장할 수 있다. 과학기술 덕분에 나르시시스트'처럼' 행동하기가 훨씬 쉬워진 것은 분명하다. 유명인들은 자기애적 성격 척도에서 일반인보다 높은 점수가 나오는데, 그중에서도 텔레비전 리얼리티 쇼의 스타들이 가장 자기도취가 강하다. 오늘날에는 컴퓨터나 모바일 기기를 가진 사람은 누구나 자신의 리얼리티 쇼에 출연하여 연기를 할 수 있다. 전에는 친구와 커피를 마시면서 자신이 승진했다는 이야기를 했을지 모르지만, 이제는 수백 명의 찬미자들과 그 소식을 공유할 수 있다. 그들은 '좋아요'를 클릭하여 우리의 모든 움직임을 칭찬해주는 대가로, 그들 자신의 지위에 대한 최신 정보에 대해서도 그와 비슷한 박수갈채를 기대한다. 과학기술 덕분에 이제는 '공유'라는 너울 아래 자기를 과시하고 선전하기가 과거 어느 때보다 쉬워지고 있다. 셀카가 허영심의 극치로 보이던 바로 그때, 영악한 장사꾼들은 휴대폰 촬영자들에게 이중턱을 가려줄 더 좋은 앵글을 제공하는 셀카봉을 추가로 내놓았다. 셀카봉이 '나르시시스틱(narcissistick)'이라고 불린 것도 놀라운 일이 아니다. 라이트가 살던 시대에 인스타그램이 있었다면 그가 무엇을 했을지는 그저 상상만 할 수 있을 뿐이다.

매력적이고 카리스마적이며 자부심도 강한 나르시시스트들은 보상까지도 잘 받는 경우가 많다. 스탠퍼드 대학교 경영대학원 교수인 찰스 오라일리는 실리콘밸리의 32개 하이테크 회사의 CEO에 대한 직원들의 평가와 그 CEO들의 총보상액 사이에 직접적인 상관관계가 있음을 알아냈다. 동료들이 "오만하다", "자뻑과 허풍이 심하다", "자만심이 강하다", "자기중심적이다" 같은 형용어로 평가한 가장 자기애적인 경영자가 자기애 등급이 낮은 CEO들에 비해 더 많은 봉급을 받고, 더 많은 주식을 소유하고, 보수에서 가장 큰 격차를 보였다. 자신감과 남을 복종시키는 힘은 리더십의 중요한 요소지만, 자기애적인 경영자는 그것이 선을 넘는다. "그들 밑에서 일하는 사람들과 얘기해보면, 그들은 대개 입이 험해서 욕설이나 폭언을 퍼부으며 사람을 함부로 대하고 교묘하게 사람을 조종하는 데 능하다는 것을 알 수 있다"라고 오라일리는 말한다.

라이트와 마찬가지로 스티브 잡스도 그저 그런 기술로 멋지고 사용하기 편한 예술품들을 창조해낸, 세계에서 가장 위대한 혁신가들 가운데 한 사람이었다. 잡스는 갓난아기 때 입양되었는데, 그가 자신의 전기를 쓴 월터 아이작슨에게 털어놓은 바에 따르면 양부모는 그가 자신을 특별한 사람으로 느끼게 해주었다고 한다. "부모님은 '우린 특별히 너를 우리 아이로 선택했단다'라고 말했어요." 사실은 잡스가 처음엔 다른 부부에게 입양될 후보였지만 그들은 딸을 원했기 때문에 잡스를 거절한 것이었다. 잡스도 그것을 알고 있었다. 하지만 그의 트레이드마크인 검은색 터틀넥 스웨터 차림으로 애플이 최근에 내놓은 혁신적 제품들—아이맥에서부터 아이팟과 아이폰에 이르기까지—을 그의 신봉자들에게 소개하는 잡스는 확실히 특별했다. 하지만 잡스의 창조적 재능은 까칠한 성격과 짝을 이루고 있었다. 그는 회사 직원들을 못살게 굴어서 울리기까지 하고, 진실을 왜곡하고, 자기 잘못을 남에게 뒤집어씌우고, 친구들을 속여서 돈을 가로채기로 유명했다. 그의 특권의식은 전설적이었다. 그와 오랫동안 사귄 한 여자 친구는 잡스가 자기애성 인격장애의 진단 기준을 충족시키는 것 같다고 아이작슨에게 말했다. "그가 좀 더 친절해지거나 덜 자기중심적이 되기를 기대하는 것은 장님이 앞을 보기를 기대하는 것과 같았지요."

정치적 지배자들은 거의 필연적으로 자기애적이다. 체스터 A. 아서부터 빌 클린턴까지 많은 미국 대통령이 나르시시스트로 불렸다. 특히 독재자들이 그런 경향이 있는데, 자기가 다른 사람들보다 뛰어나다고 믿지 않고는 철권통치를 할 수 없기 때문일 것이다. 나폴레옹부터 아돌프 히틀러, 이디 아민과 장제스(蔣介石)에 이르기까지 그동안 세계의 숱한 지도자들이 최악의 자만심을 보여주었다. 나르시시즘은 결코 남성만의 전유물이 아니다. 독재자 장제스의 부인인 쑹메이링(宋美齡)도 그녀 특유의 나르시시즘을 아낌없이 보여주었다. 웰즐리 대학에서 공부한 쑹메이링은 어느 순간에는 매력적이다가도 다음 순간에는 무자비할 만큼 냉혹한 여자가 될 수 있었다. 어느 날 저녁 만찬회에서 프랭클린 루스벨트 대통령이 그녀에게 중국 정부가 노동쟁의를 어떻게 처리할 작정이냐고 물었다. 엘리너 루스벨트는 나중에 그 순간을 이렇게 회고했다. "그녀는 한마디 말도 하지 않았지만, 아름답고 작은 손이 조용히 올라오더니 그녀의 목을 미끄러지듯이 가로질렀다. 설명할 필요도 없는 몸짓이었다."

나르시시즘은 증상이 좀처럼 완화되지 않는 성질을 갖고 있어서, 효과적인 치료법을 찾기가 어려운 것으로 오래전부터 여겨졌다. 사람을 좀 더 상냥하게 만들어주는 알약 따위는 존재하지 않고, 전통적인 치료법도 환자가 나타나지 않거나 참여에 전혀 관심을 보이지 않으면 아무 소용이 없다. 가장 어려운 문제의 하나는 공감 능력 결핍이다. 이 점과 관련해 최근의 한 연구는 생물학적 차원에서 볼 때 자기애성 인격장애가 있는 사람들의 두뇌가 어떻게 다를 수 있는가에 대해 흥미로운 단서를 발견했다. 고도로 자기애가 강한 사람들은 통제집단에 비해 왼쪽 앞뇌섬엽에 있는 회백질이 적었다. 두뇌의 이 부위는 공감 능력에 관여한다.

하지만 공감 능력은 겉보기처럼 '모 아니면 도'가 아닐 수도 있다. 자기애성 인격장애자라도 이기적인 이유로 그렇게 할 동기가 주어질 때는 공감 능력을 제대로 보여줄 수도 있다. '합리적 이기주의'라는 철학에 따라 살았던 소설가 아인 랜드는 오랫동안 만나지 못한 여동생을 포함하여 자기한테 쓸모없는 사람들은 그냥 내치는 무정한 여자로 알려져 있었다. (그녀의 소설 『파운틴헤드』의 주인공인 건축가 하워드 로크의 모델은 라이트였다고들 한다. 그 점에 대해 질문을 받았을 때 라이트가 응수한 말이 유명하다. "나는 [로크라는 캐릭터의] 아버지임을 인정하지 않으며, 그 어머니와 결혼하기를 거부합니다.") 하지만 자신의 이익이 걸리게 되면 이따금 그녀는 남에게 마음을 쓰는 것 같았다. 한친구는 이렇게 말한 적이 있다. "랜드는 당신에게서 자기와 비슷한 면을 발견하면 엄청난 공감 능력을 발휘할 수 있다. 하지만 당신의 어떤 면에서든 자기 모습을 보지 못하면 전혀 공감을 보이지 않는다. 당신은 그녀에게 실재하지 않는 것이다."

공감 능력을 '있거나 없는' 것으로 보기보다는 자기애성 인격장애가 있는 사람들이 배우고 키우도록 할 필요가 있는 기술로 보아야 한다고 하버드 대학의 엘사 로닝스텀은 말한다. 로닝스텀은 이 질환을 개념화하는 새로운 방법으로 이런 접근방식을 추구하고 있다. 몇 건의 소규모 연구 결과는 공감 능력이 과거에 생각했던 것보다 단련 가능성이 클지도 모른다는 것, 그리고 사람들에게 타인과의 동일시를 적극적으로 유도하면 그들의 행동을 바꿀 수도 있다는 것을 시사한다. 한 연구 보고서에 따르면, 여성 나르시시스트들에게 어떤 여성의 가정 폭력 경험을 다룬 다큐멘터리를 비디오로 보여주면서 "[그녀가] 어떤 기분을 느끼는지 상상해보라"고 요구하면, 그런 요구를 받지 않고 보았을 때보다 높은 수준의 공감 능력을 발휘할 수 있었다. 또 다른 연구에서 비슷한 테스트를 받은 죄수들은 그들의 뇌 속에서 더 많은 공감 활동이 일어나는 것을 실제로 보여주었다.

공감 능력을 좀 더 분별 있게 바라보는 시각은 치료법을 향한 새로운 길을 열어줄 수도 있다. 나르시시스트의 호언장담 밑에 공감 능력이 실제로 존재한다면, 의사 등 치료사들이 그것을 발굴해낼 수도 있을 것이다. 그러면 나르시시스트들은 덜 자기도취적이고 더 동정적인 사람이 될 수 있을지 모른다.

라이트는 생애의 마지막 몇 년을 뉴욕시의 플라자 호텔에 캠프를 차리고 구겐하임 미술관 건축을 감리하면서 보냈다. 자신의 미학적 이상을 끝까지 고수한 이 건축가는 그가 '탤리에신 이스트'라고 명명한 호텔 스위트룸을 철저히 점검하고 손보아, 벨벳 커튼을 달고 일본산 황금빛 벽지를 바르고 물론 그랜드피아노도 한 대 갖추어놓았다. 1953년에 이곳에서 그를 인터뷰한 《새터데이 리뷰》 기자는 84세의 건축가가 회색 가운을 입고 구슬로 장식된 초록색 슬리퍼를 신고 주황색과 푸른색이 어우러진 스카프를 두르고 긴 머리를 늘어뜨린 채 방 안을 서성거리는 모습을 묘사했다. 라이트는 우렁찬 목소리로 자기가 좋아하는 주제들—일본 미술의 시적인 우아함, 미국 건축의 파탄("UN 건물을 보시오. 저건 거대한 묘지에 서 있는 거대한 묘석이오."), 그리고 가치 있는 건축이 없으면 문화도 없을 것이라는 사실을 "우리 국민이 깨닫게 하려는" 그의 지속적인 노력 따위—에 대해 연극적으로 이야기했다. 그러고는 가볍게 덧붙였다. "사람들은 그걸 오만함이라고 부르겠지? 글쎄, 그럴지도 모르지."

라이트를 가장 잘 상징하는 업적 가운데 하나인 구겐하임 미술관을 짓는 데에는 16년이 걸렸다. 미술관이 개관하기 6개월 전인 1959년 4월 9일, 라이트는 피닉스의 한 병원에서 91세의 나이로 세상을 떠났다. 그는 애리조나 사막에 지은 겨울 별장 '탤리에신 웨스트'에서 장폐색을 일으킨 뒤 이 병원으로 옮겨져 치료를 받고 있었다.

그해 가을에 공개된 구겐하임 미술관 건물은 찬사와 경멸을 동시에 받았다. 그때쯤에는 당초의 설계에서 수많은 조정과 변경이 이루어졌는데, 그 하나는 비스듬히 기울어진 벽에 그림을 뒤로 젖혀 거는 대신 수직으로 걸 수 있도록 금속 막대를 추가한 것이었다. 그해 12월, 《뉴요커》지에 쓴 리뷰에서 루이스 멈퍼드는 라이트를 "이 나라가 배출한 천재들 가운데 가장 풍부한 천부적 재능을 지닌 사람의 하나인, 진정한 예술가"라고 격찬

한 다음, 그가 설계한 이 박물관 건물을 가차 없이 비난했다. 색깔은 칙칙하고, 콘크리트는 "음침"해서 마치 요새 같으며, 상점이라면 몰라도 미술관으로선 "파멸적인" 건물 내부 설계는 전시된 그림과 관람객을 둘 다 압도해버린다는 것이었다. "건물 외관이 '힘'—강풍에 맞서고, 변화에 저항하고, 피라미드처럼 세월을 견디는 힘—을 말하고 있다면, 내부는 '자아'—나르키소스가 너무 오랫동안 들여다본 물웅덩이보다 훨씬 깊은 자아—를 말하고 있다"라고 멈퍼드는 평했다.

건축가 라이트를 아들이고 남편이고 아버지이고 바람둥이고 폭군이고 혁신가이고 나르시시스트이고 선지자인 라이트에게서 분리하는 것은 불가능하다. 그는 이 모든 것을 합한 존재였고, 복잡하고 특이하게 얽힌 상황과 경험들이 그의 추진력이었다. 결국 라이트는 주위 사람들을 지칠 때까지 몰아붙이는 한편 그들을 일깨웠다. 그러면서 라이트는 그가 지은 놀라운 건축물들, 그리고 그가 자연으로부터 빚어낸 아름다움 속에 영원히 살아 있는 우뚝한 유산을 창조했다.

베티 포드(Betty Ford)

물질사용장애

    1978년 4월 1일, 토요일, 전 대통령 제럴드 포드는 캘리포니아주 팜스프링스에 있는 자택 거실에서 아내 베티를 초록색과 흰색이 어우러진 소파에 앉혔다. 전 영부인 주위에 반원을 그리며 모여 있는 사람들은 포드 부부의 성장한 네 자녀—마이크, 잭, 스티브, 수전—와 마이크의 아내 게일, 의사 두 명, 간호사 한 명, 그리고 가까운 친구 두어 명이었다. 아이들이 처음 집에 도착했을 때 포드 여사는 그들이 그냥 부모를 보러 온 줄 알고 반가워했다. 하지만 이 모임에 즐거운 분위기가 전혀 없다는 것을 금세 알아차렸다. 그녀는 그게 만우절의 깜짝쇼이기를 바랐을지도 모르지만, 그조차 아닌 것으로 밝혀질 터였다. 포드 가족은 의료진과 합동으로 포드 여사의 문제를 논의하고 해결하기 위해 모인 것이었는데, 그들이 당면한 문제는 알코올과 처방약에 대한 의존증이었다. "여보, 당신한테 할 말이 있는데…" 베티 포드는 남편이 이렇게 말한 것을 기억한다. "당신도 우리 말을 귀담아 들어주었으면 좋겠어. 우리는 당신을 사랑하니까."

그것은 예기치 못한 충격적인 일이었다. 미국의 38대 대통령이 임기를 마친 지 2년도 지나지 않았을 때였다. 백악관에서 영부인 베티 포드는 거리낌 없는 여권 옹호자로서, 따뜻하고 활기찬 파티 주최자로서(그녀는 이츠하크 라빈 이스라엘 총리를 위한 국빈 만찬이 끝난 뒤 이스라엘의 전통 춤인 호라를 춘 적도 있었다), 그리고 1974년에 유방암 진단을 받고 자신의 질병을 공개한 뒤 유방암과의 싸움에 앞장선 횃불 같은 존재로서 전국적인 명성을 얻었다. 그런데 그녀가 워싱턴의 스포트라이트에서 벗어나 평범한 일상에 적응하려 애쓰고 있던 바로 그때, 널리 칭송받던 그녀의 삶이 무너지고 있었다. 포드 부부의 자녀들은 수십 년 전부터 처방약과 술을 섞어 먹었던 습관이 이제 어머니의 행동과 건강을 파괴하고 있는 것을 지난 몇 달 동안 지켜보았다. 지금 상황이 개입을 정당화할 만큼 긴박하다고 판단한 사람은 당시 19세였던 딸 수전이었다. "저는 겁이 나서 죽을 지경이었어요"라고 그녀는 당시를 회고했다. 하지만 뭔가 조치를 취해야 한다는 것도 알았다. 어머니는 달가워하지 않았다. "나는 개입 얘기는 들어본 적도 없었고, 그런 상태로 그냥 갔으면 싫었다"라고 포드 여사는 1987년에 출간된 솔직담백한 회고록 『베티: 기쁜 각성』에서 말했다. "가족이 뭐라고 하든, 나는 아무 말도 듣고 싶지 않았다."

하지만 가족들은 이야기를 계속했다. 맏아들 마이크는 워싱턴에서 정치인으로 사는 게 얼마나 힘들고 괴로운 노릇인지를 인정했지만, 어머니의 행동은 이제 가족이나 친구들과의 관계를 해치고 있다고 말했다. 며느리 게일은 자기네 부부가 아이들을 낳을 계획임을 밝히면서, 그 아이들이 할머니를 건강하고 다정한 분으로 알게 되기를 바란다고 했다. 둘째아들 잭은 친구들을 집에 데려오고 싶지 않았다면서, "어머니가 어떤 상태에 있는지 보려고 모퉁이에서 고개만 들이미는 식으로 가족들이 모이는 거실을 엿보곤 했어요"라고 회고했다. 막내아들 스티브는 어느 주말에 그가 특별히 만든 요리를 어머니가 거절했다면서, "저는 가게에 가서 장을 보고, 격식에 따라 접시 양쪽에 스푼과 포크와 나이프를 놓았는데, 어머니는 거들떠보지도 않고 술을 한 잔 더 따르러 갔지요. 저는 상처를 받았어요"라고 말했다. 수전은 항상 어머니가 춤을 잘 추는 것에 감탄했지만, 지금 어머니는 "넘어지기도 하고 움직임이 서툴러요. 예전의 어머니가 아니에요"라고 했다.[1] 남편 포드는 29년을 함께한 아내에게 그녀가 "마치 2단 기어를 넣은 것처럼" 차츰 느려졌고, "정상적인 생활을 꾸려가기가 점점 어려워졌소"라고 말했다.

가족들의 이야기를 듣고 베티 포드가 처음 보인 반응은 원망과 분노, 충격과 부인이었다. "나는 화장이 번지지도 않았고, 머리나 옷차림이 흐트러지지도 않았어. 예의에 어긋나지 않게 행동했고, 술 한 병을 다 마셔버린 적도 없는데, 어떻게 내가 알코올 중독자일 수 있지? 그리고 나는 헤로인이나 코카인은 하지도 않았어. 내가 먹는 약들, 수면제와 진통제, 긴장완

---

1) 베티 포드는 젊은 시절 무용가였다.

화제, 다른 약의 부작용을 줄이는 약 같은 건 모두 의사들이 처방해준 약이야. 그런데 어떻게 내가 약물 중독자일 수 있지?" 그녀는 울음을 터뜨렸지만, 그래도 가족들의 말에 귀를 기울였다. 저마다 생각을 털어놓은 뒤, 그 자리에 참석한 의사인 조 퍼시가 치료를 받을 의향이 있느냐고 포드 여사에게 물었다. 그녀는 좋다고 대답했다. 그날 저녁에 가족은 식탁에 둘러앉아 쇠고기 찜으로 식사를 했다. 그 후 일주일 동안 집에서 해독을 하고 60번째 생일을 친구들과 함께 축하한 뒤, 전 영부인 베티 포드는 롱비치 해군병원의 알코올 및 마약 재활센터에 입원했다.

십여 일 뒤, 베티 포드는 자기가 두 가지 물질남용(substance abuse)[2] 문제와 싸우고 있다는 사실을 공개했다. "나는 관절염 때문에 복용해온 약에 중독되어 있을 뿐만 아니라 알코올에도 중독되어 있습니다"라고, 기자회견에서 배포되고 대독된 성명서에서 말했다. 기자들은 전에 백악관 보좌관이었고 포드 가족의 절친한 친구로서 이 회견을 주관한 로버트 배럿에게 좀 더 자세한 정보를 달라고 요구했다. 《뉴욕 타임스》의 기사에 따르면 배럿은 이렇게 말했다. "우리는 전에도 포드 여사가 입을 다물도록 하는 데 성공한 적이 별로 없다. 여사는 언제 어디서든 하고 싶은 말을 하고 싶을 때 할 것이다."

오래지 않아서 그녀는 정말로 그렇게 했다. "안녕하세요. 저는 베티 포드입니다." 그녀는 중독과 싸우고 있는 다른 사람들에게 말하곤 했다. "저도 알코올 중독자이고 약물 중독자예요."

---

2) 이 용어에는 가치 판단이 개재되고 부당하게 '낙인'을 찍는 등 부정적이고 부정확한 측면이 있다 하여, 요즘 전문가들은 보다 중립적인 '물질사용장애(substance use disorder)'라는 용어를 많이 쓴다(『정신장애 편람』의 분류명도 이것이다). 이 책에서는 두 용어를 다 쓰고 있다.

베티 포드가 처음으로 술을 마시고 처음으로 알약을 삼키기 오래전, 그리고 미국의 퍼스트레이디가 되기 오래전, 그녀는 미시간주 시카고에서 태어나 그랜드래피즈에서 두 오빠와 테디라는 이름의 독일셰퍼드 개와 함께 자라고 있던 말괄량이 소녀였다. 베티라고도 불렸고 때로는 베트 또는 베츠라고도 불린 엘리자베스 앤 블루머는 1918년 4월 8일에 호텐스 네어와 윌리엄 스티븐슨 블루머의 셋째 아이이자 외동딸로 태어났다. 베티가 태어났을 때 어머니는 30대 중반이었고, 오빠인 빌과 밥은 일곱 살과 다섯 살이었다. 베티는 언제나 자기가 뜻하지 않은 사고로 태어났다고 생각했다. 어머니는 걸핏하면 딸에게 "너는 샴페인 병에서 펑 하고 튀어나왔단다"라고 말하기를 좋아했던 것이다.

베티 포드가 첫 자서전인 『내 삶의 시간들』에서 회고한 어린 시절의 그녀는 대체로 재치 있고 발랄하고 사랑스럽다. 여름마다 블루머 가족은 그랜드래피즈에서 북쪽으로 50킬로미터쯤 떨어진 화이트피시 호수 옆의 작은 가족 별장으로 몰려가서, 아버지는 낚시를 하고("우리는 물고기를 먹고 먹고 또 먹었다. 너무 많이 먹어서 나중에는 물고기를 다시는 안 봤으면 좋겠다고 생각할 정도였다"), 아이들은 뛰놀고 수영하고 먹었다. 포드 여사가 회고록에서 묘사한 바에 따르면 어머니는 매력적인 여자, 아버지는 잘생긴 남자, 그녀 자신은 "통통하게 살찐 꼬마"였다. 여름에 행락지로 소풍을 가면 그녀는 이 테이블에서 저 테이블로 아장아장 걸어 다니며 쿠키와 케이크와 아이스크림을 얻어먹곤 했다. "나는 점점 통통해졌다. 그래서 어머니는 마침내 내 등에 쪽지를 붙였다. 거기엔 '제발 이 아이한테 음식을 주지 말아주세요'라고 적혀 있었다."

아버지는 고무회사 외판원이어서 길에서 보내는 시간이 많았다. 집에 있을 때는 라디오에 열중하여, 라디오 수신기를 서투르게 만지작거리기를 좋아했다. "우아! 시카고 방송이 잡혔어. 내가 시카고를 잡았어. 이리 와서 들어봐!" 아버지는 외치곤 했고, 그러면 아이들은 우르르 달려갔다. 포드 여사는 어머니를 애정이 깊고 자녀들을 격려하는 사람으로 기억했지만, 예의범절의 격식을 고집하는 완벽주의자이기도 했다. 그래서 어린 베티는 쇼핑하러 갈 때도 모자를 쓰고 하얀 장갑을 껴야 했다. 그렇다고 해서 그녀가 사내아이들과 싸우고 소동을 벌이는 것을 막지는 못했다. 미식축구, 아이스하키, 레슬링—이런 것들을 그녀는 모두 해보기로 마음먹었다. "사내아이들이 바닥에 뒹굴면 나는 맨 위에 있는 녀석을 끌어당겨 다른 애들한테서 떼어내려고 애쓰곤 했다. 나는 지독한 말괄량이였고 오빠들에겐 삶의 골칫거리였다."

그녀가 묘사했듯이, 쾌활한 장난과 어리석은 사고들로 점철된 천진난만한 어린 시절이었다. 어린 베티와 단짝 친구 메리 애들레이드 존스는 서로 집을 오가며 함께 잘 때 재미난 놀이를 만들어냈다. 샤워기 밑에 서서 "엉덩이를 뜨거운 물 아래로 쑥 내밀고는 누가 더 오래 견디고, 그래서 누구 엉덩이가 더 빨개지는지 내기를 하는" 것이다. 핼러윈 날에는 "쓰레기의 밤"이 있었다. 아이들은 이웃집의 쓰레기통을 뒤집어엎고, 그 집 포치에 회반죽을 칠하고, 유리창엔 비누칠을 했다. 열정적인 무용수였던 베티는 리사이틀 무대 위에서 폴짝폴짝 뛰어다니다가 모래 양동이를 쓰러뜨리는 바람에 관객석을 웃음바다로 만든 적도 있었다. 그 후 5학년 때 첫 키스 사건이 일어났다. 장본인은 존 시어스라는 아이였는데, 학교 소풍을 가는 길에 담요를 둘러쓰고 베티의 볼에다 얼른 입을 맞추었다는 것이다.

음주를 일찍 시작할수록 나중에 중독 문제를 일으킬 가능성이 더 높아진다. 베티 포드의 초기 경험은 아주 전형적이었다. 그녀는 12세나 13세 때 여자 친구 집에서 처음으로 술맛을 보았다. "우리 가운데 서너 명이 술을 맛보고는 '아이, 이건 정말 끔찍하네'라고 말했고, 우리는 그 집을 나왔다." 회고록에 따르면 그녀는 십대 후반과 이십대 초반에 또래 친구들과 어울리고 그들에게 인정받으려고 술을 마셨지만 여러 번 중독반응(독성반응)을 겪었다. 이런 증상이 나타난 것을 위험 신호로 받아들였을 수도 있었을 텐데 그러지 못했다. 그녀가 19세 때 어머니는 딸이 그랜드래피즈의 어느 호텔에서 럼앤코크 칵테일 한 잔을 마시고 욕실에 쓰러져 신음하고 있는 것을 발견했다. 또 한번은 '퍼플패션'(순도 높은 알코올에 포도 주스를 섞은 것)이란 걸 마신 뒤 의식을 잃었고, 또 한번은 버찌를 얹은 맨해튼 칵테일을 한 잔 마시고는 토하고 아팠던 적도 있었다. "이제 와서 제정신으로 지난 일을 돌이켜보니, 알코올이 나에게 맞지 않았다는 걸 알 수 있다. 하지만 당시에는 알코올 중독이 병인 줄도 몰랐고, 그게 유전될 수 있다는 것도 몰랐다."

연구자들은 중독이 유전자의 영향을 많이 받는다는 것을 입증했다. 한 사람이 갖고 있는 위험 소인의 약 50%가 유전자 탓이다. 알고 보니 알코올 중독은 블루머 집안의 급소를 쥐고 있었다. 베티는 아버지가 차고에서 차를 손보다가 일산화탄소 중독으로 갑자기 세상을 떠났을 때 비로소 그 사실을 알았다. 당시 16세였던 베티는 장례식이 끝난 뒤에야 아버지가 알코올 중독자였다는 말을 들었다. 아버지는 보통 외판 일로 여행할 때 술을 마셨기 때문에 어머니는 아이들을 아버지의 음주 영향으로부터 지킬 수 있었다. 하지만 유전성 질환으로부터 아이들을 지킬 수는 없었다. 포드 여사는 자서전에서 블루머 집안의 자녀 가운데 두 명—그녀 자신과 오빠 밥—이 나중에 알코올 중독에 시달리게 되었다고 밝혔다.

윌리엄 블루머가 죽은 뒤 가족은 중서부 지방 사람들의 전형적인 근성으로 꿋꿋이 버텨 나갔다. 사내아이들에게 인기가 많았던 베티는 십대들 사이에서 거의 필수적인 '병돌리기 게임'[3]도 하면서 바쁜 사교 생활을 즐겼다. 하지만 그녀가 정말로 열정을 쏟은 것은 춤이었다. 그녀에게 가장 큰 변화를 가져다준 것은 버몬트주의 베닝턴 무용학교에서 열린 여름 강좌였다. 여기서 그녀는 전설적인 무용가이자 안무가인 마사 그레이엄을 만났다. "나는 그녀를 여신처럼 숭배했다. 오늘날까지도 그녀가 무대에 등장할 때의 그 경외심과 기쁨의 전율을 느낀다." 얼마 안 있어 베티는 뉴욕시에서 그레이엄에게 춤을 배우게 되었고, 카네기홀에서 공연된 〈아메리칸 도큐먼트〉를 포함하여 뉴욕시 공연들에 출연하기 시작했다.

그레이엄의 제자가 된 것은 대단한 성취였지만, 베티가 모델 일도 하고 친구들과 사교 생활도 하면서 직업 무용수로서 전념하기에는 지나치게 산만하다는 게 곧 분명해졌다. "술을 퍼마시고 흥청거리면서 무용가가 될 수는 없어." 마사 그레이엄이 그녀에게 한 말이었다. 게다가 베티는 향수병에 걸렸고, 집으로 돌아오라는 어머니의 간청을 물리치지 못했다. 미시간에서 그녀는 그랜드래피즈에 있는 허폴샤이머 백화점의 패션 코디네이터로 일자리를 얻었고, 옛날 급우였던 빌 워런과 다시 친분을 맺게 되었다. 빌은 베티가 열두 살 때 처음으로 학교 무도회에 데려간 친구였다. 이제 성인이 되어 보험업에 종사하고 있던 워런은 춤을 잘 추었고 꽤 훌륭한 테니스 선수였다. 게다가 "내가 데이트한 몇몇 남자들과는 달리 조금도 거만하지 않았다." 두 사람은 베티가 스물네 살 때인 1942년 봄에 결

---

3) 원으로 둘러앉거나 둘러선 뒤 한 사람씩 가운데에 나가 병을 뉘어 빙글빙글 돌리고, 병이 멈췄을 때 주둥이가 향한 사람과 키스하는 파티 게임.

혼했다.

하지만 둘이 잘 어울리지 않는다는 것을 베티가 깨닫기까지는 그리 오랜 시간이 걸리지 않았다. 그녀는 집과 가족을 원했고 워런은 유흥가에서 친구들과 어울려 노는 데 더 관심이 많았다. "내가 아무리 애를 써도 남편을 집에 붙잡아두기에는 역부족이었다." 그들의 관계는 삐걱거렸고, 특히 당뇨병이 있던 워런이 심하게 앓게 돼 몇 달을 병상에서 보낸 뒤로는 부부 사이가 더욱 나빠졌다. 남편의 상태가 좋아지자마자 베티는 이혼 절차를 밟기 시작했다. 파란만장했던 5년간의 결혼 생활은 1947년 9월에 공식적으로 막을 내렸다.

베티가 이글스카우트[4] 출신에다 미시간 대학 미식축구 팀의 수비수 출신이고 해군에서 소령으로 제대한 제럴드 포드를 만난 것은 그해 가을이었다. 29세의 베티는 안정된 생활에 정착하기를 간절히 원했고, 제럴드 포드—포드 여사가 나중에 묘사했듯이 "잘생기고 똑똑하고 좋은 집안 출신인 남자"—는 아주 높은 평가를 받는 총각이었다. 회고록에서 포드 여사는 제럴드가 그녀의 이혼을 어떻게 생각했는지에 대해 아무런 언급도 하지 않는다. 그때만 해도 이혼이 비교적 드물었다. 하지만 제럴드의 부모도 그가 아기일 때 이혼했고, 베티가 이혼녀인 것은 그들의 관계에 전혀 문제가 되지 않았다. (포드 여사의 회고에 따르면, 언젠가 《피플》지 기자에게서 그녀가 자신의 이혼에 대해 아무한테도 말하지 않은 이유가 뭐냐는 질문을 받고—그녀의 이혼 경력은 제럴드 포드가 부통령으로 지명된 뒤에 공표되었다—"글쎄요, 아무도 나한테 묻질 않았어요"라고 대답했다고 한다.) 두 사람은 금세 가까워졌고, 겨우 두세 달 만에 그가 청혼을 했다. "그는 아주 수줍은 남자고, 사실 나를 사랑한다

4) 보이스카우트에서 기능장(merit badge)을 21개 이상 받은 최우수 단원.

는 말도 하지 않았다. 그냥 나와 결혼하고 싶다고 말했을 뿐이다. 나는 그가 마음을 바꾸기 전에 얼른 청혼을 받아들였다." 두 사람은 1948년 10월 15일 그랜드래피즈의 그레이스 성공회 교회에서 결혼했다. 베티는 푸른색 드레스를 입고 붉은 장미를 들었다. 제럴드는 회색 양복을 입고 단춧구멍에 카네이션 한 송이를 꽃았다. 가슴주머니에는 곱게 접은 손수건이 꽃혀 있고, 갈색 구두에는 흙먼지가 묻어 있었다.

구두의 흙먼지에는 좋은 핑곗거리가 있었다. 신랑은 하원의원에 처음 출마하여 한창 선거운동을 하는 중이었는데, 그날 아침에 어느 농장에서 사람들과 악수를 나눈 뒤 구두를 갈아 신는 것을 깜박 잊어버렸던 것이다. 포드는 결혼하기 몇 주 전에 공화당 후보 지명을 위한 예비선거에서 깜짝 승리를 거두었다. 이제 그는 당선이 유력한 정치 유망주로서 선거 유세 이외의 다른 일을 할 시간이 남아 있지 않았다. 베티 포드가 훗날 "밀월 흉내"라고 부른 신혼 시절은 전혀 로맨틱하지 않은 활동들로 점철되었다. 노스웨스턴 대학과 미시간 대학의 미식축구 경기 참관, 얼어붙을 듯이 추운 토요일 밤에 미시간주 오워소에 있는 미식축구장의 지붕도 없는 관람석에 앉아 해리 트루먼 현직 대통령에 맞서 대선에 출마한 톰 듀이 뉴욕 주지사의 선거 유세 듣기, 신문에 크게 다루어진 정치 기사들을 모으기 위해 신문 가판대들을 돌며 보낸 일요일 아침, 차를 타고 그랜드래피즈의 집으로 돌아오는 길에 제럴드가 저녁을 먹고 정치 집회에 참석하러 뛰쳐나가야 하니까 식사를 빨리 준비해줄 수 있느냐고 신부에게 물은 일. "안주인으로서 우아한 드레스를 입고 손님을 접대하는 나, 라디오에서 흘러나오는 잔잔한 음악, 얼음처럼 차가운 마티니, 아파트를 가득 채운 향긋한 로스트비프 냄새… 이런 환상은 탄생하다가 죽어버렸다." 그 대신 그녀는 치즈 샌드위치를 만들고 토마토 수프 통조림을 따서 남편의 저녁 식탁을 차렸다.

1948년 11월 2일, 35세의 제럴드 포드는 미국 하원에서 미시간주의 제
5 선거구를 대표하는 의석을 차지하게 되었다. 신혼부부는 이후 30년 동
안 살게 될 워싱턴으로 서둘러 이사했다. 그 30년 동안 제럴드 포드는 하
원의원에서 공화당 원내총무를 거쳐 부통령이 되었다가, 결국에는 뜻밖의
상황에서 미국 대통령 자리에까지 올랐다. 그동안 베티 포드는 정치 생활
의 기복과 어린 네 자녀의 양육을 나름대로 조화시키려 애썼다. 하지만 그
녀는 그 매력과 야심과 꿋꿋함에도 불구하고 자신이 부족하고 미숙하다
는 느낌 속에서 일상생활의 어려움들에 부딪히며 곧 휘청거리게 되었다. 남
편이 의회에 가거나 전국을 여행하는 동안 베티 포드는 집에 남아서 아이
들을 주일학교와 스카우트에 데려다주고 치명적인 혼합물—처방약과 알
코올—로 자신을 달랬다.

※

1957년 7월 6일, 포드 여사는 "몸이 퉁퉁 붓고 땀에 흠뻑 젖은 채" 잠에
서 깨어났다. 당시 그녀는 넷째이자 막내 아이를 임신하고 있었다. 그녀
는 너무 비참한 기분이 들어서 격하게 울었고, 그 때문인지 진통이 시작되
었다. 제럴드는 아내를 급히 병원으로 데려갔지만 곁에 붙어 있지는 않았
다. 그와 어린 아들들은 뉴욕 양키스와 워싱턴 세너터스의 야구 경기가 벌
어지는 워싱턴 D.C.의 오래된 구장 그리피스 스타디움에서 양키스의 스타
미키 맨틀과 중요한 약속이 있었다. 포드 여사의 회고에 따르면 아기는 엄
마한테 협조적이어서 7이닝 때 이 세상에 데뷔했다. 나중에 남편이 병원으
로 돌아왔을 때쯤(야구 경기는 양키스가 10 대 6으로 이겼다) 포드 여사는 벌써

일어나 앉아서 우쭐한 표정을 짓고 있었다. 부부의 첫 딸을 낳았기 때문에 "나는 불가능한 일을 해냈다고 생각했다"라고 그녀는 회고했다.

수전의 탄생은 당시 하원에서 다섯 번째 임기를 보내고 있던 제럴드와 베티가 이제 8세 미만인 네 아이의 부모가 되었음을 의미했다. 가정부가 있긴 했지만, 베티 포드는 아이들을 손수 보살피는 엄마가 되기로 결심했다. 워싱턴에서 포토맥강을 건너면 버지니아주 알렉산드리아였다. 그곳의 가로수가 늘어선 동네에 자리 잡은 그들의 집은 놀이용 구슬과 조립식 장난감과 원기왕성한 아이들로 그득했다. 포드 여사는 보이스카우트의 유년단 분대를 지도하는 어머니였고, 학부모회에 열심히 참석하는 어머니였고, 동네 교회의 주일학교 교사였으며, 사막쥐와 토끼, 사마귀, 물고기, 닭, 거북이, 그리고 새 한 마리를 돌보는 자칭 '동물원지기'였다. 한동안 뒷마당에는 앨리게이터 한 마리도 살고 있었는데, 포드 가의 아이들은 권투 글러브를 끼고 먹이를 주곤 했다. 어느 추운 가을날, 포드 여사는 이 파충류의 운명을 자연에 맡기기로 결심했다. 악어가 얼어 죽자 그녀는 한시름 놓았고, 가족들은 사체의 머리 위에 십자가를 놓고 묻어주었다.

포드 여사도 말했듯이, 밖에서 보면 포드 가의 생활은 "노먼 록웰[5]의 삽화처럼" 보였다. 하지만 그 안에서 베티 포드는 알코올에 점점 더 의존하게 되었다. 많은 알코올 중독자들과 마찬가지로 그녀도 사교적 음주자에서 '술꾼'으로 바뀐 게 언제인지 정확히 알지 못했다. 그 전환은 어느 날 갑자기 일어난 게 아니라, 정치 자금 모금 행사, 로비스트들이 여는 큰 파티, 공식 만찬 등이 숱하게 열리는 도시에서 점진적으로 진행되었다. "칵테일

---

5) 록웰은 미국의 화가이자 일러스트레이터로 1916년부터 47년 동안 《새터데이 이브닝 포스트》의 표지 그림을 그렸는데, 변모하는 20세기 미국 사회와 미국인의 일상을 밝고 따뜻한 시선으로 포착해 많은 사랑을 받았다.

파티에 많이 다니면 점점 그런 파티를 기다리게 되고, 칵테일파티에 갈 일이 없으면 집에서 술을 마시고 파티에서처럼 기분이 좋아지기를 원하게 된다"라고 그녀는 회고했다. 알코올은 의사당과 집에서 워싱턴 정치의 가시투성이 가장자리를 매끄럽게 하는 데 도움이 되었다. 집에서 포드 여사는 일을 마치고 돌아온 남편에게 맥주나 마티니를 한 잔 마시고 느긋하게 쉬라고 권했다. 그녀는 만찬회에서도 손님들에게 식전주로 칵테일을 내놓았다. "그게 파티를 보다 성공적으로 만들어주었기 때문이다. 어쨌든 나는 그렇게 생각했다." 제럴드는 자주 여행을 다녔는데, 남편이 여행을 떠나면 베티 포드는 오후 5시쯤 이웃 사람과 함께—또는 혼자서—술을 한 잔 따라 마셨고, 밤중에 아이들이 잠자리에 든 뒤에는 취침주 한 잔으로 하루를 마무리했다. 알코올은 마음을 진정시키는 특효약이 되었다. 그래서 때로는 따끈한 차 한 잔에도 보드카 한 숟가락을 넣어서 마시곤 했다.

낮은 자존감에 시달리는 사람들은 특히 물질남용에 취약하다. 베티 포드는 아이들의 뼈가 부러지는 바람에 소아과 응급실을 오가야 하는 일을 겪으면서도 공화당 전당대회를 성공적으로 치러내는 수완을 보여주었지만, 워싱턴의 권력 구조 속에서 그녀가 차지하는 지위와 자존심의 문제로 고심해야 했다. 그녀는 남편의 출세를 위해 자신의 열망을—그리고 자기 정체성의 대부분을—희생한 전형적인 1950년대 여성이었다. 포드 여사는 남편의 정치적 성취를 자랑스럽게 생각했지만, 남편이 끊임없이 여행 다니는 것은 견디기 어려워했고, 자기는 혼자서 가정을 지키고 있는데 남편에게는 온갖 찬사와 명예가 주어지는 것을 억울해했다. "나는 한편으로는 '누구의 아내'인 것을 좋아했지만, 또 한편으로는 제럴드가 점점 더 중요한 인물이 될수록 나는 점점 덜 중요한 사람이 된다고 생각했다. 그리고 나 자신이 '호구'가 되는 것을 용납할수록—아이들에게 나는 호구나 마찬가지라는 것을 알고 있었다—나는 더욱 강한 자기연민에 사로잡혔다. 나도 한때는 이 세상에서 나름대로 어엿한 존재가 아니었던가."

베티 포드의 자기연민에 불을 붙인 것은 깊은 불안감이었다. 그녀는 "교육을 받지 못한 것"(그녀는 대학을 나오지 못했다)을 지나치게 의식했고, 어떤 어려움에도 굴하지 않고 항상 모든 문제를 혼자 짊어졌던 어머니에 비해 자신은 어머니로서 강인한 정신이 부족한 게 아닐까 하고 의심했다. "어머니는 나의 가장 강력한 롤 모델이었다. 그래서 내 문제를 감당하지 못할 때면 나는 자신에 대한 존경심을 잃어버렸다. 아무리 열심히 노력해도 나 자신의 기대를 충족시키지 못했다."

베티 포드의 내적 허약함은 곧 육체적 고통에 의해 더욱 부담을 받게 되었다. 중독되기 쉬운 사람에게 이것은 유해한 결합이다. 약물 중독은 그녀가 신경근병증으로 입원한 1964년 무렵에 시작되었다. 이 병증은 아마도 그녀가 부엌 창문을 열려고 조리대 너머로 팔을 너무 뻗다가 생긴 것으로 보인다. 그녀는 왼팔의 기능을 회복하기 위해 심한 통증과 고통스러운 물리치료를 견뎌냈다. 하지만 더 큰 문제가 된 것은 통증을 덜기 위해 처방받은 약이었다. 그녀는 약을 꾸준히, 그리고 자주 먹었다. 딸 수전은 그때는 지금과 다른 시대였다고 말한다. "의사들은 신이었고, 환자는 의사가 하라는 대로 할 수밖에 없었어요." 그녀가 진통제의 효과에 내성을 보이면 의사들은 어김없이 더 많은 진통제를 처방했다. "나는 불구가 된 느낌이 싫었다. 내 몸의 반란이 싫었다. 등을 새우처럼 구부려야 하고, 밤에는 견인기에 매인 채 자야 하는 게 싫었다. 그래서 진통제를 더 많이 복용했다"라고 포드 여사는 회고했다.

1990년대에는 불필요한 고통을 없애자는 움직임과 강력한 신약—효력이 특히 좋은 아편류 진통제 등—의 출현으로 처방약 중독과 과다복용이

급증하여, 질병통제예방센터(CDC)에 따르면 이젠 유행병처럼 급속히 확산 중이라고 할 정도의 규모에 이르렀다. 하지만 베티 포드 시대에는 이 문제가 아직 초기 단계였다. 어쨌든 1960년대였고, 권태증에서부터 산아제한에 이르기까지 모든 것을 약으로 치료하던 시대였다. 청소년들이 새로이 확산되던 마리화나를 피워보는 동안 의사들은 신경안정제인 리브륨과 발륨의 처방전을 수백만 장 발급했다. 결혼과 육아의 시련과 싸우는 주부들한테도 이 약은 자주 처방되었다. (롤링 스톤스의 1966년 히트곡 「어머니의 작은 도우미(Mother's Little Helper)」 가사에는 "어머니는 오늘 자신을 진정시켜줄 무언가가 필요해 / 어머니가 정말로 아픈 건 아니지만, 작은 노란색 알약이 있지"라는 구절이 있다.) 곧 포드 여사는 일상적으로 술과 함께 처방약을—진통제만이 아니라 신경안정제도—복용하게 되었다. 남편이 하원의 공화당 원내총무가 된 1965년에 그녀의 원망과 좌절과 불안은 곪아 터질 지경이 되었다. 베티 포드는 자신의 표현에 따르면 "신경줄이 툭 끊어졌고", 정신과 의사에게 도움을 청해 1년 반쯤 진료를 받았다.

포드 여사의 자신감이 북돋워진 것은 제럴드 포드가 뜻밖에도 백악관 주인이 된 직후 둘 중 누구도 예상할 수 없었던 사태를 겪으면서였다. 제럴드 포드가 사임한 리처드 닉슨의 후임 대통령으로 선서를 한 지 두 달도 지나지 않은 1974년 9월, 베티 포드는 유방암 진단을 받고 바로 유방 절제 수술을 받았다. 암—특히 유방암—에 대해 공공연히 얘기하는 사람이 거의 없었던 시대에 미국의 퍼스트레이디는 처음부터 자신의 병에 대해 솔직했다. 대중의 반응은 놀라웠다. 며칠 만에 전국의 수많은 여성들이 유방암 검진을 예약했다(넬슨 록펠러 부통령의 부인인 해피 록펠러도 그중 한 사람이었고, 검진 결과 그녀도 암에 걸린 걸 알게 되었다). 자립적인 여성이자 강인한 정신을 지닌 베티 포드에게 지지가 쏟아졌을 뿐만 아니라 대중 강연을 해달라는 요청도 쇄도했다. "그것은 내 자존감을 높이는 데 큰 역할을 했습니다"라고 그녀는 텔레비전 인터뷰에서 말했다. "내가 이렇게 중요한 사람이라는 데 나도 좀 놀랐어요."

자신의 새로운 사회적 지위를 깨달은 퍼스트레이디는 남녀평등 헌법 수정안(ERA)과 낙태 합법화를 포함하여 당시 가장 많은 논란을 불러일으킨 중대한 문제들에 대해 터놓고 지지하는 목소리를 낼 수 있었다. 그 솔직함은 그녀의 가장 귀중한 자산이 되었다. 그녀의 발언이 듣는 사람들에게 충격을 주었을 때에도 마찬가지였다. 몰리 세이퍼와의 그 유명한 〈60분〉 인터뷰에서 포드 여사는 만약에 딸이 불륜을 저지르고 있다는 것을 알면 어떻게 하겠느냐는 질문을 받고, "글쎄요, 나는 놀라지 않을 거예요"라고 대답했다. 그녀가 밝힌 견해들 중 상당수는 공화당의 공식 입장과 충돌하는 것이었고, 그래서 말을 너무 거침없이 한다는 비난을 받았다(공화당 일각에서는 제럴드 포드가 1976년 대선에서 지미 카터에게 패한 것을 그녀 탓으로 돌리기도 했다). 그래도 영부인의 솔직함과 재치와 용기는 많은 미국인들의 마음을 움직였고, 그녀의 지지율은 75%까지 올라갔다. 많은 사람들이 제럴드보다 베티 포드에게 더 감명을 받았고, 그들의 충성심을 알리는 선거운동 배지를 달았다. "베티의 남편을 대통령으로", "베티를 백악관에 붙잡아두자", "베티 포드를 대통령으로" 같은 문구가 새겨진 것들이었다.

포드 여사는 유방암을 성공적으로 이겨냈지만, 중독 문제는 부부가 백악관에 있는 2년 반 내내 계속되었다. 그때쯤 그녀는 진통제에 의존하고 있었고, 목의 통증과 고통스러운 골관절염과 싸우기 위해 계속 진통제를 복용했다. 그녀는 백악관에서는 "알코올 중독자처럼 마시지 않았다"라고 주장했지만—회고록에서 그녀는 "그러기에는 너무 많은 것이 걸려 있었다"라고 했다—잠자리에 들기 전이나 주말에 캠프 데이비드[6]에 가 있을 때는 술을 한잔했을지도 모른다. 그녀가 눈에 띄게 불안정해 보인 것—이따금은 얼빠진 것처럼 멍해 보이거나 말을 또렷이 못 하기도 한 것—은 약물과 알코올의 결합이 미친 영향이었다. 베티 포드의 공보비서였던 실라 랩 와이든펠드는 회고록 『퍼스트레이디의 레이디』에서 영부인이 1976년에 애리조나주 메이사의 어느 학교에서 열린 미국 독립 200주년 기념행사에서 연설할 때 단어를 잘못 발음하거나 분명치 않게 발음하는 것을 보았다고 했다. 예컨대 '리얼리티'는 '렐랄리티', '소사이어티'는 '소시사이어티'가 되었다는 것이다. 이 책에 따르면 영부인은 독립선언문을 읽을 때도 실수를 저질렀는데, 와이든펠드는 포드 여사가 비행기에서 보드카 토닉 한 잔과 알약 한 알을 먹은 걸 기억하고는 '그것 때문일까?' 하고 생각했다 한다. 하지만 어느 기자가 무슨 문제가 있냐고 물었을 때 와이든펠드는 이렇게 대답했다. "영부인께서는 연설하는 걸 싫어하시고, 정면으로 비치는 햇빛에 눈이 부셨고, 또 많이 피곤하십니다."

부정(denial)과 인에이블링(enabling)[7]은 중독 문제에서 공통적으로 보이는 특징이다. 베티 포드는 먹는 약이 하나하나 늘어 결국은 진통제와 신경안정제, 수면제 등을 다 복용하게 되었는데, 이 약들은 주치의들이 정당한 이유로 처방해준 것이었기 때문에, 베티 포드는 자기가 이런 약에 의존하는 것을 정당화하고 더 쉽게 인정할 수 있었다. "자신이 무고한 피해자

---

6) 메릴랜드주에 있는 대통령 전용 별장.
7) 중독자 등 문제행동을 보이는 사람을 돕는다고 하지만 사실은 그런 행동의 지속이나 악화를 돕는 결과를 낳는 것. 예컨대 알코올 중독자가 숙취로 고생하는 것을 보고 부모나 배우자가 해장국을 끓여주거나 직장에 병가를 대신 신청해주는 따위의 반응. 이처럼 자신은 남을 도와준다고 생각하지만 실제로는 남을 망치고 있는 사람을 '인에이블러(enabler)'라고 한다.

라고 스스로를 설득하고자 한다면, 알코올보다는 알약이 훨씬 낫다"라고 그녀는 자서전에서 말했다. "알약은 의사들이 처방해주지만, 술에 대해서는 그런 핑계를 댈 수 없다." 영부인이라는 그녀의 지위 때문에 의사들은 그녀가 약물에 의존하는 것을 용이하게 해주었다. 포드 여사의 딸 수전은 이렇게 말했다. "의사들은 어머니한테 '안 된다'고 말하지 않았어요. 어머니의 신분 때문에 어머니와 맞서려 하지 않은 것이죠." 한편 친구들과 가족은 그녀의 상태가 얼마나 심각한지 알아차리지 못했거나 어떻게 도와야 할지를 몰랐기 때문에 그녀가 약물에 의존하는 것을 가능하게 해주었다. 나중에 제럴드 포드는, 아내의 물질사용을 걱정하긴 했지만 그것이 아내의 임무 수행 능력에, 더더구나 퍼스트레이디로서의 임무 수행에까지 영향을 미친다는 것은 전혀 알아차리지 못했다고 인정했다. 그는 2001년에 래리 킹[8]과의 인터뷰에서 이렇게 말했다. "나는 이른바 인에이블러였습니다. 하지만 그것을 깨닫지 못했지요."

1976년 대통령 선거에서 남편이 카터에게 패한 뒤, 캘리포니아에 있었던 베티 포드는 육체적으로나 정서적으로나 취약해진 상태였다. 중독이 악화되기에 딱 좋은 시기였다. 그녀는 선거 결과에 충격을 받았다. 이제 그녀는 더 이상 퍼스트레이디의 임무도 수행하지 않을 것이고, 그녀의 자존감을 높여준 찬사도 받지 못할 터였다. 이제는 네 아이 모두 집을 떠났기 때문에 그녀는 남편과 단둘이 빈 둥지를 지키게 되었다. 그런데 '은퇴한' 남편은 전국을 돌아다니며 강연하고 가르치고 자문에 응하느라 바빴기 때문에 그녀는 혼자 있을 때가 많았다. 알약과 알코올이 그녀를 위로해주었

---

8) 미국의 방송 진행자이자 인터뷰어. 1985~2010년에 CNN의 인기 토크쇼 〈래리 킹 라이브〉의 진행을 맡았다.

고 그것들은 손에 넣기도 쉬웠다. "나는 마치 미식가처럼 약을 수집했다. 나 스스로 처방을 내리기도 했다. 어떤 약을 한 알 먹었을 때 좋으면, 두 알은 더 좋을 게 아닌가. 거기에다 보드카를 추가하면 나는 머리가 몽롱해지면서 멋진 곳으로 들어갔다. 거기서는 만사가 다 좋았고, 나도 그런 대로 잘해 나갈 수 있었다." 때때로 그녀는 하루에 알약을 무려 25알이나 먹기도 했다.

1977년 가을, 베티 포드의 물질남용 문제가 공개적으로 심각해졌다. 그녀는 NBC로부터 볼쇼이 발레단의 〈호두까기 인형〉 공연의 해설을 맡아달라는 요청을 받고 모스크바에 갔다. 카메라 앞에 서는 게 걱정이 된 그녀는 녹화 사이사이에 알약을 먹었다. 아마 신경안정제였을 것이다. 그래서 늘어지고 느릿한 모습으로 방송에 나왔다. 한 저널리스트는 그녀가 "게슴츠레한 눈에 졸린 듯한 목소리"를 보였다고 말했다. 나중에 캘리포니아의 집으로 돌아온 그녀는 "안개 속"에 있는 듯한 기분을 느꼈고, 한 동료는 그 지역 병원의 이사회에 참석한 그녀가 "마치 좀비 같았다"고 말했다. 그녀가 샌드위치 반 개를 먹는 데 30분이나 걸리는 것을 보고 친구들은 불안해했다. 곧 그녀는 사교적인 초대들을 사절하기 시작했고, 남편은 아내가 독감에 걸렸다고 핑계를 대곤 했다.

포드 가족이 조치를 취할 때가 되었다고 판단한 것은 그해에 긴장된 크리스마스를 보낸 뒤였다. 개입은 포드 부부가 캘리포니아주 팜스프링스 지역의 랜초미라지에 있는 새 집으로 이사한 지 불과 2주 뒤, 포드 여사가 이삿짐 정리를 마무리하던 시점이었다. 그 타이밍에 대해 그녀는 딸 수전에게 이렇게 농담했다고 회고한다. "너는 내가 일을 다 끝낼 때까지 기다렸다가 나를 병원으로 보냈어. 조금은 양심의 가책을 느끼지 않니?" 그러자 딸은 주저 없이 대답했다. "엄마는 그때 병원에 가실 필요가 있었어요.

아팠으니까요."

＊

　알코올과 약물은 오랫동안 양면적인 평판—어떤 때는 좋지만 어떤 때는 나쁘다—을 얻어왔다. 역사적으로 알코올은 의례용 음료이자 사교적 윤활유로 여겨졌을 뿐 아니라 만병통치약이자 종교적 봉헌물로 여겨지기도 했다. 지금은 위험하다고 여겨지는 합성 약물들이 1800년대와 1900년대 초에는 기적의 치료제로 환영을 받았다. 지그문트 프로이트는 1884년에 쓴 논문 「코카인에 대하여」에서 코카인의 장점을 열광적으로 언급했다. 그는 코카인을 직접 사용했고, 친구들에게 추천했으며, 우울증과 발기불능 환자들에게도 처방했다. 19세기 말과 20세기 초에는 코카인 시럽과 마름모꼴 사탕 모양의 정제가 두통과 뱃멀미를 비롯한 다양한 질병의 치료약으로 시중에서 팔렸다. 바이엘 사의 기침약에는 헤로인이 들어 있었다. 어머니들은 태어난 지 닷새밖에 안 된 아기들을 진정시키기 위해 알코올과 아편을 첨가한 약을 한 숟가락씩 먹였다. 그리고 '윈슬로 부인의 진정 시럽'이라는 것은 모르핀이 들어 있었는데도 젖니가 나는 시기의 유아들을 위한 강장제로 판매되었다.

　오늘날은 알코올과 약물이 중독성이 강하고 치명적일 수 있다는 사실이 알려지면서 이런 물질들에 대한 우리의 인식이 극적으로 변했다. 미국 질병통제예방센터는 알코올의 해로운 효과 때문에 매년 약 8만 8,000명이 사망하고 누적 햇수 250만 년의 "잠재 수명 손실"—미국인들이 과음으로 일찍 죽을 때 단축되는 수명—이 발생한다고 추산한다. 한편 많은 미국인들이 심신의 고통을 완화시키려고 알약을 너무 많이 삼키고, 즉석 도취감을 위해 약을 으깨어 코로 흡입하게 되면서, 처방약 중독은 공중보건 담당자들의 긴급한 관심사가 되었다. 처방약 중에서 가장 흔히 남용되는 부류는 바이코딘이나 옥시콘틴처럼 아편과 유사한 성분의 진통제인데, 이제 미국에서는 이런 약물의 과다복용으로 목숨을 잃는 사람이 하루에 40명이 넘는다. 이는 헤로인과 코카인을 합한 것보다도 많은 사망자 수다. 이런 문제는 여성들 사이에서 가장 극적으로 증가했다. 1999년에서 2010년 사이에 진통제 과용으로 인한 여성의 사망률은 무려 4배로 늘어나서(남자들의 경우에는 2.5배) 4만 8,000명의 여성이 목숨을 잃었는데, 대부분은 불의의 죽음이었다.

12세 이상의 미국인 가운데 통틀어 4,000만 명이 중독에 시달리고 있다. 이것은 심장병이나 암 또는 당뇨병과 싸우는 사람들보다 많은 숫자다. 하지만 이 질환에 대한 대중의 인식은 과학보다 편견에 뿌리박혀 있다. 컬럼비아 대학의 중독 및 물질남용 센터 소장인 새뮤얼 볼 박사에 따르면, 중독이 도덕적 결함이 아니라 질병이라고 처음 설명된 지 벌써 250년이 넘었다. 하지만 맨 처음에 술을 마시거나 약물을 사용할 때는 의식적인 결정이 필요하기 때문에, 그리고 중독은 개인의 행동과 판단에 직접 영향을 주기 때문에, 그것은 여전히 고의적이고 수치스러운 것으로 여겨지고 있다. 오늘날에도 알코올 중독이나 약물 의존증이 있는 사람들은 주정뱅이, 모주꾼, 약쟁이, 마약중독자로 멸시당한다. 그들은 나약하고, 남을 속여 조종하려 들고, 자기 생각만 하고, 의지가 박약한 사람으로 간주된다. 그리고 그들은 사랑하는 사람들의 삶에 대해 아랑곳하지 않으면서 몇 번이고 되풀이해서 나쁜 선택을 하는 것처럼 보인다.

연구자들은 이런 일반적인 오해를 현대 과학에 입각한 이해로 바꾸기 위해 노력하고 있다. 중독을 만성적인 뇌질환으로 보는 것이다. 이에 대한 증거들은 과학자들이 중독 문제를 근본적으로 규명하기 위해 뇌스캔 기술을 이용하기 시작한 1990년대 초부터 나왔다. 과학자들이 발견한 것은, 일부 사람들은 생물학적으로 알코올과 약물에 의존하게 되는 경향이 있고, 그와 동시에 이런 물질들은 두뇌를 바꿀 수 있다는 것이다. 기본적으로 알코올과 약물은 뇌에서 우리 욕망의 많은 부분을 조정하는 부위와 회로들에 작용한다. '보상 체계'라고 불리게 된 이것은 도파민처럼 쾌락과 관련된 뇌 화학물질들을 포함한 신경전달물질로 뇌를 가득 채움으로써 작동한다. 이것은 생존과 직결된 중요한 목적에 기여한다. 인간이 생명을 유지하면서 자손을 낳도록 음식과 섹스를 원하게 만드는 것이다. 그런데 문제는 이 회로가 해로운 물질로 과부하될 수 있다는 점이다. 술을 몇 잔씩 마시거나 진통제를 한 줌씩 삼키거나 헤로인 주사를 맞으면 이런 상태가 된다.

뇌의 보상 네트워크는 우리의 행동을 통제하는 회로와 짝을 이루고 있고, 이 둘은 함께 정연한 '서시오/가시오' 신호 체계를 제공한다. '가시오'는 신호(보드카 토닉을 보는 것)와 예상되는 보상(내 긴장을 풀어주고, 문제를 용해해버린다)에 반응한다. '서시오'는 탐닉의 결과를 분석·처리하는 일을 맡는다(술을 너무 많이 마시거나 약을 너무 많이 복용하는 것은 나한테 좋지 않다). 이제 과학자들은 '서시오'와 '가시오' 사이의 극도로 미묘한 균형에 대해 더 많은 것을 배워가고 있으며, 그 균형이 개인에 따라 다르다는 것을 발견했다고 펜실베이니아 의과대학 중독연구센터의 애나 로즈 칠드레스 박사는 말한다. 어떤 사람들은 자신의 충동을 다른 사람들보다 더 잘 통제하는데, 그것은 아마 그들이 잘 조절된 보상 체계와 행동 통제 체계를 타고나서 자기가 원하는 것과 자신에게 실제로 좋은 것을 분간할 수 있기 때문일 것이다. 하지만 다른 사람들은 태어날 때부터 불안정한 회로를 갖고 출발

해서, 서야 할 때 서는 능력이 약하다. 둘 중 어느 경우든, 어린 시절의 긍정적인 경험은 이 체계의 균형을 강화할 수 있는 반면, 가난과 폭력과 학대 같은 스트레스 가득한 경험은 그 균형을 약화시킬 수 있다. "우리는 우리의 생물학적 조건과 우리의 환경에 의해 좌우된다"라고 칠드레스는 말한다.

이런 식으로 보면 중독은 선택이 아니라 우리 뇌가 가장 근본적인 차원에서 어떻게 작용하는가의 문제다. 생물학적 위험과 환경적 위험 요소는 많은 사람이 취하지 않고 맑은 정신으로 남아 있지 못하는 이유도 설명해준다. 재발은 중독과 싸우는 사람들에게 막강한 적이다. 재발은 아주 흔하고(알코올 중독은 30~70%, 아편류의 중독은 무려 85%의 높은 재발률을 보인다) 극복하기가 매우 어렵다. 이는 알코올과 약물이 음식과 마찬가지로 강력하고 즐거운 기억으로 뇌에 각인되어 있기 때문이다. 그 기억은 어떤 신호—단골 술집, 약병 따위—에 의해 촉발되며, 이런 신호들은 매우 강력해서, 실물을 보지 않아도 뇌에서 감지될 수 있다는 것을 칠드레스는 발견했다. 한 획기적인 연구에서 칠드레스와 동료들은 코카인 중독 환자들에게 크랙 파이프[9]를 포함하여 마약과 관련된 일련의 이미지를 다른 사진들 사이에 섞어서 보여주었다. 각기 1,000분의 33초 동안만 보여진 마약 관련 사진들은 너무나 빨리 지나가서 환자들이 그것을 의식할 수는 없었지만, 그럼에도 그 이미지들은 뇌의 보상 체계의 활동을 자극했다. 중독에 시달리고 있는 환자들의 경우에는 '서시오' 체계가 "잠깐 기다려! 그러면 결과가 어떻게 되겠어?" 하고 말할 수 있기 전에 이미 '가시오' 체계가 작동한다고 칠드레스는 설명한다.

---

9) 순도 높은 코카인 크랙을 흡입할 때 쓰는 파이프.

알코올과 약물은 특히 신체적이거나 정신적인 고통에 시달리는 사람들에게 유혹적이다. 베티 포드는 이 두 가지 고통에 모두 시달렸다. 어떤 경우엔, 물질남용을 예방하거나 중독을 관리하는 최선의 방법은 우울증, 불안증, 양극성 장애, 조현병처럼 중독과 함께 나타나는 수가 많은 정신질환을 되도록 빨리—그 병들이 치료받지 못한 채 곪아 터져서 환자가 자가 투약을 하기 전에—정확히 확인하여 치료하는 것이다. 중독이 일단 시작되면 많은 사람들이 '익명의 알코올 중독자들(Alcoholics Anonymous, AA)'[10]을 찾아간다. 알코올 중독과 싸우고 있던 오하이오주 애크런의 한 외과의사와 뉴욕의 주식중개인이 1935년에 세운 이 자조모임은 지금까지 오랫동안 운영되면서 많은 이들이 알코올 중독에서 벗어날 수 있도록 돕고 있는데, 신앙과 금주에 기반한 이들의 프로그램은 알코올 중독을 "절대로 완치될 수 없는 진행성 질환"으로 보고 있다. 전 세계 곳곳에서 모임에 참석하는 회원들은 알코올에 대해 자신이 '무력하다'는 것을 인정하고 영적 각성을 추구하는 것을 포함한 12단계의 프로그램을 따르려고 노력해야 한다. AA나 그 비슷한 '익명의 약물 중독자들(Narcotics Anonymous)' 같은 단체들에 대한 견해는 복잡하고 엇갈린다. AA가 동료애를 통해 자신의 목숨을 구해주었다고 주장하는 사람도 있고 도중에 탈락하는 사람도 있는데, 탈락은 이 활동에 개재되어 있는 종교적 요소를 불편하게 느끼거나 거기에 전념하지 못하기 때문인 경우가 많다.

메타돈은 헤로인이나 처방 진통제 같은 오피오이드[11]에 중독된 사람들

---

10) 알코올로부터 해방되기를 원하는 사람들의 국제적인 상호 협조 활동 모임.
11) 양귀비에서 뽑아낸 아편제, 아편과 같은 작용을 하는 합성 진통·마취제, 체내에 존재하는 내인성 화합물 등을 포괄하는 용어로, 이것들은 모두 오피오이드 수용체에 작용한다.

의 약에 대한 갈망을 줄이고 금단증상을 억제하기 위해 수십 년 동안 사용되었다. 다른 치료제들도 도취의 강도나 약에 대한 갈망, 금단증상 등을 줄인다. 하지만 이런 약들이 중독자에게 도움이 될 수 있다는 과학적 증거에도 불구하고, 중독에서 회복되는 과정은 '약물을 쓰지 않는' 과정이어야 한다고 이 분야의 많은 의료 종사자들이 주장하고 있기 때문에, 중독을 치료하기 위해 약을 사용하는 것은 여전히 논란거리로 남아 있다. 칠드레스가 큰 희망을 걸고 있는 것은, 언젠가는 보상 체계 자체의 생물학적 역학에 개입하여 충동을 즉석에서 막아버릴 수 있으리라고 기대되는 치료법들이다. 그녀의 연구는 바클로펜이라는 흔한 근육이완제가 코카인에 중독된 환자들의 '가시오' 체계를 압박하여 뇌가 눈에 보이거나 보이지 않는 신호들에 반응치 못하게 한다는 것을 밝혀냈다. 이상적인 치료는 '서시오' 체계에도 작용하여 알코올이나 약물의 유혹 일체에 저항하는 환자의 능력을 강화해줄 것이다. "두 가지가 동시에 이루어지면 굉장할 것"이라고 칠드레스는 말한다.

오늘날 최선의 치료법은 대개 약물요법과 심리요법과 자조모임을 결합한 것이라고 컬럼비아 대학 중독 및 물질남용 센터의 새뮤얼 볼 박사는 말한다. 하지만 물질남용이라는 질환이 워낙 복잡하기 때문에 손쉬운 해결책은 없다. 다른 정신질환의 증상들로부터 중독을 구분해내고 어느 질환을 먼저 치료할지를 판단하는 것도 임상의들에게는 어려운 과제일 수 있다. 중독과 싸우는 사람들 중에는 회복할 기회조차 갖지 못하는 사람이 많은데, 치료를 받는 사람은 10%쯤에 불과하다. 부분적으로는 의료계의 주류를 이루는 의사들이 아직도 문제를 인지할 만큼 충분히 훈련받지 못했거나 문제의 영향을 간과하기 때문이다. 게다가 이 문제에 대한 관심과 치료를 가로막는 가장 공고한 장벽들—수치심, 비밀주의, 사회적 낙인—

이 존재한다. "이 질병에 대한 거부감은 너무 강력하다"라고 새뮤얼 볼은 말한다.

　무엇보다도 고통스러운 것은 재발이다. 자녀나 형제, 부모나 배우자가 맑은 정신을 되찾았다가 다시 원래 상태로 돌아가는 것을 보면, 가족들은 살을 에는 듯한 아픔과 무력감을 느끼게 된다. 이 분야에 종사하는 사람들이 모두 말하듯이, 중독은 가족이 함께 앓는 병이다. 전직 상원의원이며 1972년에 민주당 대통령 후보로 지명되었던 조지 맥거번은 우울증, 알코올 중독과 동시에 싸웠던 딸 테리에 대한 회고록 『테리: 알코올 중독에 맞선 내 딸의 생사를 건 투쟁』에서 이를 생생하게 서술했는데, 테리는 생애의 마지막 4년 동안 위스콘신주 매디슨에 있는 해독센터에 68번이나 입원했다고 한다. 하지만 평판이 자자한 국립보건원(NIH)의 치료 프로그램조차도 그녀를 구하지 못했다. 이 프로그램을 마치고 퇴원하자마자 테리는 동네 약국에 가서 처방약을 받아와야 한다고 아버지한테 말하고 집을 나갔다. 그리고 세 시간 뒤에 어느 술집 바텐더가 전화를 걸어왔는데, 테리가 술을 잔뜩 마시고 쓰러졌다는 것이었다. 1994년 12월 13일, 자신을 치료하려는 노력을 거듭했던 테리는 매디슨의 한 인쇄소 뒷골목에서 발견되었다. 두 딸의 어머니인 45세의 테리는 눈더미 속에서 얼어 죽었다. 딸의 죽음으로 비탄에 빠진 아버지는 잠시도 머리에서 떠나지 않는 의문들에 시달리게 되었다. "내가 달리 뭘 어떻게 할 수 있었을까? 딸이 어렸을 때나, 다치기 쉬운 사춘기 시절에 내가 좀 더 관심을 가지고 적극적으로 양육에 참여하는 아버지였다면 어땠을까?" 무엇보다 근본적인 질문은 다음의 것이었다. "아름답고 사랑스럽고 재치있고 동정심 많고 영민했던 소녀가 성장 후엔 어떻게 제 삶을 통제하거나 목숨을 구할 힘도 없는 알코올 중독자가 되었을까?"

포드 여사가 해군병원 재활센터에 들어간 초기에는 모든 게 쉽지 않았다. 다른 세 여자와 한 방을 써야 했는데, 그것부터 마음에 들지 않았다. 어쨌든 그녀는 퍼스트레이디였었다. 그만하면 독방을 쓸 자격이 있지 않나? "나에게는 약간의 유명인 콤플렉스가 있었다"라고 그녀는 회고록에서 말했다. 게다가 60세인 그녀는 다른 환자들보다 나이가 많았고, 집단치료 시간에 자신의 개인적 문제에 대해 말하기를 꺼렸고, 운동에 흥미가 없었다. 무엇보다도, 처음엔 자신의 음주에 문제가 있다는 것을 인정하지 않았다. "나는 내가 알코올 중독자라고는 말할 수 없었다. 내가 들은 어떤 주정뱅이 이야기도 나와는 들어맞지 않았다." 부정과 좌절, 분노, 울부짖음, 잦은 기분 변화—이 모든 것을 그녀는 경험했다.

하지만 4주의 치료 과정을 거치는 동안 포드 여사는 동료 환자들과 유대감이 생기고, 커피를 같이 마시거나 카드 게임을 하면서 얘기를 나누기 시작했다. 그녀가 자신에게 음주 문제가 있다는 것을 마침내 인정하게 된 것은 자신의 음주가 가족을 걱정시키거나 괴롭힌 적이 없다는 동료 환자의 말에 충격을 받았기 때문이다. "나는 벌떡 일어나서 말했다. '나는 베티이고, 나는 알코올 중독자입니다. 나는 내 음주가 가족에게 고통을 준 것을 압니다'라고. 그 여자는 그렇게 말할 용기가 없다 해도 나는 말해야겠다고 생각했다. 내가 그렇게 말하는 것을 들으면서 나 자신도 놀랐지만, 그것은 구원이었다." 포드 여사는 치료를 끝냈을 때쯤에는 "다시 행복해지고 있었다."

성공적으로 재활을 마친 지 4년 뒤인 1982년에 포드 여사는 친구이자 전직 대사인 레너드 파이어스톤과 함께 캘리포니아주 랜초미라지에 베티 포드 센터(지금은 헤이즐던 베티 포드 재단의 일부)를 세웠다. 그녀는 남자와 관련된 트라우마 때문에 알코올이나 약물에 중독되는 경우가 많은 여성들을 대상으로 한 재활센터를 만드는 데 특히 관심이 많았다. AA의 원칙들—알코올에 대한 무력함의 인정, 지지와 동료애에 대한 정신적 접근—에 기반한 재활센터는 처음부터 거의 모든 치료 과정에서 남자와 여자를 분리했다. 센터가 문을 연 이래 환자들의 인적 구성은 상당한 변화를 보였다고 재단 이사인 벳시 파버스미스는 말한다. "전에는 환자 대부분이 흔해 빠진 알코올 중독자로, 지나치게 술을 마시는 이들이었어요." 하지만 오늘날에는 환자가 모든 세대에 걸쳐 있고, 여러 종류의 물질에 의존하는 사람들이다. 나이 많은 환자는 인지 능력이 손상된 경우가 많고, 복수의 처방약에 중독된 상태로 센터에 온다. 상당수가 십대인 젊은 환자들은 도취감을 얻기 위해 부모의 약장을 뒤진다.

생애의 마지막 30년 동안 포드 여사는 정기적으로 센터를 방문하여 새로 입원한 환자들에게 자신의 경험을 솔직하게 이야기했다. "'나는 베티이고, 나는 알코올 중독자입니다'라는 말을 들은 순간을 나는 결코 잊지 못할 것"이라고, 1990년대 중반에 알코올 중독으로 센터에서 치료를 받았던 파버스미스는 말한다. "나에게 그것은 인생이 바뀌는 순간이었어요." 환자가 떠나겠다고 위협하면, 포드 여사는 자신의 체험담을 들려주었다. "그러면 십중팔구는 그녀에게 설복되어 센터에 남아서 계속 치료를 받았지요." 메리 타일러 무어는 1995년에 출간된 회고록 『결국은』에서 이것이 사실임을 증언했는데, 언젠가 《피플》지가 "언제나 쾌활하고, 변함없이 침착한" 여배우라고 묘사한 그녀는 1984년 알코올 중독을 치료하기 위해 베티 포드 센터에 들어왔었다. 포드 여사와 마찬가지로 무어도 초기에는 몇몇 수칙과 요구 사항들에 발끈했다. 거기에는 숙사의 주방을 항상 깨끗이 유지하는 따위의 일상적인 일도 포함되었다. 어느 날 밤 무어는 가방을 꾸려서 몰래 센터를 빠져나가, 기다리고 있던 택시를 타고 가까운 메리어트 호텔로 갔다. 이튿날 아침, 그녀는 전화벨 소리에 깨어났다. 베티 포드였다. "그 전화가 내 목숨을 살렸다"고 무어는 회고록에서 말했다. "나는 고개를 숙이고 센터로 돌아가서, 제발 나를 다시 받아달라고 간청했다."

1982년 이후, 수많은 음악가와 운동선수, 정치인, 텔레비전 스타, 할리우드 배우들을 포함하여 9만 명이 넘는 사람이 베티 포드 센터에서 치료를 받았다(그중엔 엘리자베스 테일러, 조니 캐시, 미키 맨틀, 드루 배리모어도 있다). 퍼스트레이디였던 포드 여사도 중독자였다는 사실은, 아무리 유명하고 특권을 가진 사람이라도 중독자가 될 수 있으며 힘든 회복 과정을 피할 수 없다는 것을 분명히 해주었다. 그녀가 세운 이 시설은 오늘날 미국에서 가장 인정받는 치료 센터의 하나로 꼽힌다. 포드 여사는 또한 환자들로 하여금 '그녀가 할 수 있다면 나도 할 수 있다'고 생각하게 만드는 촉매이자 동기 부여자 역할도 했다. 무엇보다도 베티 포드는 모든 사람의 회복을 위해 직접 헌신했다. 센터에서 휴일에 바비큐 파티가 열리면 그녀와 제럴드 포드는 앞치마를 두르고 남부 캘리포니아의 햇볕을 받으며 햄버거를 뒤집곤 했다. 파버스미스는 말한다. "줄이 끝없이 이어졌어요. 포드 여사는 모든 사람과 일일이 이야기를 나누고 싶어 했으니까요."

2011년 7월 8일, 베티 포드는 93세에 자연사로 세상을 떠났다. 장례식은 63년 전에 그녀와 제럴드 포드가 결혼식을 올린 그레이스 성공회 교회에서 열렸다. 베티 포드는 자신에게 거리낌 없이 말할 목소리를 준 사람은 남편이었다고 한 것으로 알려졌다. 그와 결혼한 것은 "내가 내린 최고의 결정"이었다고 말한 적도 있다. 하지만 그 목소리를 가지고 물질사용장애의 낙인과 맞서 싸우고 헤아릴 수 없이 많은 미국인들의 삶을 바꾸어놓은 것은 꿋꿋하고 솔직한 중서부 출신의 무용수 베티 포드 자신이었다. 언젠가 베티 포드 센터에서 열린 한 모임에서 제럴드 포드는 "우리나라에 누가 더 이바지했는지 최종 집계를 내보면 베티의 공헌이 나보다 클 것"이라고 말했는데, 이 말에 동의하지 않기는 어렵다.

찰스 다윈(Charles Darwin)

불안장애

    찰스 다윈에게 1858년 6월은 개인적으로나 직업적으로나 유별나게 괴로운 달이었다. 당시 49세의 다정한 아버지였던 이 위대한 과학자는 7년 전인 1851년에 사랑하는 딸 애니의 고통스러운 질병과 죽음을 견뎌내야 했었다. 애니는 겨우 열 살 나이로 세상을 떠났는데, 결핵 때문이었을 가능성이 높다. 또 다른 딸 메리는 아주 어렸을 때 죽었고, 이제는 열네 살

난 딸 헨리에타와 젖먹이인 막내 찰스 둘 다 전염병에 걸려 앓고 있었다. 헨리에타는 다행히 회복되었지만, 생후 18개월 된 찰스는 결국 성홍열로 죽고 말았다. "불쌍한 우리 아기가 28일 밤에 죽었어요"라고 다윈은 고종 육촌 형인 윌리엄 폭스에게 보낸 편지에서 말했다. "지난 2주 동안 우리가 얼마나 비참한 시간을 보냈는지 몰라요."

어려움은 폭포가 되어 떨어지는 급류처럼 한꺼번에 쏟아질 때가 많다. 다윈의 경우가 바로 그랬다. 그 6월에 다윈은 한 통의 우편물을 받았는데, 이것은 과학자로서의 그의 삶을 예기치 않은 혼란 속으로 던져 넣었을 뿐만 아니라 과학사의 흐름까지 바꿔놓았다. 우편물은 다윈 가족이 살고 있던 런던 남동쪽의 작은 마을 다운에서 1만 3,000킬로미터쯤 떨어진 네덜란드령 동인도[1]에 속한 트르나테섬에서 보내온 것이었다. 보낸 사람은 다윈도 잘 알고 높이 평가하는 앨프리드 러셀 월리스로, 동료 과학자이자 세계 여행가였다. 외딴 군도에서 토종의 야생 동식물을 예리하게 관찰한 기록은 다른 상황에서라면 좋은 읽을거리가 되었을지 모른다. 하지만 이 편지에는 박물학자의 관찰 기록 이상의 것이 담겨 있었다. 월리스는 간추린 논문 형식으로 진화에 대한 긍정적 논지를 펼쳤는데, 그것은 다윈이 지난 20년 가까이 공들여온—하지만 아직 발표하지는 않은—이론과 놀랄 만큼 비슷했다.

월리스의 논문은 다윈에게 화산 폭발처럼 격렬한 충격을 주었다. 자연 선택에 대한 두 사람의 생각이 유사하다는 것, 그리고 자신의 논거를 완성하기 위해 지칠 줄 모르고 노력해온 다윈이 이 필생의 작업에서 선수를 빼앗길지 모른다는 데에는 의심의 여지가 전혀 없었다. 다윈은 월리스의 논

---

1) 1800년에서 1949년까지 현재의 인도네시아에 존재했던 네덜란드의 식민지.

문을 검토한 뒤, 자신의 멘토인 존경받는 과학자 찰스 라이엘에게 쓴 편지에서 "저는 이보다 더 놀라운 우연의 일치를 본 적이 없습니다"라고 말했다. 보기 드물게 양심적인 사람인 다윈은 명예롭게 처신해야 한다는 의무감을 느끼고, 월리스의 논문이 발표되면 그동안 힘들게 진행해온 자신의 연구가 어떻게 될지 뻔히 알면서도 월리스의 논문을 학회지에 보내겠다고 라이엘에게 알렸다. "그러면 제 독창성이, 그게 어느 정도의 것이든 간에, 완전히 무산되고 말겠지요."

가정과 일에서 같은 시기에 일어난 이런 사건들은 어떤 사람에게든 심한 스트레스를 주었을 것이다. 하지만 그 일들이 다윈에게 미친 영향은 특히 복잡했다. 그는 만성적으로 건강이 허약한 사람이었기 때문이다. 그는 여러 해 동안 심계항진[2]과 복통, 두통을 포함하여 숱한 질병으로 고생했고, 평생 동안 그가 겪은 시련과 그가 이룩한 업적들은 고통스럽거나 운신을 못하거나 고립된 상태에서 겪거나 이루어낸 경우가 많았다. 우리는 그의 편지와 자서전, 그가 꼼꼼히 기록한 건강 일지, 가족과 친구들의 관찰 기록을 통해서 이것을 알 수 있다. "아버지의 연구 생활의 특징을 이해하려면 아버지가 얼마나 건강이 나쁜 상태에서 일했는지를 항상 염두에 두어야 한다"라고 식물학자인 프랜시스 다윈은 아버지가 세상을 떠난 뒤에 말했다. "거의 40년 동안 아버지는 단 하루도 보통 사람처럼 건강한 적이 없었다. 그래서 아버지의 삶은 질병의 피로와 중압에 맞서 싸우는 기나긴 투쟁이었다."

그럼에도 의사들은 그에게서 본질적으로 잘못된 것을 찾아내지 못했다. 그렇다면 무엇이 다윈을 그토록 아프게 했던 것일까? 1882년에 그가

---

2) 가슴이 빠르거나 불규칙하게 두근거리는 증상.

죽은 이후 전기 작가들과 역사가들, 의사들과 정신의학자들은 수십 가지의 가설을 내놓았는데, 그 대부분은 두 가지 범주 가운데 하나로 분류된다. 하나는 기질성, 즉 신체적인 질병이고, 또 하나는 정신적 장애다. 찰스 다윈이 비글호를 타고 그 유명한 항해를 하는 동안에 감염된 열대성 전염병과 싸웠던 것일 가능성이 있을까? 그것은 과민대장증후군이나 주기성 구토증후군이었을까? 아니면 다윈을 평생 괴롭힌 증상은 심신증, 즉 지속되는 정신적 스트레스가 신체적 증상으로 나타난 것이었을까?

가설로 제시된 질병 목록은 하도 다양해서 그것들을 따져보는 것은 왕나비와 유인원을 비교하는 거나 마찬가지일 것이다. 하지만 한 가지 중요한 측면은 눈에 두드러진다. 다윈은 걱정이 많은 사람이었다는 점이다. 그는 자식들에 대해, 일에 대해, 마감 시간에 대해, 평판에 대해, 그리고 (이건 거의 언제나인데) 그를 괴롭힌 질병에 대해 안달복달하며 걱정했다. 다윈은 걱정에, 즉 불안에 시달렸다고 말할 수 있다. 이것은 지구라는 행성에서 가장 흔한 질병 가운데 하나다. 존경받는 과학자, 대담하게도 "인간은 꼬리와 뾰족한 귀를 가진 털북숭이 네발짐승의 후손이다"라고 주장한 사람은 지극히 인간적이었다. 때로는 우리와 마찬가지로 다윈도 하나의 커다란 신경 다발이었다.

찰스 로버트 다윈은 아주 어렸을 때부터 명석한 박물학자였다. 그는 1809년 2월 12일 영국 잉글랜드의 슈루즈베리에서 로버트 웨어링 다윈과 수재나 웨지우드의 여섯 아이 가운데 다섯째로 태어났다. 키가 188센티미터에다 몸무게가 135킬로그램이 넘는 거구의 사내였던 로버트는 성공한 자본가였을 뿐 아니라 유명하고 존경받는 의사이기도 했다. 수재나는 웨지우드 도자기 회사를 세운 야심찬 사업가 조사이어 웨지우드의 딸이었다.[3] 웨지우드는 회사에서 만든 우아한 식기를 왕실을 비롯하여 영국 사회의 최상류층 인사들에게 팔았다. 그의 가족이 지닌 막대한 재산 덕분에 다윈은 온갖 특혜를 누리며 유복하게 자랐고, 자유롭게 여행을 다니면서 과학에 대한 열정을 마음껏 추구할 수 있었다. 재정적 안정은 그가 깊은 사색과 분석에, 궁극적으로는 식물과 동물과 인간이 어떻게 존재하게 되었는가에 대한 오랜 가정들에 도전하는 데 일생을 바칠 수 있다는 것을 의미했다.

야외 활동에 열중한 어린 찰스는 슈루즈베리에 있는 다윈 가족의 붉은 벽돌집 '더 마운트(The Mount)'[4]에 딸린 너른 땅을 오랫동안 산책하기를 좋아했다. 한번은 학교까지 걸어가면서 사색에 몰두한 나머지 높게 돋워진 보도 아래로 2미터 넘게 굴러 떨어진 적도 있었다. 어렸을 때 가족들에게 '보비'라는 애칭으로 불린 그는 강둑에서 낚시를 하거나 아버지의 넓은 정원에서 돌아다니는 것도 좋아했는데, 정원에서 그는 식물들의 개화에 대해 기록하는 일을 도왔다. 어린 찰스가 무엇보다 좋아한 것은 수집이었다. 그의 수집품 중에는 동전과 봉함용 밀랍 같은 가정용품도 있었지만, 그는 특히 지구가 만들어낸 자연의 경이—조가비, 새알, 식물, 광물, 암석, 곤충—에 열중했다. 말년에 저술한 자서전에서 다윈은 자연에 대한 자신의 열정을 회고하고, 그 점에서 그가 네 누이와, 그리고 사랑하는 형이자 평생의 동반자가 된 이래즈머스와 얼마나 달랐는지를 이야기했다. "수집에 대한

---

3) 찰스 다윈은 어머니 수재나의 남동생 조사이어 2세의 딸, 즉 그의 외사촌 누이인 에마 웨지우드와 결혼했다.
4) 이 집의 대지 면적은 약 3만 1,500제곱미터였다고 한다.

열정은 사람을 체계적인 박물학자나 미술품 애호가나 수전노로 만드는데, 나는 그 열정이 아주 강했다. 내 누이들이나 형제들은 아무도 그런 취향을 가진 적이 없으니까, 나의 그런 열정은 분명 타고난 것이었다."

다윈의 아버지는 성격과 체격 모두 위압적인 인물로 묘사되었다(전해오는 말에 따르면 그는 환자의 집에 처음 왕진을 갈 때는 자신의 하인을 시켜 그 집 마룻바닥이 그의 몸무게를 견딜 수 있을 만큼 튼튼한지 확인케 했다고 한다). 다윈은 자서전에서 아버지를 매우 긍정적인 말들로 묘사했는데, 예를 들면 아버지는 "친절함이 무한했고", "대체로 기분이 쾌활했고", "널리 깊은 사랑을 받았다." 하지만 그의 자서전 곳곳에는 걸핏하면 심란해하고 요구가 많은 아버지의 또 다른 면모들도 언급되어 있다. "많은 사람들이 아버지를 무척 두려워했다." 이와는 대조적으로 어머니는 덧없는 기억 정도로만 남아 있었다. 배탈과 두통에 자주 시달렸던 어머니 수재나 다윈은 찰스가 겨우 여덟 살 때인 1817년 7월에 심한 복통을 앓다가 며칠 뒤에 타계했는데, 사인은 아마 복부 감염이었을 것이다.

연구 결과, 유년기에 아버지나 어머니를 잃으면 나중에 우울증과 불안증에 걸릴 위험이 상당히 커질 수 있다는 사실이 입증되었다. 다윈은 훗날 쓴 글들에서 어머니에 대해 거의 언급하지 않았기 때문에 어머니의 죽음이 그에게 어떤 영향을 미쳤는지도 거의 알려져 있지 않다. "나는 어머니의 임종, 어머니의 검은 벨벳 드레스, 그리고 묘하게 만들어진 어머니의 작업대 말고는 어머니에 대한 기억이 거의 없다. 어머니와 한두 번 산책을 한 것 외에는 대화를 나눈 기억도 별로 남아 있지 않다. 지극히 일상적이고 사소한 대화만 어렴풋이 떠오를 뿐이다." 실제로 다윈의 머리에 남아 있는 가장 어릴 적 기억은 어머니와는 아무 관계도 없었다. 어머니 아닌 누나의 무릎에 앉아 있었고, 누나는 그를 위해 오렌지를 자르고 있었다. 그때 암소 한 마리가 창가를 달려갔기 때문에 깜짝 놀란 일도 기억했다. 그는 어머니의 죽음으로 인한 상실감도 표현하지 않았지만, 그래도 재닛 브라운이 써서 크게 호평을 받은 두 권짜리 전기에 따르면 어머니가 죽은 방식—복통을 앓기 시작한 지 며칠 만에 찾아온 수수께끼 같은 죽음—은 그에게 깊은 영향을 주었다. 다윈은 자신이나 자식들이 외가 쪽에서 약한 체질을 물려받았을지 모른다고 끊임없이 걱정하게 되었다. 그는 질병이 순식간에 치명적으로 변할 수 있다는 것을 어머니의 경우를 통해 알고 있었다. "어른이 되어 감수성이 더욱 예민해지고 남편이자 아버지로서 가족에게 열성적으로 마음을 쓰게 되면서, 그는 몸속에 탈이 난 조짐이 아주 조금이라도 보이면 그것이 예고하고 있을지도 모르는 파멸을 두려워하게 되었다."

아버지 로버트 다윈은 재혼하지 않았다. 어머니가 타계하자 누나들이 나서서 어린 찰스의 양육을 거들었고, 얼마 후 아버지는 어린 아들을 시내의 기숙학교에 보냈다. 이곳에서 찰스는 지적인 자극을 받지도 않았고(그는 학교가 기계적으로 암기하는 것만 가르치는 활기 없는 곳이라고 훗날 말했다) 뛰어난 학생도 아니었다. 그는 자주 학교에서 도망쳐 집으로 달려와 가족과 함께 시간을 보냈다. 다윈은 자서전에서 자신을 "아주 순진무구한 꼬마"로 묘사했는데, 선생님들과 아버지도 그를 "지적인 면에서 보통보다 약간 아래 수준인 지극히 평범한 소년"으로 생각했다. 나중에 천재 과학자가 된 그에게는 어울리지 않는 평가였다. 다윈은 창문 밑에 웅크리고 앉아 몇 시간씩 셰익스피어를 읽는 등, 스스로 깨치는 방법들을 알아냈다. 하지만 어릴 적에 그가 가장 열정을 쏟은 것은 새 사냥이었다. "새 사냥에 대해서는 누구도 나보다 더 강한 열정을 보일 수는 없었을 것이다. 나는 아주 뛰어난 사수가 되었다." 자서전에 따르면 그의 학교 시절 어느 시점엔가 아버지가 그의 새 사냥에 주목하고는 그런 취미들은 미래를 위해 좋은 조짐이 아니라고 경고했다. "너는 사냥과 개와 쥐잡기 말고는 좋아하는 게 없구나. 너는 자신과 집안에 수치가 될 거야."

그를 올바른 방향으로 돌려놓기 위해 아버지는 1825년에 당시 16세인 찰스를 에든버러로 보내 형 이래즈머스가 다니고 있던 의과대학에 입학시켰다. 그것은 집안의 전통 같은 것이었다. 아버지와 할아버지도 둘 다 의사가 되기 위한 공부를 했다. 다윈 형제는 같이 강의를 듣고 가까운 어촌으로 산책하는 등 함께 지내는 생활을 즐겼다. 하지만 찰스는 시체를 해부할 때의 냄새와 그 광경, 시체의 으스스한 상태를 참지 못했다. 시체들 중에는 도굴꾼들이 돈을 벌기 위해 무덤에서 몰래 훔쳐다가 불법으로 대학에 팔아넘긴 것도 있었다. 수술하는 동안 환자들에게 가해지는 고통(당시는 전신마취법이 개발되기 전이었다)과 피를 보는 것도 그를 늘 괴롭혔다. 그는 피에 대한 공포증을 아버지한테서 물려받았다고 주장했다. 그는 두 번의 수술을 의무적으로 참관했지만, 매번 수술이 끝나기도 전에 공포에 질려 달아났고, 다시는 그곳에 돌아가지 않았다. 재닛 브라운에 따르면 "그는 죽을 때까지 피를 보는 것을 두려워했다. 자식들이 사고로 피부가 벗겨져 피를 흘리면 그는 거의 히스테리 상태가 되었고, 너무 당황한 나머지 아이들 상처에 붙여줄 반창고를 찾거나 붙이는 것도 제대로 못했다. 아이들은 그런 아버지를 보고 웃었지만 그가 느낀 것은 아주 지독한 진짜 혐오감이었다." 찰스는 에든버러 대학에서 겨우 두 학기만 보내고 결국 중퇴하고 말았다.

의학이 더 이상 선택지가 되지 못하자 아버지는 아들에게 다른 직업을 제의했다. 그것은 성직자였다. 성직자가 되려면 우선 케임브리지 대학에서 학사 학위를 받은 다음 국교회에서 사제 서품을 받는 데 필요한 단계를 밟아야 했다. 놀라운 일도 아니지만, 케임브리지 대학에서 배우는 과정도 다윈에게는 별로 달갑지 않았다. 그는 대수학을 싫어했고, 고전학은 필요한 수강 일수를 채우기 위해 몇 번 출석한 것을 제하고는 "아무것도 하지 않았다." 거기서 보낸 시간은 "완전한 낭비"로 요약되었다. 하지만 두 가지 경험은 그에게 지속적인 영향을 주었다. 첫째, 다윈은 딱정벌레 수집에 열중하게 되었고, 이것은 훗날 박물학자로서의 연구에 하나의 토대가 되었다. (그는 너무 열중한 나머지, 하루는 딱정벌레 한 마리를 잃어버리지 않으려고 입 안에 집어넣었다. 이런 조치를 다윈만큼은 좋아하지 않았던 딱정벌레는 이 과학자의 혀에다 독액을 쏘아버렸다.) 두 번째의 중요한 사건은 다윈이 젊고 뛰어난 식물학 교수 존 스티븐스 헨슬로와 친교를 맺게 된 것이었다. 두 사람은 지적인 얘기들을 허심탄회하게 나누는 막역한 사이가 되어, 오랫동안 함께 산책하며 당시 과학계에서 새로이 전개되던 일들에 대해 대화를 나누곤 했다. 그와의 우정은 "학자로서의 내 생애 전반에 다른 무엇보다도 큰 영향을 주었다"고 다윈은 훗날 회고했다.

그도 그럴 것이, 1831년 8월에 다윈에게 편지를 보내 비글호라는 해군 함정을 타고 과학 탐사에 나서지 않겠느냐고 권한 사람이 바로 헨슬로였던 것이다. 비글호의 함장인 로버트 피츠로이[5]는 남아메리카 수로에 대한 탐사를 계속하기 위해 두 번째 항해를 하라는 영국 해군본부의 지시를 받은 상태였다(첫 항해는 1826~1830년에 이루어졌다). 첫 번째 항해 후반부에 비글호에 탔던 피츠로이는 자신과 함께 항해하고 탐사에도 참여할 과학자를 찾고 있었다. 아들의 여행 경비를 대야 할 다윈의 아버지는 처음엔 격렬하게 반대했다. 다른 이유도 있었지만, 특히 찰스가 제대로 된 한 가지 직

---

5) 영국의 해군 군인이자 기상학자, 지질학자, 지리학자이며, 1843~1845년에 뉴질랜드 총독을 지냈다.

업에 전념하지 못하게 될 것을 걱정한 나머지 그 계획을 "쓸데없는 짓"이고 "무모한 계획"이라고 비난했다. 하지만 다윈의 외삼촌이자 장인인 조사이어 웨지우드가 다윈의 편을 들어주었고, 그의 도움으로 다윈은 아버지의 마음을 돌리는 데 성공했다. 웨지우드는 사돈에게 이런 편지를 썼다. "그일은 찰스의 직업과 관련해서는 쓸모가 없겠지만, 찰스가 커다란 호기심을 가진 사람이라는 측면에서 보면 인간과 사물을 두루 관찰할 아주 좋은 기회가 될 겁니다. 그런 기회를 얻는 사람은 거의 없지요."

1831년 12월 27일, 22세의 찰스 다윈은 그의 인생 궤도는 물론이고 과학사의 흐름까지 바꿔놓을 항해를 떠났다. 이 여행은 다윈의 건강에도 이정표 역할을 하게 될 터였다. 여행을 떠나기 직전에 다윈은 강한 불안감에 사로잡힌 조짐을 보였고, 여행에서 돌아온 지 몇 달 뒤부터는 이후 수십년 동안 그의 심신을 약화시킬 증상에 시달리기 시작했다. 그중에는 공황발작으로 추정되는 증상도 포함되어 있었다.

다윈이 생애 후반기에 아플 때가 많았으며 병세가 위중했던 적도 종종 있었다는 증거는 차고 넘친다. 그는 편지에서 자신의 나쁜 건강을 거듭 언급했고, 건강 일지에 자신의 증상들을 꼼꼼히 기록했다. 이 일지에 기록된 항목에는 건강에 대한 종합적인 평가("대체로 좋은 편"과 "몸이 찌뿌드드함"에서부터 "아주 좋음"과 "별로 좋지 않음"까지)만이 아니라 구체적인 증세("겨드랑이에 부스럼이 남", "위장에 약간 가스가 참")도 포함되어 있었다. 다윈의 광범위한 고난 목록에는 피로와 현기증, 습진, 부스럼, 근육 약화, 수족 냉증, 검은 반점, 심지어는 신경질적인 울음까지 등장했다. 하지만 압도적으로 호소한 증상은 계속되는 욕지기와 구토, 위와 창자의 가스 팽만을 수반하는 복통이었다. 다윈의 증상을 연구한 이들은 오랫동안 별의별 병명을 다 제시했는데, 그 목록에는 광장공포증, 불안증, 충수염, 비소 중독, 조개삿갓 방부제 알레르기, 브루셀라병(박테리아 감염), 샤가스병(열대 곤충에 물려서 감염), 크론병, 주기성구토증후군, 우울증, 위염, 통풍, 간염, 건강염려증, 과민대장증후군, 유당불내증, 말라리아, 메니에르병(속귀의 장애), 미토콘드리아병(모계에서 물려받은 유전적 장애), 신경쇠약증(신경의 장애), 강박장애, 공황장애, 발작성 빈맥(빠른 심장 박동), 소화성 궤양, 비둘기 알레르기, 피롤루리아(혈액의 장애), 사회불안장애 등이 포함되었다. 다윈과 그의 질병에 대해 확실하게 말할 수 있는 것은 그가 73세에 심장병으로 사망했다는 것뿐이다.

다윈의 사례가 그토록 흥미로운 까닭은 그것이 몸과 마음의 강력한 상호작용을 전형적으로 예시하기 때문이다. 예컨대 피로와 구토는 신체적으로는 내장 감염을 의미할 수 있고, 심리적으로는 감정의 급격한 변화를 의미할 수 있다. 또는 양쪽을 동시에 의미할 수도 있다. 하지만 확인된 진단이 없다 해도 다윈이 과민한 체질과 싸웠다는 것은 명백하다. 이 점은 다윈이 비글호에 타려고 기다리고 있을 때 당장 분명해졌다. 길이가 약 30미터인 이 배는 1831년 10월에 잉글랜드의 항구도시 플리머스에서 출범할 예정이었지만, 관료들의 훼방과 심한 강풍 때문에 12월 말까지 늦어졌다. 지연되는 사이에 그는 계속 질병에 시달렸기 때문에 다윈은 그 두 달이 "내 평생 가장 비참한 기간이었다"라고 훗날 썼다. 수십 년 동안 다윈의 편지와 일기와 원고들을 연구한 컬럼비아 대학의 정신의학자 랠프 콜프에 따르면, 이때 다윈이 겪은 증상에는 흉통과 심계항진, 만성 체증, 그리고 죽음에 대한 불안이 포함되어 있었다. 다윈은 머리가 "어지럽고 불편한" 것을 느끼고, 출항 전 준비 작업의 부산스러움에서 빨리 벗어나고 싶어 했다. 배가 출항할 채비를 하는 동안 그는 헨슬로에게 쓴 편지에서 이렇게 말했다. "저는 출항을 이제나저제나 기다리고 있습니다. 뱃멀미까지도 사뭇 기다려질 정도로 말이지요. 어떤 것도 이 불안 상태보다는 나을 겁니다."

불안증이 있는 사람들은 혹시 일어날지도 모르는 일을 지나치게 걱정하고 최악의 사태를 예기하는 경우가 많다. "내 연설을 듣고 모두가 비웃을 거야"라든지 "내 두통은 뇌종양 때문인 게 틀림없어" 하는 식으로 말이다. 콜프에 따르면 다윈은 여행을 떠나고 싶은 마음이 간절한 것 못지않게 여행 중에 겪을 일에 대한 걱정도 컸다. 배의 비좁은 숙소, 선원들의 거친 행동, 병에 걸리거나 물에 빠져 죽을 가능성. 또한 그토록 긴 기간 집을 떠나 있는 것에 대해서도 불안을 느꼈다. "가족과 친구들을 그렇게 오랫동안 떠나 있을 생각을 하자 그만 기가 죽고 말았다. 게다가 날씨도 형언할 수 없을 만큼 음울하게 느껴졌다"라고 그는 나중에 회고했다. 그리고 그는 자신의 건강에 대한 강박적인 집착과 함께 자기가 겪는 증상에 대한 두려움을 표현하기 시작했다(건강염려증은 불안에 뿌리를 두고 있다). 건강에 대한 집착은 평생 동안 거듭하여 나타났다. "나는 심계항진과 심장 부근의 통증으로도 고생했다. 많은 무지한 젊은이들, 특히 의학에 대해 수박 겉핥기 식의 지식을 조금 갖고 있는 젊은이들이 그러듯이, 나는 내가 심장병에 걸렸다고 확신했다."

영국에서 남아메리카와 오스트레일리아를 거쳐 아프리카까지 장장 6만 킬로미터 이상에 걸친 항해에는 실무적으로나 인간관계에서나 어려운 과제가 많았다. 다윈은 집에 보낸 편지들에서 거친 바다와 항해 과정에 일어난 사고들에 대해 자세히 기록했다. 그는 이따금 열병과 장 질환, 퉁퉁 부어오른 무릎, 부스럼과 두통, 그리고 무엇보다도 심한 뱃멀미에 시달렸다. 다윈은 바다에서 지낸 시간의 많은 부분을 건포도를 조금씩 먹고(아버지가 내린 처방), 해먹에 누워 있고, 먹은 것을 토해내면서 보냈다. 그와 피츠로이 선장은 대체로 사이좋게 지냈고, 깊이 있고 활기찬 토론을 벌이곤 했지만, 다윈은 선장을 지나치게 신경질적이고 의심 많고 침울한 사람으로 기억했다(피츠로이는 30여 년 뒤인 1865년에 자살한다). 다윈은 친구들과 저녁때면 나누었던 담소를 그리워했고, 여행이 끝난 뒤 그의 노력이 어떤 성과를 거둘지에 대해 초조해했다. "내가 과연 옳은 길을 가고 있는지도 모르는 채 열정만으로 노력하는 것은 기가 꺾이는 일"이라고 그는 1833년 10월에 육촌형 윌리엄 폭스에게 보낸 편지에서 말했다.

하지만 젊은 모험가는 육지에서 탐사할 때—여행의 대부분은 육지 탐사였다—는 대체로 좋은 건강 상태를 유지했다. 그는 말을 타고 때로는 우박이나 눈보라 속에서 수백 킬로미터를 달리기도 했고, 한뎃잠을 잤고, 안데스 산맥 기슭의 언덕을 올랐고, 크리스마스 만찬을 위해 사냥을 했고, 아르마딜로를 구워 먹었고, 지진에서 살아남았고, 배가 빙하에 부딪혀 하마터면 뒤집힐 뻔한 위기도 겪어냈다. 재닛 브라운이 쓴 전기에 따르면, 다윈은 티에라델푸에고[6]에서 "파도에 휩쓸린 보트를 구조하여 보트에서 노를 젓고 있던 동료 선원들의 목숨을 구해" 주기도 했다. 이 모든 일을 치르는 가운데 다윈은 약 1만 점에 이르는 표본—식물, 동물, 화석, 암석—을 수집했고, 그것들을 분석하기 위해 고국으로 보냈다. 결국 다윈은 "그 배에 탄 사람들 가운데 가장 환경에 적응을 잘하고 많은 점에서 가장 강인한 사람임이 입증되었다"라고, 영국 의사인 조지 피커링은 『창조적 질병』이라는 책에서 말했다. 훗날 그의 삶을 지배하게 될 질병에 대해서는 아무 언급도 하지 않고, "그는 너무 활동적이었고 새로운 경험을 얻느라 너무나 바

---

6) 남아메리카 대륙 남쪽 끝에 있는 제도와 그중 가장 큰 섬의 이름.

빴다"라고 했다.

2년 동안 진행될 예정이었던 비글호의 항해는 5년으로 연장되었다. 1836년 10월 영국으로 돌아왔을 때 다윈은 딴사람이 되어 있었다. 아버지는 항해를 끝내고 돌아온 아들을 보자마자 다윈의 누이들을 돌아보며 말했다. "아니, 저 녀석의 머리통 모양이 완전히 바뀌었네." 다윈은 이 말을, 비글호를 타고 연구 활동을 하는 동안 그의 정신이 발달했다는 것을 확인해주는 상징적 표현으로 받아들였다. 다윈은 이제 직업을 찾아다니는 무직자가 아니라, 세계를 두루 돌아다니며 자신도 깨닫지 못하는 가운데 진화론의 증거들을 수집한 박물학자였다.

다윈의 건강도 극적인 변화를 겪게 될 터였다. 스트레스는 그게 어떤 종류이든 불안증을 유발하는 흔한 계기가 된다. 1837년 가을, 런던에 살고 있던 28세의 다윈은 이미 벅찬 작업량을 떠안고 있었다. 그는 런던의 지질학회 이사로 활동하고 있었고, 비글호의 항해에 대한 상세한 보고서를 마무리하는 중이었으며, "종의 변이"를 다룬 일련의 노트에 진화에 대한 단초적인 생각들을 기록하는 등 여러 일을 동시에 하고 있었다. 그는 또한 건강 악화에도 시달리기 시작했는데, 그해에 헨슬로에게 보낸 편지에서 이렇게 말했다. "요즘에는 불쾌한 심계항진 때문에 몸이 별로 좋지 않았습니다. 의사들은 일을 모두 중단하고 몇 주만이라도 시골에 가서 지내라고 '강력하게' 권하고 있답니다."

걱정이 많은 사람들은 미지의 것을 두려워하고 뭔가 결정을 내리는 데 어려움을 겪는 경향이 있다. 이 무렵 다윈은 사생활의 중요한 문제와도 씨름하고 있었는데, 결혼을 할 것이냐 말 것이냐 하는 문제였다. 신중하고 꼼꼼한 남자였던 그는 종이에 '결혼한다'과 '결혼 안 한다'라는 칸을 만들고 그 밑에 각각의 장단점을 적었다. 결혼의 좋은 점은 평생의 반려자가 생긴다는 것과 "음악과 여자들의 소소한 잡담의 매력"도 포함되었다. 독신으로 남았을 때의 이점은 친척들을 억지로 방문할 필요가 없다는 것, 아이들에 대한 "걱정과 책임"에 얽매이지 않는다는 것, 그리고 뭐든 하고 싶은 대로 할 자유가 있다는 것이었다. "안 돼!! 나는 프랑스어도 배우지 못할 테고, 유럽 대륙도 가보지 못할 테고, 미국에도 못 갈 테고, 열기구를 타고 하늘로 올라가지도 못할 거야." 그는 결혼에 대해 이렇게 한탄했지만, 동시에 결혼을 향해 나아가라고 자신을 격려하기도 했다. "괜찮으니 걱정 마. 기운을 내. 이렇게 외로운 인생을 살 수는 없어. 휘청거리는 노인이 되어서 친구도 없고 관심거리도 없고 자식도 없이, 벌써 쭈글쭈글 주름이 잡히기 시작한 얼굴만 쳐다보면서 살 수는 없어." 다윈은 마침내 외사촌 누이인 에마 웨지우드에게 청혼하기로 결심했지만, 그의 마음은 의구심으로 무거웠다. 게다가 그가 하고 있는 일들도 심한 중압감을 주었다. 그의 청혼은 결코 즐겁고 활기찬 행사가 아니었다. 재닛 브라운에 따르면 "다윈은 신경을 너무 많이 써서 기진맥진한 상태였고, 지독한 두통에 시달리고 있었다."

부부는 충실하고 사랑이 넘치는 43년의 결혼생활을 누리게 된다. 에마는 다윈의 건강이 나빠질 때마다 헌신적으로 그를 보살폈다. 하지만 아내가 다윈의 질병을 낫게 할 수는 없었다. 그건 가능치도 않은 일이었다. 결혼 초기에 다윈은 오한과 떨림, 허약감, 위창자 내 가스 팽만, 구토와 두통을 비롯하여 몸을 쇠약하게 하는 수많은 증상을 기록했다. 다윈의 나쁜 건강은 그의 일과 연구 상황에 따라, 그리고 에마의 첫 번째와 두 번째 임신과 병행하여 기복을 보였다. 콜프에 따르면 다윈은 고통과 출혈을 싫어했기 때문에 임신한 아내가 겪고 있던 불편에 특히 민감했을지도 모른다. 해산하기 전의 진통은 "나를 거의 에마만큼 녹초가 되게 했어요"라고 다윈은 폭스에게 쓴 편지에서 말했다. 다윈은 또한 자식들의 안녕을 지나치게 걱정했다. 아이들이 자신의 약한 체질을 물려받았을지 모른다고 걱정했을 뿐만 아니라 근친결혼의 영향으로 뭔가 문제가 있을지 모른다는 것도 걱정거리였다. 근친결혼은 선천성 장애와 질병의 위험을 증가시키기 때문이다. "내 두려움은 아이들이 불건강한 몸을 유전으로 물려받는 것"이라고 다윈은 아홉 번째 아이가 한 돌이 되어가던 1852년에 폭스에게 쓴 편지에서 말했다. "[고통스럽게 살기보다는] 차라리 죽는 게 아이들한테는 더 낫지요."

다윈의 시간과 걱정의 대부분을 차지한 것은 궁극적으로 그의 일—주로 『종의 기원』 집필—이었다. 1844년에 다윈은 189쪽의 초고를 완성한 뒤, 자기가 죽으면 그것을 출판하라고 에마에게 일러두었다. 하지만 14년이 지나 앨프리드 러셀 월리스의 우편물이 그의 집에 도착했을 때에도 다윈은 아직 그 작업을 완전히 마무리하지 못한 상태였다. 이른바 '다윈의 지연(Darwin's delay)'을 초래한 원인에 대해서는 오랫동안 조사와 토론이 이루어졌다. 물론 그는 결혼생활과 자녀들(10명 가운데 7명이 성인이 될 때까지 살아남았다) 때문에, 그리고 비글호를 타고 항해하는 동안 그가 수집한 동식물 표본을 기록한 다섯 권짜리 전집과 다양한 조개삿갓에 대한 네 편의 보고서 등 다른 중요한 저술 작업들로 바쁘기도 했다. 게다가 비둘기의 번식 습성에서부터 딸기와 배의 변종들에 이르기까지 자신의 이론과 관련된 모든 것을 분석할 시간도 필요했다. 그리고 그는 모든 일을 제대로, 오류 없이 하고 싶어 했다. 할아버지인 이래즈머스의 것을 포함하여 이미 발표된 진화 이론들은 모두 설익은 추측일 뿐이었다. 다윈은 그것을 잘 알고 있었기 때문에 자신의 저술은 닻줄의 매듭처럼 단단할 필요가 있었다.

다윈이, 특히 초기에는, 진화론을 발표하는 데 대한 불안감과 싸운 것은 의심할 여지가 없다. 그는 논란과 세간의 주목을 싫어한 겸손하고 온화한 사람으로 알려져 있었고, 그런 사람답게 지구의 생물들이 어떤 '지고(至高)한 힘'에 의해 각기 독특하게 만들어진 것이 아니라 세월이 흐르는 동안 차츰 진화하고 환경에 적응했다는 자신의 주장이 사회에서 가장 독실한 사람들을 격분시키고, 신이 만물을 창조했다는 오랜 종교적 믿음에 큰 충격을 주리라는 것도 알고 있었다. 다윈은 1851년에 딸 애나가 죽은 뒤 신앙심을 거의 잃었지만 아내는 여전히 독실한 기독교도였다. 그의 이론을 발표하는 것은 일반 대중만이 아니라 집에 있는 그의 가장 충실한 지지자까지도 당황하게 할 수 있었다. 그는 친구에게 보낸 편지에서 자신의 이론은 "살인을 자백하는" 거나 마찬가지라고 말했다.

　　결국 다윈에게 연구 결과를 발표하도록 재촉한 것은 경쟁이었다. 월리스의 논문이 동봉된 다윈의 편지를 받은 찰스 라이엘은 월리스의 우편물이 처음 도착한 지 한 달 뒤인 1858년 7월에 열린 과학 모임에서 두 과학자의 이론을 함께 제시했다. 그것은 훌륭한 해결책이었다. 그런데 이들의 이론은 놀라우리만큼 주목을 못 받았고, 덕분에 다윈은 명예롭게 작업을 진전시킬 시간을 벌게 되었다. 이듬해까지 그는 500쪽에 달하는 저술을 마무리하기 위해 지칠 줄 모르고 일했다. 그 사이에 그는 아프기도 했다. 일찍이 1838년에 다윈은 자신의 뇌와 위장관을 연관 지으면서, "나는 머리와 위장이 서로 적대 세력이라는 것, 그리고 하루에 너무 적게 생각하는 것보다 너무 많이 생각하는 것이 훨씬 쉽다는 것을 안다"라고 말했다. 1859년에 다윈은 결승선을 향해 달려가면서 또다시 자신의 육체적 고통을 그가 '초록(抄錄)'이라고 부른 책을 완성하는 데 대한 중압감 탓으로 돌렸고, 이 모든 것이 빨리 끝나기를 갈망했다. 다윈은 폭스에게 보낸 편지에서 이렇게 말했다. "나는 요즘 특히 몸이 좋지 않았어요. 오랫동안 나를 괴롭힌 구토를 꽤 자주 했고 머리가 어질어질해서 몹시 힘들었지요. 내 초록이 원인이오. 내 육신이 물려받는 여러 가지 재앙의 대부분은 그것에 원인이 있는 것 같아요."

두려움과 불안 사이에는 중요한 차이가 있다. 두려움 즉 공포는 예고 없이 나타났다가 금세 떠나는 손님과도 같다. 반면에 불안은 짐을 풀고 당신의 뇌 속에 눌러앉아 눈총을 받을 만큼 오래 머문다. 이런 차이는 결국 실제의 위협과 상상된 위협의 차이로 귀착된다. 두려움은 우리의 진화 구조에서 꼭 필요한 부분이고 위험에 대한 생래적인 반응이다. 이것은 우리로 하여금 질주하는 코끼리 떼나 밀려오는 쓰나미로부터 달아나게 만들고, 그러기 위해 필요한 에너지를 우리에게 준다. 스트레스 호르몬이 쏟아지고, 심장은 더 빨리 펌프질하고, 혈압은 높아진다. 불안도 같은 생리적 증상을 몇 가지 일으키지만, 불안을 유발하는 것은 우리 눈앞에 실제로 닥친 위험이 아니라 감지된 가상의 위험일 뿐이다.

과학자들은 뇌 속 깊숙한 곳에 자리 잡고 있는 편도체라고 불리는 신경세포 다발에 두려움의 회로가 존재한다고 적시했다. 연구 결과, 편도체가 손상되거나 없어지면 그 동물이 위험에 반응하는 방식이 변하는 것으로 드러났다. 쥐는 고양이한테서 도망치는 게 정상인데, 진정제를 투여한 고양이와 편도체가 손상된 쥐를 함께 놔두면 쥐는 거기 그냥 머물고, 심지어는 고양이의 귀를 물어뜯기까지 한다. 건강한 원숭이들을 뱀 가까이에 두면 그게 진짜든 가짜든 두려워서 뒤로 물러나고, 뱀과 눈이 마주치는 것을 피하고, 그 파충류 가까이에 놓여 있는 구미 당기는 먹이를 향해 손을 뻗기를 망설인다. 그 먹이가 초콜릿이든 과일 맛 시리얼이든 칵테일파티용 땅콩이든 다 마찬가지다(이런 입맛에서는 우리 인간도 그들과 동류다!). 이와는 대조적으로, 편도체를 수술로 제거한 원숭이들은 아무 제약도 받지 않고 거리낌 없이 행동한다. 위험할 수 있는 상황인데도 불구하고 맛있는 먹이를 향해 재빨리 손을 뻗고, 다른 경우라면 당연히 피했을 뱀에게 호기심을 보이기까지 한다.

인간에 대한 연구도 그에 못지않게 흥미롭다. 몇 년 전, 오클라호마주 털사에 있는 로리엇 뇌연구소의 임상 신경심리학자인 저스틴 파인스타인과 동료들은 희귀한 선천성 장애로 편도체가 파괴된 환자에게 두려움을 불러일으키려고 애썼다. 그들은 SM이라고 약칭하는 이 환자를 켄터키주 루이빌의 웨이벌리힐스 요양원에서 이루어지는 핼러윈 유령 투어에 데려갔는데, 전에 결핵 요양소였던 이곳에는 죽은 환자들과 의료진의 유령이 출몰한다는 소문이 파다했다. 이 투어에 참가한 다른 어른들은 공포에 질려 비명을 질러댔지만, SM은 그녀를 겁주려고 뛰쳐나오는 괴물들을 보고 미소를 짓거나 깔깔 웃어댔다. 심지어는 한 괴물의 머리를 손가락으로 콕콕 찔러서 그를 깜짝 놀라게 했다. 나중에 그녀가 말하기를, 마치 롤러코스터를 타고 있는 것처럼 격렬한 흥분을 느끼긴 했지만 공포는 전혀 느끼지 않았다고 했다.

연구 팀은 SM에게 〈샤이닝〉과 〈양들의 침묵〉 같은 공포 영화의 무서운 장면들을 보여주었다. 그녀는 영화를 재미있게 보았으나 무서워하지는 않았다. SM은 뱀과 거미를 싫어한다고 했지만, 희귀하거나 특이한 애완동물을 파는 가게에 데려가도 불안한 기색은 전혀 보이지 않았다. 거기서 그녀는 동물들을 만지고 싶어 하는 유별난 강박적 욕구를 보였고, 스르르 미끄러지는 뱀을 붙잡고 날름거리는 혀를 느끼는 게 "너무 멋졌다"고 말했다. 그녀의 호기심이 너무나 강해서, 가게 직원은 그녀가 타란툴라에 물릴까봐 그 독거미를 만지지 못하게 말려야 했다.

편도체가 외부의 위협에 대한 경보 장치 역할을 한다는 것은 충분히 입증되어 있다. 편도체는 서치라이트처럼 시야를 스캔하다 위험이 탐지되면 뇌의 다른 부위들에 화학적 신호를 보낸다. 하지만 과학자들은 두려움의 과학을 해명하다가 편도체의 역할이 당초 상상했던 것보다 훨씬 복잡하다는 사실을 발견하고 있다. 즉 편도체가 두려움의 메커니즘의 전부는 아니라는 것이 밝혀졌는데, 이것은 파인스타인 연구 팀이 최근 SM에게 다른 유형의 과제를 주었을 때 분명해졌다. 그녀가 전에 보인 반응들 때문에, 그녀의 코에 마스크를 씌우고 이산화탄소가 섞인 산소를 들이마시라고 요구해도 역시 불안한 기색을 보이지 않으리라고 연구자들은 예상했다. 이것은 실험실에서 하는 일반적인 공포 테스트다. 그런데 예상과는 전혀 달리 SM은 공기가 모자란 듯이 숨을 헐떡거리고, 마스크를 떼어내고, 본격적인 공황발작을 일으켰다. 놀랍게도 그녀의 반응은 기능을 제대로 발휘하는 편도체를 지닌 통제집단(대조군)의 대다수 피험자들보다 훨씬 격렬한 것으로 드러났다. 통제집단의 피험자들은 숨을 쉬는 데 어려움을 겪긴 했지만, 공황반응을 보인 사람은 그들 중 4분의 1도 채 안 되었다.

이런 발견에 대한 파인스타인의 해석은, 위협이 '몸속'에서 나타나면—예컨대 나쁜 공기를 들이마시거나 심장에 통증을 느끼면—편도체가 아니라 원시적인 뇌간이 임무를 인계받는다는 것이다. 그뿐 아니라 편도체가 제대로 작동하고 있을 때에도, 그것은 불안을 부추기는 게 아니라 실제로는 오히려 불안을 약화시키는 역할을 할지도 모른다. 이런 점은 공황발작에 시달리는 사람들의 편도체가 상당히 위축되어 있다는 것을 발견한 다른 연구들을 통해서도 확인되었다. 손상된 편도체가 공황을 억제하지 못하면 뇌는 사실은 그리 위험하지 않은 것들—다리나 인파—에 과도하게 반응하여 일련의 공황발작을 일으킬 수 있다고 파인스타인은 설명한다. 그리고 이런 공황발작은 궁극적으로 광장공포증으로 알려진 질환—공황 발작이 일어날 수 있는 장소와 상황을 피하는 것—으로 이어진다.

알레르기가 다양한 방식—발진, 두드러기, 유루안,[7] 재채기 등—으로 표출되듯이 불안장애(anxiety disorder) 역시 같은 사람에게서도 다양한 형태로 나타날 수 있다. 『정신장애 편람』은 공황장애와 광장공포증, 선택적 함구증(불안이 너무 심해서 아이가 학교 또는 다른 사회적 환경에서 말을 못하게 되는 것), 그리고 좀 더 흔한 범불안장애(generalized anxiety disorder, 일상생활의 다양한 문제에 대한 광범위하고 만성적인 걱정)를 포함하여 열한 가지 유형의 불안장애를 열거하고 있다. 요즘 같으면 피에 대한 다윈의 혐오는 '특정공포증'의 범주에 들어갈 것이다. 이 범주의 다른 흔한 공포증으로는 거미공포증, 고소공포증, 비행공포증 따위가 있다. 다윈은 또한 다중 앞에서 말하는 것에 대해서도 불안을 느꼈다. 이것은 오늘날 사회불안장애(사회공포증)라고 하는 것의 전형적인 특징으로, 남들이 자기를 유심히 보는 것과 창피나 굴욕을 당하는 것을 극단적으로 걱정하는 것이다. 다윈은 아들 윌리에게 쓴 편지에서, 그가 지질학회의 간사로서 논문들을 낭독해야 했는데 "처음에는 너무 겁이 나고 불안했다. 어찌 된 셈인지 그 논문 말고는 주위의 아무 것도 보이지 않았다. 그리고 내 몸이 어디론가 사라지고 머리만 남겨진 듯한 기분이었다"라고 했다. 또 언젠가는 과학자들의 모임에서 겨우 몇 분 동안 말한 것 때문에 "24시간 동안 계속 토했다"고 했다.

1997년에 《미국의사협회 저널》에 발표된 보고서에서 두 명의 의학자는

---

7) 눈이 계속 눈물에 젖어 있는 증상.

다윈이 거듭되는 공황발작을 특징으로 하는 불안장애인 공황장애에 시달렸을 것이라고 결론지었다. 이런 발작은 갑자기 공포에 사로잡히고, 예기치 않게 폭발할 수 있는 심각한 신체적 증상을 수반하는 것이 특징이다. 다윈은 심계항진, 호흡곤란(그 자신은 이것을 "공기 피로"라고 묘사했다), 울음, 불면증, 복통, 당장이라도 죽을 것 같은 느낌을 포함하여 공황장애와 결부된 여러 특징적 증상들을 경험했다고 연구자들은 기술했다. 공황발작이 한창 진행 중일 때는 자기가 심장 발작을 일으키고 있어서 죽을 것만 같다고 걱정하는 것도 드문 일이 아니다. 두 의학자는 또한 건강 일지에 적혀 있는 다윈 자신의 설명—밤중에 잠에서 깨어나 두려움을 느끼고, "머리가 어찔어찔하고", 손이 덜덜 떨리고, "구역질의 발작"을 겪었다는 것 따위—도 공황장애와 일치하는 경험이라고 설명했다. 달이 찼다 이울었다 하는 것처럼 기복을 보이는 것이 공황장애의 특징인데, 저자들에 따르면 다윈의 질병은 "공황장애의 그런 전형적인 과정을 따랐다. 공황발작은 그에게 큰 고통을 주었고, 그의 일과 사회생활을 방해했다."

이 의학자들은 다윈이 아고라포비아(agoraphobia), 즉 광장공포증에도 시달렸다는 이론을 세웠다. 그리스어와 라틴어 용어인 아고라포비아는 "탁 트인 공간에 대한 두려움"으로 번역된다. 공황장애와 광장공포증은 연결되는 경우가 많다(최근까지만 해도 『정신장애 편람』에서는 이 두 가지 장애가 하나의 진단명으로 분류됐었다). 거듭해서 공황발작을 일으키는 사람들은 그러잖아도 그들을 두렵게 하는 장소와 상황—다리, 사람들로 북적거리는 극장, 엘리베이터, 혼자 있는 것—을 피하는 경향이 있기 때문이다. 다윈의 경우, 그는 대중 앞에 나서는 것, 과학자들의 모임, 사회적 교류를 적극 피했다. 이런 활동에 참여하는 것은 그의 건강에 해로운 영향을 주었기 때문이다. 찰스와 에마는 1839년에 결혼한 직후 런던에서 다운으로 이사했고,

여기서 다윈은 집 밖에서 보내는 시간을 엄격하게 제한했다. "이사한 뒤 처음 얼마 동안은 사교 행사에도 간간이나마 참석했고 집에서 친구도 몇 명 접대했지만, 거의 매번 흥분 때문에 건강이 나빠졌다. 심한 오한과 구역질 발작이 일어나곤 했다"라고 그는 나중에 자서전에서 말했다. 다윈은 가족과 친구와 동료 과학자들과 약 1만 5,000통의 편지를 주고받으며 활발하게 소통했으나, 몸은 어디에도 가지 않고 집 가까이에 아내와 함께 머물러 있기를 좋아했다. "조금만 흥분해도 쉽게 탈이 나는 위장 때문에 어디에도 가기가 두렵네요"라고 그는 1852년에 육촌 형 폭스에게 쓴 편지에서 말했다. 그의 생활은 안락했지만 "은자의 생활"이라고 했다. 『종의 기원』을 토론하기 위해 열린 크고 중요한 회의조차도 그에게는 너무 힘겨웠다. 그는 복통 때문에 참석할 수 없다는 편지를 보냈다.

일련의 획기적인 연구들이 시사하는 바에 따르면, 집안에 대물림되는 불안장애의 주요 특징들은 아주 어렸을 때부터 알아차릴 수 있다고 한다. 1989년에 하버드 대학의 심리학자인 제롬 케이건은 생후 넉 달 된 아기들이 낯선 사람과 익숙지 않은 장난감에 어떻게 반응하는지를 관찰하는 장기 연구에 착수했다. 아기들 가운데 일부는 침착성을 유지해 비교적 동요하지 않았지만 약 20%는 강한 반응을 보였는데, 울어대고 팔다리를 내두르고 등이 활처럼 휘게 용을 썼다. 케이건과 동료들이 이 아기들을 20년 동안 추적 관찰한 결과, 민감한 반응을 보인 아기들은 수줍고 조심성 많고 불안해하는 어린이와 어른으로 성장할 가능성이 더 높다는 것을 알아냈다.

아기 다윈은 흥미로운 연구 대상이 되었을지도 모른다. 컬럼비아 대학의 정신의학자 콜프에 따르면, 다윈은 어렸을 때 유쾌한 사건과 불쾌한 사건에 모두 신체적으로 반응하여, 전율과 오한, 떨림과 배탈 같은 증상을 보였다. 그는 품평회에 나온 개 하나가 주인의 꾸지람에 반응하는 것을 보고 친구에게 "더는 참고 볼 수가 없어. 저 가엾은 개들은 호되게 매를 맞은 거야" 하면서 일찍 그 자리를 떠났다. 자서전에 따르면 다윈은 엽총으로 새를 처음 쏘아 죽인 뒤 흥분으로 손이 너무 떨려서 총알을 다시 장전할 수도 없을 정도였다. 음악을 들을 때의 즐거움도 아주 격렬했다. "그래서 때로는 내 등뼈가 진동하곤 했다"라고 자서전에서 말했다. 하버드 대학의 연구에서 매우 민감한 반응을 보인 아기들처럼 다윈도 자극에 대해 강한 신체적 반응을 보였고, 어쩌면 어렸을 때부터 불안장애의 소지가 있었을지 모른다.

오늘날 같으면 그는 별로 걱정할 필요가 없었을 것이다. 동지들이 워낙 많기 때문이다. 불안장애는 정신질환 가운데 가장 보편적이어서, 약 4,000만 명의 미국인이 이 병을 지니고 있다. 우리는 자유가 부여하는 미세한 선택들(예컨대, 단순히 유기농 우유를 살 것인가 하는 문제만이 아니라 어떤 브랜드로 살 것인가 하는 문제까지), 경제와 테러, 수면을 방해하는 모바일 기기 등등 때문에 신경이 피로해지기 쉬운 시대에 살고 있다. 얼마나 많은 사람들이 마음의 평화를 찾으려고 필사적인 노력을 기울이고 있는가를 보면 알 수 있듯이, 마음의 평화를 얻기가 어려운 것은 분명하다. 미국에서 정신과 약물 중 가장 많이 처방되는 것이 뭐냐면, 재낵스(Xanax)라는 상표명으로 팔리는 항불안제 알프라졸람이다. 2012년에만 무려 4,900만 장의 처방전이 발급되었다.

21세기에 사는 우리는 과거 어느 때보다도 우리가 가장 신경질적이고 불안하다고, 우리의 "불안의 시대(age of anxiety)"—W. H. 오든에게 1948년 퓰리처상을 안겨준 장시의 제목이자 그가 이 시대에 붙인 이름이다—야말로 역사상 가장 겁 많고 변덕스러운 시대라고 생각할지도 모른다. 물론 실체적 진실은, 인간이란 수천 년 전부터 걱정이 많은 존재였다는 것이다. 《애틀랜틱》지의 편집장이자 『나의 불안의 시대』[8]를 쓴 스콧 스토셀이 말했듯이 "인간의 뇌가 미래를 의식할 수 있게 되자마자 인간은 미래에 대해 염려하게 되었다." 실제로 다윈이 죽었을 때쯤에는 이미 불안은 일종의 문화병이 되어 있었다. 19세기 말과 20세기 초에 미국의 교양 있는 상류층 인사들 사이에 유행한 병은 '신경쇠약증(neurasthenia)'이었다. 이 병의 증상에는 우울증, 불면증, 편두통, 피로, 불안, 심지어는 조기 탈모증까지 포함되었으며, 산업혁명의 스트레스와 지나치게 혹사당한 뇌가 원인으로 여겨졌다.

시어도어 루스벨트 대통령뿐 아니라 제임스 남매들(작가인 헨리와 앨리스, 철학자인 윌리엄)을 포함한 숱한 유명인사들이 신경쇠약에 시달렸다고 한다. 그들은 '안정요법'을 처방받고 침대로 보내지는 경우가 많았다. 1901년에 컬럼비아 대학의 한 정신의학자는 다윈도 신경쇠약을 앓았다고 주장했다. 그가 쓴 글에 따르면, 다윈이 비글호를 타고 힘든 여행을 한 것과 "평생 동안 힘든 지적 노동을 한 것"이 만성적이고 심각한 신경쇠약을 초래한 원인이었다. 다윈이 여행에서 돌아온 뒤 1~2년 동안만 "매일같이 책을 쓰고 교정을 보고 편지를 주고받는 일에서 벗어나 휴식과 오락을 즐기는 생활을 했다면 병은 치료되었을 것이고, 그 후의 삶에 기쁨과 편안함이 더 많았을 것"인데 그러지 못했다고 그는 안타까워했다.

사정이 그렇게 간단하다면 얼마나 좋겠는가. 병에 시달리는 과정에서 다윈은 줄곧 수많은 의사들(빅토리아 여왕의 주치의도 포함)과 상담했고, 아이스팩을 등뼈에 올려놓거나 수은 정제, 제산제, 비스무트(정장제인 펩토비스몰

8) 국역본은 『나는 불안과 함께 살아간다』이다.

현탁액의 유효 성분), 레몬, 코데인을 복용하거나 배에 전기 자극을 가하는 등 다양한 치료를 받았다. 그가 가장 좋아한(적어도 처음에는 그랬던) 치료법은 빅토리아 시대의 '물치료(water cure)'였는데, 물치료를 받으려면 탕치장(湯治場, 스파)에서 몇 달을 보내야 했다. 거기서 다윈은 뜨거운 램프 옆에서 땀을 흘렸고, 치료사는 찬 수건으로 그의 몸을 문질렀고, 찬물에 두 발을 담갔고, 습포를 배에 눌러댔다. 이 치료법은 또한 아침 일찍 일어나고, 음식을 적당히 먹고, 설탕을 피하고, 물을 마시고, 많이 걸을 것을 환자에게 요구했다. 그는 집에 돌아와서도 최대한 그 규칙들을 지켜서, 겨울에도 얼음같이 찬 물로 샤워를 하는가 하면, 아내가 만든 달콤한 푸딩을 많이 먹지 않으려고 애썼다. 하지만 어떤 치료법도 효과는 오래가지 않았다.

두 살 무렵부터 "공포증과 두려움과 신경증에 시달린 불안 덩어리였던" 스콧 스토셀은 평생 동안 공황발작과 다양한 공포증—고소공포증, 실신·쇠약공포증, 비행공포증, 구토공포증, 심지어는 치즈공포증(치즈 냄새가 구토를 연상시키기 때문에)까지—을 포함하여 극심한 불안증과 싸웠다. 그는 약물요법과 최면요법, 위스키에 이르기까지 수많은 치료법을 찾아서 시도해보았지만 "어떤 것도 만병통치약은 아니었다." 스토셀은 다윈의 사연에서 위안을 찾는다. "마음과 배가 불안에 의해 그토록 쉽게 교란되는 사람이 나 혼자만은 아니라는 것"을 알았기 때문이다. 그 밖에도 많은 사람이 그와 같은 처지에 있다. 가수이자 배우인 바브라 스트라이샌드는 1967년에 센트럴파크에서 공연을 하다가 노래 가사를 잊어버린 뒤 심한 무대공포증에 시달리게 되었다. 그 증상이 너무 심해서 그녀는 거의 30년 동안 (작은 클럽이나 자선 행사를 제외하고는) 공개 무대에 서지 못했다. 1998년에 대학 미식축구 선수들의 꿈인 하이즈먼 트로피를 받은 리키 윌리엄스는 프로 선수 시절 아주 심각한 사회불안장애에 시달려서, 인터뷰도 헬멧을 쓴 채 할 수밖에 없었다.

하지만 스토셀은 불안장애와 결부된 몇 가지 특징—성실하고 세심함, 실수를 저지르지나 않을까 하는 두려움 등—덕분에 자신이 지금처럼 성공한 사람이 될 수 있었을지도 모른다고 믿는다. 여키스-도드슨 법칙(Yerkes-Dodson Law)[9]이라는 잘 알려진 과학적 원리는, 적절한 자극으로 부추겨지지 않으면 시험에서 A학점을 받거나 홈런을 치지 못할 것이라고 주장한다는 점에서 스토셀의 이론을 뒷받침한다. 하지만 지나치게 압박을 받아서 두려움으로 몸이나 마음이 마비되어도 성공하지 못할 것이다. 최상의 수행 수준에 도달하는 비결은 적당량의 불안이다. 그것은 활력과 정신 집중과 의욕을 유지하게 해줄 것이다.

물론 다윈은 몹시 아팠다. 그의 불안장애가 중요한 업적을 달성하는 데 도움이 되었다 해도, 신체적 증상들은 그의 의기를 꺾을 만큼 압도적일 때가 많았다. "그가 극도로 쇠약해진 상태에서도 꿋꿋이 버틸 수 있었다는 게 그저 놀라울 뿐"이라고 스토셀은 말한다. 오늘날 불안장애의 치료법에는 심리요법, 약물요법, 충분한 운동과 수면 따위의 생활 방식 조정이 포함된다. 이런 치료들의 목적은 활동적이고 만족스러운 생활을 허용하는 수준까지 걱정을 가라앉히는 것이라고 스탠퍼드 대학교 의료원의 불안장애 클리닉 소장인 크레이그 바 테일러 박사는 말한다. "임상 치료에서 우리가 하는 주된 일은 사실 불안을 제거하는 것이 아니라, 환자 자신이 불안을 처리하는 방법을 찾아내어 충실한 삶을 살아갈 수 있도록 도와주는 것이다."

---

9) 미국의 심리학자인 로버트 여키스와 존 도드슨이 1908년에 밝혀낸 원리로, 인간의 생리적·정신적 각성 상태와 과제 수행 능력 사이에는 역U자 형태의 상관관계가 성립한다는 것.

다윈의 문제가 100% 불안장애였다고 하면 무모한 주장이 될 것이다. 그가 샤가스병,[10] 과민대장증후군, 주기성 구토를 비롯한 다른 질병들에도 시달렸을 가능성은 충분하며, 그 병들은 모두 스트레스로 악화될 수 있었을 것이다. 그래도 역시 불안은 그의 존재 자체에 속속들이 스며들어, 그의 뇌와 몸 속을 흐르고 있었을 다른 것들과 한데 뒤엉킨 것 같다.

결국 『종의 기원』은 다윈이 상상했던 만큼 큰 물의를 일으키지는 않았다. 부분적으로는 그가 비평가들이 우려하는 점들을 예상하고 '학설의 난점들'이라는 한 챕터를 할애하여 그 문제를 다루었기 때문이다. 하지만 공개 토론회가 많이 열렸고, 일단의 지지자들이 그의 저서를 옹호하고 나섰는데, 다윈은 이런 토론회들에도 어떻게든 참석을 피했다. 이 유명한 논저가 출판된 뒤에도 건강 문제는 지속되었지만, 생애의 마지막 10년 동안 그의 증상은—그가 훨씬 덜 논쟁적인 주제들로 관심을 돌리면서—진정되었고, 그는 마침내 평안을 찾았다. 그의 마지막 저서이자 가장 인기 있었던 저서의 하나는 지렁이를 다룬 것이었다.

1882년 초에 몇 달 동안 다윈은 흉통을 경험했다. 항상 그의 보호자였던 에마는 그를 간병하면서 곁을 지켰다. 4월 19일에 그는 73세를 일기로 세상을 떠났다. 사인은 의사들이 '협심증성 실신'이라고 부른 심장병이었다. 숨을 거두기 전에 그는 에마에게 죽는 건 두렵지 않다고 말했다고 한다. 이 온화하고 겸손하고 뛰어난 과학자는 삶이 끝날 때쯤에는 이미 유명 지식인이 되어 있었다. 그는 고향의 교회 묘지에 먼저 간 자신의 두 아

---

10) 원생기생충 감염에 의해 발생하는 이 질환은 중남미의 풍토병이다.

이와 나란히 묻히기를 기대했다. 하지만 조개삿갓과 비둘기와 원숭이로 종교적 도그마를 뒤엎은 과학자는 벨벳으로 덮인 관 속에 누워 저 유명한 웨스트민스터 대성당에서 마지막 안식처를 찾았으니, 참으로 심오한 역사의 아이러니가 아닐 수 없다.

다윈에게 간단한 것은 아무것도 없었다.

조지 거슈윈 (George Gershwin)
주의력결핍 과잉행동장애(ADHD)

　잘 알려진 얘기지만, 조지 거슈윈은 그의 음악이 자기 사후에도 살아
남을 것인지 궁금해했다. 그러나 걱정할 필요가 없었다. 그가 작곡한 노
래들은 처음부터 7월 4일 독립기념일의 불꽃놀이처럼 하늘을 환하게 밝
혔다. 그의 곡들은 밝고 유쾌하고 참신했다. 엄청나게 빠른 속도로 곡
을 만들면서 그는 흑인 영가와 히브리 성가, 러시아 민요에 담긴 소리들

과 떠오르고 있는 신세계의 불협화음을 섞었다. 「나는 리듬을 탔어(I Got Rhythm)」, 「나를 돌봐줄 어떤 사람(Someone to Watch Over Me)」, 「모든 걸 그만둬요(Let's Call the Whole Thing Off)」 같은 명곡들은 끝없는 물줄기를 이루며 흘러나오는 것 같았다. 한번은 일이 어떻게 되어가고 있느냐는 질문을 받고 거슈윈은 "너무 빨라!"라고 대답했다. 그의 머리에는 아이디어가 파도처럼 밀려들었던 것이다.

거슈윈을 둘러싼 삶의 분주한 외침들은 아스팔트 위의 롤러스케이트 소리, 자동차 경적 소리, 활기찬 거리 가수들의 소리 등으로 주위가 왁자지껄하던 어린 시절부터 그의 영혼에 속속들이 스며들었다. 작곡가가 된 그는 일상의 소음 속에서 멜로디의 영감을 찾았다. 프랑스 택시의 경적 소리들은 그의 교향시 〈파리의 아메리카인(An American in Paris)〉에서 거리의 부산스러운 소음들에 촉매 역할을 했다. 기차의 바퀴가 덜컹거리는 소리, 증기기관이 쉭쉭거리는 소리, 뚜뚜 울리는 기적 소리는 그가 불과 3주 만에 완성한 걸작 피아노 협주곡 「랩소디 인 블루(Rhapsody in Blue)」의 맥동하는 리듬에 불을 붙이는 역할을 했다.

인간 거슈윈도 그의 음악과 똑같았다. 에너지 넘치고 강렬했다. 그는 걸음도 빠르고 말도 빨랐다. 언젠가 어떤 기자가 쓴 기사에는 그가 "왼손을 스타카토 박자로 탁탁 움직이며" 자기 말을 강조했다고 쓰여 있었다. 피아노 앞에서 거슈윈의 테크닉은 능수능란했고, 그의 연주는 빛이 나고 활기 넘쳤다. 영화감독이자 연극 연출가인 루벤 마물리안은 어느 글에서 이렇게 말했다. "조지는 건반에서 아름다운 멜로디를 금실처럼 자아내곤 했다. 그러고는 그 멜로디를 갖고 놀고, 저글링 하고, 장난스럽게 비틀거나 뒤흔들고, 예기치 않은 복잡한 패턴으로 짜내고, 매듭을 지었다가 풀고, 끊임없이 변하는 리듬과 대위선율의 폭포 속으로 집어 던졌다. 피아노 앞에서 그는 악마의 연회를 즐기는 유쾌한 마법사 같았다."

거슈윈의 어린 시절만 보아서는 이런 것을 전혀 예측할 수 없었을 테다. 사람들 말에 따르면 그는 잠시도 가만히 있지 못하고, 주의가 산만하고, 싸움질을 일삼고, 음악은 계집애들이나 하는 거라고 생각하는 아이였다. 아버지는 그가 나중에 자라면 아무짝에도 쓸모없는 놈이 될 거라고 예언 했다. 그런데 거슈윈은 역사상 가장 많은 곡을 만든 작곡가의 한 사람이 되었다. 그는 수백 곡의 노래와 수십 편의 피아노 독주곡, 주요한 관현악 곡 외에 브로드웨이 뮤지컬과 장편 영화의 음악도 여럿 작곡했으며, 오페 라까지 한 편 썼다. 거슈윈이 뇌종양에 걸려 1937년에 38세의 나이로 세상 을 떠난 뒤 곳곳에서 열린 추모 콘서트에는 연주회장에 다 들어가지 못할 만큼 많은 인파가 몰려들었다. 맨해튼의 루이손 스타디움은 기록적인 2만 명의 팬들로 가득 찼고, 할리우드볼 야외음악당 주변 도로에서는 자동차 들이 서로 뒤얽혀서 교통이 마비되는 바람에 배우이자 가수인 프레드 아스 테어 같은 유명인도 차에서 내려 음악당까지 걸어가야 했다.

거슈윈은 미국을 사로잡았고, 그 영혼을 도취시켰다. 하지만 어떻게? 그의 몸과 마음의 경쾌한 템포를 몰아댄 추진력은 무엇이었을까? 그리고 그는 어떻게 싸움질을 일삼던 거리의 악동에서 역사상 가장 위대한 작곡 가 중 한 사람으로 변신한 것일까?

조지 거슈윈은 1898년 9월 26일 브루클린에서 태어났다. 이후 그는 가 족과 함께 뉴욕시의 셋집 스물여덟 군데를 전전하는 가운데 방황하는 어 린 시절을 보내게 된다. 아버지 모리스 거슈윈과 어머니 로즈는 러시아의 상트페테르부르크에서 미국으로 이주한 유대인이었다. 많은 유대계 러시아인들이 그랬듯이 그들도 경제적 기회를 얻고 종교적 박해를 피하기 위해 미국으로 건너왔다. 모리스 거슈윈은 숱한 일을 시험 삼아 해보면서 여러 직업을 옮겨 다녔다. 제화공, 마권업자, 식당 주인도 해보았고, 터키탕을 경영하기까지 했다. 그는 붙임성 있는 상냥한 사람이었지만, 조지의 누이동생 프랭키에 따르면 "남에게 쉽게 속는 진짜 바보"였다. 조지는 특히 어머니와 가까웠다. 그는 어머니를 애정이 깊지만 한편으로는 "신경이 과민하고 야심이 강하며 과단성 있는" 사람으로 묘사했다. 로즈 거슈윈은 자식을 맹목적으로 사랑하는 타입은 아니었지만, 자녀들이 충분한 교육을 받아야 한다고 주장했다. 그것은 다른 일에 모두 실패하더라도 "언제든지 학교 교사가 될 수 있도록" 하기 위해서였다고 거슈윈은 나중에 말했다.

조지 거슈윈은 수줍고 조용한 형 아이라와는 달리 억제되지 않은 야성적 에너지로 충만해 있었다. "조지는, 그 자신이 늘 상기시키듯이, 거칠고 단순한 근육질 유형이었지 슬픈 얼굴로 사색에 잠기는 스타일의 아이는 아니었다. 그는 명랑한 성격에 항상 활동적이었다"라고 아이작 골드버그는 1931년에 펴낸 최초의 전기에서 말했다. 거슈윈이 살았던 동네 가운데 하나인 로어이스트사이드[1]에는 유럽에서 이민 온 사람들이 많이 살았는데, 모험을 즐기는 아이들이 대부분 그렇듯이 거슈윈도 거리를—피클과 달걀 값을 두고 옥신각신하는 행상인들의 혼잡 속을—제멋대로 쏘다녔다. 타고난 운동선수인 그는 막대기와 고무공으로 야구를 했고, 곧 자기 동네의 롤러스케이트 챔피언이 되었다.

---

1) 뉴욕 맨해튼의 동남쪽 지역.

거슈윈 부부는 네 자녀(형 아이라와 여동생 프랭키 외에 남동생 아서가 있었다) 가운데 둘째인 조지를 걱정할 만한 이유가 있었다. 공부를 좋아하는 아이라가 집에서 호레이쇼 앨저, 아서 코난 도일, 해리엇 비처 스토 같은 작가들의 소설을 읽는 동안 조지는 길거리에서 싸움질이나 하고 다녔다. 하워드 폴락이 쓴 전기에 따르면 그는 행상인의 손수레에서 물건을 훔치고, 불도 몇 번 지르고, 말발굽에 코를 걷어차이고, 마차 뒤에서 오줌을 누다가 경찰관과 언쟁을 벌이기도 했다. 풍설에 따르면 아일랜드인 패거리한테서 도망치려다 넘어져 뇌진탕을 일으킨 적도 있었다고 한다. 고모는 조지를 "제멋대로 구는 아이"라고 묘사했는데, 골드버그의 평가는 더욱 거침이 없었다. "솔직히 그는 행실이 나쁜 아이였다. … 조금만 운이 나빴다면 그는 깡패가 되었을지도 모른다."

그렇다고 그가 교실에선 잘해낸 것도 아니었다. 장난을 좋아하고 참을성이 없는 거슈윈은 학교를 성가신 곳으로 생각했고, 선생님이나 학교 관리자들과도 자주 말썽을 일으켰다. 그는 가만히 앉아서 주의를 집중하기가 힘들었고, 숙제를 소홀히 했다. 때로는 귀찮아서 아예 수업에 들어가지도 않았다. 선생님들이 가정통신문을 보내면 아이라가 동생을 구하러 나섰다고 또 다른 전기 작가인 존 페이저는 말했다. 아이라는 동생이 다음에는 잘하도록 하겠다고 학교 당국에 약속하곤 했다는 것이다. 거슈윈 형제의 협력은 이렇게 일찍부터 시작되었다.

어린 조지는 20세기 초 어지럽게 소용돌이치는 뉴욕 거리에서 살았던 다른 아이들보다 훨씬 제멋대로이고 감당하기 어려운 아이였던 모양이다. 줄리아드 음악학교 출신의 피아니스트이자 뉴욕의 와일코넬 의과대학의 정신의학자인 리처드 코건 박사는 거슈윈으로 하여금 그런 행동을 하게 만든 원인에 대해 한 가지 이론을 세웠다. 코건은 작곡가들의 마음이 그들의 음악에 어떻게 영향을 미쳤는지를 이해하기 위해 모차르트와 베토벤, 차이콥스키를 비롯한 수많은 작곡가들의 삶을 분석했는데, 그는 자신의 설명을 매혹적인 공연 방식으로 제시한다. 이 공연에서 그는 혼자서 전기 작가와 정신과 의사와 음악가라는 세 가지 역할을 하면서 작곡가들의 일화와 생애를 현란한 피아노 연주를 곁들이며 풀어낸다.

거슈윈을 분석하면서 코건은 충동적이고 지나치게 활동적인 아이의 전형적 특징들을 찾아냈다. 어느 봄날 저녁, 코건은 뉴욕주 카토나에 있는 캐러무어 음악예술센터에서 열린 공연에서 청중들에게 자신의 가설을 제시했다. 그는 거슈윈의 어린 시절을 대충 이야기한 다음, 이 작곡가는 오늘날 가장 널리 퍼져 있는 소년기 질병 중 하나의 진단 기준을 충족시켰을 수 있다고 자신 있게 말했다. 거슈윈이 요즘 태어나서 자라고 있다면 추측건대 "학교의 상담교사는 그를 소아정신과 의사에게 보냈을 테고, 의사는 어린 조지 거슈윈을 주의력결핍 과잉행동장애로 진단해서 아마 애더럴이나 리탈린 같은 정신자극제로 약물치료를 시작했을 것"이라는 얘기였다.

거슈윈한테 리탈린을 처방한다고? 터무니없는 짓이다. 아니, 정말 그럴까? 거슈윈의 뜨거운 에너지는 평생 동안 그를 몰아댔다. 코건은 이렇게 말했다. "스트라빈스키는 거슈윈에 대한 질문을 받을 때마다 항상 같은 말을 했습니다. '그는 신경질적 에너지의 다발일 뿐이야'라고. 여러분은 거슈윈의 음악에서 그런 특징을 들을 수 있습니다." 이 주장을 예증하기 위해 코건은 피아노 건반으로 몸을 돌리고 「랩소디 인 블루」에서 빠르고 활기찬 한 대목을 연주했다. "엄청나게 활동적이 아닌 사람이 이런 음악을 작곡할 수 있었을까요?"라고 그는 청중을 향해 물었다. 이어 "여러분 가운데 거슈윈의 이 노래를 아는 분 계십니까?" 하고는 거슈윈의 뮤지컬 〈오,

케이!(*Oh, Kay!*)〉 중의 히트곡인 「나를 돌봐줄 어떤 사람」을 천천히 부드럽게 치기 시작했다. 그러다 멈추고는 청중을 돌아보며 말했다. "그런데 거슈윈은 이 곡을 이렇게 연주했습니다." 그는 스콧 조플린의 「단풍잎 래그(Maple Leaf Rag)」[2]와 비슷하게 들릴 만큼 빠르고 경쾌한 속도로 연주했다. 1925년에 쓴 재즈에 관한 글에서 거슈윈은 "우리는 레가토[3]가 아니라 스타카토의 시대에 살고 있다"라고 했다. 코건은 거기에 자신의 생각을 더해서 이렇게 말했다. "내 생각에 거슈윈은 레가토가 아니라 스타카토의 중추신경계 속에서 살았던 것 같습니다."

주의력결핍 과잉행동장애(attention deficit hyperactivity disorder, ADHD)라는 진단을 받은 아이의 부모에게는 거슈윈이 어린 시절에 보인 행동이 익숙하게 느껴질 것이다. 이 질환은 세 가지 중요한 특징, 즉 부주의와 과잉 활동성과 충동성으로 규정되는데, 이 특징들은 다양한 방식으로 나타난다. ADHD 진단 점검표에는 '손발을 계속 움직이며 몸을 꿈틀거린다, 정신을 집중하지 못하고 다른 사람이 말할 때 귀담아 듣지 않는다, 다른 사람의 말이나 행동을 방해하고 간섭한다, 말이 지나치게 많다, 끊임없이 움직인다' 등을 포함하여 18가지 증상이 열거되어 있다. ADHD가 있는 사람은 "모터가 나를 몰아대는" 것 같다고 느낄 때가 많다. ADHD로 진단하기 위해서는 아이들이 이 증상들 가운데 적어도 6가지를 보여야 하고, 그들의 행동이 학교나 사회에서의 기능 수행을 방해해야 한다.

코건은 거슈윈에 대한 자신의 주장이 추측일 뿐이라고 말하지만, 정신의학자로 30년이 넘는 세월 동안 ADHD가 있는 아동과 어른들을 치료해

---

2) 1899년에 발표된 이 곡은 재즈의 전신으로 간주되는 피아노 음악인 '래그타임'의 대표곡 중 하나다.
3) 'legato'는 음을 부드럽게 이어서 연주하라는 악보 상의 지시어다.

온 ADHD 전문가 에드워드 할로웰에게는 그 말이 옳게 여겨진다. 자신도 ADHD를 가지고 있는 할로웰은 어린 환자들의 머릿속에서 일어나고 있는 일을 비유법으로 설명하면서, 이 질병의 강렬한 에너지를 그들에게 긍정적인 관점에서 다음과 같이 표현한다. "나는 아이들에게 이렇게 말한다. '너는 정말 재수가 좋은 거야. 네 머릿속에는 페라리가 들어 있거든. 문제는 브레이크가 자전거용 브레이크라는 거지.'" 어려운 과제는 그 모든 힘과 에너지를 통제하는 방법을 가려내는 것이다. 할로웰은 나이아가라 폭포를 또 다른 예로 사용하여, 폭포의 위력은 굉장하지만, 그게 생산적이 되려면 그 힘을 전략적으로 활용할 필요가 있다고 설명한다. "거기에 발전소를 세울 때까지는 그건 단지 시끄럽고 안개 자욱한 폭포일 뿐이다. 하지만 일단 수력발전소를 세우면 그걸로 뉴욕주를 환하게 밝힐 수 있다."

ADHD가 있는 아이들이 그 소음과 안개 때문에 정신을 집중하기가 어려울 수 있다는 것은 결코 놀라운 일이 아니다. 여기서 아이러니는, 그들이 자주 위험하고 파괴적인 행동을 하는 게 천성적으로 폭력이나 위험에 끌리기 때문이 아니라, 그런 행동이 자신을 진정시키는 수단이기 때문이라는 점이다. 외적인 소동은 그들을 자기 내면의 혼돈으로부터 놓여나게 해준다. "ADHD가 있는 사람은 언제나 주의를 집중할 초점을 찾을 방법을 모색하고 있다. 자극을 통해 초점을 찾는 것도 한 가지 방법이다"라고 할로웰은 말한다. 자극에는 부적응적 형태(불을 지르거나 좀도둑질을 하기)와 적응적 형태(벽화를 그리거나 사업을 시작하기)가 있다. 환자는 효과가 있는 긍정적인 자극의 영감을 찾는 걸 목표로 삼아야 한다.

거슈윈에게 그것은 음악이었다. 음악은 그의 자극, 그의 진정제, 그의 초점, 한마디로 그의 수력발전소였다. 흥미롭게도 그의 부모에게는 음악이 별로 중요하지 않았다. 아버지 모리스는 오페라를 즐겼고, 트럼펫 소리를 흉내 내는 재주가 있었으며, 휘파람으로 꽤 멋진 곡조를 불 수 있었지만, 거기까지가 한계였다. 어머니는 아들이 사업가나 법률가가 되기를 바랐다.

거슈윈이 음악에 입문하게 된 두 가지 중요한 계기는 가정 밖에서 일어났다. 첫 번째는 그가 여섯 살 때 코인 오락실 앞을 지나가다가 자동 피아노가 안톤 루빈시테인의 「F장조의 멜로디」 선율을 연주하는 것을 들었을 때였다. "그 곡 흐름의 독특한 변화들이 내 발을 그 자리에 붙박았다"라고 그는 훗날 회고했다. "오늘날까지도 나는 그 곡을 들으면 125번가의 그 오락실 밖에 맨발에다 멜빵바지 차림으로 서서 그 음악의 모든 것을 탐욕스럽게 빨아들이고 있던 내 모습이 눈앞에 떠오른다."

두 번째 계기는 몇 년 뒤 거슈윈이 열 살 때쯤 있었다. 로어이스트사이드의 공립 초등학교에서 그는 맥시 로젠즈와이그라는 학생이 드보르작의 「유머레스크」를 바이올린으로 연주하는 것을 들었다. 바이올린 선율은 학교 강당에서 흘러나와 밖에서 놀고 있던 거슈윈을 사로잡았다. "나에게 그것은 아름다움이 섬광처럼 드러난 하나의 계시였다"라고 그는 회고했다. 전해지는 얘기로, 거슈윈은 로젠즈와이그의 주소를 알아내어 그를 만나기 위해 거센 폭풍우를 무릅쓰고 흠뻑 젖은 채 그의 집을 찾아갔다. "처음 만난 순간부터 우리는 단짝 친구가 되었다"라고 거슈윈은 회고했다. 그들은 서로 힘겨룸을 하며 뒹굴지 않을 때는 음악에 대해 끝없이 이야기를 나누었다.[4]

2년쯤 뒤인 1910년께에 거슈윈 부부는 중고 피아노를 한 대 구했는데,

---

4) 이 친구는 어느 날 거슈윈에게 너는 음악에 소질이 없으니 포기하라고 권했다고 한다. 물론 나중엔 거슈윈의 열렬한 팬이 되었다.

도르래로 끌어 올려 창문을 통해 집 안에 들여놓아야 했다. 원래는 피아노 교습을 받기 시작한 아이라를 위한 것이었다. 하지만 피아노 의자에 얼른 올라앉아 건반 뚜껑을 열고 연주를 시작한 것은 조지였다. 가족은 깜짝 놀랐다. 알고 보니, 당시 열두 살이던 조지는 친구 집에 있던 자동 피아노로 연주를 독습했던 것이다. 거슈윈의 전기를 쓴 폴락에 따르면 그는 또 심부름을 간 동네 피아노 가게에서 건반을 만지작거리곤 했다. 피아노에 매혹된 거슈윈은 부모에게 피아노 교습을 시켜달라고 부탁했다. 음악은 그의 구원이 되었다. "피아노를 배우는 것은 못된 아이를 착한 아이로 만들었다. 나를 진정시키는 데 필요한 것은 피아노뿐이었다."

ADHD가 있는 사람들은 정신 집중이 불가능하다는 것은 흔히 볼 수 있는 오해다. 그들에게 필요한 것은 그들을 제어할 수 있을 만큼 강한 열정을 찾는 것이다. 그들의 마음은 지루해지면 "소풍을 간 유아처럼" 이리저리 헤맨다고 할로웰은 말한다. "뱀과 도마뱀을 찾아 숲 속을 쉴 새 없이 기어 다닌다. 위험이나 어른들의 허가 따위는 아랑곳하지 않고, 호기심이 이끄는 곳이면 어디든 간다." 하지만 자기가 좋아하는 것에 사로잡히면 그들은 거기에 극도로 몰두하게 되고, 가장 조용한 명상자들보다도 정신 집중을 더 잘할 수 있다.

거슈윈에게는 확실히 들어맞는 말이었다. 그의 정식 음악 교육은 동네 피아노 강사들의 회당 50센트짜리 개인 교습으로 시작되었고, 그 후 헝가리 악단 단장 출신에게 교습을 받게 되었는데 이 사람은 레슨비를 1달러 50센트로 올려 받았다. 하지만 거슈윈에게 리스트와 쇼팽과 드뷔시를 소개한 것은 유능한 피아니스트이자 피아노 강사인 찰스 햄비처였다. 훗날 거슈윈은 그가 "내 인생에서 가장 큰 음악적 영향을 준 사람"이라고 했다. 십대 시절에 햄비처에게 음악을 배우면서 거슈윈은 연주회에 다니기 시작했고, 거기서 당대의 저명한 피아니스트들의 연주를 들으면서 많은 작곡가들의 작품과 친숙해졌다. 그들 중에는 분명 모차르트와 브람스와 베토벤이 들어 있었을 것이다. 거리의 악동은 이렇게 음표와 선율에 완전히 사로잡히게 되었고, "내 귀만이 아니라 내 신경과 내 마음과 내 가슴까지 다 기울여" 열심히 음악을 들었다. "너무 열심히 들었기 때문에 음악이 몸에 배어들어 포화상태가 될 정도였다."

거슈윈이 음악적인 귀를 타고난 것은 일찍부터 분명했다. 연주회를 보고 집에 돌아오면 머릿속에서 선율을 재현하여 피아노로 연주했다. "나는 훗날 내가 해석하려고 애쓰게 된 미국인의 영혼에 점차 익숙해지고 있었다"라고 그는 말했다. 15세 때 거슈윈은 제롬 H. 레믹 출판사의 '홍보원'이 되기 위해 학교를 중퇴했다. 이 회사는 뉴욕의 웨스트사이드에 모여 있는—한데 뭉뚱그려 '틴 팬 앨리(Tin Pan Alley)'라고 불린—수많은 음악 출판사 가운데 하나였다. 1914년 당시에는 피아노 음악 고객들이 새 악보를 구입하기 전에 거슈윈 같은 홍보원들이 그 곡을 연주하는 걸 들으려고 몰려들곤 했다. 거슈윈은 레믹 출판사의 가게와 시내 카페들에서 새 곡들을 홍보했는데, 특히 카페에서는 가수들의 노래에 피아노 반주를 하면서 무엇이 청중에게 감동을 주고 무엇이 그러지 못하는가를 관찰했다. "시럽처럼 달콤한 멜로디"와 진부한 화음은 "무의미한 가락을 채우는 멋없는 충전물"처럼 시대에 뒤떨어진 느낌을 주기 시작했다고 아이작 골드버그는 전기에서 말했다. 다행히도 거슈윈은 청중이 찾고 있는 것, 청중에게 줄 수 있는 것을 가지고 있었다. "카페 손님들은 활력과 생기를 원한다는 것을 그는 알아차렸다. 그리고 활기야말로 조지가 타고난 본성의 일부였다. 그는 태어날 때부터 새로운 시대에 준비가 되어 있었던 것이다."

곧 거슈윈은 시내 곳곳에서 연주회 반주자로 피아노를 치면서 자신의 작곡을 실험하게 되었다. 첫 노래인 「원할 땐 그들을 얻을 수 없어(When You Want 'Em, You Can't Get 'Em)」를 발표했을 때 그는 겨우 17세였다. 작사가인 어빙 시저와의 협업으로 1919년에 「스와니(Swanee)」가 만들어졌고, 알 졸슨은 이 노래를 브로드웨이 뮤지컬인 〈신드바드(Sinbad)〉에 삽입했다. 「스와니」는 당장 히트곡이 되어, 악보가 100만 부나 팔리면서 거슈윈의 일생 동안 가장 많이 팔린 곡이 되었다. "얼마나 너를 사랑하는지, 내 사랑 스와니"라는 가사가 그처럼 적절할 수 없었다.[5] 이 노래는 21세의 작곡가에게 인기 스타의 지위와 막대한 부를 가져다주었다.

한편, 조지의 형 아이라는 여러 직업을 전전하고 있었다. 한때는 이동유원지의 회계원으로 일하기도 했다. 이러는 사이에 그는 가사를 쓰기 시작했고, 곧 조지와 함께 일하게 되었다. 한 팀이 된 두 사람은 1924년 그들의 첫 브로드웨이 뮤지컬 〈레이디, 비 굿(Lady, Be Good)〉의 곡들을 만들었다. 그들은 '거슈윈 형제'로 알려지게 되었고, 모든 면에서 가까운 사이였다. 1920년대 전반에는 어퍼웨스트사이드의 아파트에서 몇 년 동안 함께 살기도 했다(부모와 동생 남매까지 같이 살았다). 극작가인 S. N. 베어먼은 그 아파트로 작곡가를 찾아갔다가, 시끄럽게 떠드는 가족들 틈에서도 정신을 집중하는 조지 거슈윈의 능력에 경외감을 느꼈다. "다른 가족 구성원들과 수많은 친척과 손님들이 툭하면 모여들어 어슬렁거리고, 피아노에 기대고, 잡담을 나누고, 이야기를 풀어놓고, 유연체조를 하는 그 집 거실에서 거슈윈이 작곡을 할 수 있다는 것은 언제나 경탄을 자아냈다"라고 베어먼은 1929년에 《뉴요커》지에 쓴 프로필에서 말했다. "나는 여섯 명은 족

---

5) 이 노래에는 스티븐 포스터의 유명한 곡 「스와니강」에 대한 패러디의 성격도 있다고 한다.

히 될 사람들이 자기들끼리 이야기를 나누고, 차를 마시고, 체커를 두고 있는 방에서 거슈윈이 「협주곡 F장조」의 악보를 쓰고 있는 것을 실제로 보았다."

잘생기고 활기찬 조지에게는 여자 친구가 많았다. 작곡가인 케이 스위프트와는 10년 동안 사랑을 나누었다. 그는 결혼을 바라긴 했지만 끝내 정착하지 않았다. 아이라는 결혼하여 정착했지만 조지와의 파트너 관계는 흔들리지 않았다. 아이라와 그의 아내 리어노어의 삶은 평생 조지와 긴밀하게 얽혀 있었다. 그들은 거슈윈 가족의 시끄러운 집에서 조지와 함께 살거나, 같은 동네에 있는 다른 아파트에서 살았다. 언젠가 리어노어는 "조지와 아이라가 서로에게 지닌 사랑보다 더 큰 사랑을 나는 본 적이 없다"라고 말했다.

거슈윈 형제는 평생 동안 작사와 작곡에서 협업 관계를 유지했다. 그들은 브로드웨이 뮤지컬—〈스트라이크 업 더 밴드(Strike Up the Band)〉와 〈걸 크레이지(Girl Crazy)〉를 포함하여—과 할리우드 영화를 합해서 스무 편이 넘는 작품의 음악을 함께 만들었다. 하지만 그들은 전혀 다른 메트로놈에 맞추어 작업을 했다. 한 사람은 느린 박자로, 한 사람은 빠른 박자로. 아이라는 가사를 쓸 때 오랜 시간 고민했고, 조지는 맹렬하게, 때로는 밤새도록 작업하면서 빠른 속도로 멜로디를 지어냈다. 잠도 자지 않고 창조력을 폭발시키는 모습은 양극성 장애의 핵심 증상 중 하나인 조증(躁症)처럼 보일 수 있다. 조증은 ADHD와 때로는 혼동되고, 때로는 겹치기도 한다. 하지만 조증뿐 아니라 과잉 활동성도 때를 가리지 않고 마음을 부추겨 흥분시킬 수 있다. ADHD가 있는 어른들 중에는 자신을 올빼미로 묘사하는 사람이 많다. 해가 지고 나면 그들의 활기찬 마음속에는 참신한 생각들이 파도처럼 밀려든다.

거슈윈의 창조력은 시계에 도전하듯이 엄청난 속도로 그에게 영감을 주었고, 그 속도에 음악계는 매료되었다. 피아노와 오케스트라를 위한 「협주곡 F장조」는 그가 뮤지컬 두 편을 만들고 있던 중에 작곡되었다. 1928년 12월 카네기홀에서 초연된 교향시 〈파리의 아메리카인〉은 몇 달 안 걸려 작곡했다. "당신이 오전 2시부터 6시 사이 어느 시간에든 어퍼브로드웨이 어딘가의 간이식당에서 식탁 위에 놓인 죽그릇을 만지작거리고 있는 키 크고 호리호리하며 숱 많은 검은 머리에 커다란 갈색 눈을 가진 젊은이를 보게 된다면, 당신은 대중의 인기가 높은 이 인물이 폭스트롯 곡이나 피아노 서곡을 창작한 피로에서 회복되고 있는 장면을 목격하고 있는 것인지도 모른다"라고 《뉴요커》지는 '장안의 화제(Talk of the Town)' 난에서 알려주었다.

거슈윈이 「랩소디 인 블루」를 번개처럼 빠르게 작곡한 것은 아주 유명하다. 1924년 어느 날, 25세의 이 작곡가는 맨해튼 미드타운에 있는 이올리언홀에서 열릴 〈현대 음악의 실험〉 콘서트에서 연주할 재즈 곡을 작곡해주기로 약속한 게 기억났다. 그는 새 곡의 악상이 꿈틀거리며 일어나는 것을 느끼긴 했지만, 곡이 온전히 만들어졌다고 할 수는 없는 상태였고, 연주회까지는 한 달밖에 남아 있지 않았다. 이때 보스턴에 갈 일이 있었는데, 타고 가는 기차의 "강철 같은 리듬, 덜거덕덜거덕-퉁-탕 하는 그 리듬"이 그의 마음을 들썩였다. "나는 자주 소음의 한가운데서 음악을 듣는다. 그 기차에서 나는 불현듯 그 랩소디의 완벽한 구성을 처음부터 끝까지 다 들었고, 심지어 종이에 적힌 악보가 눈에 보이기까지 했다."

자극적인 활동과 마찬가지로 소음도 ADHD가 있는 사람들의 마음을 진정시키는 역할을 할 수 있다. 다른 쪽으로 빗나갈 수도 있는 뇌의 한 부분을 끌어들여 마음이 산란해지는 것을 막아주기 때문이라고 ADHD 전문가인 할로웰은 설명한다. 비상한 귀를 가진 거슈윈에게는 일상의 평범한 소리도 음악이 되었다. 추진력과 집중력으로 충만해진 그는 자신의 최고 걸작을 불과 3주 만에 완성했다. 나중에 회고한 바에 따르면 그는 재즈가 댄스 리듬의 정확한 박자로 작곡되어야 한다는 잘못된 생각을 타파하기로 결심했다. 그리고 그는 "이례적인 속도"로 곡을 만들었다. 거슈윈은 「랩소디 인 블루」를 "미국의 음악적 만화경─우리의 거대한 용광로, 비할 데 없는 국민적 활기, 우리의 우울, 우리 대도시들의 광기를 보여주는 만화경"이라고 불렀다. 이 곡은 그가 약속했던 대로 예정된 날짜에 연주되어 만장의 박수갈채와 세 차례의 커튼콜을 받았다.

거슈윈의 에너지, 그의 과잉 활동성은 모든 것에 스며들어 영향을 미쳤다. 그의 관현악용 편곡에서 지그재그로 엇갈리는 멜로디들이 그랬고, 그의 사고방식과 행동방식도 그랬다. 그는 끊임없이 뭔가 행동을 했고, 항상 초조하게 서둘렀다. 폴락에 따르면 그는 엘리베이터를 기다리면서 탭댄스를 추었고, 오페라 〈포기와 베스(Porgy and Bess)〉의 리허설을 하는 동안 땅콩껍질을 깠으며, 파이프와 시가를 강박적으로 씹어댔다. 앉아 있을 때도 가만있는 경우가 드물었다. 여배우 키티 칼라일은 브롱크스에서 프로권투 경기를 함께 보는 동안 거슈윈이 그녀의 옆구리를 계속 쿡쿡 찌른 것을 기억했다. "경기장에서 나온 후에 보니 내 옆구리에 온통 검푸른 멍이 들어 있었다." 거슈윈은 마음속에서 솟아 나오는 악상들로 노트를 가득 채웠다. 그의 호기심은 끝이 없었고, 그건 음악과 전혀 관계없는 주제에 대해서도 마찬가지였다. 예쁜 식물을 보면 그는 그것이 어떤 종류의 흙을 좋아하는지, 물은 얼마나 자주 주어야 하는지 따위에 대한 정보를 찾기 시작했다고 그의 오랜 연인이었던 케이 스위프트는 말했다. "그는 알고 싶은 게 있으면 무섭게 덤벼들었다. 단박에 속속들이 파고들었다."

전설적이라고 할 만큼 파티에 가는 걸 좋아한 거슈윈은 그의 생기발랄하고 추진력 강한 예술성으로 밤늦게까지 친구들과 지인들을 즐겁게 해주었다. 대개는 자신이 작곡한 곡을 연주하여 뛰어난 기교와 흡인력으로 듣는 이들을 기쁘게 했다. 청중은 "그가 건반을 때리는 순간 방으로 그득 밀려드는 흥분의 파도에 휩쓸렸다"라고 베어먼은 《뉴요커》지에 썼다. "그것은 연주 테크닉의 개가일 뿐 아니라 그의 인간성의 순전한 기교가 빚어낸 위업이기도 하다."

거슈윈은 미국 음악은 "미국적 생활의 열띤 템포를 표현해야 한다"라고 말했다. 그의 곡들은 다른 누구의 것보다도 그 표현을 잘해냈다. 그리고 그 과정에서 그는 자신을 구원한 것일지도 모른다. 정신의학자이자 피아니스트인 코건은 음악의 치유력을 굳게 믿고 있다. 멜로디를 창조하고 연주하고 듣는 행위를 통해 많은 음악가들이 내적 조화에 이를 수 있었다고 코건은 말한다. 그런 음악가 중에는 베토벤(우울증에 시달렸다)과 차이콥스키(우울증), 슈만(양극성 장애)도 포함되는데, 음악은 그들의 정신질환이 최악의 상태에 빠지는 것을 미연에 방지해주었을 수 있다. 거슈윈이 로젠즈와이그(그는 청송받는 바이올리니스트가 되었다)와 우연히 만난 것은 그의 운명을 영원히 바꾸어놓았다. 거리의 악동이 타고난 활력을 피아노 건반으로 돌려 쏟아 부었기 때문이다. "거슈윈의 이야기는 한 청소년의 삶을 진정으로 바꿔놓을 수 있는 음악의 힘에 대해 내가 알고 있는 가장 좋은 사례의 하나다"라고 코건은 말한다.

주의력결핍 과잉행동장애는 한 세기도 더 전부터 의학 문헌에 기록되어왔다. 이 장애에 대한 가장 초기의 생생한 묘사 중 하나는 「안절부절못하는 필립의 이야기」라는 동시에 나온다. 독일의 한 의사가 19세기 중엽에 어린 아들을 위해 쓴 이 동시는 부모의 엄격한 훈육에도 불구하고 저녁 식탁에서 가만히 앉아 있지 못하는 "개구쟁이에다 끊임없이 움직이는" 아이를 묘사하고 있다. "그는 몸을 뒤틀어요. 그리고 키득거려요. 그리고는, 아니 저런, 몸을 앞뒤로 흔드네요. 그리고 의자를 뒤로 기울여요. 마치 흔들 목마처럼. '필립! 나 점점 화나고 있어!'" '안절부절못하는 필'은 곧 ADHD의 상징이 되었고, 현대의 의학자들은 ADHD가 우리 시대의 '발명품'이라는 견해를 반박하기 위해 필의 이야기를 분석하기도 했다.

ADHD는 1902년에 조지 스틸이라는 영국 소아과 의사를 통해 처음으로 의학 문헌에 임상 질환으로 기록되었다. 스틸은 "지속적으로 주의를 집중하는 능력이 비정상적으로 결여된" 아이들에 대해 기술했는데, 대부분 남자인 그 아이들은 결과가 어떻게 되든 간에 자신의 욕구를 즉각 충족시키길 원했다. 하지만 그들은 지적으로 장애가 있는 것은 아니었고 "여느 아이들 못잖게 영리하고 총명했다." 이후 수십 년 동안 연구자들은 그와 비슷한 증상을 보이는 아이들의 사례를 자세히 기록했으며, 공식적으로 하나의 질환으로 규정하기에 충분한 증거가 모인 1968년에 이르러 이 질병은 '아동기의 과운동성 반응'으로 『정신장애 편람』에 처음 등재되었다. 그리고 1987년에 '주의력결핍 과잉행동장애'로 재규정되었다.

연구자들은 ADHD가 다른 정신질환들과 마찬가지로 집안에 대물림된다는 것을 알아냈고, 이 질환에 더 취약하게 만들 수 있는 유전자를 찾고 있다. 한편, 조산아가 이 질환에 걸릴 위험이 더 높으며, 임신 중에 담배를 피우거나 술을 마신 어머니한테서 태어난 아기들도 더 높은 위험도를 보인다는 증거가 있다. 태아가 납에 노출되는 것(이는 자라고 있는 뇌에 해롭고 지능 저하와도 연관된다) 역시 ADHD의 증상들과 결부되었다.

ADHD의 뇌는 다르게 보이는가? 과학자들은 ADHD가 있는 아이들의 경우, 뇌에서 생각하고 계획을 짜고 주의를 집중하는 따위의 활동을 관장하는 영역의 발달이 지연된다는 것을 발견했다. 그중 한 부위는 ADHD와 무관한 아이들의 경우 일곱 살이면 완전히 발달하는 데 비해 ADHD가 있는 아이들은 열 살 무렵에야 완전히 발달한다. 또한 ADHD의 뇌는 백일몽을 포함한 내적 사고를 관장하는 부위와 우리가 일에 집중하고 그것을 끝마치게 해주는 부위 사이의 연결이 제대로 성숙하지 않는 경향을 보인다. 그 결과 주의가 산만해져 집중력이 떨어지는 것이다.

이런 흥미로운 발견들에도 불구하고, ADHD만큼 심하게 비판받고 많은 논란을 불러일으키는 정신질환도 드물다. 특히 아이들의 ADHD 문제가 그렇다. 오늘날 4세에서 17세 사이의 미성년자 10명 가운데 1명은 ADHD 진단을 받을 것이고, 그 수는 계속 늘어나고 있다. 비판자들은 ADHD 진단을 받는 사내아이가 여자아이의 거의 세 배나 된다는 사실을 지적하면서, 이런 진단이 어린 시절의 정상적 활력을 질병으로 규정하고 있다고 비난한다. 연필을 계속 만지작거리는 것? 마구 뛰어다니며 놀면 안 될 때 그러는 것? 주의를 기울이지 못하는 것? 누구나 여기에 해당될 수 있다. 오늘날같이 빠른 속도로 돌아가고, 인터넷이 주도하고, 즉각적으로 메시지를 주고받는 세계에서는 특히 그렇다. 우리 주위가 온통 감각 과부하 상태에 놓여 있는데 정신을 집중할 시간을 가진 사람이 어디 있겠는가? ADHD가 쉽게 갖다 붙이는 진단명이 되기 전 오랫동안 아이들은 아이답게 구는 것이 허용되었다고 비판자들은 말한다. 툭하면 아이를 아동심리학자에게 끌고 가지는 않았다는 것이다.

가장 큰 걱정은 아이들이 지나치게 많은 약을 먹고 있다는 것이다. 이 질병은 정신자극제(각성제)로 치료하는 경우가 많은데, 이런 약들은 수면과 기분, 주의력, 그리고 학습과 관련된 뇌 화학물질인 도파민의 분비량을 증가시킨다. 현재 350만 명의 미국 어린이가 ADHD 때문에 약물치료를 받고 있는데, 이는 1990년의 60만 명에서 크게 늘어난 수치다. 일부 아이들의 경우에는 약물치료가 정신 집중에 도움을 주고 사회적으로나 학업에서 전보다 많이 좋아지도록 도와줄 수 있지만, 약이 항상 효과가 있는 것은 아니고, 수면 장애와 두통, 신경과민을 비롯한 심각한 부작용을 낳을 수 있다. 가장 극단적인 비판자들은 ADHD가 실제로 존재하지 않으며 이윤에 굶주린 제약업계가 만들어낸 것일 뿐이라고 주장한다.

ADHD가 있는 아이들을 치료하는 정신건강 전문가들은 이런 인식들과 싸우고 있다. 에드워드 할로웰은 우리 아이들이 워낙 주의가 산만한 생활을 하고 있는 점을 고려하면 진짜 ADHD 환자를 가려내기가 어려울 수 있다고 인정한다. "하지만 그렇다고 해서 ADHD가 존재하지 않는다는 것은 아니다. 단지 진단을 내릴 때 주의해야 한다는 뜻일 뿐이다." 정확한 진단을 내리려면 부모와 교사들에게서 그동안의 자세한 이야기를 들어야 하고, 행동치료와 사회기술 훈련, 운동과 명상 등 다른 요법을 시도하기 전에 약을 처방하는 것에 대해 현명한 판단을 내릴 필요가 있다.

ADHD는 심신을 약화시키는 질환으로 널리 인식되지는 않지만, 어떤 경우에는 심한 고통이나 곤란을 초래할 수도 있다. 주의가 아주 산만한 아이들은 학업에 집중하지 못하고, 그래서 게으르다는 비난을 받고, 정신을 차리라거나 행실을 바로잡으라고 닦달받는 수가 많다. 특히 여자아이들의 ADHD 증상은 그들을 몽상적으로, 또는 마치 약을 한 것처럼 멍해보이게 할 수 있어서 간과될 때가 많다. 이런 아이들은 도움을 받지 못하면 학업에서 뒤떨어지고 자존감을 잃게 된다. 충동적이고 지나치게 활동적인 학생들은 교실에서 수업을 방해하고 급우들을 성가시게 해서 친구를 사귀기가 어려워진다. 그들은 말썽꾸러기로 간주되어 벌을 받고 교무실로 불려간다. 시간이 흐르면 실패가 산더미처럼 쌓인다. ADHD가 있는 아이들은 우울증과 불안증, 나중에는 물질사용장애 등 다른 정신질환에 걸릴 위험이 있다.

ADHD는 살아가는 동안 여러 양상을 보일 수 있다. 증상이 평생 지속되는 수도 있지만, 다른 경우에는 아이들이 성장하여 어른이 되면 거기에서 벗어나는 것 같다. 거슈윈이 어린 시절에 보인 충동성은 성장하면서 줄어들었지만 과잉 활동성은 지속된 것 같다고 코건은 말한다. ADHD가 있는 어른들은 그들이 싸우고 있는 문제들, 예컨대 건망증, 부주의와 무질서, 안절부절못함 등이 창의성이나 카리스마, 재치, 넘치는 열의 같은 바람직한 속성들도 수반한다는 것을 발견할 경우가 간혹 있다. ADHD가 있는 사람들은 위험을 감수하는 모험가로서 사고가 독창적이고 참신한 발상으로 가득 찬 사람일 때가 적잖다. 그들은 운동선수, 연예인, 교사, 저널리스트, 노벨상 수상자, 기업가 등 다양한 분야에 퍼져 있다. 마이클 펠프스는 ADHD의 흥분성을 수영에 적용하여 올림픽 금메달을 18개나 땄다. 대학을 중퇴한 데이비드 닐먼은 ADHD를 지닌 자신의 머리가 제트블루 항공의 창업이라는 혁신적 비전을 그에게 주었다고 생각한다. ADHD의 특징들을 갖고 있었던 토머스 에디슨은 주의가 산만하고 태만하다는 이유로 학교에서 퇴학당했다. 하지만 그는 세상에 말 그대로 '빛'을 주었다.

할로웰은 이 질환을 긍정적으로 파악하는 일에 앞장서고 있다. 그는 ADHD를 장애로만 보지 않고, 미국에 맨 처음 정착한 사람들의 쉼 없는 활동성과 독창성과 비전에 뿌리를 둔 근본적인 '미국적 특성'으로 보고 있다. 거슈윈은 이 비전을 구현했다. 그의 리듬은 신선했고, 고전적인 화음이 블루스와 조화를 이룬 그의 멜로디는 획기적이었다. 색채와 유머로 가득 찬 거슈윈의 음악은 듣는 사람의 상상력과 귀를 자극하고 도발하고 확장시켰다. "그는 규칙을 깨고 완전히 새로운 장르를 창조했다"라고 할로웰은 말한다. 그가 겨우 27세 때인 1925년에 《뉴요커》지는 거슈윈을 "의심의 여지 없는 새로운 피"라고 선언했다. 4년 뒤인 1929년에 거슈윈의 친구인 금융업자 오토 칸은 작곡가 거슈윈을 당대의 또 다른 선구자에 비유하여, "조지 거슈윈은 린드버그가 비행 분야에서 젊은 미국의 선도자인 것과 같은 의미로 음악계에서 젊은 미국의 선도자다"라고 말했다.

실제로 거슈윈에게 그의 음악은 모두 미국에 관한 것, 즉 미국 국민, 미국의 목소리, 미국의 운율, 미국을 조각보처럼 구성하는 인물들에 관한 것이었다. 이 모든 미국의 조각들을 그는 길거리의 활력과 패기를 끌어안으면서 하늘 높이 솟아오르는 방식으로 포착했다. 거슈윈은 1929년에 "미국 음악이란 나에게는 아주 구체적인 것, 매우 실체적인 것을 의미한다. 그것은 미국에 고유한 것, 자생적인 것, 우리 토양에 깊이 뿌리박은 것이다"라고 말했다. "우리의 삶 속에 담겨 있는 에너지의 그 엄청난 폭발을 느끼고, 현대 미국 도시들의 대기 속에 가득 퍼져 있는 그 소음의 카오스를 들으려면, 우리는 우리 음악 속에서 우리 마천루들의 모습을 포착할 수 있어야 한다."

그 짧은 생애가 끝날 즈음 거슈윈은 이미 가장 야심적이고 가장 존경받는 작곡가들 가운데 한 사람이 되어 있었다. 그렇게 살아가는 게 항상 쉽지는 않았다. 힘들이지 않고 곡을 쓰는 것처럼 보였지만, 음악을 만드는 일은 때로는 신경을 몹시 피곤하게 하는 작업이었다. "악구 하나를 만드는 데 몇 시간 동안 속으로 땀을 흘릴 때도 있다"라고 거슈윈은 31세 때인 1930년에 말했다. "머릿속에선 리듬이 신나게 뛰놀며 지나가지만, 그것을 잡아서 붙들어두기는 쉽지 않다." 환히 빛나는 거슈윈의 기쁨 밑에는 곧잘 음울하게 생각에 잠기는 기질이 숨어 있었고, 그는 종종 우울증 발작에 시달렸다고 친구들은 훗날 회고했다. "조지는 내면에서는 외로웠다"고 누이동생은 말했다.

35세 때 거슈윈은 유명한 정신분석가에게 조언을 청했다. 오랫동안 그는 이른바 '작곡가의 위'—소화불량과 그 밖의 장 관련 문제들—에 시달리고 있었는데, 그것을 그는 1922년에 이루어진 오페라 〈블루 먼데이 블루스(Blue Monday Blues)〉의 초연과 결부시켰다. 그리고 그는 사랑하는 케이 스위프트와 결혼할 것인지 말 것인지를 결정하지 못하는 자신의 우유부단과 싸우고 있었다. 그는 또한 자신의 영혼을 더 깊이 탐구하기를 바랐다. "나는 다른 사람들을 알 수 있도록 나 자신을 알고 싶다"라고 거슈윈은 말했다.

생애의 마지막 해에 거슈윈은 로스앤젤레스에서 살고 있었다. 그와 아이라는 진저 로저스와 프레드 아스테어가 출연할 뮤지컬 영화 〈춤을 출까요?(Shall We Dance?)〉에 삽입될 곡들을 만들기 위해 그 전해에 로스앤젤레스로 이사했다. 아이라는 캘리포니아의 햇빛과 느린 속도를 좋아했지만 조지는 활기찬 뉴욕으로 돌아가고 싶어 했다. 하지만 그는 끝내 그럴 기회를 얻지 못했다. 거슈윈이 두통을 앓기 시작한 것은 할리우드에서였다. 두통은 점점 심해졌다. 1937년 초에 거슈윈은 로스앤젤레스 교향악단과 협연하던 중에 일시적인 의식 상실을 경험했다. 그는 고무 타는 냄새가 난다고 불평했고, 거듭해서 현기증 발작을 일으켰다. 6월에 병원에서 건강검진을 받았지만 아무 이상도 발견되지 않았다. 의사는 평소 활기 넘치는 이 작곡가가 신경과민과 과로에 시달리는 것으로 판단하고 아마 '히스테리'일 거라는 진단을 내렸다. 그 후 2주 동안 거슈윈의 증상은 계속 악화되었고 7월 9일에는 혼수상태에 빠졌다. 그제야 신경외과 전문의들은 그에게서 뇌종양을 발견했다. 거슈윈은 다섯 시간 동안 응급 수술을 했는데도 살아남지 못하고 1937년 7월 11일 아침에 세상을 떠났다.

불과 몇 달 전에 거슈윈은 자기가 하고 싶은 일의 "변죽조차 울리지 못했다"고 누이동생에게 말했었다. 두려움을 모르는 이 작곡가는 자신의 청중을 프랑스의 카페와 택시(서정적이고 환희에 찬 〈파리의 아메리카인〉)에서부터 캣피시 로의 빈민 아파트(정감 넘치는 오페라 〈포기와 베스〉)까지 데려갔다. 마지막까지 그의 정신은 다음에 실현할 아이디어—또 다른 오페라, 현악사중주, 교향곡, 발레—와 함께 전속력으로 전진했다.

거슈윈은 비극적으로 요절했지만 그가 음악에 남긴 발자취는 불멸의 것이었다. 그의 음악은 실제로 그의 사후에도 살아남은 것이다. "세계는 언제나 조지 거슈윈을 기억할 것"이라고 연출가인 루벤 마물리안은 거슈윈이 죽은 뒤에 쓴 글에서 말했다. "그의 음악이 그를 기억시킬 것이다. 사람들이 춤을 추고 노래를 부르고 연주를 하는 한, 연주회장과 라디오가 지상에 남아 있는 한, 조지 거슈윈도 언제까지나 이 지상에 남아 있을 것이다."

표도르 도스토옙스키 (Fyodor Dostoevsky)

도박장애

역사적으로 볼 때 정신질환을 가장 강력하고 예리하게 묘사한 것은 대부분 위대한 문학 작품들이다. 세계에서 가장 위대한 심리학자의 한 사람으로 존경받는 셰익스피어를 생각해보라. 이 16세기 극작가의 희곡 작품에는 인간의 광기를 극적으로 묘사한 대목이 많다. 맥베스는 망상과 환각과 편집증에 시달렸다. 햄릿은 공허감과 무가치감을 포함하여 우울증의 주요 특징들을 보여준다. 리어 왕에 대해서는 노인성 치매에서부터 정신병적 양상이 동반된 양극성 장애에 이르기까지 온갖 정신질환 진단이 나와 있다.

『죄와 벌』,『백치』,『카라마조프가의 형제들』을 포함하여 숱한 작품을 써낸 19세기의 위대한 소설가 표도르 도스토옙스키를 살펴보자. 인간의 약점과 기벽들로 가득 차 있는 그의 걸작들은 도스토옙스키를 러시아 문학의 가장 높은 자리로 끌어올렸고, 프리드리히 니체, 어니스트 헤밍웨이, 버지니아 울프 같은 다양한 저자들에게 영향을 미치면서 서구 문학에 불멸의 자취를 남겼다. 같은 러시아인들의 심리 상태와 정신적 특질에 대해 면도날처럼 날카로운 통찰력을 보인 도스토옙스키는 절망과 분노와 수치심에서부터 넘치는 열정과 환희에 이르기까지 인간의 온갖 감정으로 고동치는 캐릭터들을 창조해냈다. 정신분석의 선구자인 프로이트는 세 아들과 아버지 살해를 극적으로 묘사한 『카라마조프가의 형제들』을 "지금까지 쓰인 소설 가운데 가장 훌륭한 작품"이라고 불렀다.

인간 심리를 꿰뚫어보는 도스토옙스키의 능력은 그가 평생 겪은 숱한 재정적 위기 중 하나에서 그를 구원해주었다. 1865년 당시 43세였던 그는 산더미 같은 빚에 짓눌려 있었고, 결국 한 출판업자의 터무니없는 제안을 받아들였다. 1년 남짓 안에 새 소설을 한 권 써주기로 한 것이다. 마감 시한에 맞추기 위해서 그는 자기가 완벽하고 정밀하게 묘사할 수 있는 플롯에 의지하게 되었는데, 그것은 바로 습관성 도박이었다.

도스토옙스키는 생애 중 10년 동안 강박적 도박꾼이었고, 그 때문에 지갑과 인간관계를 모두 거덜내버렸다. 이 경험을 토대로 작가는 가상의 휴양지 룰레텐부르크를 소설 『도박꾼』의 무대로 삼았다. 소설의 주인공인 알렉세이 이바노비치는 도박 중독자들을 몰아대는 망상적인 심리의 움직임에 말려들게 된다. 도스토옙스키와 마찬가지로 알렉세이 이바노비치는 도박에서 돈을 따고 있을 때는 도박장을 떠나지 못한다. 떠나는 대신, 자기가 시스템을 이기는 법을 안다고 확신하고 다시 돈을 걸었다가 잃고는 빚 속으로 더 깊이 빠져든다.

룰렛을 너무 많이 하는 것을 정신장애라 할 수 있는가? 『정신장애 편람』 최신판에 따르면, 그렇다. 연구자들은 강박적 도박이 뇌에서 중독성 마약으로 활성화되는 부위와 비슷한 부위에 작용한다는 것을 알아냈다. 이 질환에 대한 정신의학자들의 견해에 중대한 변화가 일어났고, 도박장애(gambling disorder)는 물질사용장애와 비슷한 별개의 진단명으로 『편람』에 등재된 '행동 중독(behavioral addiction, 행위 중독)'의 최초이자 아직은 유일한 하위 범주가 되었다.

돈은 마실 수도 없고 피울 수도 없고 코로 흡입할 수도 없고 주사로 주입할 수도 없지만, 사람의 정신을 심각하게 해칠 수 있다. 작가이자 정치 활동가이고 도박 중독자였던 도스토옙스키는 이것을 어느 누구보다도 잘 알고 있었다.

표도르 미하일로비치 도스토옙스키는 1821년 11월 11일에 모스크바의 마린스키 자선병원에서 태어났다(아버지가 이 병원의 의사였다). 그의 조상은 원래 리투아니아의 명문 귀족이었지만, 표도르가 태어나기 오래전에 집안이 몰락했다. 할아버지와 증조부는 둘 다 사회적 지위가 낮은 성직자였다. 아버지인 미하일 안드레예비치 도스토옙스키는 의사였는데, 이 직업은 그에게 나름의 명예는 안겨주었지만 돈은 별로 벌어주지 못했다. 아버지는 헌신적으로 일하면서 사회적 지위를 조금씩 끌어올렸다. 그래도 그의 가족이 오래전에 죽은 조상들과 같은 상류층의 지위를 얻지는 못했지만, 아버지는 체면치레를 하겠다는 의지를 버리지 않았고, 그래서 하인을 고용하거나 시골에 수수한 여름 별장을 구입하기 위해 수중에 있는 얼마 안 되는 돈을 써버리곤 했다. 하지만 가족은 한 해의 대부분을 범죄자 묘지와 병원 근처에 있는 비좁은 아파트에서 살았는데, 이 아파트에서는 질병과 빈곤이 날마다 충돌했다. 러시아 귀족에게 걸맞은 환경은 결코 아니었다.

아버지는 엄격하고 규율 바른 사람이었고, 거친 용모에 불같은 성질을 갖고 있었다. 그는 심한 두통과 날씨가 나쁘면 발동하는 우울증뿐 아니라 간질까지 앓았다. 도스토옙스키 연구자로 다섯 권짜리 방대하고 호평받은 전기를 쓴 조지프 프랭크에 따르면, 아버지는 "자주 불평불만을 늘어놓았고" 주변 사람들을 의심했다. 이와 달리 어머니 마리야 표도로브나는 온화하고 다정하고 낙천적인 사람이었다. 언젠가 그녀는 자신을 "천성적으로 쾌활한" 여자라고 말한 적이 있었다. 도스토옙스키의 형 미하일은 동생의 단짝이자 문학적 동반자가 되었는데, 이들 형제는 그들이 소중히 여긴 시골 별장에서 어머니와 함께 시간을 보내면서 휴식을 즐기곤 했다. 도스토옙스키는 어머니에게서 동정심과 성서에 대해 배웠고, 아버지로부터는 간질과 불안증과 변덕스러운 성미를 물려받았다.

그가 아직 어렸던 15세 때 두 가지 중대한 사건이 일어났다. 첫째, 사랑하는 어머니가 몇 년 동안 결핵과 싸우다가 세상을 떠났다. 그러자 아버지는 그를 상트페테르부르크의 공병학교로 보냈다. 아들이 경제적으로 안정된 직업을 가질 수 있도록 준비시키는 게 목적이었다. 하지만 도스토옙스키는 그런 데 관심이 별로 없었다. 전부터 집에서는 저녁마다 책을 읽는 시간이 있었는데, 그때 어린 표도르는 러시아 작가와 시인들의 명작들

뿐 아니라 영국 소설가인 앤 래드클리프의 작품들도 알게 되었다. 나중에 회고한 바에 따르면 그는 래드클리프의 소설을 읽으면서 "황홀감과 공포 감으로 입이 딱 벌어졌다"고 한다. 그는 토목기사가 아니라 작가가 되고 싶었다.

도스토옙스키와 돈의 관계가 기능장애를 일으키기 시작한 것은 이 무렵 이었다. 부유한 친척들의 재정적 도움에도 불구하고 아버지는 아들의 교 육을 위한 잡다한 비용을 대느라 허덕였다. 하지만 아들은 돈을 더 요구 하는 편지를 보내는 데 주저한 적이 없었다. "아버지께 이토록 중압감을 드리는 부탁을 할 수밖에 없는 현실이 얼마나 괴로운지 모릅니다. 제가 자유롭고 독립한 처지였다면 한 푼도 청하지 않았을 겁니다." 아버지에게 쓴 그의 편지는 언제나 과장되게 겸손한 투였다. 도스토옙스키는 구두를 한 켤레 더 사기 위해, 자물쇠가 달린 책장을 사기 위해, 자기가 마실 차를 사기 위해 돈이 필요하다고 말했다. 하지만 이런 것들은 생존에 꼭 필요한 것이 아니었다. 그는 단지 부유한 친구들과 어울리고 싶었을 뿐이다. 아버 지는 아들의 요구를 한 번도 거절하지 않았지만, 죽기 전에 결국 마지막이 된 편지에서 가뭄과 더위 때문에 영지의 수확량이 대폭 줄어들어 남은 돈이 없다고 밝히면서, "그런데도 돈을 보내주지 않는다고 계속 불평할 수 있겠 느냐?"라고 했다.[1]

학창 시절에 도스토옙스키는 죽이 맞는 친구이자 시인인 이반 시들롭스 키와 호메로스, 셰익스피어, 실러 같은 작가들의 위대한 문학 작품들을 토 론하면서 힘겹고 단조로운 공학 공부의 어려움을 달랬다. 그는 문학의 세

---

1) 아버지 미하일은 1828년에 8등관으로 승진하면서 귀족 명부에 올라 영지를 살 자격이 생겼고, 모스크바에서 150킬로미터 남짓 떨어진 곳에 작은 영지를 마련했다.

계에서 살기로 결심했다. 1841년에 19세의 도스토옙스키는 공병학교에서 예과 과정을 마치고 장교로 임관되었다. 덕분에 그는 아버지가 타계한 뒤 가족 영지에서 매달 받고 있던 돈 외에 봉급도 받게 되었다. 이제 학교를 벗어나 밖에서 살 수 있게 된 도스토옙스키는 상트페테르부르크의 문화적 향락에 빠져들어 알렉산드린스키 극장에서 공연되는 오페라와 연주회와 연극과 발레를 보러 다녔다. "이 모든 것을 즐기려면 물론 많은 돈이 필요했는데, 도스토옙스키는 늘 돈이 부족했다"라고 전기 작가 프랭크는 말한다. 비용을 감당하기 위해 도스토옙스키는 가불을 요구하는 나쁜 버릇이 들었고, 아주 높은 금리로 돈을 빌리기도 했다. 그의 금전 문제는 이미 상당히 진행된 상태였다.

갓 성년이 되었을 때부터 이 젊은 지식인은 분수에 맞지 않게 사치스러운 생활을 했다. 한번은 대형 아파트에 세를 들었는데 그 넓은 아파트에 있는 가구라고는 소파 하나와 책상 하나, 의자 몇 개뿐이었다. 한동안 그와 함께 살았던 이고리 리젠캄프라는 젊은 의사는 도스토옙스키가 동네 식료품점에서 외상으로 산 빵과 우유로 대부분의 끼니를 때우고 있다는 걸 알게 되었다. 어느 날 리젠캄프는 룸메이트가 100루블을 손에 쥐고 행복한 얼굴로 방에서 왔다 갔다 하는 것을 보았다. 그런데 얼마 지나지 않아 도스토옙스키는 리젠캄프에게 5루블만 빌려달라고 부탁했다. "알고 보니 그는 그 돈의 대부분을 지난 빚을 갚는 데 써버린 것이었다. 남은 돈은 어제 내기 당구를 쳐서 거의 다 잃었고, 마지막 푼돈은 당구를 같이 친 사람이 훔쳐 가버렸다."

1843년에 공병학교를 졸업한 뒤 도스토옙스키는 상트페테르부르크 공병대에 배속되어 설계도를 그리는 일을 맡았지만, 그것도 오래가지 않았다. 이때쯤 작가 지망생은 이미 외국 문학 작품을 번역하고 자기 소설을 쓰면서 자유 시간을 보내고 있었다. 공학에 싫증이 난 도스토옙스키는 소설을 출간하기로 결심하고 겨우 1년 만에 공병대를 그만두었다. 문학적 자유를 위해 봉급을 포기한 것이다. 그는 1844년 가을에 형 미하일에게 쓴 편지에서 "나는 그만두지 않을 수 없어서 그만두었어"라고 말했다. "맹세컨대 군복무를 더 이상 참을 수가 없었거든. 인생에서 가장 좋은 시절이 낭비되면 삶이 황량해지지." 이 결정은 재정적으로는 분명 무분별한 선택이었지만, 도스토옙스키는 어떻게든 남들에게서 돈을 얻어내는 특유의 재주로 그 문제의 해결책을 찾아냈다. 아버지가 남긴 영지에서 앞으로 받을 돈을 모두 포기하는 대가로 일시불을 요구한 것이다. 영지를 관리하던 매제는 그게 분별없는 계획이라고 생각했다. 화가 난 도스토옙스키는 형 미하일에게 편지를 보내 개입해줄 것을 요청했다. "나는 땡전 한 푼 없어서 옷을 살 수도 없어. 제발 그 녀석한테 그 돈을 나에게 보내주라고 말해줘."

공학도에서 유명 소설가로의 변신은 놀랄 만큼 빠른 속도로 이루어졌다. 그는 1845년에 이미 첫 소설 『가난한 사람들』을 완성했다. 이 작품은 어느 가난한 중년 남자와 그가 연모하는 소녀의 서신 왕래를 통해 전개되는 서간체 소설이다. 같은 공학도였다가 그와 함께 문학 쪽으로 전향한 한 친구가 이 작품에 감명을 받고는 아는 출판사에 원고를 보냈고, 출판사에서는 그 원고를 저명한 평론가인 비사리온 벨린스키에게 보여주었다. 불과 몇 년 전인 1842년에 벨린스키는 러시아 사회와 러시아인의 특질을 적나라하게 묘사한 고골리의 소설 『죽은 혼』을 항간의 화젯거리로 만든 터였다. "러시아적인 삶과 인물들의 비밀을 전에는 아무도 상상조차 해본 적이 없는 방식으로" 드러낸 도스토옙스키의 소설에 감명을 받은 벨린스키는 원고를 손에서 놓지 못했다. 이야기는 단순하지만, "얼마나 놀라운 드라마인가! 얼마나 놀라운 인물 유형들인가!" 1846년 1월에 『가난한 사람들』이 출간되기도 전부터, 겨우 24세인 도스토옙스키는 이미 문학적 성취로 갈채를 받고 있었다.

하지만 돈은 계속 문제가 되었다. "모든 게 장밋빛일 거라고 상상하지는 마." 그는 자신의 첫 소설이 나온 뒤 형에게 보낸 편지에서 말했다. "전과 마찬가지로 나한테는 땡전 한 푼 없어." 도스토옙스키는 그 작품으로 돈을 받았고 그 후 몇 년 동안 「여주인」, 「질투하는 남편」, 「백야」 등 수많은 단편을 발표했지만, 그 정도 수입으로는 일상적인 지출과 빚을 감당할 수 없었다. 그 결과, 그는 아직 완성하지도 않은 작품에 대해 선급금을 요구하는 버릇이 들었고, 그래서 출판사에 만성적으로 빚을 지게 되었다. 그가 가족과 친구들에게 보낸 편지에는 늘 돈을 보내달라는 간청이 담겨 있었다. 때로는 사과와 변명의 말이 양념처럼 뿌려져 있는 경우도 있었지만, 퉁명스럽게 돈을 요구할 때도 있었다. 한번은 형에게 쓴 편지에서 이렇게 말했다. "돈이 필요해. 형, 나는 살아야 해."

1840년대 말에 도스토옙스키는 직업적으로도 난기류를 만났다. 초기에 『가난한 사람들』이 받은 찬사가 그를 자만에 빠뜨린 것이다. 상트페테르부르크 문단의 중추 그룹은 그의 지나친 자만에 넌더리가 나서 그를 비웃고 따돌렸다. 그는 또한 작품을 어디에 발표할 것인가를 놓고 출판사들과 불화를 빚기도 했다. 하지만 1849년의 사건을 능가하는 것은 없었다. 이 무렵 도스토옙스키는 황제(차르)의 전제정치에 반대하는 진보적인 문학단체에 소속되어 있었는데, 정치적 범죄를 저질렀다는 혐의로 체포된 것이다. 사형 선고를 받고 끔찍한 모의 처형(말뚝에 묶어놓고 총을 겨누어 쏘는 체하는 것)을 견뎌낸 그는 마지막 순간에 황제의 사면으로 형 집행이 중지되고 시베리아로 유배되었다. 그는 그곳의 정치범 수용소에서 4년 동안 중노동을 하고 시베리아 연대에서 추가로 5년 동안 복무하는 중형을 선고받았다. 정치범 수용소에서는 널빤지 위에서 잠을 잤고, 식사는 삶은 양배추였고, 얼어붙을 듯이 추운 날씨에 중노동을 견뎌냈으며, 처음으로 심각한 간질(뇌전증) 발작을 경험했는데, 간질은 그 후 죽을 때까지 그를 괴롭히게 된다. 이런 비참한 경험을 통해 그는 인간 심리에 이례적으로 가까이 접근할 수 있었고, 1862년에 발표한 소설『죽음의 집의 기록』의 소재도 거기서 얻었다. 그 경험은 또한 그의 근원적인 불안을 고조시켰다. "어둠이 나를 삼켜버렸다"고 묘사한 적도 있었다.

마음이 괴로울 때 도박을 하는 것은 도박장애를 진단할 때의 주요한 판단 기준이다. 그리고 이것은 분명 도스토옙스키가 1860년대에 쉬지 않고 도박에 탐닉하도록 자극한 요인이었다. 시베리아에서 군 복무를 하고 있을 때 도스토옙스키는 애가 하나 딸린 과부인 마리야 드미트리예브나 이사예바를 만나서 결혼했다. 하지만 그가 1859년에 상트페테르부르크로 돌아왔을 때 그들의 관계는 이미 파탄이 나고 있었다. 도스토옙스키의 간질병, 불안증, 심한 과민증은 아내에게 쉬웠을 리가 없고, 그녀도 남편에게 위안을 주지 못했다. 변덕스럽고 질투가 심한 것으로 알려진 마리야는 폐병 환자이기도 했다. 1862년에 40세의 작가는 이미 다른 곳에서 위안을 찾고 있었다. 그리고 독일의 카지노에 가보기로 결정했다. 이것은 그의 운명을 판가름 지은 중대하고 치명적인 결정이었다. 그는 처음엔 룰렛 테이블에서 행운을 얻어 무려 1만 1,000프랑이나 되는 큰돈을 손에 넣었다.

초장에 큰돈을 따면 아마추어 도박꾼들은 자기가 시스템을 이기는 법을 안다고 착각하고 도박을 계속하고 싶은 유혹에 빠질 수 있다. 1년 뒤에 도스토옙스키는 다시 한 번 제 솜씨를 시험해보려고 독일로 갔다. 이시점에 그는 법적으로는 아직 마리야와 결혼한 상태였지만 두 사람은 따로 살았고, 도스토옙스키는 자기보다 20세 연하인 작가 지망생 폴리나 수슬로바와 연애를 시작했다. 1863년 봄에 두 사람은 파리에서 몰래 만날 계획을 세웠다. 수슬로바가 먼저 도착해서 도스토옙스키를 기다리고 있을 때 그는 독일의 아름다운 도박 도시 비스바덴에 나흘 동안 들렀다 가기로 결정했다. 이번에도 그는 재수가 좋아서 1만 400프랑을 땄다. 이 여행은 "1860년대에 도스토옙스키가 유럽에 갈 때마다 어김없이 그를 사로잡은 도박벽의 진정한 시작점이었다"라고 프랭크는 말한다.

도스토옙스키가 열중한 도박인 룰렛은 순전한 우연성에 바탕을 두고 있다. 사람들이 빨간 숫자 혹은 검은 숫자에, 아니면 특정한 숫자나 숫자 무리에 돈을 걸면 딜러가 룰렛 원반을 돌리고, 빙빙 돌던 작은 볼이 어느 숫자인가 앞의 칸에 들어간다. 하지만 전형적인 도박 중독 초기 단계에 있었던 도스토옙스키는 자신이 완벽한 베팅의 비결을 알아냈다고 착각했고, 비스바덴을 방문한 뒤 처제에게 쓴 편지에서 그것을 이렇게 설명했다. "내가 돈을 잃지 않은 게 너무 좋아서, 돈을 잃지 않고 따는 비결을 알고 있다고 으스대는 게 아니야. 나는 정말로 그 비결을 알고 있어. 너무나 단순하고 간단한 건데, 게임 상황이 어떻게 변하든 자제력을 계속 유지하고 절대로 흥분하지 않는 게 비결이야. 단지 그것뿐이야. 그러면 절대로 돈을 잃을 수 없고 반드시 딸 수 있어." 그러나 바로 그 편지에서 도스토옙스키는, 딴 돈 1만 400프랑을 처음에는 여행 가방에 넣고 자물쇠를 잠가두었지만, 결국 유혹에 못 이겨 다시 도박을 했고 그 돈의 절반을 잃고 말았다고 썼다.

돈과 휘황한 불빛, 연대감, 경쟁심, 리스크, 스릴이 뒤섞여 사람을 도취시키는 카지노는 일상생활의 정신적 외상과 온갖 요구 사항들로부터 벗어날 수 있는 극적인 탈출구를 도박꾼에게 제공한다. 1864년 한 해 동안 도스토옙스키의 생활은 마치 고난으로 점철된 「욥기」와도 같았다. 우선 그

304

자신이 간질병과 방광염을 비롯한 여러 가지 질병으로 고통을 받았다. 그리고 2월에 형 미하일의 막내딸이 성홍열로 죽었고, 4월에는 결핵과 투병하고 있던 아내가 결국 목숨을 잃었으며, 7월에는 미하일이 간질환으로 갑자기 세상을 떠났다. 이 모든 것이 도스토옙스키를 비탄에 빠뜨렸고, 가뜩이나 얄팍한 주머니에도 큰 타격을 주었다. 그는 이제 형수와 네 명의 조카들만이 아니라 죽은 아내 마리야가 남긴 의붓아들 파샤까지 부양할 책임을 지게 되었다. 게다가 형은 문학잡지《시대》에 자금을 댄 그를 돕느라 막대한 빚을 진 상태였고, 잡지는 경영난으로 허우적거리고 있었다. 미하일이 죽자 도스토옙스키는 또다시 재정적으로 현명치 못한 결정을 내렸다. 잡지를 폐간하는 대신 계속 살리려고 애쓴 것이다. 그 때문에 그는 무거운 직업적 책임만이 아니라 형이 남긴 막대한 재정적 부담까지 짊어지게 되었다. 결국 이 결정은 쓸데없었을 뿐더러 엄청난 손실을 초래한 실수였음이 드러났다. 미하일이 죽은 지 1년도 지나지 않은 1865년 초에 『시대』는 폐간호를 발행했다.

도스토옙스키가 1년 남짓 안에 긴 소설 한 편을 써준다는 불가능해 보이는 계약을 맺은 것은 이런 궁지에 몰려 있을 때였다. 이때쯤 그는 이미 여남은 편의 중단편과 몇 편의 장편을 발표하여 작가로서 상당한 기반을 쌓아놓고 있었다. 그중 『지하 생활자의 수기』는 훗날 실존주의 소설의 선구적 작품으로 평가되면서 막강한 영향력을 행사하게 된다. 도스토옙스키는 또한 그의 첫 걸작인 『죄와 벌』을 마무리하느라 바빴다. 『죄와 벌』은 1866년 1월부터 문예지인 『러시아 통보』에 매달 연재되고 있었는데, 이런 노력으로 그는 이반 투르게네프와 레오 톨스토이 같은 정예 작가의 반열에 한 자리를 차지할 수 있었다. 그 무렵 음험한 출판업자 하나가 도스토옙스키에게 이제까지 발표된 그의 작품 전체를 전집으로 낼 권리와 함께 일 년 뒤까지 써줄 신작 소설에 대한 출판권도 갖는 대가로 3,000루블을 선지급하겠다고 제의했다. 이것은 큰 도박이었다. 계약에 따르면 도스토옙스키가 마감 시한 내에 작품을 완성하지 못하면 향후 9년 동안 그의 모든 작품에 대한 저작권이 인세 지급도 없이 출판업자 손으로 넘어가게 될 터였다.

도스토옙스키는 어떻게든 작품을 쓰려고 몸부림쳤지만 성공하지 못했다. 마감 시한인 11월 1일을 불과 몇 주 앞둔 1866년 10월 초까지도 그는 한 줄도 쓰지 못한 상태였다. 공황 상태에 빠진 도스토옙스키는 친구에게 자신의 곤경을 털어놓았고, 친구는 집필 속도를 높이기 위해 작가의 구술을 받아쓸 속기사를 주선해주었다. 그렇게 해서 작가 앞에 나타난 젊은 속기사 안나 그리고리예브나 스니트키나는 그의 작품을 즐겨 읽은 터라서 열의를 가지고 일에 착수했다. 도스토옙스키는 구술하고, 안나는 타자를 쳤다. 『도박꾼』은 마감 시한 두 시간 전에 출판사에 도착했다. 자전적 성격이 짙은 이 중편소설은 러시아 사회를 들여다보는 창이자 괴로운 사랑 이야기이며(폴리나라는 이름의 등장인물은 결국 그와 결혼하기를 거절한 폴리나 수슬로바와의 요란한 연애를 반영한다), 또한 사람들을 도박장으로 몰아넣는 망상적 사고 과정에 대한 하나의 완벽한 설명이기도 하다.

도스토옙스키는 소설 주인공 알렉세이 이바노비치를 통해 그 자신이 싸우고 있던, 그리고 오늘날 라스베이거스와 몬테카를로 등지에서 수많은 도박꾼들이 싸우고 있는 도박 중독의 특징들을 상세히 기록하고 있다. 알렉세이 이바노비치는 도스토옙스키가 소설 속에서 설명했듯이 "모험을 하고 싶은 격렬한 갈망에 사로잡혀" 있었다. "어쩌면 내 영혼은 그렇게 많은 흥분을 겪었으면서도 거기에 만족하기는커녕 오히려 그 흥분들에 자극받아, 완전히 진이 빠질 때까지 더 많은—그리고 점점 더 강렬한—흥분을 갈망하고 있었는지도 모르겠다." 책이 출간된 지 150년이 지난 지금도 도박 전문가와 문학 평론가들은 도박꾼의 심리를 통찰력 있게 묘사한 이 소설에 경탄한다. 정신의학자이자 UCLA 의과대학의 도박 연구 프로그램 책임자인 리처드 로즌솔 박사는 『도박꾼』을 심리학적 걸작이자 "문학계 안팎을 통틀어 강박적 도박꾼을 다룬 최고의 사례"라고 말했다.

그때나 지금이나 도박꾼이 느끼는 스릴의 대부분은 도박의 예측 불가능성―돈을 건 뒤 승부가 날 때까지의 그 짜릿한 순간들―에서 온다. 어떤 도박꾼들은 무슨 대가를 치르더라도 자신이 그런 도전에 통달해 상황을 지배해야 한다고 생각한다. "그들은 재난이 닥칠 수 있다는 생각을 가지고 노는 듯이 행동하며, 자기가 한계선에 얼마나 가까이 와 있는지도 알고 있다"라고 로즌솔은 말한다. 도박꾼들은 자기기만에 빠지기도 쉽다. 자기기만은 도스토옙스키의 소설과 그 자신의 도박 경험을 관통하는 주제다. 도스토옙스키는 강박적 도박꾼들의 사고 유형에 대해 놀랄 만한 통찰력을 가지고 있었으나, 그 자신도 도박꾼을 유혹하는 망상에 계속 빠져들었다. 룰렛 원반의 회전은 매번 독립된 사건이라서 빨강이나 검정이 나올 확률이 대체로 같지만, 도스토옙스키와 알렉세이 둘 다 앞선 회전들의 결과가 다음번 회전의 결과를 예측하게 해준다는 터무니없는 생각을 굳게 믿었다. 예를 들어 룰렛 원반에서 빨강이 연달아 열 번을 이기면 다음 회전에서는 틀림없이 검정이 이길 거라고 도박꾼은 장담한다. 이것은 '도박사의 오류', 또는 1913년에 검정이 연달아 26번을 이겨서 빨강에 돈을 건 도박꾼들이 수백만 프랑을 잃은 악명 높은 사건을 따서 '몬테카를로의 오류'로 알려져 있다.

도스토옙스키는 왜 그랬을까? 그는 돈이 필요하기도 했지만 그의 마음 자체가 도박에 사로잡혀 있었다. 강박적 도박꾼은 불안이나 우울, 무력감이나 죄책감을 느낄 때 카지노로 가는 경우가 많다. 특히 죄책감은 도스토옙스키의 삶에 두드러진 주제로 등장했고, 전문가들은 그 죄책감이 어디서 유래했고 그의 도박 중독에 얼마나 깊이 관여했는지에 대해 오랫동안 다양한 이론을 세워왔다. 프로이트까지 여기에 끼어들어, 1928년에 발표한 논문에서 도스토옙스키의 지나친 도박은 자신에게 가하는 일종의 처벌이었다고 주장했다. 그렇다면 그 죄책감의 원인은 무엇이었을까? 아마 아버지의 죽음 때문일지도 모른다. 아버지는 아들에게 집안 사정의 어려움을 털어놓은 편지를 쓴 지 겨우 한두 주 만에 노상에서 죽은 채 발견되었다. 의사들은 그가 뇌졸중을 일으켰다고 보고했지만, 가족들은 그가 농노들한테 살해당했을 거라고 믿었다. 실제로 무슨 일이 일어났든, 전문가들은 도스토옙스키가 깊은 죄책감을 느꼈으리라고 추측했다. 그는 아버지가 그에게 원하던 직업을 거부했을 뿐 아니라 집에 여유가 없는데도 계속 돈을 요구하며 아버지를 쥐어짰기 때문이다.

UCLA 의대의 로즌솔은 도스토옙스키의 죄책감이 그의 출생을 둘러싼 상황에서 비롯되었을 가능성이 더 크다고 믿는다. 어머니가 그를 가졌을 때 기도가 감염되었고, 이것 때문에 훗날 그녀의 목숨을 앗아간 결핵에 걸리기 쉬운 체질이 되었을지도 모른다. 이런 렌즈를 통해서 보면 도스토옙스키의 존재 자체가 어머니의 쇠락과 죽음을 초래했다고 할 것이다. 로즌솔은 도스토옙스키의 도박이 첫 아내 마리야가 결핵으로 죽어가던 무렵에 시작되었다는 점을 지적한다. 이것은 어머니가 겪은 고통과 때 이른 죽음을 거울처럼 비추는 사태였다. 이런 도박 유형은 "커다란 상실감과 특히 죄책감에 대한 방어기제"로 볼 수 있다고 로즌솔은 말한다. 근원적인 계기가 무엇이든, 도박에서 얻는 심리적 이득은 부정적인 감정의 고통과 가혹한 삶의 현실로부터의 도피다. 도박장의 소음과 알코올, 기대감에 찬 흥분, 룰렛 원반의 회전에 몰입해 있으면 다른 무엇에 주의를 기울이는 것은 거의 불가능하다.

『도박꾼』 집필은 예기치 않은 결과도 가져왔다. 45세의 도스토옙스키가 20세밖에 안 된 속기사와 사랑에 빠진 것이다. 소설을 구술하는 틈틈이 두 사람은 러시아 문학에 대해 이야기를 나누었고, 도스토옙스키는 체포된 뒤 처형되는 줄로만 알고 있었던 때 겪은 끔찍한 일들을 포함하여 자신의 과거사를 안나에게 솔직히 털어놓았다. 안나는 동정심을 가지고 귀를 기울였고, 1866년 10월의 몇 주 사이에 두 사람의 관계는 깊어졌다. 재혼을 간절히 원했던 도스토옙스키는 안나를 처음 만난 지 불과 한 달 뒤에 청혼했다. 안나는 이렇게 말하며 청혼을 수락했다. "제 대답은 제가 당신을 사랑한다는 것, 앞으로도 평생 사랑하리라는 거예요."

두 사람은 1867년 2월에 결혼했다. 그들의 새 생활이 처음 만난 후 몇 주간의 회오리 같았던 로맨스보다 훨씬 험난해지라는 것은 곧 분명해졌다. 다른 문제들도 있었지만, 특히 도스토옙스키의 의붓아들이 계부의 삶에 안나가 끼어든 데 분개했고, 도스토옙스키는 심한 간질 발작을 연달아 두 번 겪었다. 그는 자주 짜증을 냈고, 두 사람은 함께 즐거운 시간을 보낸 적이 거의 없었다. 전기 작가 프랭크에 따르면 부부는 스트레스를 가라앉히고 "빚쟁이들의 끊임없는 괴롭힘에서 벗어나 잠시나마 휴식을 취하기 위해" 그해 봄에 유럽 여행을 계획했다. 이 여행이 결혼생활의 앞날에 매우 중요하다고 생각한 안나는 혼수품을 전당포에 잡히고 돈을 빌려 여행 초기의 비용을 댔다. 결국 그들은 예상보다 훨씬 오랫동안 집을 떠나 있게 되었다. 4년여 동안 많은 도시(베를린, 드레스덴, 프랑크푸르트, 하이델베르크, 밀라노, 제네바, 프라하, 피렌체)를 방문했다. 이 시기의 대부분을 그들은 겨우겨우 생활비를 마련해가며 어렵사리 지냈다. 안나의 어머니가 돈을 조금 대주었고, 도스토옙스키도 옷과 그 밖의 소유물을 전당 잡혔다. 여느 때처럼 친구들에게 돈을 빌려달라고 부탁했고, 출판업자들에게는 작품을 써줄테니 선급금을 달라고 요구했다. 그러는 와중에도 그는 카지노 출입을 멈추지 않았다.

이때쯤 도스토옙스키는 요즘 같으면 도박장애로 진단될 증상들을 여러 가지 보이고 있었다. 어떻게 하면 도박장으로 돌아갈 수 있을까 하는 생각에 몰두하고, 손실을 만회하겠다며 계속 돈을 걸고, 도박으로 잃은 돈을 메우기 위해 다른 사람에게 손을 벌렸으며, 도박을 자제하거나 줄이거나 아예 그만두려는 노력은 전혀 성공하지 못했다. 이런 사고방식과 행동과 자기기만을 그는 안나에게 쓴 편지들에서 분명히 드러냈다. 그가 "사랑스러운 천사"라고 부른 안나는 그의 끊임없는 도박을 누구보다도 참을성 있게 이해해주었는데, 그들이 결혼한 해에 쓴 한 편지에서 그는 "냉정하고 차분하고 빈틈없게 도박을 한다면 **돈을 잃는 것은 불가능해!**"라고 말했다. 그런 다음, 자기가 돈을 땄을 때의 희열과 더 따고 싶은 "미칠 듯한 충동"에 대해, 그리고 매번 그렇듯이 자신의 궁극적인 파국과 자기기만을 이야기했다. "[나는] **모든 것을 몽땅** 잃었어. 마지막 동전까지 탈탈 털렸어. 딱 나흘만 더 시간을 낼 수 있다면… 틀림없이 다 되찾을 수 있을 텐데."

안나는 남편이 도박보다 더 나쁜 일에 빠질까봐 걱정했기 때문에 그의 도박을 참고 견뎠다. 그녀가 첫 아이를 배고 입덧에 시달릴 때 부부는 독일의 휴양지 바덴바덴으로 갔다.[2] 쓸 돈이 부족했지만 도스토옙스키는 당장 도박에 뛰어들었다. 처음에는 딴 돈을 아내에게 주어 간수토록 했으나, 빈손으로 다시 돌아와서는 돈을 더 달라고 간청했다. 도스토옙스키

---

2) 앞에서 언급한 장기 여행의 한 부분이었다.

는 돈을 잃으면 후회와 죄책감으로 워낙 미안해하고 자책하는 상태가 되었기 때문에, 안나는 그러다 그가 간질 발작의 위험에 빠지느니 차라리 카지노에 다시 도전하게 내버려두는 편이 낫다고 판단했다. 그녀는 또한 남편의 도박이 혼탁해진 머리를 맑게 하고 집필의 동력을 얻는 데 도움이 된다고 믿었다. 남편이 계속 돈을 잃는데도 불구하고(그는 부부의 결혼반지, 아내의 귀고리와 브로치, 자신의 코트와 아내의 숄까지 전당포에 맡겼다) 안나는 그를 편들었다. 훗날 그녀는 자신의 회고록에 이렇게 썼다. "나는 그것이 단순한 '의지박약'이 아니고 마음을 온통 사로잡는 열정임을, 성격이 강인한 사람조차 맞서 싸울 수 없는 하나의 자연력임을 깨달았다. 그러니 받아들일 수밖에 없었고, 나는 남편의 도박벽을 치료가 불가능한 병이라고 생각하기로 했다."

운에 의해 좌우되는 도박에 모든 것을 걸도록 사람을 몰아대는 것은 무엇일까? 간단히 대답할 수 있는 문제는 아니다. 1986년부터 1992년까지 샌디에이고 시장을 두 번 연임한 모린 오코너는 1994년에 '잭인더박스'라는 큰 패스트푸드 체인의 창업주인 남편 로버트 피터슨이 타계한 뒤 비디오 포커 게임을 하기 시작했다. 2013년 캘리포니아주에서 연방검사들이 법원에 제출한 서류에 담긴 세무 관련 기록에 따르면 모린 오코너는 2000년부터 2009년까지 라스베이거스와 애틀랜틱시티와 샌디에이고의 카지노에서 10억 달러가 넘는 돈을 땄다. 하지만 잃은 돈은 그보다 훨씬 많았다. 모린 오코너는 노동계층 가정에서 성장했고, 사회에 진출한 초기에는 가톨릭계 학교에서 교편을 잡은 적도 있었는데, 남편의 자선재단에서 210만 달러를 횡령한(그래서 재단을 파산케 한) 혐의로 그녀를 기소한 검사들에 따르면 그녀는 저축한 돈을 탕진하고, 빚을 갚고 도박을 계속하기 위해 2차, 3차 담보대출을 받았다. 오코너의 변호사들은 그녀의 행동이 '슬픔의 도박'이라 불리는 유형에 들어맞고, 그 시기가 머릿속에서 종양이 서서히 자라고 있던 때와 일치한다고 주장했다. 그녀는 2011년에 뇌종양 진단을 받았는데, 이 병은 판단력과 충동 조절에 영향을 미칠 수 있다. 원인이 무엇이든, 오코너의 행동은 "전혀 그녀답지 않다"고 그녀의 전 비서실장은 《뉴욕 타임스》에 말했다. 오코너는 CBS 방송과의 인터뷰에서 눈물을 흘리며 사과했고, 자기가 기계를 이길 수 있을 줄 알았다고 말했다. 그녀는 하루에 10만 달러 이상을 잃는 수도 있었다면서, "그것은 마치 전자 헤로인 같았다. 하면 할수록 욕구는 더 강해졌고 만족감은 점점 줄어들었다"라고 말했다. 오코너가 도박 중독 치료를 받겠으며 재정적으로 가능해지면 210만 달러를 재단에 반환한다는 데 동의한 뒤 검사들은 오코너에 대한 기소를 취하했다.

그래미상을 일곱 번이나 받은 가수 글래디스 나이트는 회고록에서 두 번째 결혼이 파경에 이른 1970년대 말부터 카드 게임인 바카라에 빠졌다고 털어놓았다. 그녀는 국세청에 내야 할 돈을 어떻게 마련할지, 아이들의 대학 교육비를 어떻게 감당할지 등을 걱정했지만, 그녀를 10년 동안 도박 중독으로 내몬 것은 단지 돈만은 아니었다. 회고록에서 그녀는 이렇게 말했다. "집에서는 나를 짓누르는 게 너무 많았다. 너무 많은 기대, 나에게 의지하고 있고 나한테서 무언가를 얻어내길 바라는 많은 사람들. 공연하고 있을 때도 마찬가지였다. 나는 항상 최고로 잘 불러야 했다. 도박을 할 때는 나만의 놀이터에서 다시 어린애가 될 수 있었다." 라스베이거스에서 유럽까지 숱한 카지노에서 도박을 한 나이트는 돈을 따는 동안은 자기 행동을 합리화했다. 하지만 시간이 지나자 그녀가 도박에 너무 깊이 빠져 있다는 게 분명해졌다. "도박은 내 삶의 실체를 대신하게 되었다"라고 그녀는 반성했다. 어느 날 밤, 4만 5,000달러를 잃은 나이트는 '익명의 도박 중독자들(Gamblers Anonymous)'[3]에 전화를 걸었다. 이것은 '익명의 알코올 중독자들'과 비슷한 12단계의 도박 중독 치유 프로그램이다. "나는 수치심과 자신에 대한 혐오감 때문에 금방이라도 토할 것만 같았다"라고 그녀는 말했다. "나는 병에 걸렸다. 나는 중독자였다."

도박을 하는 사람의 대부분은 중독자가 되지 않는다. 그들은 친구들과 제한된 시간 동안 재미 삼아 포커나 카드, 슬롯머신이나 룰렛을 한다. 이 같은 이른바 '사교성 도박자'들은 지나치게 많은 돈을 걸지도 않고, 도박에 따른 장기적인 영향을 받지도 않는다. 이보다 한 단계 나아간 사람들은 '문제성 도박자'라고 불리는데, 이들은 상당히 오랜 시간을 도박에 소비하고, 원래 생각했던 것보다 많은 돈을 잃으며, 심각한 병적 집착을 갖게 될 우려가 있다. 가장 곤란한 부류는 자신이 선택한 도박—포커, 슬롯머신, 블랙잭, 크랩스—에 사로잡힌 나머지 가족을 소홀히 하고 경력을 위태롭게 하고, 주머니와 은행 계좌를 바닥내는 도박꾼들이다. 도스토옙스키와 마찬가지로 그들은 도박장애의 진단 기준을 충족시킨다.

미국인 중 도박장애로 진단할 수 있는 사람은 200만 내지 300만 명이나 되고, 그 수는 더 늘어날 수 있다. 지난 수십 년 동안 거의 모든 주에서 도박이 합법화되었고, 그 덕분에 새로 생겨난 카지노들이 성황을 이루고 있다. 해마다 600억 달러가 넘는 수익을 올리는 미국 도박업계에서는 도박을 오락이자 국가 세입의 한 원천으로 선전하고 있다. 도박은 인구 통

---

3) 국내 조직의 명칭은 '한국 단도박 모임'이다.

계를 분석하여 수익성이 높은 틈새시장을 공략하는 방법으로 점점 더 대중화되었다. 대학생들은 텔레비전 포커 쇼와 일확천금의 욕망에 유혹된다. 도박 앱은 즉각적인 만족감을 제공한다. 여자보다 남자가 더 많이 도박을 하지만, 그 격차는 점차 좁혀지고 있다. 표준적인 남성 도박꾼은 많은 돈을 걸고, 남들의 주목을 받길 바라고, 도박에서 황홀감을 얻는다고 코네티컷 대학교 의과대학의 도박장애 전문가인 낸시 페트리는 말한다. 이와는 대조적으로 여자들은 우울할 때 슬롯머신과 도박에 끌리는 경향이 있으며, 일반적으로 인생 후반기에 도박을 시작한다. 고립되었거나 외롭거나 권태로운 노인들에게 도박은 사람들과 만나고 사귀는 기회가 되고, 노화에 따른 어려움에서 도피하는 방법이 된다.

지나친 도박은 몸에도 나쁜 영향을 줄 수 있다. 시계도 창문도 없는 카지노는 사람들을 유인하여 도박을 계속하게 하고 시간 가는 것도 모르도록 설계되어 있다. 밤새도록 슬롯머신의 손잡이를 잡아당기거나 카드를 하는 것은 수면부족을 초래할 수 있고, 그것은 졸음운전을 비롯하여 해로운 결과를 유발할 수 있다. 카지노에는 공짜 술이 넘쳐흐르고, 대부분의 카지노가 흡연을 허용한다. 이 모든 것은 가뜩이나 보통 사람보다 기분장애에 걸리기 쉬운 도박 중독자들의 우울증과 불안증을 더욱 악화시킬 수 있다. 그 결과는 비참할 수 있다. 도박장애로 치료받는 사람의 약 17%가 자살을 기도했는데, 특히 큰돈을 잃은 뒤에 그러는 경우가 많았다.

오늘날 가장 흥미로운 연구들은 도박장애가 알코올 중독이나 마약 중독과 상당히 비슷해 보인다는 과학자들의 획기적인 결론과 관련된 것들이다. 이 질환들은 서로 유사한 패턴과 행동 양식—갈망, 위험 추구, 판단력 부족, 멈추지 못함—을 보인다. 뇌 영상 연구에서는, 도박장애가 있는 사람들이 다른 것에 중독된 사람들과 마찬가지로 의사 결정 능력이 손상되어 있고, 그래서 장기적인 결과보다 즉각적인 만족을 택하게 된다는 것을 알아냈다. 가족력에서도 이들 질환은 서로 비슷한 양상을 보인다. 도박 중독자들의 자녀 역시 도박장애를 갖게 될 위험이 더 높다. 일란성 쌍둥이 가운데 한쪽이 도박에 중독되면 다른 쪽도 그리될 가능성이 높다. 또한 강박적 도박꾼들은 부모나 자녀나 형제에게 알코올이나 약물 등의 물질 사용장애가 있을 가능성도 높고(도스토옙스키의 아버지는 알코올 중독자였다고 한다), 자신도 물질사용장애를 갖고 있기 쉽다. 이는 두 가지 중독에 관여 하는 유전자들이 부분적으로 겹쳐 있음을 시사한다. 물질사용장애와 마 찬가지로 도박장애도 청소년기나 청년기에 시작될 수 있고, 시작이 빠를 수록 상태도 심해지는 경향이 있다.

오늘날 과학자들은 중독이 뇌의 '보상 체계'—우리가 아이스크림을 먹 거나 성행위를 하는 것 같은 유쾌한 일을 할 때 기분을 좋게 해주는 호르 몬인 도파민을 분비하는 바로 그 체계—에 뿌리를 두고 있다고 믿는다. 마약과 알코올이 처음으로 이 두뇌 회로를 활성화하면 도파민 수준이 올 라가 좋은 기분을 느끼게 해준다. 하지만 그것이 거듭되면 뇌가 압도당하 고, 중독성 물질이나 행동은 더 이상 전처럼 만족스러운 충격을 주지 못한 다. 이로 말미암아 모든 종류의 중독자들은 내성을 갖게 되고, 초기에 얻은 것과 같은 만족스러운 반응을 되찾기 위해 위험을 무릅쓰게 될 수 있다.

점차 진전되고 있는 연구들은 도박이 뇌에서 비슷한 경로들에 작용한다 는 것을 보여준다. 그것은 또 다른 일탈 행동들과 관련하여 무엇을 의미 하는가? 『정신장애 편람』 최신판에 따르면, 특히 아시아에서 극단적인 자 기무시(self-neglect)[4]나 사회적 고립과 결부되어온 인터넷 게임은 더 연구

---

4) 개인 위생, 적절한 옷 입기, 음식 섭취 등 기본적인 욕구와 필요에 관련된 것들을

해야 할 이유가 충분하다. 인터넷 게임장애(internet gaming disorder)도 곧 별개의 진단명이 될 수 있을 것이다. 일부 전문가들은 현재 섭식장애로 분류되어 있는 폭식증도 행동 중독의 하나로 봐야 하리라고 믿는다. 쇼핑이나 섹스는 어떤가? 당신 뇌의 회로는 당신이 또 다른 구두를 사거나 바람을 거듭 피우게 '만들도록' 기본적으로 설정되어 있는가? 여기에는 만만찮은 문제가 하나 있다. 욕망을 마음껏 충족시키는 지나친 탐닉이 두뇌의 장애 때문이라고 생각한다면, 우리가 잘못된 선택들을 하더라도 그건 스스로의 책임이 아니라고 주장할 수 있는 것이다. 사람은 누구나 자신에게 즐거움을 주는 나쁜 버릇을 적어도 한 가지는 갖고 있다. 이를테면 초콜릿을 너무 많이 먹는다든지, 트위터를 너무 오래 한다든지.

행동 중독은 정신의학계에서 많은 논쟁을 거듭해온 분야다. 걱정스러운 버릇에 불과할 수도 있는 행동을 질병으로 진단하는 것은 정신의학자들이 무엇을 '정상적인' 행동으로, 무엇을 '비정상적인' 행동으로 생각하는가, 그리고 '정상'과 '비정상'의 경계선은 언제 어디서 넘어서는 것으로 보는가 하는 문제에 대해 경종을 울린다. 비판자들은 정신의학자들이 이미 인간의 행동을 지나치게 병리화하고 있다고 주장한다. 다른 사람들은 중독의 개념을 다시 설정할 필요가 있다고 생각한다. 섹스 중독(성탐닉, 성의존증), 알코올 중독과 싸워온 작가 수잔 치버는 회고록 『욕망』에서 중독을 물질 대신 강도에 따라("그는 5단계[level-five] 중독자"라든가 "그녀는 2단계 중독자"라고 하는 식으로) 분류해야 하는 게 아니냐고 말한다. 한 가지에 중독된 사람은 다른 것에도 이미 중독되어 있거나 나중에 중독될 것이기 때문이다. "중독자는 어떤 느낌을 유발하는 특정한 물질에 중독된다기보다 그 느낌에 중

무시하는 상태로, '자기방임'이라고도 한다.

독되는 것 같다"라고 그녀는 말한다.

중독을 어떻게 정의하든, 가장 큰 과제는 삶이 위험에 빠져 있는 사람에게 도움을 주는 것이다. 도박장애가 있는 사람들 가운데 적극적으로 치료를 받고자 하는 사람은 거의 없다. 돈을 딸 가능성에 유혹된 그들은 자신의 상태가 얼마나 심각해졌는지를 알아차리지 못하는 경우가 많다. 그 결과 대다수의 정신과 의사들은 이 질환을 치료해본 경험이 거의 없다고 코네티컷 의대의 페트리는 말한다. 물질사용장애를 치료하는 데 쓰이는 요법 가운데 하나인 인지행동치료는 도박을 하도록 자극하는 생각과 감정을 인지하는 법을 환자들에게 가르치는 데 도움이 될 수 있다. 도박을 유발하는 요인들이 일단 확인되면, 도박 중독자는 카지노를 비롯한 도박장에 아예 발을 들여놓지 않도록 해줄 다른 활동을 찾도록 유도된다. 어떤 사람은 상호 이해와 지지를 통해 회복을 도와주는 '익명의 도박 중독자들'을 비롯한 자조모임에 가입한다. 이와 함께 도박 중독과 동반하는 경우가 많은 기분장애에 대처하기 위해 항불안제나 항우울제가 처방될 수도 있다. 그리고 도박 중독이 물질사용장애와 유사하다는 점을 고려하여, 연구자들은 알코올이나 마약에 대한 갈망과 싸우는 데 쓰이는 날트렉손이라는 약물이 도박 충동도 줄일 수 있는지 보기 위해 그 효능을 시험하고 있다.

로즌솔은 강박적 도박꾼의 대다수가 약을 쓰지 않고도 성공적으로 치료될 수 있다고 믿는다. 그는 정신역동치료를 사용하는데, 이 요법은 환자의 근원적인 동기를 알아내기 위해 과거의 경험을 탐색한다. 가장 중요한 것은 자기가 애당초 왜 도박을 하는지를 환자가 깨닫고, "자신이 무엇을 회피하고 있는지, 무엇에서 도망치고 있는지"를 이해하는 것이라고 로즌솔은 말한다.

중독과 싸워본 사람이라면 누구나 그것을 그만두기가 얼마나 힘든지를 알고 있다. 자신의 의지로 도박을 그만둔 도박꾼들은 대개 두 가지 이유에서 그런다고 한다. 첫째는 무언가 아주 나쁜 일(직장을 잃거나 배우자가 이혼 소송을 제기하거나 아이들이 떠나거나 등)이 일어났거나 일어나리라고 두려워하기 때문이고, 둘째는 어떤 정신적 돌파(직관적 통찰이나 영적 각성)를 경험했기 때문이다. 도스토옙스키가 도박을 끊은 데에는 이 두 가지 동기가 모두 작용한 듯하다. 1871년 4월, 그는 셋째아이를 갖고 있던 안나에게 편지를 써서, 도박으로 또다시 모든 돈을 잃었다고, 그가 집으로 돌아올 수 있도록 아내가 보내준 여비까지도 모두 잃었다고 말했다. 그리고 항상 그러듯이 돈을 더 보내달라고 간청했다. 하지만 그는 이제 다시는 도박을 하지 않겠다고 약속했다. "나한테 엄청난 일이 일어났어. 근 10년 동안 나를 괴롭혀온 지긋지긋한 망상에서 마침내 벗어난 거야."

편지에서 도스토옙스키는 아내가 얼마나 더 참고 견딜 수 있을지에 대해 심한 불안을 표현했다. 꿈에서 아내의 머리가 백발로 변하는 것을 보았다고도 했다. 그리고 다음에 무슨 일이 일어날지를 두려워했다. 아버지가 "무시무시한 모습"으로 나타난 악몽도 그를 불안하게 했다. 이 악몽이 앞으로 다가올 어떤 재난을 예고한 게 아닐까 하고 그는 걱정했다. 이런 겁나는 전조와 예감들이 그가 구원을 향해 가도록 더욱 밀어붙여준 듯하다. "나는 정신적으로 완전히 새 사람이 된 것 같아(나는 이 말을 당신에게, 그리고 하느님 앞에서 하는 거야). 당연히 당신은 나를 경멸할 권리가 있고, '저 사람은 또 도박을 할 거야'라고 생각할 수 있다는 걸 나도 충분히 이해해. 나는 전에도 당신을 속였는데, 그렇다면 무엇을 두고 '**앞으로 다시는 하지**

않겠다'고 당신한테 맹세할 수 있을까? 하지만 나의 천사여, 내가 또 돈을 잃으면 당신은 죽으리라는(!) 걸 난 알아! 어쨌든 내가 완전히 미친 건 아니니까!"

이번에는 도스토옙스키도 약속을 지켰다. 건강이 점점 나빠지고 비극이 가족을 덮쳤어도 그는 계속 글을 쓰면서 말년을 보냈다. 1871년에 도스토옙스키와 안나가 긴 여행을 끝내고 상트페테르부르크로 돌아왔을 때는 이미 첫 아이인 소냐라는 이름의 딸을 잃은 뒤였다. 소냐는 생후 몇 달 만에 폐렴으로 죽었다. 둘째 딸 류보프는 살아남아서 그들과 함께 러시아로 돌아왔고, 그 후 표도르와 알료샤라는 두 아들이 태어났지만, 막내인 알료샤는 세 살 때인 1878년에 심한 간질 발작을 일으켜 죽고 말았다.

도스토옙스키의 마지막 걸작인 『카라마조프가의 형제들』은 1879년에 출간되었다. 2년 뒤인 1881년 2월 9일, 이 작가는 폐출혈을 일으켜 59세의 나이로 세상을 떠났다. 그의 전기를 쓴 프랭크에 따르면, 도스토옙스키 가족이 재정적으로 어려운 것을 알고 러시아 정부가 장례비를 대겠다고 제의했지만 안나는 남편의 장례비를 감당하는 것이 자신의 도의적 의무라고 말하면서 정부의 제의를 사절했다고 한다. 하지만 남편이 러시아 문학에 이바지한 대가로 정부에서 제공한 종신연금은 받아들였다. 그의 장례식에서 부부의 딸 류보프는 "사랑하는 아빠, 친절하고 좋은 아빠"에게 작별 인사를 외쳤다. 그는 그렇게 떠났다. 처자식과 우리에게 인류 역사상 가장 귀중하고 감동적인 문학을 남기고.

알베르트 아인슈타인 (Albert Einstein)

아스퍼거 증후군

    미국 필라델피아의 유명한 무터 박물관 전시실은 진기한 생물학적 전시물로 가득 차 있다. 유명한 샴쌍둥이 창과 엥의 죽은 모습을 석고로 뜬 상, 키가 210센티미터도 넘는 거인의 해골, 소름끼치는 궤양, 벗겨낸 피부로 가득 찬 유리병. 심지어 그로버 클리블랜드[1]의 입에서 제거된 종양까

---

1) 미국의 제22대, 24대 대통령.

지 있다. 하지만 그 어떤 것도 한 나무 상자에 담긴 것을 능가할 수는 없다. 시가 박스보다 그리 크지 않은 이 상자는 온도가 조절되는 진열장 속에 들어 있는데, 그 내용물은 일련의 로르샤흐 잉크 얼룩처럼 보이는 것이 붙어 있는 46장의 현미경 슬라이드다. 홍차 색깔인데, 아름답고 매혹적이다. 그런데 놀라운 것은, 이 멋진 예술품이 실은 역사상 가장 위대한 천재들 가운데 한 사람의 머릿속에 있었던 뇌 조직의 얇은 절편[2]들이라는 사실이다. 그게 누구인가 하면, 알베르트 아인슈타인이다.

1955년에 세상을 뜨기 전에 아인슈타인은 자기가 죽거든 시신을 화장하여 재를 흩뿌려 달라고 요청했다. 부분적으로는 무덤이 관광객들의 참배 대상이 되는 것을 원치 않았기 때문이다. 하지만 그의 사체를 검시한 병리학자 토머스 하비는 도저히 그냥 넘어갈 수가 없었다. 그는 아인슈타인의 뇌를 적출한 다음 그중 여러 조각을 유리병 하나에 보관하고(한때는 병을 사과주 상자에 넣어서 맥주 냉각기 밑에 두었다고 한다), 나머지는 얇은 절편으로 잘라서 슬라이드에 얹어 미국 곳곳의 몇몇 과학자들에게 보냈다. 수십년이 지난 지금 이 뇌 슬라이드 세트 가운데 하나가 무터 박물관에 와 있는 것이다. 이 박물관의 큐레이터인 애나 도디는 진열장 안을 들여다보면서 그 상자가 처음 자기 손에 들어왔을 때를 회고했다. "저는 '내가 아인슈타인의 한 조각을 들고 있다니, 우아!' 하고 생각했어요." 그러고는 잠시 멈추었다가 말했다. "그걸 들고만 있어도 머리가 더 영리해진다면 얼마나 좋을까요?"

보통 사람들을 그처럼 강하게 사로잡은 뇌는 역사에서 다시 찾기 어렵다. 그건 당연한 일이다. 1.5킬로그램도 채 안 되는 신경세포(뉴런)와 아교

---

2) 현미경으로 관찰하기 위하여 생체 조직의 일부를 얇게 자른 것.

세포의 덩어리가 어떻게 그런 천재를 만들 수 있었을까? 아인슈타인은 20대 나이에 우주의 수수께끼를 풀었고, 30대에 일반상대성이론을 발표했으며, 40대에 노벨 물리학상을 받았다. 그는 세상에서 가장 머리 비상한 사람들 중에서도 특히 우뚝한 거인이었다. 하지만 인간은 다면적이고, 우리와 마찬가지로 아인슈타인의 뇌도 그의 지성에 동력을 공급하는 일만 한 게 아니었다. 아인슈타인의 뇌는 그의 감정을 유발하고, 상충하는 욕망들을 저글링 하듯 처리하고, 그로 하여금 아인슈타인 특유의 방식으로 행동하고 말하고 걷게 했다.

이 천재 물리학자의 비범함은, 잘 알려지지 않았고 찬미의 대상이 되지도 않은 행동 특성 및 성격적 특이점들과 짝을 이루고 있다는 것이 밝혀졌다. 어릴 적에 아인슈타인은 말이 늦었고, 다른 아이들과 어울리지 못하는 사회적 부적응자였다. 어른이 되었을 때는 체계적이지 못한 데다 대인관계가 불안정했다. 그는 평생 동안 자신의 흥미를 끄는 주제들에 열정적으로 정신을 쏟았고, 어떤 생각에 빠지면 거기에만 철저히 몰두했기 때문에 사람들에게서 떨어져 혼자 틀어박혀 있을 때가 많았다. "나는 정말로 '외톨이 나그네'다"라고 아인슈타인은 말했다. "나는 내 조국, 내 집, 내 친구들, 심지어는 나의 직계 가족에게도 진정으로 소속된 적이 없다. 이 모든 것 앞에서 나는 언제나 거리감을 느꼈고 혼자 떨어져 있고 싶었다."

이론의 여지 없이, 아인슈타인이 시간과 공간을 이해한 방법은 지극히 경탄스러운 것이었다. 하지만 이 같은 행동 패턴 때문에 일부 과학자들은 한 가지 가설을 제기하게 되었다. 아인슈타인은 '자폐 스펙트럼' 위에 있었던 걸까?

1944년에 오스트리아의 소아과 의사인 한스 아스페르거는 한 무리의 아이들이 보이는 비슷한 행동 패턴을 상세히 기록했는데, 그들의 주요 특징은 공감 즉 감정이입의 부족, 친구 사귀기의 어려움, 일방적인 대화, 특별한 관심사에 대한 몰두, 어색한 동작 등이었다. 이 아이들은 자기가 택한 주제에만 주의를 기울이는 경향을 보였고, 참을성 있게 들어주는 사람이면 누구에게든 그 주제에 대해 오랫동안 얘기하곤 했다. 특히 두드러진 점은 그들의 사회성 부족이었는데, 그들은 다른 아이들과 어울리지도, 함께 놀지도 않았다. 대체로 그들은 아웃사이더가 되는 경향이 있었다.

이 아이들 가운데 일부는 상당한 지적 장애를 갖고 있었지만, 다른 아이들은 주목할 만한 인지적 속성, 즉 사물을 새롭고 남다른 방식으로 보는 능력과 또래 아이들이 따라가지 못할 특유의 끈기로 자신의 관심사를 파고드는 능력을 갖고 있었다. 이 집단에 속하는 아이들은 일찍부터 특정한 직업에 종사하도록 운명 지어진 것처럼 보일 때가 많았고, 그런 직업에서 큰 성공을 거둘 능력이 있었다. 그들은 사회생활에 어려움을 겪었지만, "자신의 특별한 관심사를 외곬으로 면밀하게 파고드는 행동 패턴은 대단히 소중할 수 있고, 자기가 선택한 분야에서 뛰어난 업적을 거둘 수도 있다." 아스페르거는 이런 질환에 '자폐성 정신병질'이라는 이름을 붙이고, 그 아이들은 "꼬마 교수들"이라고 불렀다.

이 질환은 1981년까지 거의 주목을 받지 못했지만, 그해에 영국의 정신의학자인 로나 윙이 아스페르거의 연구에 대해 설명하는 글을 자폐증 관련 저널에 발표하면서 환자들이 덜 거북하도록 '아스퍼거 증후군

(Asperger['s] syndrome, 약칭 Asperger's)'이라는 새 이름을 제안했다. [3] 로나 윙은 아스퍼거 증후군과 자폐증(autism, 그 전해에 별개의 정신질환으로 인정되었다) 간에 사회적 소통과 언어에 문제가 있는 것을 포함하여 유사성이 있음을 인정했다. 하지만 로나 윙은 차이점에도 주목했다. 자폐증이 있는 아이들은 말을 하지 못하거나 말의 습득이 늦거나 이상한 투로 말했고, 아스퍼거 증후군이 있는 아이들은 말은 할 수 있었지만 하는 말이 상황에 부적절한 경우가 많았다. 자폐증 아이는 반복적인 루틴(예를 들면 장난감을 한 줄로 늘어놓기)에 집착하는 반면, 아스퍼거 증후군 아이는 수학 문제를 푸는 데 몰두할 수 있다. '아스퍼거 증후군'이라는 용어는 자폐증적 특징들을 보이지만 전형적인 자폐아처럼 장애가 뚜렷하지 않은 경우를 구별하는 데 유용할 것이라고 윙은 말했다.

1980년대에 연구자들은 본격적으로 이 질환을 연구했고, 1994년에 나온 『정신장애 편람』 4판에서 '아스퍼거 장애(Asperger's disorder)'라는 진단명 아래 자폐증과 관련된 별개의 질환으로 공식 인정되었다. 많은 부모들은 자기네 유별난 자녀가 이제는 혼자가 아니며 교육과 지원 서비스를 받을 수 있으리라는 것을 알고 안심했다. 이후 20여 년 동안 수천 명의 미국 아동과 청소년이, 심지어 성인들까지 아스퍼거 장애 진단을 받았고, 이 질환에 대한 사회적 의식도 극적으로 변했다. 의식이 높아지면서, 아스퍼거 장애인들이 비록 행동에 어려움이 따르기는 하지만 세상에 기여할 수 있는 특유의 능력과 재능을 갖고 있다는 인식도 커졌다. 이들을 후원하는 운동도 본격적으로 벌어졌다. 남다름과 뛰어남은 서로 뒤얽혀 있는 경우가 많

---

3) '아스퍼거'는 아스페르거의 영어식 발음이다. 외래어 표기 기준에 따라 병명은 영어식으로, 사람 이름은 독일어식으로 표기했다.

다는 생각에 힘을 얻은 아스퍼거 자조모임들은 역사적 우상들 중에서 아스퍼거 장애를 갖고 있다고 생각되는 인물들을 상징적 존재로 받아들였는데, 그 명단의 맨 위에 오른 사람이 바로 알베르트 아인슈타인이다.

하지만 자폐증과 아스퍼거의 세계에서는 아무것도 간단치가 않다. 아스퍼거가 별개의 장애라는 새로운 지위를 얻었지만, 많은 임상의들은 '고기능(high-functioning)' 자폐증과 아스퍼거 장애를 구별하기가 어렵다고 보았다. 두 질환의 특징들—특히 의사소통의 어려움, 사회성 부족, 반복적 행동—이 여럿 겹치기 때문이다. 그에 따라 두 질환은 2013년 '자폐 스펙트럼 장애(autism spectrum disorder, ASD)'라는 새로운 포괄적 진단명 아래 통합되었다.[4] 환자들 사이에는 큰 편차가 존재한다. 스펙트럼 연속체에서 가장 심각하고 퇴행적인 한쪽 끝에는 원기왕성해서 큰 기대를 불러일으키다가 어느 순간 고독과 침묵의 세계 속으로 빠져드는 어린 아기들이 있다. 간단한 말을 몇 마디 배운 아기들이 갑자기 벽에 머리를 찧어대기 시작하고 더 이상 의사소통을 할 수 없게 되는 경우도 있다. 부모들은 이 질환이 자녀들의 마음과 본질 자체를 빼앗아가는 것을 묘사하기 위해 "아이가 유괴당했다"거나 "도둑맞았다"는 식의 표현을 사용한다. 자폐 스펙트럼의 반대쪽 끝에 있는 사람들 중에는 아스퍼거 증후군의 특징에 들어맞는 사람들이 포함된다. 그들은 열렬하고 예리한 지적 호기심을 보일 수 있지만, 학교와 직장 생활에 적응하는 데 어려움을 겪는다.

자폐증/아스퍼거의 딜레마—공식적으로 두 질환을 하나로 통합했음에도 불구하고 그것이 정말 옳은 일인지에 대한 논란은 아직도 계속되고 있다—는 정신질환의 진단이 얼마나 어렵고 당혹스러운 일일 수 있는가 하

---

4) 『정신장애 편람』 5판부터 등재.

는 더 광범위한 문제에 빛을 비춘다. 그것은 또한 많은 뇌질환이 서로들 부분적으로 겹쳐 있지만 그와 동시에 미묘한 차이, 현저한 차이를 지닐 수 있다는 사실을 분명히 보여준다. 자폐증 분야에서는 용어 문제가 항상 까다로울 것이고, 그 점은 시간이 가면서 더욱 심해질 것이다. '아스퍼거'는 '통용되는' 진단명으로는 더 이상 존재하지 않지만(나중에는 어찌 되든 적어도 지금은 그렇다), 전에 아스퍼거 진단을 받은 사람들은 아직도 그것을 자신의 병명으로 여기고 있으며, 많은 환자와 의사들이 이 질환에 고유한 특징들을 표현하는 방법으로 비공식적이지만 여전히 그 용어(Asperger's)를 쓰고 있다. 오늘날 이런 혼란의 해결책으로 인정된 것은 중증부터 경증까지 모든 수준의 관련 진단들을 아우르는 표현인 "자폐 스펙트럼 위에 있다(on the autism spectrum)"라는 말을 사용하는 것이다.

아인슈타인이 보인 증상은 자폐 스펙트럼에서 아스퍼거 쪽 끝부분과 가장 비슷하다. 이 질환에 대한 한스 아스페르거의 평가 내용도 아인슈타인의 인성에 부합한다. 사회성 부족으로 어려움을 겪지만 열정적으로 자신의 관심사를 추구하는 아이는 "색다른 직업을 갖게 될 수 있고, 어쩌면 천재라고 할 수 있는 능력을 가지고 고도로 전문화된 과학 연구에 종사하게 될 가능성도 있다." 결정적인 요소는 바깥세상과 담을 쌓고 완전히 독창적인 방식으로 어떤 주제를 새로이 생각하는 능력이라고 아스페르거는 말했다. "실제로, 과학 분야에서 성공하려면 자폐증의 기미가 있는 것이 필수적인 듯도 하다."

알베르트 아인슈타인은 1879년 3월 14일에 독일의 남서쪽 구석에 있는 울름에서 유대인인 헤르만 아인슈타인과 파울리네의 아들로 태어났다. 가족은 독일 문화에 나름대로 최대한 동화했지만, 그 무렵 독일에선 반유대인 정서가 고조되고 있었다. 그의 전기를 쓴 월터 아이작슨에 따르면, 헤르만과 파울리네는 아들 이름을 할아버지 이름과 같은 아브라함이라고 지을까 생각했지만 그건 "유대인 티가 너무 난다"고 판단하고, 대신 알베르트를 선택했다고 한다. 어린 알베르트는 창의력이 폭발하던 시대에 이 세상에 진입했다. 문학의 걸작들—『안나 카레니나』, 『톰 소여의 모험』, 『인형의 집』등등—이 등장하고 있었다. 서정적이고 우아하며 부드러운 인상파의 대안으로 점묘법이 미술계를 뒤흔들고 있었다. 그리고 제2차 산업혁명은 전기와 자동차로 사람들이 살아가고 일하는 방식을 바꿔놓고 있었다.

아인슈타인의 가계는 나중에 등장할 우뚝한 천재에 대한 단서를 거의 주지 않는다. 아버지 헤르만은 일찍이 수학에 재능을 보였고 수학 공부를 계속하는 데 관심도 있었지만, 그럴 돈이 부족했다. 그는 깃털 침대를 파는 평범한 일을 잠시 한 뒤, 뮌헨으로 이사 가서 동생과 함께 전기 기구와 장비를 생산하는 회사를 차렸고 나중에는 발전소 건설 일도 했다. 인상적인 팔자 콧수염 때문에 강인한 프로이센 사람처럼 보였지만, 온화하고 친절한 사람으로 알려져 있었다. 아인슈타인은 아버지에게서 숫자 다루는 재주를 물려받은 듯하며, 재능 있는 피아니스트인 어머니로부터는 그가 평생 간직한 음악에의 열정을 물려받았다. 실제적이고 익살스러운 그녀는 남편보다 강한 성격을 갖고 있었고, 알베르트와 누이동생 마야에게 자립심을 고취했다. 나중에 마야는 전기적 기록에서 오빠가 네 살 때쯤에는 벌써 번잡한 시내 도로를 혼자 건너가곤 했다고 말했다.

알베르트는 태어난 날부터 눈에 두드러졌다. 어머니는 아기를 낳자마자 뒤통수의 크기와 모난 모양에 놀랐다. 마야에 따르면 "어머니는 기형

아를 낳은 게 아닐까 하고 걱정했다." 할머니는 아기의 몸집이 큰 것을 보고 두 손을 번쩍 들면서 "너무 뚱뚱해! 너무 뚱뚱해!" 하고 외쳤다. 어린 알베르트는 처음에는 유별나게 조용한 아이였다. 아동의 언어 발달에는 뚜렷한 편차들이 있지만, 대부분의 아기는 생후 6개월쯤이면 옹알이를 하고 첫돌 무렵에는 몇 마디 단어를 말한다. 아인슈타인이 정확히 언제부터 온전한 문장으로 말하기 시작했는지에 대해서는 여러 설이 있지만, 그때 나이가 적어도 두 살이었고, 어쩌면 세 살에 가까웠는지도 모른다는 것은 확실해 보인다. 어쨌거나 이 정도면 요즘 쓰는 용어로 "말 늦은 아동"이라고 할 만하다.

일단 말을 시작하자 이 어린아이는 혼잣말로 문장을 되풀이하기 시작했다. 마야가 "이상하지만 특징적인 버릇"이라고 부른 이 습관은 여러 해 동안 지속되었다. 말을 늦게 배우는 것과 단어나 구절을 거듭 말하는 것(이를 '반향언어[echolalia]'라고 한다)은 자폐증의 공통된 특징이다. 반향언어는 한때는 문제가 되는 것으로 여겨졌지만 지금은 언어 및 인지 발달의 자연스러운 과정으로 여겨지고 있다. 당시 아인슈타인의 언어 장애는 상당한 놀라움을 불러일으켰다. "오빠가 말을 하는 데 꽤나 어려움을 겪었기 때문에 주위에서는 오빠가 끝내 말을 배우지 못하는 게 아닐까 걱정했다"라고 마야는 회고했다. 아인슈타인 자신도 나중에 그 문제에 대해 이렇게 언급했다. "내가 비교적 늦게 말을 시작했기 때문에 부모님이 걱정하신 것은 사실이다. 걱정이 얼마나 컸는지 부모님은 의사와 상의하기도 했다." 그의 집 하녀는 그를 "데어 데페르테(der Depperte)" 즉 '멍청이'라고 불렀다.

어린 아인슈타인의 사회적 행동도 자폐증 특유의 몇몇 특징들을 보여주었다. 어린아이들은 좌절감이나 불안감을 느끼면 종종 화를 내는데, 자폐

아들은 자신을 달래려고 애쓰면서 이런 패턴이 더욱 악화되는 경우가 많다. 어릴 적에 아인슈타인은 놀랄 만큼 폭발하기 쉬운 성격이었던 것으로 알려졌다. 마야의 회고에 따르면 아인슈타인은 발작적으로 분노를 터뜨리곤 했는데, 그럴 때면 얼굴이 창백해지고 코끝이 하얗게 변했으며, 이어서 물건 던지기가 시작되었다고 한다. 알베르트는 다섯 살 때 여자 가정교사에게 의자를 던졌고, 그 교사는 도망쳐서 다시는 돌아오지 않았다. 마야도 오빠의 분노를 피하지 못했다. 알베르트는 마야의 머리에 볼링공을 던진 적도 있고, 어린이용 곡괭이를 들고 마야를 뒤쫓아간 적도 있었다. 마야는 다행히 살아남아서, "이것만 봐도 알겠지만, 지식인의 누이가 되려면 단단한 두개골이 필요하다"라고 말했다.

아인슈타인의 불같은 성미에는 통찰력 있는 호기심이 뒤따랐다. 자폐 스펙트럼 위에 있는 사람들은 친구와 가족을 배제한 채 사물에 사로잡히는 경우가 많다. 아인슈타인은 집중력이 매우 강해서 언제든지 한 가지 일에 즉각 몰두할 수 있었다. 그는 다른 아이들과 어울리기보다 혼자 놀기를 좋아한 외톨이 소년이었다. 심지어는 집에 자주 찾아온 사촌들과도 별로 어울리지 않았다. 그 대신 혼자 퍼즐을 갖고 놀고, 장난감 블록으로 복잡한 구조물을 만들고, 카드로 14층이나 되는 집을 지었다. 학교에서도 운동이나 또래들에게 전혀 관심이 없는 별난 아이였다. 길거리에서 싸움질이나 하는 걸 더 좋아한 동네 아이들은 그에게 '따분이'라는 별명을 붙여주었다. 그의 전기를 쓴 데니스 오버비는 "아인슈타인의 특징을 더 잘 보여주는 놀이친구는 닭이나 비둘기, 또는 양동이 물에 띄우곤 한 작은 보트였다"라고 말했다.

어린 알베르트는 사물과 생각과 미지의 것에 사로잡혔다. 그가 네 살쯤 되었을 때 아버지가 나침반을 보여주었다. 다른 아이들이라면 그 기구가 잠깐 동안은 재미있을지 몰라도 곧 싫증을 내고 장난감 더미 속에 던져버렸을 것이다. 아인슈타인은 달랐다. 나중에 그가 회고했듯이 그것은 그를 변화시킨 사건, 그야말로 "경이"의 순간이었다. 그는 나침반 바늘이 어떤 외부의 힘에 의해 신비로울 만큼 정확하게 움직이는 것을 보고 한없이 매료되었다. 한스 아스페르거는 그가 연구한 아이들이 "주위의 사물과 사건을 새로운 관점에서 보는 능력을 가졌고, 그 관점은 놀라울 정도로 성숙함을 보이는 경우가 많다"라고 보고서에서 말했다. 아인슈타인에게 그 작은 기구는 깊은 영향을 주어, 그의 어린 마음을 한껏 잡아 늘이고 과학의 신비를 곰곰 생각하도록 자극했다. "이 경험이 나에게 깊고도 지속적인 인상을 남긴 것을 나는 아직도 기억할 수 있다. 사물의 뒤에는 깊이 숨어 있는 무언가가 있는 게 분명했다"라고 그는 훗날 썼다.

세상 밖으로 열린 아인슈타인의 마음은 독일에서 그가 받고 있던 조기 교육의 융통성 없는 가르침과는 잘 맞지 않았다. 단호하고 관조적인 사색가인 그는 오랜 시간을 들여 문제를 심사숙고했다. 이런 태도는 신속하고 자동적인 대답을 기대하는 교사들한테선 좋은 평가를 받지 못했다. 아인슈타인은 기계적인 암기와 가혹한 규율을 경멸했고, 그런 경멸을 감추려 하지도 않았다. 그는 훗날 그 가혹한 규율을 "프로이센 군대의 방식"에 비유하기도 했다. 그 대신 그는 막스 탈무트[5]라는 젊은 의학도가 제공해준 독립적 학습을 즐겼다. 아인슈타인 가족은 유대 교회에 소속돼 있지 않았고 정결 음식에 관한 율법이나 유대교 의식을 지키지도 않았지만, 가난한 학자나 학생에게 음식을 제공하는 유대 관습에 따라 매주 탈무트를 초대하여 함께 식사했다.

---

5) 후에 '탈마이'로 개명했고, 성공한 안과 의사가 되었다.

탈무트는 아인슈타인이 열 살 때부터 그를 유식한 대화에 끌어들였고, 철학자 이마누엘 칸트의 저서와 기하학 교과서 같은 책들을 갖다 주기도 했다. 탈무트는 또한 생물학과 물리학에 관한 21권짜리 총서를 아인슈타인에게 소개했는데, 그중에는 빛의 속도—이것은 훗날 아인슈타인의 특수 상대성이론을 구성하는 주요소가 되었다—에 대한 탐구도 포함되어 있었다. 탈무트의 방문은 아인슈타인에게 그가 갈망하던 지적 자극을 안겨주었다. 그는 책을 탐독했고, 오래지 않아 수학에서는 탈무트를 능가하기까지 했다. "그 여러 해 동안 나는 그가 가벼운 문학 작품을 읽는 것을 한 번도 본 적이 없다. 그가 학교 친구들이나 또래의 다른 아이들과 어울리는 것도 본 적이 없다"라고 탈무트는 회고했다.

아인슈타인은 분명 총명했지만 학교생활은 파란만장했다. 학업 성적은 대부분 아주 좋았지만 언어에서 뒤떨어졌다. 동생 마야에 따르면 언어는 "결코 그의 장기가 아니었다." 그리스어 교사인 데겐하르트는 그의 노력에 만족하지 못하고, 그런 식으로 하면 평생 쓸모 있는 사람이 못 될 거라고 말했다. 어느 날 데겐하르트는 아인슈타인에게 수업에 들어오지 말았으면 좋겠다고 했다. 아인슈타인이 자기는 아무 잘못도 하지 않았다고 반박하자 교사는 이렇게 대답했다. "그래, 그건 사실이야. 하지만 너는 거기 뒷줄에 앉아서 실실 웃고만 있는데, 네가 교실에 있는 것만으로도 나에 대한 학급의 존경심이 손상돼." 실제로 교실에서 쫓겨났는지 아닌지와 무관하게, 이 일은 아인슈타인이 그토록 경멸한 체계적 교육의 고역에서 달아나기 위해 필요했던 핑계를 제공했다. 그는 15세 때 뮌헨 고등학교를 중퇴하고, 2년 뒤 스위스의 한 고등학교에서 대학 진학에 필요한 과정을 마친 뒤 취리히 공과대학에 입학했다.

대학에서도 아인슈타인은 학업에 관한 규범이나 기준을 지키는 데 전혀 열의를 보이지 않았다. 그는 걸핏하면 수업을 빼먹었고, 한번은 물리학 실험 과제를 자기 방식대로 하기로 마음먹고 과제에 대한 지시문을 쓰레기통에 버렸다. 한스 아스페르거는 자신이 연구한 아이들에게서도 이와 똑같은 성향을 발견했다. "그들이 어렵게 생각하는 것은 학습의 기계적인 측면이다. 그들은 자기 자신의 생각을 따라가는데, 그것은 대부분 평범한 관심사들과는 한참 동떨어져 있고, 아이들은 자기 생각을 방해당하는 것을 좋아하지 않는다." 그들은 또한 권위를 경시하는 성향도 갖고 있다. 한 수학 교사는 아인슈타인을 "게으름뱅이"라고 불렀다.

규범을 거부하고 권위를 인정치 않고 불손한 아인슈타인의 태도—이것은 평생 동안 그를 규정하게 될 특징이었다—는 교수들과의 관계를 망쳐놓았다. 아인슈타인은 처음엔 교수들 가운데 물리학자 하인리히 베버에게 크게 호감을 느꼈지만, 곧 베버의 강의가 지나치게 과거에만 초점을 맞추고 있다고 결론지었다. "원래 태도가 건방진 아인슈타인은 자신의 감정을 감추지 않았다. 자존심 강한 베버는 아인슈타인의 거의 노골적인 경멸에 발끈했다"라고 아이작슨은 쓰고 있다. "함께 보낸 4년이 끝날 때쯤 그들은 적이 되어 있었다." 아인슈타인이 "교수님"이라고 깍듯하게 부르지 않고 "베버 씨"라고 편하게 부른 것도 도움이 되지 않았다.

자폐 스펙트럼 위에 있는 사람들은 비언어적 단서를 탐지하거나 타인의 감정을 알아채기가 어렵기 때문에 퉁명스럽고 단호하게 말하는 경우가 많고, 눈치 없어 보일 수도 있다. 아인슈타인의 말이 어떻게 해석되든(예컨대 잔인할 만큼 솔직하다, 무례하다, 또는 자폐적 특징을 잘 보여주는 것이다 등) 많은 사람에게는 그의 말투가 잘난 척하고 불손한 것으로 느껴졌고, 이런 문제 때문에 대학 교수가 되겠다는 희망은 일찌감치 좌절되었다. 아인슈타인이 1900년에 21세 나이로 취리히 공과대학을 졸업했을 때 그의 학과에서 일자리를 제의받지 못한 졸업생은 그 혼자뿐이었다. 돌이켜 생각해보면 이것은 오히려 그의 성공에 큰 도움이 되었다. 그가 얻을 수 있었던 자리는 특허청 심사관뿐이었는데, 이 자리에서 일하는 동안 아인슈타인은 특수상대성이론과 빛의 속도 및 원자의 크기에 관한 혁명적 개념들을 생각해낼 시간 여유를 가질 수 있었다. 하지만 당시에는 교수직을 얻지 못한 것에 낙심했고, 이렇게 된 데는 반유대주의 탓도 있다고 믿었지만, 그에게 불리하게 작용한 다른 요인들도 있었다. 교수직을 신청할 때 그는 다른 과학자들의 실수를 가차 없이 지적했고, 결국 퇴짜 편지를 연달아 받게 되었다. 졸업한 지 9년이 지난 1909년에야 비로소 아인슈타인은 취리히 대학 조교수로 처음 교편을 잡을 수 있었다. 그의 동료들 가운데 하나는 그가 "사람들과 관계 맺고 소통하는 법을 전혀 모른다"라고 말한 적이 있었다.

아인슈타인이 첫 아내인 밀레바 마리치나 자식들과 소통하는 방식에서도 이 결점이 종종 나타났다. 그는 처자식에게 든든하고 다정한 버팀목이 되어주기도 했지만, 때로는 놀랄 만큼 쌀쌀맞고 냉담해질 수도 있었다. 아인슈타인과 밀레바는 취리히 공과대학에 같이 다닐 때 만났다. 어머니는 두 사람의 관계를 맹렬히 반대했지만(이유는 밀레바가 세르비아인이고 나이가 아인슈타인보다 몇 살 위인데다 다리를 절었기 때문이다), 아인슈타인은 첫사랑의 열정으로 끈질기게 밀레바를 따라다녔다. 1900년 8월에 쓴 편지에서 그는 이렇게 말했다. "그 작은 두 팔이 그리워. 다정함과 키스로 가득한 발그레하고 사랑스러운 당신이 그리워. 다시 당신을 끌어안고 함께 살 수 있는 순간이 빨리 왔으면 좋겠어." 2년 뒤에 사생아로 딸이 태어났지만 수수께끼처럼 사라져버렸다(그 딸은 성홍열로 죽었거나 다른 집안에 입양되었을지도 모른다). 1903년에 24세인 아인슈타인과 28세인 밀레바는 결혼했고, 곧 두 아들 한스 알베르트와 에두아르트를 낳았다. 하지만 아인슈타인은 육아의 부담을 밀레바한테 떠맡기고 자기는 연구에만 몰두했다. 밀레바는 물리학에서 경력을 쌓겠다는 희망을 포기할 수밖에 없었다. 아인슈타인의 한 친구는 그녀가 몹시 우울해 보였다고 말했다.

아인슈타인이 베를린 대학교 물리학 교수가 되기 위해 가족과 함께 취리히에서 베를린으로 이주한 1914년에 그는 이미 사촌누이인 엘자[6]와 불륜 관계에 있었다. 엘자는 남편과 이혼하고 두 딸과 함께 살고 있었다. 아인슈타인의 결혼생활은 혼란에 빠졌다. 자폐 스펙트럼 위에 있는 사람들에게 낭만적인 관계는 헤쳐 나가기 어려운 영역일 수 있지만, 그들도 다른 사람 못지않게 사랑을 찾는 데 관심을 가질 수 있다. 그런 이들은 친밀한 인간관계에 관심이 없고 정서적으로 그것이 불가능하리라는 오해에도 불구하고, 실제로는 많은 사람이 사회적 연결과 친밀한 파트너를 원한다. 문제는 사회적 신호를 알아차리기가 어려울 수 있는 처지에서 누군가와의 인간관계를 형성하는 방법을 알아내는 것이다.

관계를 계속 유지하는 일 역시 큰 부담이 될 수 있다. 자폐 스펙트럼 위에 있는 사람들한테는 감각적인 문제들—촉각이 예민하고 신체 접촉을 불쾌하게 여기는 것 등—이 흔해서, 어떤 경우에는 친밀한 관계가 불편해질 수도 있다. 남들이 어떻게 느끼고 있는지를 알아차리지 못하는 '심맹(心盲, mind-blindness)'도 오해를 낳을 수 있다. 그리고 일이나 취미에만 몰두하는 것은, 자기가 원하는 관심과 애정을 받지 못한다고 느끼는 배우자를 욕구불만과 좌절감에 빠뜨리기 쉽다.

아인슈타인은 인간관계에 따르는 감정적 동요들에 대처하는 것보다 물리학의 복잡한 문제를 푸는 것을 훨씬 편안하게 느꼈다. 부부간의 불화가

---

6) 엘자는 세 살 연상의 이종사촌이었다.

한창 고조되었을 때 그가 밀레바를 대한 태도는 자신의 행동이 아내에게 어떤 영향을 줄 수 있는지를 전혀 알아차리지 못하는 일종의 심맹 상태를 보여준다. 아인슈타인은 후에 두 번째 아내가 된 엘자에게 보낸 편지에서 밀레바를 "인생에서 아무것도 얻지 못하는 박정하고 무미건조한 인간"으로 묘사했다. 그 후 그는 냉담하게 경멸하는 태도로 밀레바와 맞섰고, 그들이 어린 두 아들을 위해 함께 살기 위해서는 그녀가 자기 요구에 따라야 한다면서 그 목록을 제시했는데, 거기엔 하루 세 끼 식사를 자기 방으로 갖다줄 것, 그의 침실과 서재를 깨끗이 청소할 것, 빨래를 해줄 것 등이 포함되어 있었다. 그는 또한 자신과의 "모든 사적 관계를 포기"하라고 했다. 집에서 그와 함께 앉아 있지도 말고, 부부관계도 포기하라는 것이었다. 그리고 "내가 요청하면 나에게 말을 거는 것을 즉각 중단하고, 내가 요청하면 두말없이 내 침실이나 서재에서 즉각 나갈 것"을 요구했다.

그것은 도저히 지킬 수 없는 최후통첩이었고, 그 직후 결혼생활은 막을 내렸다. 밀레바는 두 아들을 데리고 취리히로 떠났고, 아인슈타인은 엘자와 함께 베를린에 남았다. 아인슈타인이 아이들에게 쓴 편지는 부성애와 관계 단절을 모두 보여준다. 그는 두 아들의 활동에 만족감을 표했고 그들 덕에 큰 기쁨을 느낀다고 말했지만, 아들들을 방문하기로 약속한 시일에 나타나지 않아 실망을 주기도 했다. 나중에 엔지니어가 된 한스는 아버지에게 쓴 편지에 기계나 역학에 관한 생각들을 담곤 했고, 한번은 바람의 횡적 압력과 돛의 저항력에 관한 계산을 제시한 적도 있다. 그러면서 한편으로는 아버지가 자기나 어머니, 동생과 너무 소원한 것에 심란해하기도 했다. "우리는 서로에 대해 아무것도 모릅니다. 아버지는 저희가 무엇을 필요로 하고 무엇을 요구하는지 전혀 모릅니다. 저 역시 아버지에 대해 아는 게 전혀 없습니다." 아인슈타인도 테테라는 애칭의 작은아들에게 쓴 편지에서 이와 똑같은 생각을 흉내라도 내듯이 되풀이했다. 테테는 나중에 조현병 진단을 받게 되는데, 아인슈타인은 그것이 아내 쪽 집안에 대물림된 병이라면서 아들의 외가에 책임을 돌렸다. 그는 1920년에 테테에게 쓴 편지에서 이렇게 말했다. "우리 둘은 함께 지낸 적이 거의 없어서 나는 네 아버지지만 너를 거의 모른다. 너도 나를 어렴풋이 알고 있을 뿐이겠지."

아인슈타인은 자신이 인간관계에 문제가 있다는 것을 인정했고, 언젠가는 편지에서 한 여자한테 신의를 지키며 사는 데 "완전히 실패했다"고 말했다. 그는 1919년에 밀레바와 이혼한 지 불과 몇 달 만에 엘자와 결혼했지만, 엘자와 결혼생활을 하는 동안에도 많은 여자와 바람을 피웠다. 이런 관계가 얼마나 친밀했는지—애당초 친밀한 관계가 존재하기나 했는지—는 알 수 없지만, 아인슈타인은 그 여자들을 대부분 냉정하고 무심하게 대한 것 같다. 그리고 자신의 탈선 행각이 남들에게 어떻게 보일지는 안중에도 없는 것처럼, 한번은 엘자의 딸 마르고트에게 편지를 써서 자신의 탈선을—한 여자는 그를 귀찮게 따라다니고, 또 한 여자는 "더없이 순진하고 얌전하다"고—털어놓기까지 했다.

그래도 엘자는 아인슈타인 곁을 지켰을 뿐 아니라 그를 보살피는 데 평생을 바쳤다. 그 보살핌이란 남편이 남들 앞에서 차림새나 언행에 실수가 없도록 챙겨주는 것일 때가 많았다. 체계적이지 못한 점은 자폐 스펙트럼의 전형적인 특징인데, 이것은 그들이 정보를 처리하는 방식에서도, 외모에 대한 무관심에서도 드러난다. 아인슈타인은 면도날처럼 예리한 지력을 가지고 있었지만 안팎으로 좀 산만했다. 그는 강의나 강연을 할 때 정신이 딴 데 가 있는 듯 보이고 청중을 헷갈리게 만들곤 했다고 한다. 영국의 수학자인 요안 제임스는 《왕립의학협회 저널》에 기고한 글에서 "구체적인 예를 제시한 뒤에 그것과 아무 관계도 없어 보이는 일반 원칙을 얘기하는" 식으로 무계획적인 아인슈타인의 교습 방식을 언급했다. "이따금 그는 칠판에 글자를 쓰다가 방금까지 자기가 하던 얘기가 뭐였는지를 잊어버리곤 했다. 그러다 몇 분 뒤에 혼수상태에서 깨어난 것처럼 정신을 차리고는 무언가 다른 이야기로 넘어가곤 했다."

사진과 편지, 아인슈타인 자신의 글들을 보면, (종종 아주 어수선했던) 겉모습은 그에게 전혀 중요한 게 아니었음이 분명하다. 한스 아스페르거는 자기가 연구한 아이들한테서 청결과 신체 관리를 등한시하는 성향을 관찰했는데, "어른이 되어서조차 단정치 못한 차림과 불결한 몸으로 돌아다니는 수가 있다. 대학 교수가 된 사람도 예외가 아니었다"는 것이다. 언젠가 아인슈타인은 엘자에게 쓴 편지에서 "내가 차림새에 신경을 쓰기 시작한다면 나는 더 이상 나 자신이 아닐 것"이라고 말했다.

아인슈타인은 단정치 못한 옷차림으로 잘 알려져 있었다. 그의 옷은 아주 낡은 것일 때가 많았고, 구두끈은 풀려 있고, 머리는 빗질이 안 되어 있고, 바지는 구겨져 있었다. 그는 심지어 겨울에도 양말을 신지 않고 다녔다. 엘자는 결혼한 직후 아인슈타인에게 편지를 써서 타일렀다. "연미복을 입고 나가서 웃음거리가 되지 마. 그 옷은 기차 여행을 할 때나 어울리지 다른 때는 전혀 어울리지 않아. 양말을 정기적으로 갈아 신어. 안 그러면 양말에 구멍이 크게 나. 그리고 지금 셔츠와 잠옷을 세탁소에 갖다 줘. 당신은 세탁물을 세탁소에 가져간 적이 별로 없어."

엘자는 아인슈타인을 적어도 남들 보기에 흉하지 않게 만들려고 '애쓰는' 일을 자기 책임으로 떠맡았다. 초상화를 그리기 위해 베를린에 있는 아인슈타인을 방문한 미국 화가 새뮤얼 J. 울프는 1929년에 《뉴욕 타임스》에 쓴 글에서 이를 생생하게 묘사하고 있다. 엘자가 문간에서 울프를 맞이했는데, "상냥하고 어머니 같은 여자"였다. "저명한 남편을 대하는 그녀의 태도는 조숙한 자녀를 맹목적으로 사랑하는 부모 같은 태도였다."
보통 키에 두드러지게 큰 머리, 대부분 백발이 된 머리, 그리고 "얼굴에 약
간 놀라거나 재미있어 하는 듯한 표정"을 띤 아인슈타인이 맨발에 흑백 무
늬의 목욕 가운을 걸치고 나타났다. "그의 아내는 그의 등을 토닥이며 옷
을 입으라고 말했고, 그가 방에서 나가자 미소를 지으며 '저이는 다루기가
무척 어렵답니다' 하고 말했다. … 아인슈타인은 몇 분 뒤에 돌아왔는데,
갈색 양복은 다림질을 할 필요가 있었고, 발에는 털양말에다 앞이 트인 샌
들을 신고 있었다. 저고리 깃은 뒤쪽에서 반쯤 접혀 있었다. 우리가 위층으
로 올라가기 시작했을 때 아인슈타인 부인이 그의 깃을 바로잡고 머리를
매만져주었다."

아인슈타인에게 중요한 것은 몸의 미학이 아니라 마음의 내용물이었다.
아스페르거는 자신의 환자들 가운데 하나가 구석에 앉아서는 "주위의 소
음이나 움직임을 전혀 의식하지 못하는 채" 책에 파묻혀 있는 성향을 보인
다고 말했다. 아인슈타인은 중력과 시간과 공간에 관한 난제들에 깊이 빠
져서 사교와 대화에 쏟을 열정이 거의 남아 있지 않았고, 자주 자신 속에
틀어박혔다. 그게 너무 심해서 때로는 "자신의 세계 속으로 그냥 사라져
버린 것처럼 일종의 무아지경이나 들린 상태에 빠지곤 했다"고 전기 작가
인 오버비는 말한다. 화가 울프도 아인슈타인을 만나는 동안 이런 모습을
관찰했다. "그는 이야기를 하면서도 계속 다른 것을 생각하고 있는 것 같
았다. 무언가를 뚫어지게 바라보고 있었지만, 눈길이 향한 대상을 보고 있
는 것 같지도 않았다." 화가가 이 물리학자의 초상화를 그릴 준비가 되었
을 때 아인슈타인은 방에 자기 혼자만 있는 것처럼 주머니에서 종이쪽지를
꺼내 메모를 하기 시작했다. "그에게 나는 거기에 존재하지 않는 사람이었
다. 그에게 말을 거는 일은 불가능했을 것이다."

아인슈타인은 온화하고 꾸밈없는 사람이었지만("나는 상대가 쓰레기를 수거하는 사람이든 대학 총장이든 상관하지 않고 누구에게나 똑같은 투로 이야기한다"라고 그는 말한 적이 있다고 한다), 그의 태도는—마치 단단한 껍데기를 뒤집어 쓰고 있는 것처럼—냉담하고 수줍어하고 초연한 듯해 보일 수 있었다. 그의 마음은 그에게 변함없이 충실하고 가장 매혹적인 반려자였고, 그는 사람들과 떨어진 곳에서 그에게 생각할 시간을 주는 고독한 취미들을 찾아냈다. 아인슈타인은 골치 아픈 이론적 문제와 씨름하는 동안 바이올린으로 모차르트의 소나타를 연주하기를 좋아했다. 그는 또한 항해에도 취미를 붙여 혼자서 배에 틀어박히곤 했다. 처음에는 독일에서 50세 생일 선물로 받은 돛대 하나짜리 슬루프를 탔고, 나중에 미국에서는 소형 요트인 딩기를 탔다. 아인슈타인은 수영을 할 줄도 몰랐지만 물 위에서 편안함을 느꼈다. 그래서 그는 이런저런 방정식을 곰곰 궁리할 때 미국 동해안 지역의 여러 호수와 수로를 떠돌곤 했다. 이따금 그는 시간의 흐름과 그날그날 해야 할 일 따위에 너무 둔감해서 현지의 뱃사람들이 그를 찾아 육지로 데려와야 했다. 아이작슨에 따르면 한번은 친구들이 밤 11시에 그를 찾으러 연안경비대를 보낸 적도 있었다.

자신이 자폐 스펙트럼 위에 있으면서 이 분야의 선도자로 활동하고 있는 동물학자 템플 그랜딘은 아인슈타인이 자신의 가설과 이론들에 완전히 몰두하는 것에 서슴없이 공감한다. "나와 마찬가지로 그는 생각과 일에 더 애착심을 갖고 마음을 쏟았다. 나는 [사람들 간의] 깊은 관계가 어떤 건지 모른다. 그가 깊은 열정을 품은 대상은 과학이었다. 과학은 그의 삶이었다"라고 그랜딘은 저서 『그림으로 생각하기: 자폐증과 함께한 삶』[7]

---

7) 국역본은 『나는 그림으로 생각한다—자폐인의 내면세계에 관한 모든 것』이다.

에서 말하고 있다. 그녀는 아인슈타인이 정보를 인지한 방식에 대해서도 이야기한다. 자폐증이 있는 사람은 시각적 사고가 뛰어난 경우가 많고, 그녀의 책 제목이 말해주듯이 그랜딘은 그런 사람들 사이에 굳건히 서 있다. 그녀는 머릿속의 "비디오 라이브러리"에 정보와 기억을 저장하며, 동물 복지를 위한 그녀의 혁명적인 가축용 장비와 시설들을 설계하는 데에도 그런 정보와 기억들을 이용한다. 아인슈타인이 교수와 강연자로서 보여준 혼란은 그녀의 뇌처럼 아인슈타인의 뇌도 말이 아니라 그림으로 정보를 처리한 결과였을지 모른다고 그랜딘은 말한다.

아인슈타인은 글을 많이 쓴 사람이었지만(수천 장의 편지와 개인 기록들을 남겼다) "말과 글을 잘 기억하지 못한다"고 인정했다. 그 대신 단순하고 거의 어린애 같은 시각적인 방식으로 물리학 문제를 상상했다. 상대성이론까지도 처음에는 그림으로 시작되었다. 16세 때의 어느 날 아인슈타인은 빛살(광선)을 뒤쫓아 그것과 나란히 달리면 어떨까 생각했다. 여러 해 뒤인 1905년 5월 어느 날, 스위스 베른에서 특허청 심사관으로 일할 때 아인슈타인은 그 도시의 유명한 시계탑에서 영감을 얻어 놀라운 발견을 했다. 그는 상상하기를, 전차가 빛의 속도로 시계탑에서 멀어지면 시계의 시간은 멈춘 것처럼 보이겠지만 전차 안에서는 시계가 정상적으로 계속 째깍거리고 있지 않겠는가 했다. 그 순간 "내 마음속에서 폭풍이 일어났다"고 그는 회고했는데, 그 폭풍은 단순한 진리를, 즉 시간은 관측자의 관점과 속도에 따라 더 빠르거나 더 느리게 간다는 것을 드러내주었다. 시각화를 통해 불꽃처럼 번득인 이 계시는 곧 그의 유명한 이론으로 이어지게 된다. 그는 한 편지에서 "쓰이거나 말해지는 낱말들이나 언어는 내 사고의 메커니즘에서는 아무 역할도 하지 못하는 것 같다"고 말한 적이 있다. 또 한번은 그냥 간단하게 "나는 낱말들로는 거의 생각을 하지 않는다"라고 했다.

자폐증의 진단 기준 하나는 증상이 당사자의 일상생활에 지장을 주느냐 하는 것이다. 아인슈타인은 정신 작용에서는 분명히 뛰어났다. 하지만 일상적 실무와 사회적 관습에 대처하는 데에서는 남들의 도움을 받았다. 엘자 외에 아인슈타인의 비서인 헬렌 두카스가 그의 헌신적인 조력자이자 보호자가 되었다. 두카스는 1928년에 독일에서 아인슈타인을 위해 일하기 시작했고, 아인슈타인 가족이 나치를 피해 독일을 떠나자 1930년대 초반에 그들과 함께 미국으로 이주했다. 그녀는 아인슈타인의 서신 업무를 담당했고, 불청객들로부터 그를 단단히 보호했으며, 그가 순환 코스의 산책을 한 뒤에는 프린스턴의 머서 가에 있는 집으로 다시 그를 인도했다. 하루는 아인슈타인이 자기가 일하는 프린스턴 대학교의 고등연구소로 전화를 걸어 아인슈타인의 집 주소를 물었다는 유명한 일화가 있다. "제발 아무한테도 말하지 마세요. 내가 바로 아인슈타인 박사요. 지금 집으로 가는 길인데, 우리 집이 어디 있는지 잊어버렸소."

스탠퍼드 대학교 루실 패커드 아동병원의 자폐증 센터 책임자인 칼 파인스타인 박사는 아인슈타인이 오늘날 같으면 자폐 스펙트럼 장애의 증상으로 진단될 성격 특성을 갖고 있었다고 믿는다. 아인슈타인이 그토록 뛰어난 인물이 아니었다면 과연 다른 사람들한테서 그런 정도의 도움과 인정을 받았을까 하는 의문을 그는 제기한다. 보통 수준의 지능을 가졌으면서 아인슈타인과 비슷한 행동을 하는 사람은 칭찬과 지원을 얻기 위해 아마 발버둥을 쳐야 했을 것이다. 일자리를 지키고 비교적 안정된 생활을 꾸려나가려고 애써야 했을 것은 말할 나위도 없다. 아인슈타인의 경우, 사람들은 그의 빛나는 정신과 그가 이룬 업적 때문에 그의 기벽과 결점들을 눈감아준 것이리라. "그는 다른 사람들한테 별나게 굴었고, 많은 점에서 분명히 달랐다"라고 파인스타인은 말한다. "하지만 그는 경이로운 천재이기도 했다."

자폐증 연구는 1940년대에 한스 아스페르거가 선구적인 논문을 발표
한 이래 많이 진보했다. 당시의 의사들은 주위에 대해 무심하고 사회성이
모자란 아이들의 행동을 냉정하고 애정이 없는 엄마들 탓으로 돌렸다. 신
빙성을 잃은 지 오랜 이 '냉장고 엄마' 이론은 오늘날 수준 높은 생물학적
연구로 대치되어, 과학자들은 자폐증의 원인을 정확히 파악하고 자폐증의
양상이 아이에 따라 무척이나 다양한 이유를 밝혀내려고 시도하고 있다.
핵심 요인의 하나는 초기의 두뇌 발달인 것으로 보인다. 건강한 뇌는 분화
된 영역들이 성숙할 수 있도록 생후 몇 년 동안 시냅스라고 불리는 신호 전
달 통로를 가지치기하듯 정리한다는 것을 신경의학자들은 알아냈다. 그
런데 자폐아의 경우에는 이 가지치기가 웬일인지 제대로 되지 않아, 시냅스
가 통제를 벗어나 증식한다. 과학자들은 자폐증의 유전 가능성이 매우 높
다는 것을 알고 있다. 일란성 쌍둥이의 한쪽이 자폐증을 갖고 있으면 다
른 쪽도 자폐 스펙트럼 위에 있게 될 가능성이 70% 이상이다. 지금 과학자
들은 자폐증과 관련된 특정 유전자들을 구분해내고 있으며(그 수가 아마 수
백 개는 될 것이다), 그 유전자들과 환경 요인의 상호작용을 연구하고 있다.
장애 발생에 일정한 역할을 할 수도 있는 환경 요인에는 나이 든 부모, 자
궁 속에서의 감염이나 약물 노출, 조산 등이 포함된다.

영국 케임브리지 대학의 자폐증 연구센터 책임자인 사이먼 배런코언 교
수는 매우 긍정적인 또 다른 힘이 작용하고 있을지도 모른다고 믿는다.
바로 과학에 대한 재능이다. 1990년대에 배런코언은 자폐증과 뇌에 관한

도발적인 이론으로 주목을 받았다. 보통 남성의 뇌는 사물이 어떻게 작동하는지를 이해하는 것(그는 이것을 '체계화'라고 부른다) 위주로 움직이는 반면, 여성의 뇌는 사람들이 무엇을 생각하고 느끼는지를 해석하도록('감정이입') 짜여져 있다는 것이다. 자폐증이 있는 사람은 극단적으로 남성적인 뇌를 갖고 있다고 배런코언은 상정하는데(이런 생각은 한스 아스퍼거가 처음으로 했다), 남성적 뇌를 가진 사람은 기차 시간표와 진공청소기가 어떻게 작동하는지에는 지나칠 정도로 마음을 쓰지만, 사회적 신호를 이해하고 친구를 사귀는 기술은 훨씬 떨어진다. 배런코언에 따르면, 갓 태어난 아기들조차 성별에 따른 이런 차이를 드러내서, 여자 아기가 사람의 얼굴에 강한 관심을 보이는 데 반해 남자 아기는 기계적인 모빌을 바라보는 걸 더 좋아한다. 남자 아기의 이 같은 성향은 부분적으로는 태어나기 전에 높은 수준의 테스토스테론에 노출되었기 때문일 수 있다고 배런코언은 말한다. 이것은 자폐증이 여성보다 남성에게서 거의 다섯 배나 더 흔하게 일어나는 이유를 설명하는 데 도움을 줄 수 있다.

뇌와 자폐증의 관계를 이해하려는 배런코언의 노력은 한스 아스퍼거가 연구한 부류의 아이들과 과학에 특출한 두뇌 사이에 어떤 관계가 있는지에 대한 탐구로 이어졌다. 과학자들은 복잡한 체계들—예컨대 인체의 신비라든지 기후 패턴, 또는 아인슈타인의 경우 우주의 물리력—을 이해하는 특별한 능력을 갖고 있다. 과학자들은 자폐증을 보이기 쉬운 걸까? 배런코언은 조사 과정에서 흥미로운 데이터를 발견했는데, 자폐적 특성을 확인하는 점검표에서 과학기술 관련자들이 비과학자에 비해 높은 점수를 받았다는 것이다. 케임브리지 대학의 수학과 학생들은 인문학을 공부하는 또래 학생들보다 자폐증 진단을 받을 가능성이 9배나 높았다. 그리고 아스퍼거 증후군이 있는 아이들은 자폐 스펙트럼 위에 있지 않은 더 나이든 아이들에 비해 기계 및 공학 관련 추론 테스트에서 더 좋은 점수를 받았다. 배런코언은 한 연구에서, 과학기술 전문가와 전공 학생이 많이 퍼져 있는 지역에 자폐증이 더 흔한지 여부를 밝혀내려 했다. 그의 연구 팀은 네덜란드의 에인트호번 시—전체 일자리의 약 30%가 정보기술 분야에 속해 있다—에서 자폐증이 있는 사람의 비율을 조사했다. 그 결과, 배런코언이 "네덜란드의 실리콘밸리"라고 부르는 이 지역에 사는 아이들이 과학기술과는 상관없는 비슷한 크기의 다른 두 도시 아이들보다 자폐증 진단을 받을 가능성이 2배 내지 4배나 높은 것을 발견했다.

이런 데이터를 토대로 배런코언은 자폐증에 관여하는 유전자들이 체계화를 특별히 잘하게 만드는 유전자들과 부분적으로 겹치고 이 유전자들이 부모한테서 자녀에게 전해지는 것인지도 모른다고 추정했다. 그는 자폐아의 아버지가(혹은 할아버지까지도) 공학 분야에 종사했을 가능성이 상대적으로 높다는 것을 발견했다. 아인슈타인의 아버지 헤르만도 수학을 잘했고, 기회가 있었다면 과학기술 분야에서 일했을지도 모른다. 헤르만의 동생인 야코프는 과학기술 분야의 공부를 마치고 나중에 존경받는 전기 기술자가 되었다. 여기서 인과관계를 말할 수는 없다. 아인슈타인의 DNA가 아버지의 유전자와 어떻게 비교되는지 우리는 영원히 알 수 없을 것이며, 나아가 아인슈타인이나 아버지에게 자폐증과 관련된 유전자가 있었는지도 영원히 알 수 없을 것이다. 하지만 생각해보는 것은 재미있다.

배런코언의 연구는 결정적인 게 아니다. 비판자들은 그의 연구 결과가 다른 연구들에서 그대로 재현될 필요가 있다고 말한다. 더 이상의 연구가 없다면, 과학자가 시인보다 자폐 스펙트럼 장애가 있을 가능성이 더 높다는 증거는 전혀 없으며, 아인슈타인 집안에 기술자가 있다는 사실이 그의 집요한 정신 집중이나 구겨진 옷차림과 뭔가 관련된다는 증거도 없다.

그래도 과학적 재능과 자폐 스펙트럼의 연관 가능성은 꽤나 흥미로운 연구 분야여서, 역사 속의 뛰어난 과학자들 가운데 일부가 그 질환을 가졌을 가능성을 여러 전문가들이 짚어본 바 있다.

영국 출신의 컬럼비아 의과대학 신경의학 교수였고 인간 정신에 대한 비길 데 없는 해설자였던 올리버 색스는 수소를 발견한 18세기의 화학자이자 물리학자인 헨리 캐번디시가 자폐 스펙트럼 장애 환자였다는 강력한 증거가 있다고 믿었다. 색스는 《신경학》 저널에 발표한 논문에서 캐번디시의 행동 특성이 아스퍼거 증후군과 일치한다면서, 그의 경우 증거가 "차고 넘칠 정도"라고 말했다. 유별나게 과묵했던 캐번디시는 누구하고도 거의 소통하지 않았고, 사회적 상호작용이나 인간관계를 거의 이해하지 못했다. 그는 비정통적인 사고방식을 지녔고, 자신의 과학 연구에 외곬으로 몰두했으며, 수치 분석에 열정적이었고, 유난히 고지식하고 직설적이었다. "이런 점들은 대부분 그가 선구적인 과학 연구에 훌륭하게 이용한 바로 그 특징들이다"라고 색스는 논문에서 말했다. "그리고 그가 세속적인 욕망이 없었음에도 불구하고 자신의 '괴상한' 관심사를 추구할 수 있는 수단과 기회를 가졌던 것은 우리에게 행운일 것이다."

과학과 자폐증의 관계에 대한 공개 강연에서 배런코언은 2003년에 영국의 《왕립의학협회 저널》에 실린 수학자 요안 제임스의 글을 인용했는데, 거기서 제임스는 캐번디시만이 아니라 아이작 뉴턴, 마리 퀴리와 그녀의 딸 이렌 졸리오퀴리, 이론물리학자인 폴 디랙, 그리고 아인슈타인도 모두 아스퍼거 증후군과 일치하는 특징을 보인다고 주장했다. 배런코언은 한 강연에서 아인슈타인의 사진을 화면에 비추고는, 이 과학자가 말을 늦게 배웠고 어린 시절에는 친구가 거의 없었다는 사실 등을 거론하며 말했다. "[어른이 된 후] 아인슈타인은 사람들과 거리를 두고 물리학 세계에 정말로—어떤 이들은 강박적이라고 말할 수 있을 정도로—정신을 집중하기를 원했습니다." 하지만 배런코언은 진단을 내리지는 않는다. 아인슈타인과 그 밖의 과학자들에 대해 "우리가 오늘날 살아 있는 그들을 보았다면 그들이 과연 자폐증 진단 기준을 충족시킬지 알 수 없습니다"라면서 그는 이렇게 덧붙인다. "하지만 분명히 그것은 위대한 과학적 재능과 자폐증 또는 아스퍼거 증후군과의 관련성을 가리키고 있습니다."

아인슈타인이 21세기에 태어났다면 아주 어렸을 때 자폐 스펙트럼 장애가 아닌지 평가를 받았을 게 거의 확실하다. 안 그래도 그의 발달 지연을 걱정하고 있던 부모는 자폐증으로 진단받는 아동의 급증에 관해 대서특필한 기사들을 계속 접하게 될 테고(오늘날 아동 68명 가운데 1명은 자폐 스펙트럼 위의 어딘가에 있는 것으로 진단된다), 그래서 의사들과 함께 아인슈타인을 주의 깊게 지켜보았을 것이다. 요즘의 소아과 의사들은 어린이들만이 아니라 생후 두세 달밖에 안 된 갓난아기에게서도 이 장애의 초기 징후를 확인하도록 교육받고 있다. 집중적인 언어치료, 실습 중심의 사회적 기술 훈련을 포함한 조기 치료는 언어적, 비언어적 의사소통을 극적으로 향상시키는 데 도움이 될 수 있다. 아인슈타인의 부모가 오늘날 그를 의사에게 데려가 검진을 받도록 했다면, 의사는 그의 말이 늦은 것, 극도의 정신 집중, 그리고 사회적 고립 등의 경고 신호를 보고는 바로 자폐증 선별검사를 했을 테고, 아마 자폐증 관련 진단을 내렸을 것이다.

어른이 되었을 때의 아인슈타인도 자폐 스펙트럼 진단을 받을 만했을까? 그것은 뭐라고 말할 수 없다. 그가 보인 특징들 가운데 많은 여자와 불륜 관계를 맺은 것과 유머 감각 등 일부는 자폐증의 일반적인 개념에서 벗어나는 것 같다. 자폐증이 있는 사람들은 정보를 문자 그대로 해석하므로, 불륜과 유머는 그들에게 어려운 과제일 수 있다. 아인슈타인을 알았던 사람들은 그가 재미난 농담을 무척 좋아했고, 요란한 웃음소리로 사방을 흔들었다고 회고한다. 올리버 색스는 캐번디시의 경우는 설득력이 있지만 아인슈타인—또는 뉴턴이나 철학자 루트비히 비트겐슈타인—이 "상당히 자폐증적"이었을 가능성은 거의 없다고 주장했다.

그렇다 해도 이 질환은 양상이 매우 다양한 만큼, 결국은 '정도'의 문제가 될 수도 있다. 한스 아스페르거가 "과학 분야에서 성공하려면 자폐증의 기미가 있는 것이 필수적인 듯도 하다"라고 했을 때의 그 '기미' 말이다. 콜로라도 주립대학의 저명한 동물학 교수인 그랜딘은 자신의 책에서 약간의 자폐 기를 양극성 장애가 있는 사람들에게서 관찰되곤 하는 현저한 창의성에 비유한다. 본격적인 양극성 장애가 있는 사람은 전혀 제 기능을 발휘할 수 없게 되지만, 가벼운 양극성 장애는 최고의 작품을 만들어내게 해준다는 것이다. 마찬가지로 "가벼운 자폐적 특징은 어떤 일을 해내는 데 필요한 집중력을 제공할 수 있다." 그랜딘의 견해에 따르면 아인슈타인은 바로 이 범주에 들어간다.

자폐증이 있는 사람들 가운데 일부는 자신에게 고유한 특성들을 유지하면서도 세상에 자신을 조화시키는 능력을 갖고 있는데, 그랜딘이 그 좋은 예다. 그랜딘은 세 살 반이 될 때까지 말을 못했지만 지금은 베스트셀러 작가이자 대중 연설자로서 세계 곳곳을 돌아다니며 다양한 회의에서 강연을 하고 있다. 그녀는 사람들이 타인과 상호작용을 하는 능력은 서서히 발달할 수 있다고 강조한다. "누구나 살아가면서 계속 더 많은 사회적 규칙을 배우게 된다"라고 그녀는 말한다. 뇌 영상 기법을 이용한 새로운 연구들은 자폐아들의 뇌 속에서 일어나는 활동까지도 치료를 통해 변할 수 있고, 그래서 그 아이들이 장애 없이 발달하고 있는 아이들과 좀 더 비슷해 보일 수 있다는 걸 보여준다. 선구적인 자폐증 연구자인 우타 프리스는 한스 아스페르거의 첫 보고서를 독일어에서 영어로 번역하여 세상의 빛을 보게 한 사람인데, 아스퍼거 장애인들도 일상적인 사회 관습을 잘 배우면 "거의 정상적인" 행동을 할 수 있게 되어 "남들에게 단순한 괴짜로 보일 만큼" 된다고 썼다.

올리버 색스는 그랜딘의 책에 붙인 머리말에서 그랜딘의 전형적인 자폐 특징들—사회성이 모자라고 인간적 감정의 처리에 어려움을 겪는 것—을 묘사했지만, 그가 그녀를 알게 된 후 세월이 가면서 그녀가 "여러 종류의 인간적 특성들"을 배웠다고 말했다. "그 가운데 특히 중요한 것은 유머를 구사하면서 때로는 속임수까지 쓰는 능력인데, 자폐증이 있는 사람에게 이런 능력이 있으리라고는 누구도 생각지 않았을 것이다." 그랜딘은 인터뷰나 강연 때 자주 하는 말에서 이 능력을 보여준다. "최초의 돌창을 누가 만들었다고 생각하세요?" 하고 그녀는 《월스트리트 저널》 기자에게 물었다. "그건 모닥불 주위에 둘러앉아 쓸데없는 수다나 떨고 있던 녀석이 아니라 동굴 저 안쪽에 앉아 어떻게 하면 돌을 갈아서 창끝을 만들 수 있을까를 궁리하던 아스퍼거 장애인이었다고요."

자폐증이 있는 사람들과 그 가족의 자조모임들이 그랜딘과 아인슈타인 같은 통찰력과 상상력이 뛰어난 인물들을 자기네와 같은 부류라고 주장하고 싶어 하는 것도 놀라운 일이 아니다. 나아가, 공식 진단명으로는 사라진 '아스퍼거(Asperger's)'가 요즘엔 나름대로 유행하는 병명이 되었다.[8] 과학자들뿐 아니라 토머스 제퍼슨, 모차르트, 빌 게이츠를 비롯한 많은 역사적 인물들에게 그 딱지가 붙었다. 어떤 이들은 자신이 이 병으로

---

8) 앞에 나왔듯이 2013년 『정신장애 편람』에서 '자폐 스펙트럼 장애' 속에 포함되면서 '아스퍼거'라는 명칭은 없어졌다.

진단받은 것을 자랑스럽게 발표하기도 했다. 퓰리처상을 받은 음악 평론가 팀 페이지는 45세 때인 2000년에 아스퍼거 진단을 받았다. "내 안에 깊이 스며 있는 어릴 적 기억은 나 자신이 이상하다는 것에 대한 고통스러운 자각이다"라고 그는 『평행 놀이』라는 회고록에서 말했다. 이 책의 제목은 "나는 다른 모든 인간들과 나란히 가면서도 그들로부터 분명히 따로 떨어져 있는 영원한 평행 놀이[9] 상태에서 일생을 보냈다"는 느낌에서 유래한다.

아스퍼거 증후군이 있는 이들은 스스로를 '아스피(Aspie)'라고 부르는데, 아스피들 사이에서는 자부심을 갖자는 일대 운동이 전개되고 있다. 그들은 자신의 유별난 특징들을 좋아하고, 그들의 '신경다양성'[10]을 인간 게놈의 자연스러운 변이라고 찬양한다. 그들이 칵테일파티에서 능란한 대화 상대가 아니라 해도 그게 어쨌단 말인가? 그들은 나중에 자라서 10억 달러짜리 소프트웨어 개발회사를 운영할 수학 괴짜일 수도 있다. "아스퍼거—다른 종류의 정상인"이나 "망가지지 않은 것을 고칠 수는 없다" 같은 문구가 쓰인 티셔츠는 이 질환에 대한 인식을 높이려는 그들의 노력에서 아주 작은 부분일 뿐이다. 심지어 어떤 이들은 유전학적 연구에 종지부를 찍고 싶어 한다. 관련 유전자를 추적하여 치료법을 찾아내면 그들이 세상에 제공하는 특별한 자질들이 사라질 수도 있기 때문이다. 그랜딘도 이것을 걱정한다. 그녀는 공영 라디오 방송 NPR과의 인터뷰에서 이렇게 말했다.

---

9) '평행 놀이(parallel play)'는 본디 교육학 용어로, '주변의 또래 친구와 같은 장난감으로 놀기는 하지만 상호작용은 없이 독립적으로 노는 것'을 가리킨다.
10) '신경다양성(neurodiversity)'은 다양한 신경 질환과 그 환자들의 행동을 정상의 범주에 포함시키자고 만든 개념이자 그 운동의 이름이다. '자폐권리운동'과도 연관된다.

"자폐와 관련된 유전적 속성들을 전부 제거해버리면 과학자도 모두 사라질지 몰라요. 나는 그렇게 믿고 있습니다. 컴퓨터 전문가들도 존재하지 않을 것이고, 많은 화가와 음악가를 잃게 될 겁니다. 끔찍한 대가를 치르게 되는 거죠."

　사람은 생물학적, 유전학적으로, 그리고 행동 측면에서도 복잡한 수수께끼이므로 심리학적 꼬리표를 붙이는 것으로는 우리의 풍부한 복잡성을 결코 정당하게 평가할 수 없다. 그런 꼬리표로는 아인슈타인과 그의 비범한 정신을 포함하여 어느 누구도 규정할 수 없고, 그래서도 안 된다. 궁극적으로 아인슈타인과 자폐 스펙트럼에 대한 탐구는 절대적인 진단명을 확정하는 일이 아니라, 인간이 아무리 '정상적'으로 보이든 '유별나게' 보이든 간에 얼마나 놀라운 높이까지 솟아오를 수 있는가를 드러내는 일이 되어야 할 것이다.

　나치스가 독일에서 권력을 잡은 뒤, 1933년 10월에 알베르트와 엘자 아인슈타인은 미국으로 이주했다. 54세의 물리학자는 프린스턴 대학에서 그 후 22년간 계속될 교수 생활을 시작했다. 이곳에서도 그는 여전히 엉뚱했고, 대부분의 시간을 양말도 신지 않고 스웨터에 헐렁한 바지 차림으로 지냈다. 그는 운전도 하지 않았고, 집에서 연구실까지 1.5킬로미터 남짓한 거리를 걸어서 다녔다. 한 이웃은 아인슈타인이 어느 날 자기 연구실에서 점심을 같이 먹자고 그녀와 다른 두 여자를 초대한 일을 기억했다. 아인슈타인의 머리는 봉두난발이었고, 연구실은 책과 종이가 도처에 쌓여 있어서 마구 어질러진 상태였다. 이 저명한 물리학자는 휴대용 스토브에 콩

통조림 네 개를 데운 다음, 숟가락을 하나씩 꽂아서 손님들에게 건네주었다. "그게 점심이었어요"라고 그 이웃은 나중에 전기 작가 데니스 브라이언에게 말했다.

평생 평화주의자였던 아인슈타인은 반전운동과 민권운동을 지지했고, 자신이 속한 유대인의 전통에 강한 일체감을 가지고 있었다. 1952년 가을에 그는 이스라엘 대통령직을 제의받았지만 사양했다. "저는 평생 동안 객관적인 문제들을 다루어왔기 때문에, 사람을 다루고 공적 임무를 적절히 수행하는 데 필요한 적성과 경험이 부족합니다"라고 그는 대답했다. "나이가 들면서 제 체력이 점점 고갈되고 있는데, 설령 그렇지 않다 해도 이런 이유만으로도 저는 그 높은 직책을 수행하기에 적합하지 않다고 해야 할 것입니다." 그리고 3년 뒤인 1955년 4월 18일에 76세의 아인슈타인은 대동맥류 파열로 세상을 떠났다.

그러나 아인슈타인의 뇌는 계속 살아 있다. 오랫동안 연구자들은 그 뇌가 보통 사람의 뇌와는 다른지, 다르다면 어떻게 다른지를 알아내기 위해 뇌 조각들을 연구해왔다. 지금까지 여러 건의 보고서가 나왔는데, 한 연구자는 아인슈타인의 뇌에 있는 뉴런의 밀도가 일반인보다 높다는 것을 알아냈고, 또 한 연구자는 아인슈타인의 경우 뛰어난 수학적 능력과 관련된 열성 두정엽(頭頂葉)이 보통 사람보다 15%나 넓다는 측정 결과를 내놓았다. 과학자들은 또한 음악적 재능과 연관된 부위에서 혹 같은 조직을 발견했을 뿐 아니라 색다른 능선과 고랑들도 발견했다고 보고했다. 어떤 분석에서는 그의 뇌가 전체적으로는 평균 크기지만 정신 집중과 인내심을 관장하는 부위들이 크게 팽창되어 있는 게 발견되기도 했다.

하지만 어쩌면 가장 단순한 관찰 보고 하나가 가장 많은 것을 말해주고 있는지도 모른다. 필라델피아 아동병원에서 오랫동안 신경병리학자로

352

일한 루시 로크애덤스 박사는 누구보다도 많은 시간을 아인슈타인의 뇌와 함께 보냈다. 그녀는 1970년대에 한 동료한테서 아인슈타인의 뇌 슬라이드가 든 상자를 물려받았고, 30년이 넘도록 그것을 책상 옆 서류함에 엄중하게 보관해두었다가 무터 박물관에 기증했다. 로크애덤스에게 무엇보다도 감동을 준 것은 아인슈타인의 뇌가 본래의 깨끗한 상태를 그대로 유지하고 있었다는 점이다. "정말 인상 깊었습니다"라고 그녀는 말한다. 사람이 평생을 살아가는 동안 뇌에는 갈색 색소가 축적되는 경향이 있고, 아인슈타인이 죽었을 때의 나이가 되면 대개는 그것이 눈에 두드러지지만, 아인슈타인의 뇌에는 그런 색소가 축적된 흔적이 거의 없었던 것이다. "그 뉴런들은 더할 나위 없이 아름다웠어요. 기본적으로 젊은이의 것처럼 보이는 뇌였어요." 아인슈타인의 뇌는 세월의 영향을 받지 않은 것 같았다.

젊음, 바로 그것이 아인슈타인의 생활방식과 사고방식의 요체였다. 아득하게 솟아올랐던 그의 지성은 어린아이 같은 호기심과 경탄에서 동력을 얻었던 것이다. 언젠가 그는 이렇게 말한 적이 있다. "진리와 아름다움의 추구는 우리가 평생 동안 어린애로 남아 있는 것이 허용되는 활동 영역이다."

꼬리말

이 책을 쓰기 위해 자료를 조사하면서 나는 가상의 친구 열두 명을 가진 어린아이 같은 기분을 느끼는 놀라운 경험을 했다. 그것은 얼마나 큰 특권이었는지 모른다. 나는 그들이 남긴 창조적 에너지의 빛나는 편린들 —편지, 일기, 자서전, 영화, 문학 작품, 그림, 과학 논문, 음악, 건축 설계, 대통령 포고문—을 통해 복합적이고 매혹적인 이 인물들을 공적인 차원에서뿐 아니라 사적인 차원에서도 잘 알게 되었다.

내가 찾아내어 이 책에 담은 이야기들의 대부분은 인터넷의 경이를 통해 되살아난 것들이다. 불과 몇 분 만에 나는 19세기에 도스토옙스키가 쓴 편지들과 20세기에 아인슈타인이 쓴 편지들을 불러낼 수 있었다. 나는 1865년 링컨의 두 번째 취임식을 찍은 멋진 사진들을 찾아냈고, 1901년에 다윈의 질병에 대해 작성된 의료 보고서를 발견했다. 유튜브는 다이애나 세자빈이 결혼식 때 세인트폴 대성당의 통로를 걸어 내려가는 장면을 다시 볼 수 있게 해주었고, 메릴린 먼로가 케네디 대통령에게 "생일 축하합니다"를 불러주는 모습을 보게 해주었으며, 흑백 텔레비전에서 마이크 월리스[1]가 자욱한 담배 연기 속에서 프랭크 로이드 라이트를 인터뷰하는 것을 보고 경탄할 수 있게 해주었다. 나의 가장 큰 즐거움 하나는 내 컴퓨터의 키보드를 두드리면서 거슈윈이 연주하는 「랩소디 인 블루」의 실황 녹음을 듣는 일이었다.

가능할 경우엔 이런 역사적 인물들이 남긴 실체들을 통해 그들의 숨결을 느낄 수 있는 곳을 찾아가기도 했다. 피츠버그의 앤디 워홀 미술관에서는 그의 실크스크린과 '산화' 그림들을 검토했다. 버지니아주 알렉산드리아에서는 프랭크 로이드 라이트의 '유소니아 주택'[2] 중 하나인 '포프-레이히 하우스'를 보았다. 필라델피아에서는 '무터 박물관'에서 아인슈타인의 뇌 절편들을 믿기지 않는 눈으로 바라보았다─세상에, 아인슈타인의 뇌라니!

이 열두 명에 대해, 그리고 그들 속에서 소용돌이친 무한한 생각과 두려움과 욕망에 대해 내가 다 안다고 생각지는 않는다. 그건 당치도 않은 일이다. 그러나 그동안 알아낸 것만으로도 나는, 우리의 내적 자아와 외적 자아가 비록 불가분하게 맞물려 있지만 그 둘 사이에는 현저한 불일치가 존재하는 경우도 적지 않다는 것을 어느 때보다도 깊이 인식할 수 있게 되었다.

과학은 내적 자아와 외적 자아의 상호작용에 얽힌 신비를 해명하기 위해 최선을 다하고 있다. 우리는 왜 이러저러하게 느끼고 행동하는가. 무언가가 잘못되면 어떤 일이 일어나는가. 이런 수수께끼들을 풀기 위한 노

---

1) 후에 미국 CBS 방송의 뉴스 매거진 프로그램 〈60분〉의 진행자가 된다.
2) 라이트는 종종 미국을─그의 이상을 담아─'유소니아(Usonia)'라고 불렀는데, 미국식 민주주의와 인간 중심의 가치를 구현하기 위해 설계한 예술적이면서 실용적인 교외주택을 '유소니아 주택'이라고 했다.

력은 힘겹지만 충분한 가치가 있다. 정신건강에 관한 연구는 자주 간과되고, 자금 부족에 시달릴 때도 많고, 오명을 뒤집어쓰기도 한다. 내가 인터뷰한 과학자들은 인간의 뇌를 보다 잘 이해하려는 헌신적인 노력으로 깊은 감명을 주었다. 사람들이 우울증의 수렁에서 빠져나오고 자해를 중단하고 약물이나 알코올에 대한 의존을 끊도록 돕기 위해 그들은 진력하고 있었다. 그들이 정신질환 발생에 기여하는 유전자와 삶의 경험과 환경적 위험 요소들 간의 복잡한 관계를 꾸준히 가려내어 정리하는 덕분에 어떤 고통은 완화될 수 있고 어떤 이들은 살아갈 기운을 얻고 활기를 되찾게 되는 것이다.

자료 조사를 하면서 나는 행동과 진단과 치료와 관련해서 절대적인 것은 존재하지 않는다는 점도 분명히 알게 되었다. 예를 들어 수줍음은 어떤 경우엔 치료가 필요한 병증이 아니라 그냥 단순한 수줍음일 수 있지만, 다른 경우엔 정신질환으로 진단하는 것이 옳을 수 있다. 진단에 따라 치료를 함으로써 좀 더 의미 있고 만족스러운 삶을 살게 해줄 수 있기 때문이다. 약물치료는 어떤 환자에게는 큰 도움이 될 수 있으나, 다른 환자들은 심리요법이나 자조모임, 생활양식의 변화(더 많은 운동, 충분한 수면, 이완 기법 활용), 또는 그것들을 적절히 결합한 방법으로 약물치료와 같거나 그 이상의 효과를 볼 수 있다. 뇌의 생태를 깊이 연구하는 것은 대단히 중요하지만, 한 사람의 경험과 감정과 동기들을 탐구하는 좀 더 전체론적인 접근방식도 중요하다. 인간의 행동에 대한 과잉 치료를 우려하는 것은 타당하지만, 심각한 장애를 제대로 치료하지 않는 데 대해 염려하는 것 또한 그에 못잖게 중요하다. 환자의 프라이버시는 물론 중요하지만, 환자의 오명을 줄이는 데 도움이 될 솔직한 공개, 즉 개방성 역시 중요하다. 정신질환과 관련된 언어와 용어들은 바뀌고 있고, 새로운 개념들이 속속 등장하고 있다. 많은 정신질환의 근저에 놓여 있는 유사성을 사람들이 인식하게 되면서 이전처럼 좁고 명확하게 진단을 내리는 일은 차츰 지양되고, 인식의 전환에 맞춰 새로운 방향으로 연구가 추진되고 있다.

이런 복잡미묘한 사정들 때문에 이 책의 집필은 힘들고 어려우면서도 매력적이었다. 열두 명의 역사적 인물들의 삶과 정신에 대한 나의 탐험은 여행의 끝이 아니라 그 복잡한 세계로 이제 막 들어간 것이라고 생각한다. 나는 내가 살펴본 가설들과 제기한 의문들이, 우리의 집단정신을 구성하면서 서로 복잡하게 얽혀 있는 수많은 힘들을 더 잘 이해하도록 돕고, 그리하여 우리 누구나 직면해 있는 시련들에 대한 더 큰 공감을 촉진하게 되기를 바란다.

찰스 다윈에 대한 감상으로 이 책을 마무리하는 게 적절할 듯싶다. 그가 19세기에 자연 속으로 떠난 순례는 21세기에 인간이 정신 속으로 떠난 탐험과 서로 조응한다. 비글호를 타고 여행하고 있을 때인 1832년 초에 다윈은 브라질의 풍경과 숲을 탐사할 때 경험한 "황홀한 기쁨"을 일지에 적었다. 그는 찬란하게 빛나는 자연의 풍요를 묘사했다. "풀들의 우아함, 기생식물의 신기함, 꽃들의 아름다움", 그리고 "소리와 침묵의 역설적인 혼합"을 이야기했다. 나비들과 과일들과 부드러운 바람과 함께 사람을 도취시키는 이 뒤범벅은 그에게 엄청난 기쁨을 안겨주었다. 그곳은 아름다우면서도 사람을 어리둥절하게 만드는 곳이었다. 다윈은 자기가 보고 있는 모든 것에 대한 자신의 반응을 묘사하면서 "정신은 기쁨의 카오스다"라고 말했다.

정신의 거대한 수수께끼를 한마디로 표현하면, 그것은 기쁨의 카오스다.

클로디아 캘브

감사의 말

나는 매우 똑똑하고 너그러운 수많은 사람들에게 빚지고 있다. 이 책은 그들 덕분에 쓸 수 있었다. 이 매혹적인 여행을 하는 동안 줄곧 나를 지원하고 안내해준 '로스 윤 문학 에이전시'의 내 담당 에이전트인 게일 로스와 내셔널 지오그래픽 북스의 내 담당 편집자 힐러리 블랙에게 우선 깊은 감사를 보낸다.

힐러리는 처음부터 열정과 인내심, 지혜와 능숙한 편집, 이 책에 대한 성원으로 내 기운을 북돋워주었다. 나는 운 좋게도 가장 멋진 파트너를 만난 것이다. 내셔널 지오그래픽의 편집자인 앤 스미스와 앨리슨 딕맨에게도 감사드린다. 앤은 집필 초기 단계에 열심히 작업해주었고, 앨리슨은 많은 격려와 능수능란한 마감 스케줄과 편집 솜씨로 내가 책을 끝낼 수 있도록 도와주었다.

이 책을 쓰기 위한 조사는 과거와 현재의 수많은 일류 지성인들에게 의존했다. 바쁜 생활 속에서 잠시 짬을 내어 자신의 전문지식을 나누어주고, 힘들지만 도전해볼 만한 영역에서 나를 안내하며 내 이해를 도와준 정신건강 학자들과 임상의들에게 깊이 감사드린다. 내가 인터뷰한 모든 분의 말을 인용하지는 못했지만, 그들은 모두 나에게 지식을 주고 책에 엄청 난 기여를 했다. 자기가 직접 알지 못하는 '환자들'에 대해 논하는 것을 거 북하게 여기면서도 일반 대중에게 지식과 정보를 나누어준다는 정신으로 이 책에서 다룬 12가지 질환에 대해 기꺼이 이야기해준 분들에게 특별한 경 의를 표한다. 우리가 이 책에서 우리 자신과 우리가 사랑하는 이들의 모습 을 인지한다면—나는 분명히 인지했다—당신들은 우리에게 큰 도움을 준 것이며, 그로 인해 우리가 낙인을 지우고 감정이입을 받아들이는 데 한 걸 음 더 가까이 다가갔기를 나는 바란다.

역사상 유명한 인물들의 삶에 대해 읽는 것은 내가 좋아하는 소일거리 의 하나지만, 그들에 대해 쓰는 것은 너무 힘겹다. 권위 있는 전기 작가들 이 뼈대를 만들어주지 않았다면 나는 이 책을 시작도 못했을 것이다. 그들 의 저작은 이 책에 실린 12명의 개인들에게 생명을 불어넣었다. 금덩이 같 은 전기적 정보들을 내가 나누어 가질 수 있게 해준 그 작가들에게 감사드 린다. 전기들과 관련해서 모든 공공도서관, 특히 내가 살고 있는 버지니아 주 알렉산드리아의 비틀리 중앙도서관에 감사드린다. 이 도서관에서 나는 서가를 뒤지고 친절하고 유능한 직원들과 상호작용을 하면서 많은 시간 을 보냈다.

내가 뛰어난 작가이자 사색가이며 다정하고 모험적인 부모의 딸로 태어 난 것은 대단한 특권이다. 어머니 필리스의 우아하고 사려 깊은 글들은 일 찍부터 나에게 언어에 대한 사랑을 불어넣었고, 아버지 버나드의 지칠 줄 모르는 호기심과 재치와 문학적 재능도 마찬가지였다. 어머니는 내 초고 를 읽고 현명한 제안들을 해주었으며, 작가로서 내가 고뇌에 빠져 있을 때 는 내 이야기를 참을성 있게 동정적으로 들어주었다. 아버지는 브레인스 토밍을 도와주고, 나를 계속 격려했으며, 자료 제공까지 해주어 나를 기쁘게 했다. 내가 프랭크 로이드 라이트에 대해 조사하고 있을 때, 아버지는 1953년 가을에 뉴욕시 플라자 호텔에서 그 건축가와 인터뷰를 한 적이 있다고 말했다. 나는 몇 분 만에 구글에서 아버지의 칼럼 '창조자: 프랭크 로이드 라이트'를 검색했고, 그 장을 마무리하는 데 필요했던 주옥같은 내용을 그 글에서 찾아냈다. 그 장에 등장하는 《새터데이 리뷰》의 기자가 바로 버나드 캘브다.[1] 높이 평가받는 아버지의 기사를 내 책에 이용하는 것보다 더 나를 겸허하게 하고 만족스러운 일이 또 어디 있겠는가.

몇 사람은 길잡이처럼 나를 인도하고 헤아릴 수 없이 귀중한 정보를 제공하며 나를 도와주었다. 내 여동생 마리나는 열성적으로 너그럽게 내 초고를 읽어주고, 개선할 점을 지적해주고, 내 자신감을 북돋워 주었다. 마리나에게는 아무리 감사해도 모자랄 정도다. 나는 친구이자 헌신적인 정신건강 전문가인 조애나 스피로와 지속적으로 대화를 나누었다. 조애나는 나의 복잡한 질문들에 대답하고, 내가 다루기 어려운 자료를 이해하도록 도우면서 계속 나를 지지해주고 현명한 조언을 아끼지 않았다. 충실한 동료이자 모범적 저널리스트인 스티브 페이나루는 책을 처음 쓰는 나를 도와서 내가 무사히 그 관문을 통과하게 해주었고, 나의 탁월한 멘토인 래리 타이와 마찬가지로 나를 계속 격려해주었다. 자신의 책만이 아니라 다른 사람들의 좋은 저서에 대해서도 깊은 관심을 갖고 있는 래리의 책은 항상 나에게 영감을 주었다.

몇몇 친구와 동료들—대부분은 《뉴스위크》에서 나와 함께 일했다—의 도움은 이루 헤아릴 수가 없다. 동료로서 그들과 함께 일한 것은 나에게

---

1) 버나드 캘브(1922~)는 이후 CBS 뉴스, NBC 뉴스에 이어 《뉴욕 타임스》에서 일하면서 주로 국제 문제를 취재해 이름을 날렸다.

는 엄청난 특권이었다. 루시 섀클퍼드는 처음부터 나를 응원했고, 엄격한 눈으로 사실을 확인하는 중대한 일을 맡아주었으며, 내가 "마지막 질문 하나"라며 숱하게 보낸 이메일에 끝없는 인내심을 가지고 응답해주었다. 팻 윙거트는 친절하게도 막판에 개입하여 최종 원고를 세심하게 읽고, 고맙게도 많은 곳을 손보아서 원고를 개선해주었다. 그 밖에도 여러 너그러운 분들이 후보자들에 대해 상세히 의논해주고, 정보원(源)을 알려주고 소개해주고, 특정한 문제에 대한 정보나 전문지식을 제공하고, 책을 쓰는 동안 장별 초고를 읽어주거나 친절한 지원을 해주었다. 루스 아켈, 샤론 베글리, 해나 블록, 밥 콘, 소피아 콜라마리노, 낸시 에드슨, 요닛 호프먼, 도티 제프리스, 바버라 캔트로위츠, 프레드 캐플런, 캐서린 카노, 안나 쿠치먼트, 케빈 페라이노, 스탠리 래비노위츠, 존 레이먼드, 데브라 로젠버그와 데이비드 립스콤, 캐런 스프링겐, 제이미 스팀, 스티브 터틀, 앤 언더우드, 케이티 왁스먼에게 깊이 감사드린다.

나는 《뉴스위크》에서 보낸 17년 동안 최고의 저널리즘—심층 보도, 신중한 분석, 독자의 흥미를 당기는 문장—속에 깊이 잠겨 있었고, 뛰어난 동료들로 이루어진 방대한 네트워크를 갖게 되었다. 내가 저널리즘계를 여행하는 동안 줄곧 너그럽고 확고부동하게 나를 인도해주고 조언과 우정을 베풀어준 앤 맥대니얼에게 깊은 감사를 드린다. 수많은 방법으로 내 일을 도와준 제프 바솔렛, 댄 클라이드먼, 존 매코믹, 존 미첨, 리사 밀러, 데이비드 누넌, 마크 스타에게도 고마움을 전한다. 건강 팀의 알렉시스 겔버에게 특별히 감사드리고, 너무 빨리 떠나버린 그리운 제프 콜리에게 인사를 보낸다. 그리고 그 밖에도 지난 세월 동안 나를 격려해준 많은 분들에게 두루 감사드린다.

내 가족 구성원들은 줄곧 반가운 지원을 아끼지 않았고, 내가 절실히 필요로 했던 기분전환을 제공하곤 했다. 내 자매들과 그들의 가족에게 깊은 사랑과 감사를 보낸다. 태나, 힐마, 맥스, 탈리아, 커밀라; 마리나, 데이비드, 일라이자, 울프; 사리나, 재런, 리오, 수재나, 벨라. 재미난 사진을 찍어주고 훌륭한 재능을 함께 나누게 해준 힐마에게 큰 감사를 드린다. 지속적으로 따뜻한 격려를 보내준 매디 숙모와 마빈 캘브 삼촌, 그리고 내 사촌인 데버러와 주디스와 그들의 가족에게 감사드린다. 책과 저자들에 대한 데버러의 멋진 블로그는 영감을 제공했다. 주디스와 그녀의 남편 앨릭스는 도스토옙스키에 대해 나와 이야기를 나누었다. 주디스는 도스토옙스키 장의 원고를 검토하고 유익한 제안을 많이 해주었으며, 러시아 이름의 복잡함에 대해 설명해주기도 했다. 뉴욕과 런던, 멕시코와 아르헨티나에 있는 사촌들에게도 깊은 사랑을 보내고, 돌아가신 할아버지와 할머니, 숙모와 삼촌들에게 특별한 경의를 표한다. 너무나 그리운 그분들이 이 책을 볼 수 있었다면 얼마나 좋았을까.

멋진 친구들은 내가 직업으로 글을 쓰기 시작한 이후 줄곧 우정을 나누어주고, 요새처럼 나를 지켜주었다. 수전 버필드와 팀 브루어, 앨릭스 번스타인과 소니아 대커렛, 캐서린과 팀 딜워스, 잭 플라이어와 위니 한, 트리나 포스터, 베스 푸이, 트렌트 게각스와 사마라 민킨, 카먼 맥두걸, 댄 맥긴, 수전 매키버, 노라 맥베이와 피터 사보, 신디 피터슨, 제시카 포트너에게 진심으로 감사드린다. 여기에 이름을 밝힌 사람들 외에도 나에게는 많은 친구가 있고, 그들 모두에게 감사를 보낸다.

누구보다도 남편 스티브와 딸 몰리와 아들 노아에게 가장 깊은 사랑과 감사를 보내고 싶다. 몰리는 내가 이 책을 쓰기 시작할 무렵 대학에서 모험을 시작하기 위해 집을 떠났다. 나는 몰리가 물 위에서나 물 밖에서나 순풍을 받으며 활약하고 있는 것을 보고 짜릿한 기쁨을 느낀다. 노아

362

는 나에게 멋진 미소를 보여주고 다정하게 나를 안아주었으며, 내 곁에서 일했고, 『호랑이 이야기』를 비롯하여 자기 책을 여러 권 쓰고 삽화도 그렸다. 그리고 그 애도 위인전을 즐겨 읽기 시작하여 나를 무척 행복하고 자랑스럽게 해주었다. (고맙습니다, 아동문학!) 스티브는 처음부터 이 프로젝트를 전적으로 지지해주었다. 동료 저널리스트인 그는 질문을 던지고, 복잡함 속에서 의미를 끄집어내고, 고맙게도 많은 웃음거리를 제공해주었다. 내가 일할 시간이 필요하면 스티브와 노아는 야구를 하거나 야구 경기를 보면서 전략을 짰다. 가장 중요한 것은 스티브의 흔들리지 않는 격려 덕분에 나는 이 책을 쓸 수 있을 뿐만 아니라 끝낼 수도 있겠다고 믿게 되었다는 점이다. 고맙기 그지없다.

옮긴이의 덧붙임

이 책은 미국의 과학 저술가인 클로디아 캘브의 『앤디 워홀은 저장강박증이었다(*Andy Warhol was a Hoarder*)』를 우리말로 옮긴 것이다.

이 책에는 앤디 워홀을 포함한 12명의 역사적 유명인사의 간추린 전기가 실려 있다. 저자는 그들의 내면세계를 '정신질환'이라는 렌즈를 통해 들여다보고, 현대의 의학적 연구 성과와 전문가들과의 인터뷰, 각 인물들에 관한 역사적 사실과 정보를 이용하여, 오늘날 우리가 정신질환으로 알고 있는 증상들을 검토하고 있다. 그러나 이 책은, 꽤나 도발적인 제목과는 달리, 통속 심리학이나 정신병에 대한 연구 보고서가 아니다. 아마 그랬다면 이 책에는 『정신질환을 바라보는 12가지 방법』이나 『정신질환을 치료하는 12가지 방법』 같은 제목이 훨씬 어울렸을 것이다.

더구나 저자는 과학자가 아니라 저널리스트이기 때문에, 그의 주안점은 정신질환 자체가 아니라 그런 증상을 겪은—또는 겪었을 것으로 추정되는—인물들의 다양한 삶이고, 그 삶의 양상들은 그의 품위있는 서술 덕분에 더욱 인간성을 부여받고 있다. 말하자면 저자는 그들을 분석하는 것이 아니라, 그들의 심리적 프로파일을 제시하고 있는 것이다.

예컨대 미술가인 앤디 워홀의 경우, 저자는 워홀이 '타임캡슐'에 저장해 둔 온갖 물건을 언급하고, 그렇게 강박적으로 저장해둔 이유를 찾아내어, 그가 자신의 정신병을 창조력의 하나로 받아들인 저장강박증 환자였다고 결론짓는다. 워홀은 1954년부터 1987년에 죽을 때까지 30년이 넘는 세월 동안 골판지 상자에 온갖 잡동사니를 닥치는 대로 채워 넣고 그 상자들을 보관해왔다. 그가 죽은 뒤, 뉴욕에 있는 그의 저택은 물건으로 가득 차서 어떻게 해볼 도리가 없는 상태였다.

"저장강박증에 따른 혼란이 평범한 난장판 상태와 구별되는 특징은 생활공간이 물건으로 가득 차서 그 공간을 원래 목적으로 쓸 수 없다는 점이다. 워홀이 죽은 직후에 그의 식당을 찍은 사진을 보면 벽난로 앞에 상자들이 높이 쌓여 있고 벽에는 그림들이 세워져 있으며 식탁에는 책과 서류와 사발과 그 밖의 물건들이 수북이 쌓여 있는 완전한 혼란 상태를 보여준다."

600개가 넘는 타임캡슐과 그 안에 들어 있는 약 50만 개의 물건이 지금까지 남아서 피츠버그의 앤디 워홀 미술관에 어엿한 예술작품으로 보존되어 있다. 학자들은 그것들을 면밀히 조사하고, 관람객들은 어리둥절하면서도 거기에 매혹된다. 상자들 속에는 영수증과 청구서, 편지와 메모, 사진과 캠벨 수프 캔 따위가 포함되어 있었다. 이것들은 그의 작품들 가운데 가장 잘 알려진 작품들에 영감을 준 것들이기도 하고, 그의 유명한 작품들에 대한 기록이기도 하다. 하지만 먹다 만 음식(타임캡슐에는 빵조각과 피자 꽁다리도 들어 있다), 곤충의 사체, 그 자신은 참석하지 않은 행사 초대장 같은 물건들은 그런 것들을 보존하고 싶어 한 워홀의 강박 충동을 드러낸다. 이 타임캡슐은 그의 삶을 기록한 일기로서, 이 천재적 예술가의 일상생활을 엿볼 수 있게 해주는 귀중한 자료이기도 하다.

앤디 워홀의 경우는 극단적이지만, 저자는 이 장애를 설명하기 위해 최근 연구를 인용하고 있다: "저장강박증 환자들은 물건을 버리는 것에 불안을 느낀다. 그들은 그 물건이 필요해질지도 모른다고 걱정하고, 물건이 없어지면 그걸 기억하지 못할 거라고 걱정하고, 혹은 감상적인 이유로 그것을 계속 간직해야 한다고 생각한다. 어떤 물건도 버리지 '않음'으로써 그들은 불안을 피할 수 있다."

여기에 더해 저자는 저장강박증 연구자(랜디 프로스트)의 언급도 인용하여 자신의 결론에 무게를 더하고 있다: "저장강박증 환자들은 물건을 축적하면서 자기가 통제력을 갖고 있다는 환상에 빠지고, 불안감은 안전감으로 바뀐다."

앤디 워홀만이 아니다.

건축가인 프랭크 로이드 라이트는 "어마어마한 자만심"으로 세계적인 명성을 얻었다. 그는 가족을 무시했고, 지붕에 비가 새는 집을 지었고, 나선형 통로에다 작품을 전시하도록 설계된 미술관을 지어서 화가들의 항의를 불러일으켰다. 그는 평생 "인습적인 규칙과 관례에 반발"하는 삶을 살았는데, 저자의 결론은 이렇다: "자기애성 인격장애의 특징을 보이는 사람들은 대부분 치료받으려고 서두르지 않는다. 대체로 그들은 자신의 행동이 잘못되었다고는 전혀 생각지 않고, 그 행동이 남에게 미치는 영향도 알아차리지 못한다."

위대한 사상가와 정치가들도 정신질환을 면하지 못했다. 도스토옙스키는 강박적 도박꾼이었고(그의 걸작들은 도박빚을 갚으려는 몸부림의 결과물이었다), 찰스 다윈은 평생 불안장애에 시달렸고, 링컨은 우울증을 앓았으며, 아인슈타인은 '자폐 스펙트럼' 위에 있었다.

이 책에 실린 12편의 약전(略傳)들은 그 주인공들의 다양한 분야만큼이나 공통점이 없어 보이지만, 그 개별적인 이야기들을 한데 모아놓고 보면 이런 질문에 봉착하지 않을 수 없다: '천재와 광기는 종이 한 장 차이라는데, 정말 그런가?'

하지만 저자는 정신병이 창조성에 미칠 수 있는 긍정적인 영향만 보지는 않는다. 그는 심리적 장애가 창조적 노력을 어떻게 비극적으로 끝낼 수 있는지도 고찰하고 있다. 메릴린 먼로에서부터 하워드 휴즈에 이르기까지 저자는 어린 시절의 경험이 어떻게 궁극적인 비극을 위한 무대 장치가 될 수 있었는가를 보여준다.

"많은 점에서 역사적 인물들은 우리 같은 평범한 사람보다 더 멀쩡하지도 않고, 그렇다고 더 엉뚱하지도 않다"고 저자는 결론짓고 있지만, 그들에 대한 일반적인 접근과 조사는 우리가 문제를 어떻게 다루는가—또는 다루지 않는가—에 대한 의문을 제기하기도 한다. 예컨대, 오늘날의 의사들은 조지 거슈윈이 주의력결핍 과잉행동장애(ADHD)을 갖고 있었다고 말할지 모르지만, 그가 리탈린(ADHD 치료제)을 복용했다면 과연 「랩소디 인 블루」를 작곡할 수 있었을까? 우울증이 완화되었다면 에이브러햄 링컨은 다른 대통령이 되었을까?

저자의 말마따나 "정신건강 평가는 주로 환자의 증상이 어떻게 보이는지에, 그리고 환자가 의사에게 하는 말에 바탕을 두고 있기 때문에 상당히 주관적"일 수밖에 없고, 따라서 우리는 그 의문에 대한 해답을 확실히 알 수는 없을 것이다.

저자에 대해서는 그의 홈페이지에 나와 있는 내용을 소개하려고 한다.

클로디아 캘브(Claudia Kalb)는 의학과 정신건강, 과학 분야를 전문으로 다루는 저널리스트로서, 그의 기사는 《내셔널 지오그래픽》《뉴스위크》

《스미스소니언》《사이언티픽 아메리카》 등 여러 간행물에 활자와 온라인으로 발표되었다. 2016년에 출간한 『앤디 워홀은 저장강박증이었다』은 《뉴욕타임스》의 베스트셀러 목록에 올랐다.

《뉴스위크》지의 기자로 재직한 17년 동안 줄기세포와 유전자 실험에서부터 자폐증의 원인과 감정적 기억의 생물학적 토대에 이르기까지 다양한 주제에 대해 특집 기사와 커버 기사를 썼다. 커버 기사인 "딸이냐 아들이냐? 성별 선택의 신과학"으로 뉴욕 여기자 클럽에서 주는 '프런트 페이지상'을 받았으며, 《뉴스위크》의 커버 특집인 "25세의 에이즈"에 실린 기사 '검은 전염병과 싸우다'는 미국 잡지상 최종 후보에 선정되었다.

클로디아는 홍콩에서 미국 저널리스트의 딸로 태어났으며, 어릴 때부터 뉴스에 관심이 많았다. 그녀는 혁신적이고 유익하며 흥미진진한 스토리텔링에 열의를 갖고 있으며, 진지하고 심층적인 취재와 격조 있고 이해하기 쉬운 글쓰기를 결합한 기사로 알려져 있다. 텔레비전과 라디오 프로그램에 게스트로 출연해왔고, 미디어와 과학 저술에 대한 전문적이고 교육적인 토론회에도 참가했다.

클로디아는 애머스트 대학을 졸업하고 컬럼비아 대학교에서 미디어를 전공한 뒤 국제문제로 석사 학위를 받았다. 메릴랜드 대학교에서 아동 및 가족에 대한 저널리즘 센터의 케이시 연구비를 받았고, MIT에서 나이트 사이언스 저널리즘 프로그램의 부트 캠프 연구비를 받았으며, 스탠퍼드 대학에서 존 S. 나이트 저널리즘 연구비를 받았다.

2019년 봄, 제주 애월에서

김석희

참고 자료

이 책을 위한 조사 과정에서 나는 정신건강 전문가들, 과학자들, 대학 연구자들과 수십 번이나 인터뷰를 가졌다. 인물들의 삶에 관해서는 일기와 편지, 신문과 잡지 기사, 자서전과 전기를 포함한 다양한 원자료에서 많은 정보를 얻었다. 정신건강 문제를 분석할 때 나는 의학과 과학 분야의 학술지와 서적들뿐만 아니라, 정신건강 및 의학 관련 협회들, 정부의 관련 기관들이 발표한 내용도 참고했다. 여기에는 미국소아과학회, 미국정신의학회, 미국심리학회, 질병통제예방센터, 하버드 건강출판(하버드 의과대학 산하의 미디어 출판부), 전미정신질환연합회, 국립정신건강연구소 등이 포함된다. 각 장(章)을 쓰기 위해 나는 미국정신의학회(APA)에서 펴낸 『정신장애의 진단 및 통계 편람(DSM)』 제5판(2013) 외에 APA의 웹사이트에 올라온 팩트시트(자료 요약 보고서)들도 참조했다.

아래의 목록에 나는 각 장의 본문에서 언급한 자료만이 아니라, 이 역사적 인물들과 그들이 드러낸 정신건강 문제를 내가 더 잘 이해할 수 있도록 도와준 추가 자료들도 포함시켰다.

머리말

이 분야의 전문가들과 나눈 대화는 나에게 정신건강 연구의 현황에 대한, 그리고 역사적 인물들과 정신을 평가하는 일의 가치와 도전에 대한 통찰을 얻는 값진 기회를 제공했다. 이 전문가들 중에는 뇌와 행동 연구재단의 제프리 보렌스틴 박사, 피츠버그 의과대학의 데이비드 커퍼 박사, 메릴랜드 의과대학의 필립 매코위악 박사와 데이비드 맬럿 박사, 하버드 의과대학의 마이클 밀러 박사, 오리건 건강과학대학 건강관리윤리센터의 오사무 무라모토 박사, 버몬트 의과대학의 데이비드 레튜 박사, 미국정신분석학회의 마크

스몰러 회장도 포함된다.

정신건강과 역사 인물의 사후진단(후향진단)에 관한 나의 이해를 도와준 책 중에는 다음의 것들이 포함된다. Philip Marshall Dale, *Medical Biographies: The Ailments of Thirty-Three Famous Persons* (Norman, OK: University of Oklahoma Press, 1952); Brian Dillon, *The Hypochondriacs: Nine Tormented Lives* (New York: Faber and Faber, 2010); Douglas Goldman et al., *Retrospective Diagnoses of Historical Personalities as Viewed by Leading Contemporary Psychiatrists* (Bloomfield, NJ: Schering Corporation, 1958); Kay Redfield Jamison, *Touched with Fire: Manic-Depressive Illness and the Artistic Temperament* (New York: Free Press, 1993); Jeffrey A. Kottler, *Divine Madness: Ten Stories of Creative Struggle* (San Francisco: Jossey-Bass, 2006); Philip Mackowiak, *Post-Mortem: Solving History's Great Medical Mysteries* (Philadelphia: American College of Physicians, 2007); Roy Porter, *Madness: A Brief History* (New York: Oxford University Press, 2002); David Rettew, *Child Temperament: New Thinking About the Boundary Between Traits and Illness* (New York: W. W. Norton, 2013).

이 장에서 참고한 논문과 기사 가운데 주된 것은 다음과 같다. Nancy C. Andreasen et al., "Relapse Duration, Treatment Intensity, and Brain Tissue Loss in Schizophrenia: A Prospective Longitudinal MRI Study," *American Journal of Psychiatry* 170, No. 6 (June 1, 2013), 609–15; Milton Cameron, "Albert Einstein, Frank Lloyd Wright, Le Corbusier, and the Future of the American City," Institute for Advanced Study, *Institute Letter* (Spring 2014), 8–9; D. S. Carson et al., "Cerebrospinal Fluid and Plasma Oxytocin Concentrations Are Positively Correlated and Negatively Predict Anxiety in Children," *Molecular Psychiatry* (online ed.; November 4, 2014), doi: 10.1038/mp.2014.132; Cross-Disorder Group of the Psychiatric Genomics Consortium, "Identification of Risk Loci With Shared Effects on Five Major Psychiatric Disorders: A Genome-Wide Analysis," *Lancet* 381, No. 9875 (April 2013), 1371–79; Eric Kandel, "The New Science of Mind," *New York Times,* December 6, 2013; Callie L. McGrath et al., "Toward a Neuroimaging Treatment Selection Biomarker for Major Depressive Disorder," *JAMA Psychiatry* 70, No. 8 (August 2013), 821–29; Richard Milner, "Darwin's Shrink," *Natural History* 114, No. 9 (November 2005), 42–44.

『정신장애의 진단 및 통계 편람』에 등재된 정신질환의 수가 늘어난 것(1952년의 제1판에서는 80개였지만 2013년 제5판에서는 157개)에 대하여: 이 숫자는 미국정신의학회(APA)가 제공한 것으로, 『편람』에 포함된 별개 정신질환의 총수를 말한다. 여기에는 질환들의 하위유형(아류형), 같은 질환의 정도 차이(예를 들면 경도, 중등도, 중증), 또는 '상세불명' 즉 특정되지 않는 질환은 포함되어 있지 않다. 나는 이 책에서 APA가 제시한 진단명 숫자를 인용했지만, 『편람』에 포함된 가능한 진단명의 수는 더 많다는 점에 유념해야 한다.

메릴린 먼로(Marilyn Monroe)

〈서적〉

Lois Banner, *Marilyn: The Passion and the Paradox* (New York: Bloomsbury, 2012); Arnold M. Ludwig, *How Do We Know Who We Are? A Biography of the Self* (New York: Oxford University Press, 1997); Arthur Miller, *Timebends: A Life* (New York: Grove Press, 1987); Marilyn Monroe, *Fragments: Poems, Intimate Notes, Letters* (New York: Farrar, Straus and Giroux, 2010); Marilyn Monroe, *My Story* (New York: Cooper Square Press, 2000); Sarah K. Reynolds and Marsha M. Linehan, "Dialectical Behavior Therapy," in *Encyclopedia of Psychotherapy* 1, eds. Michel Hersen and William H. Sledge (Academic Press, 2002), 621–28; Donald Spoto, *Marilyn Monroe: The Biography* (New York: HarperCollins, 1993); Gloria Steinem and George Barris, *Marilyn: Norma Jeane* (New York: East Toledo Productions, 1986); Anthony Summers, *Goddess: The Secret Lives of Marilyn Monroe* (New York: Macmillan, 1985); J. Randy Taraborrelli, *The Secret Life of Marilyn Monroe* (New York: Grand Central Publishing, 2009).

〈신문 · 잡지 · 저널 기사와 의학적 보고〉

Lois Banner, "The Meaning of Marilyn," *Women's Review of Books* 28, No. 3 (May/June 2010), 3–4; Robert S. Biskin and Joel Paris, "Diagnosing Borderline Personality Disorder," *Canadian Medical Association Journal* 184, No. 16 (November 6, 2012), 1789–94; Benedict Carey, "Expert on Mental Illness Reveals Her Own Fight," *New York Times*, June 23, 2011; Richard Ben Cramer, "The DiMaggio Nobody Knew," *Newsweek*, March 22, 1999; John Gunderson, "Borderline Personality Disorder," *New England Journal of Medicine* 364, No. 21 (May 26, 2011), 2037–42; John Gunderson et al., "Borderline Personality Disorder," *Focus* 11, No. 2 (Spring 2013); John Gunderson et al., "Family Study of Borderline Personality Disorder and Its Sectors of Psychopathology," *Archives of General Psychiatry* 68, No. 7 (July 2011), 753–62; Barbara Grizzuti Harrison, "Vengeful Fantasies," *New Republic*, February 28, 1991; James Harvey, "Marilyn Reconsidered," *Threepenny Review* 58 (Summer 1994), 35–37; Constance Holden, "Sex and the Suffering Brain," *Science* 308 (June 10, 2005), 1574–77; Sam Kashner, "The Things She Left Behind," *Vanity Fair*, October 2008; Susan King, "Marilyn Monroe's Last Film Work Resurrected for New Documentary," *Los Angeles Times*, May 28, 2001; Robert E. Litman, "Suicidology: A Look Backward and Ahead," *Suicide and Life-Threatening Behavior* 26, No. 1 (Spring 1996); Larry McMurtry, "Marilyn," *New York Review of Books*, March 10, 2011; Daphne Merkin, "Platinum Pain," *New Yorker*, February 8, 1999; Richard Meryman, "A Last Long Talk With a Lonely Girl," *Life*, August 17, 1962; Richard Meryman, "Marilyn Monroe Lets Her Hair Down About Being Famous: 'Fame Will Go By and—So Long, I've Had You,' " *Life*,

August 3, 1962; Andrada D. Neacsiu et al., "Impact of Dialectical Behavior Therapy Versus Community Treatment by Experts on Emotional Experience, Expression, and Acceptance in Borderline Personality Disorder," *Behaviour Research and Therapy* 53 (2014), 47–54; Joel Paris, "Borderline Personality Disorder," *Canadian Medical Association Journal* 172, No. 12 (June 7, 2005), 1579–83; Patrick Perry, "Personality Disorders: Coping With the Borderline," *Saturday Evening Post*, July/August 1997; Carl E. Rollyson, Jr., "Marilyn: Mailer's Novel Biography," *Biography* 1, No. 4 (Fall 1978), 49–67; William Todd Schultz, "How Do We Know Who We Are? A Biography of the Self," *Biography* 22, No. 3 (Summer 1999), 416–20; Lee Siegel, "Unsexing Marilyn," *New York Review of Books,* NYR Blog, January 5, 2012; Diana Trilling, "The Death of Marilyn Monroe," *Encounter*, August 1963; Diana Trilling, " 'Please Don't Make Me a Joke,' " *New York Times*, December 21, 1986; Christopher Turner, "Marilyn Monroe on the Couch," *Telegraph*, June 23, 2010.

〈온라인 자료〉

Georges Belmont, interview with Marilyn Monroe, video, *Marie Claire*, April 1960, https://vimeo.com/76791522; Jesse Greenspan, " 'Happy Birthday, Mr. President' Turns 50," History.com, www.history.com/news/happy-birthday-mr-president-turns-50; John Gunderson, "A BPD Brief: An Introduction to Borderline Personality Disorder: Diagnosis, Origins, Course, and Treatment," www.borderlinepersonalitydisorder.com/professionals/a-bpd-brief/.

하워드 휴스(Howard Hughes)

〈서적〉

Donald L. Barlett and James B. Steele, *Howard Hughes: His Life and Madness* (New York: W. W. Norton, 1979); Peter Harry Brown and Pat H. Broeske, *Howard Hughes: The Untold Story* (New York: Dutton, 1996); Richard Hack, *Hughes: The Private Diaries, Memos and Letters* (Beverly Hills: New Millennium Press, 2001); Jeffrey Schwartz with Beverly Beyette, *Brain Lock: Free Yourself From Obsessive-Compulsive Behavior* (New York: ReganBooks, 1996).

〈신문 · 잡지 · 저널 기사와 의학적 보고〉

Riadh T. Abed and Karel W. de Pauw, "An Evolutionary Hypothesis for Obsessive Compulsive Disorder: A Psychological Immune System?" *Behavioural Neurology* 11 (1998/1999), 245–50; Lisa Belkin, "Can You Catch Obsessive-Compulsive Disorder?" *New York Times*, May 22, 2005; Nicholas Dodman, "Obsessive Compulsive Disorder in Animals," *Veterinary Practice News* (November 2012); Raymond D. Fowler, "Howard Hughes: A Psychological Autopsy," *Psychology Today* (May 1986), 22–33; Jon E. Grant, "Obsessive-Compulsive Disorder," *New England Journal of Medicine* 371, No. 7 (August 14, 2104), 646–53; Jerome Groopman, "The Doubting Disease," *New Yorker*, April 10, 2000; Edward D. Huey et al., "A Psychological and Neuroanatomical Model of Obsessive-Compulsive Disorder," *Journal of Neuropsychiatry and Clinical Neurosciences* 20, No. 4 (Fall 2008), 390–408; Michael Jenike, "Obsessive-Compulsive Disorder," *New England Journal of Medicine* 350, No. 3 (January 15, 2004), 259–65; Gilbert King, "The Rise and Fall of Nikola Tesla and His Tower," *Smithsonian*, February 4, 2013; Salla Koponen et al., "Axis I and II Psychiatric Disorders After Traumatic Brain Injury: A 30-Year Follow-Up Study," *American Journal of Psychiatry* 159, No. 8 (August 2002), 1315–21; David L. Pauls, "The Genetics of Obsessive-Compulsive Disorder: A Review," *Dialogues in Clinical Neuroscience* 12, No. 2 (June 2010), 149–63; Dan J. Stein, "Obsessive-Compulsive Disorder," *Lancet* 360 (August 2002), 397–405; Steve Volk, "Rewiring the Brain to Treat OCD," *Discover*, November 2013.

⟨온라인 자료⟩

Anxiety and Depression Association of America, www.adaa.org; College of Physicians of Philadelphia, "History of Polio," www.historyofvaccines.org/content/timelines/polio; Rebecca Murray, "Leonard DiCaprio Talks About 'The Aviator,' " movies.about.com/od/theaviator/a/aviatorld121004.htm; "Obsessive Compulsive Disorder—History, Imaging, and Treatment: An Expert Interview with Judith L. Rapoport, MD," April 30, 2007, www.medscape.com/viewarticle/554732.

⟨영화⟩

Martin Scorsese, *The Aviator* (2004); *Howard Hughes Revealed* (2007), National Geographic Channel.

앤디 워홀(Andy Warhol)
⟨서적⟩

Victor Bockris, *Warhol: The Biography* (New York: Da Capo Press, 2003); David Bourdon, *Warhol* (New York: Harry N. Abrams, 1989); Bob Colacello, *Holy Terror: Andy Warhol Close Up* (New York: HarperCollins, 1990); Randy O. Frost and Gail Steketee, *Stuff: Compulsive Hoarding and the Meaning of Things* (New York: Houghton Mifflin Harcourt, 2010); Kenneth Goldsmith, ed., *I'll Be Your Mirror: The Selected Andy Warhol Interviews* (New York: Carroll and Graf, 2004); Pat Hackett, ed., *The Andy Warhol*

Diaries (New York: Warner Books, 1989); Wayne Koestenbaum, *Andy Warhol* (New York: Viking Penguin, 2001); Tony Scherman and David Dalton, *Pop: The Genius of Andy Warhol* (New York: HarperCollins, 2009); John W. Smith, ed., *Possession Obsession: Andy Warhol and Collecting* (Pittsburgh, PA: Andy Warhol Museum, 2002); Andy Warhol, *The Philosophy of Andy Warhol (From A to B and Back Again)* (New York: Harcourt Brace Jovanovich, 1978); Robin Zasio, *The Hoarder in You: How to Live a Happier, Healthier, Uncluttered Life* (New York: Rodale, 2011).

〈신문 · 잡지 · 저널 기사와 의학적 보고〉

Jennifer G. Andrews-McClymont et al., "Evaluating an Animal Model of Compulsive Hoarding in Humans," *Review of General Psychology* 17, No. 4 (2013), 399–419; Deborah Bright, "Shopping the Leftovers: Warhol's Collecting Strategies in *Raid the Icebox I*," *Art History* 24, No. 2 (April 2001), 278–91; William Bryk, "The Collyer Brothers, Past & Present," *New York Sun*, April 13, 2005; Harold Faber, "Body of Collyer Is Found Near Where Brother Died," *New York Times*, April 9, 1947; Randy O. Frost, "Hoarding: Making Disorder an Official Disorder," *Insight*, September 14, 2012; Melissa Grace, "Jackie Kin, Model Edith Beale Dies," *New York Daily News*, January 27, 2002; Julie Hannon, "Face Time," *Carnegie*, Spring 2008; James C. Harris, "Before and After and Superman: Andy Warhol," *JAMA Psychiatry* 71, No. 1 (January 2014); "Inside the Collyer Brownstone, the Story of Harlem's Hermits and Their Hoarding," *New York Daily News*, October 19, 2012; Ann Kolson, "Warhol's Collection 10,000 Items—From Cookie Jars to Precious Gems—Will Be Auctioned Starting Saturday in New York," *Philadelphia Inquirer*, April 20, 1988; Jesse Kornbluth, "The World of Warhol," *New York*, March 9, 1987; Bridget M. Kuehn, "Trouble Letting Go: Hoarders," *Journal of the American Medical Association* 308, No. 12 (September 26, 2012), 1198; Scott O. Lilienfeld and Hal Arkowitz, "Hoarding Can Be a Deadly Business," *Scientific American* 24, No. 4 (September 2013); Douglas Martin, "Edith Bouvier Beale, 84, 'Little Edie,' Dies," *New York Times*, January 25, 2002; David Mataix-Cols, "Hoarding Disorder," *New England Journal of Medicine* 370 (May 22, 2014), 2023–30; Cathleen McGuigan, "The Selling of Andy Warhol," *Newsweek*, April 18, 1988; Louis Menand, "Top of the Pops," *New Yorker*, January 11, 2010; Suzanne Muchnic, "Rummaging Through the Andy Warhol Estate," *Los Angeles Times*, February 21, 1988; Cristina Rouvalis, "Unpacking Andy," *Carnegie*, Spring 2012; Gail Sheehy, "A Return to Grey Gardens," *New York*, May 28, 2007; Richard F. Shepard, "Warhol Gravely Wounded in Studio," *New York Times*, June 4, 1968; John W. Smith, "Saving Time: Andy Warhol's Time Capsules," *Art Documentation: Journal of the Art Libraries Society of North America* 20, No. 1 (Spring 2001); John Taylor, "Andy's Empire: Big Money and Big Questions," *New York*, February 22, 1988; John Taylor, "Andy's Empire II: Rosebud," *New York*,

March 7, 1988; David F. Tolin et al., "Neural Mechanisms of Decision Making in Hoarding Disorder," *Archives of General Psychiatry* 69, No. 8 (August 2012), 832–41; Bonnie Tsui, "Why Do You Hoard?" *Pacific Standard*, April 29, 2013; Matt Wrbican, "Warhol's Hoard a Treasure Trove," *Sydney Morning Herald*, November 20, 2007.

⟨영화⟩

David Maysles, Albert Maysles, Ellen Hovde, Muffie Meyer, Susan Froemke, *Grey Gardens* (1975).

다이애나 세자빈(Princess Diana)

⟨서적⟩

Tina Brown, *The Diana Chronicles* (New York: Doubleday, 2007); Joan Jacobs Brumberg, *Fasting Girls: The History of Anorexia Nervosa* (New York: Vintage Books, 2000); Jonathan Dimbleby, *Prince of Wales: A Biography* (New York: William Morrow, 1994); Andrew Morton, *Diana: Her True Story* (New York: Simon & Schuster, 1997); Andrew Morton, *Diana: In Pursuit of Love* (London: Michael O'Mara Books, 2004); Sally Bedell Smith, *Diana in Search of Herself: Portrait of a Troubled Princess* (New York: Times Books, 1999).

⟨신문 · 잡지 · 저널 기사와 의학적 보고⟩

Scott J. Crow et al., "Increased Mortality in Bulimia Nervosa and Other Eating Disorders," *American Journal of Psychiatry* 166, No. 12 (December 2009), 1342–46; Laura Currin et al., "Time Trends in Eating Disorder Incidence," *British Journal of Psychiatry* 186 (March 2005), 132–35; Nigel Dempster, "Diana, Princess of Wales," *People*, December 27, 1982; Clive James, "Requiem," *New Yorker*, September 15, 1997; Frank Kermode, "Shrinking the Princess," *New York Times*, August 22, 1999; John Lanchester, "The Naked and the Dead," *New Yorker*, June 25, 2007; Daniel Le Grange et al., "Academy for Eating Disorders Position Paper: The Role of the Family in Eating Disorders," *International Journal of Eating Disorders* 43, No. 1 (2010), 1–5; Rachel Marsh et al., "Deficient Activity in the Neural Systems That Mediate Self-Regulatory Control in Bulimia Nervosa," *Archives of General Psychiatry* 66, No. 1 (2009), 51–63; Rachel Marsh et al., "An fMRI Study of Self-Regulatory Control and Conflict Resolution in Adolescents with Bulimia Nervosa," *American Journal of Psychiatry* 168, No. 11 (November 2011); David Noonan, "Di Struggled With Mental Demons: New Biography Reveals Her Personality Disorder," *New York Daily News*, August 15, 1999; Richard Smith, "Death of Diana, Princess of Wales: A Special Life Forged from Adversity," *British Medical Journal* 315 (September 6, 1997), 562; Charles Spencer, "Brother's Eulogy for Diana: 'The Very

Essence of Compassion,'" *New York Times*, September 7, 1997.

〈온라인 자료〉
Tom Clark, "Queen Enjoys Record Support in Guardian/ICM Poll," *Guardian*, www.theguardian.com/uk/2012/may/24/queen-diamond-jubilee-record-support; "Interview With Earl Charles Spencer," transcript, CNN, *Larry King Weekend*, August 31, 2002, transcripts.cnn.com/TRANSCRIPTS/0208/31/lklw.00.html; "Interview With Princess Diana Biographer Andrew Morton," transcript, CNN, *Larry King Live*, March 10, 2004, transcripts.cnn.com/TRANSCRIPTS/0403/10/lkl.00 .html; "The Princess and the Press," interview of Princess Diana by Martin Bashir, transcript, BBC, *Panorama*, November 1995, www.pbs.org/wgbh/pages/frontline/ shows/royals/interviews/bbc.html; "Princess Diana: Growing Up to Be Princess," transcript, CNN, *People in the News*, aired September 1, 2001, www.cnn.com/ TRANSCRIPTS/0109/01/pitn.00.html; K. D. Reynolds, "Diana, Princess of Wales (1961–1997)," *Oxford Dictionary of National Biography*, online edition, January 2014, dx.doi.org/10.1093/ref:odnb/68348; "The Royal Wedding of HRH The Prince of Wales and the Lady Diana Spencer," television program, BBC One, aired July 29, 1981, www.bbc.co.uk/programmes/p00frtkf; James Whitaker, "The People's Princess I Knew: Diana's Extraordinary Life Remembered by Our Legendary Royal Reporter James Whitaker," *Mirror*, August 30, 2012, www.mirror.co.uk/news/uk-news/ princess-dianas-life-and-death-obituary-1282386.

에이브러햄 링컨(Abraham Lincoln)

〈서적〉
Michael Burlingame, *The Inner World of Abraham Lincoln* (Chicago: University of Illinois Press, 1997); David Herbert Donald, *Lincoln* (New York: Simon & Schuster, 1995); Daniel Mark Epstein, *The Lincolns: Portrait of a Marriage* (New York: Ballantine Books, 2008); Don E. Fehrenbacher and Virginia Fehrenbacher, eds., *Recollected Words of Abraham Lincoln* (Palo Alto, CA: Stanford University Press, 1996); Nassir Ghaemi, *A First-Rate Madness: Uncovering the Links Between Leadership and Mental Illness* (New York: Penguin Press, 2011); Nassir Ghaemi, *On Depression: Drugs, Diagnosis, and Despair in the Modern World* (Baltimore: Johns Hopkins University Press, 2013); Doris Kearns Goodwin, *Team of Rivals: The Political Genius of Abraham Lincoln* (New York: Simon & Schuster, 2005); Harold Holzer, ed., *Lincoln as I Knew Him: Gossip, Tributes and Revelations From His Best Friends and Worst Enemies* (Chapel Hill, NC: Algonquin Books, 1999); Peter Kramer, *Against Depression* (New York: Viking, 2005); James M. McPherson, *Abraham Lincoln*

(Oxford: Oxford University Press, 2009); Joshua Wolf Shenk, *Lincoln's Melancholy: How Depression Challenged a President and Fueled His Greatness* (New York: Houghton Mifflin, 2005); Andrew Solomon, *The Noonday Demon: An Atlas of Depression* (New York: Scribner, 2001); Anthony Storr, *Churchill's Black Dog, Kafka's Mice, and Other Phenomena of the Human Mind* (New York: Grove Press, 1988); William Styron, *Darkness Visible: A Memoir of Madness* (New York: Random House, 1990).

〈신문 · 잡지 · 저널 기사와 의학적 보고〉

David Brent et al., "The Incidence and Course of Depression in Bereaved Youth 21 Months After the Loss of a Parent to Suicide, Accident, or Sudden Natural Death," *American Journal of Psychiatry* 166, No. 7 (July 2009), 786–94; Caleb Crain, "Rail-Splitting: Two Opposite Approaches to Honest Abe," *New Yorker*, November 7, 2005; Richard A. Friedman, "A New Focus on Depression," *New York Times*, December 23, 2013; Adam Goodheart, "Lincoln: A Beard Is Born," *New York Times*, November 24, 2010; Allen C. Guelzo, "Blue Beard: A Revealing Look at Why Lincoln's Depression Didn't Cost Him Politically," *Washington Monthly*, December 2005; Norbert Hirschhorn et al., "Abraham Lincoln's Blue Pills: Did Our 16th President Suffer from Mercury Poisoning?" *Perspectives in Biology and Medicine* 44, No. 3 (Summer 2001), 315–32; Harold Holzer, "Five Myths About Abraham Lincoln," *Washington Post*, February 17, 2011; Huguette Martel, "If They Had Prozac in the Nineteenth Century," cartoon, *New Yorker*, November 8, 1993; Michael T. Moore and David M. Fresco, "Depressive Realism: A Meta-Analytic Review," *Clinical Psychology Review* 32 (May 2012), 496–509; Mark Olfson and Steven C. Marcus, "National Patterns in Antidepressant Medication Treatment," *Archives of General Psychiatry* 66, No. 8 (August 2009), 848–56; Erik Parens, "Do Think Twice: Kramer and Shenk on Depression," *Perspectives in Biology and Medicine* 50, No. 2 (Spring 2007), 295–307; Joshua Wolf Shenk, "Lincoln's Great Depression," *Atlantic*, October 2005; George M. Slavich et al., "Early Parental Loss and Depression History: Associations with Recent Life Stress in Major Depressive Disorder," *Journal of Psychiatric Research* 45 (September 2011), 1146–52; Andrew Solomon, "Anatomy of Melancholy," *New Yorker*, January 12, 1998; Andrew Solomon, "The Blue and the Gray," *New York*, October 17, 2005; Ida M. Tarbell, "Lincoln Greater, Says Ida M. Tarbell, Each Passing Year," *New York Times*, February 11, 1917; Brian Vastag, "Decade of Work Shows Depression Is Physical," *Journal of the American Medical Association* 287, No. 14 (April 10, 2002), 1787–88.

〈온라인 자료〉

"Address of Carl Sandburg Before the Joint Session of Congress, February 2, 1959," www.nps.gov/carl/learn/historyculture/upload/Address-of-Carl-Sandburg-before-the-Joint-Session-of-Congress.pdf; William H. Herndon and Jesse W. Weik, *Abraham Lincoln: The True Story of a Great Life*, vols. 1 and 2 (1888–1896; Project Gutenberg, 2012), www.gutenberg.org/ebooks/38483 and www.gutenberg.org/ebooks/38484; Elizabeth Keckley, *Behind the Scenes* (New York: G. W. Carleton, 1868; Project Gutenberg, 2008), www.gutenberg.org/ebooks/24968; Douglas F. Levinson and Walter E. Nichols, "Major Depression and Genetics," Stanford University School of Medicine, depressiongenetics.stanford.edu/mddandgenes.html; Ida M. Tarbell, ed., "Abraham Lincoln," *McClure's*, December 1895 (Project Gutenberg, 2004), www.gutenberg.org/files/11548/11548-h/11548-h.htm.

크리스틴 조겐슨(Christine Jorgensen)

이름과 인칭대명사에 관하여: 신중한 고려를 거쳐 나는 조겐슨이 성전환 수술을 받기 전인 어린 시절과 성인 초기의 그녀를 가리킬 때 '조지'라는 당시 이름과 남성 인칭대명사를 쓰기로 했다. 여기에는 트랜스젠더에 대한 경시나 폄하의 의도가 전혀 없으며, 나의 목적은 조겐슨이 자서전에서 서술한 방식, 그녀의 의료진이 당시에 보고한 방식과 일관되게 하고, 독자들이 이야기의 흐름과 의학적 경과를 명확히 이해토록 한다는 것이었다.

〈서적〉

Chaz Bono, *Transition: The Story of How I Became a Man* (New York: Dutton, 2011); Jennifer Finney Boylan, *She's Not There: A Life in Two Genders* (New York: Broadway Books, 2003); Paul de Kruif, *The Male Hormone* (New York: Harcourt Brace, 1945); Richard F. Docter, *Becoming a Woman: A Biography of Christine Jorgensen* (New York: Haworth Press, Taylor and Francis Group, 2008); Christine Jorgensen, *A Personal Autobiography* (New York: Bantam Books, 1967); Pagan Kennedy, *The First Man-Made Man: The Story of Two Sex Changes, One Love Affair, and a Twentieth-Century Medical Revolution* (New York: Bloomsbury, 2007); Joanne Meyerowitz, *How Sex Changed: A History of Transsexuality in the United States* (Cambridge, MA: Harvard University Press, 2002); Jan Morris, *Conundrum* (New York: New York Review of Books, 2002).

〈신문 · 잡지 · 저널 기사와 의학적 보고〉

Jacob Bernstein, "A Barney's Campaign Embraces a Gender Identity Issue," *New York Times,* January 29, 2014; Amy Bloom, "The Body Lies," *New Yorker*, July 18, 1994; Jennifer Finney Boylan, " 'Maddy' Just Might Work After All," *New York Times*, April 24, 2009; William Byne et al., "Report of the APA Task Force on Treatment of Gender Identity Disorder," *American Journal of Psychiatry* 169, No. 8 (August 2012), 1–35;

Peggy T. Cohen-Kettenis et al., "Puberty Suppression in a Gender-Dysphoric Adolescent: A 22-Year Follow-Up," *Archives of Sexual Behavior* 40, No. 4 (August 2011), 843–47; Peggy T. Cohen-Kettenis and Friedemann Pfäfflin, "The *DSM* Diagnostic Criteria for Gender Identity Disorder in Adolescents and Adults," *Archives of Sexual Behavior* 39, No. 2 (April 2010), 499–513; Annelou L. C. de Vries et al., "Puberty Suppression in Adolescents With Gender Identity Disorder: A Prospective Follow-Up Study," *Journal of Sexual Medicine* 8 (August 2011), 2276–83; Alice Dreger, "Gender Identity Disorder in Childhood: Inconclusive Advice to Parents," *Hastings Center Report* 39, No. 1 (January/February 2009), 26–29; Jack Drescher, "Controversies in Gender Diagnoses," *LGBT Health* 1, No. 1 (2013), 9–15; Jack Drescher et al., "Minding the Body: Situating Gender Identity Diagnoses in the ICD-11," *International Review of Psychiatry* 24, No. 6 (December 2012), 568–77; Jack Drescher and William Byne, "Gender Dysphoric/Gender Variant (GD/GV) Children and Adolescents: Summarizing What We Know and What We Have Yet to Learn," *Journal of Homosexuality* 59 (March 2012), 501–10; Christian Hamburger et al., "Transvestism: Hormonal, Psychiatric, and Surgical Treatment," *Journal of the American Medical Association* 152, No. 5 (May 30, 1953); Melissa Hines, "Prenatal Endocrine Influences on Sexual Orientation and on Sexually Differentiated Childhood Behavior," *Frontiers in Neuroendocrinology* 32, No. 2 (April 2011), 170–82; Michele Ingrassia, "In 1952, She Was a Scandal: When George Jorgensen Decided to Change His Name—and His Body—the Nation Wasn't Quite Ready," *Newsday*, May 5, 1989; Baudewijntje P. C. Kreukels and Peggy T. Cohen-Kettenis, "Puberty Suppression in Gender Identity Disorder: The Amsterdam Experience," *Nature Reviews Endocrinology* 7 (August 2011), 466–72; Paul McHugh, "Transgender Surgery Isn't the Solution," *Wall Street Journal*, June 12, 2014; Joanne Meyerowitz, "Transforming Sex: Christine Jorgensen in the Postwar U.S.," *OAH Magazine of History* 20, No. 2 (March 2006); Hilleke E. Hulshoff Pol et al., "Changing Your Sex Changes Your Brain: Influences of Testosterone and Estrogen on Adult Human Brain Structure," *European Journal of Endocrinology* 155 (November 1, 2006), S107–14; Roni Caryn Rabin, "Medicare to Now Cover Sex-Change Surgery," *New York Times*, May 30, 2014; Yolanda L. S. Smith et al., "Adolescents with Gender Identity Disorder Who Were Accepted or Rejected for Sex Reassignment Surgery: A Prospective Follow-Up Study," *Journal of the American Academy of Child and Adolescent Psychiatry* 40, No. 4 (April 2001), 472–81; Norman Spack, "Management of Transgenderism," *Journal of the American Medical Association* 309, No. 5 (February 6, 2013), 478–84; Katy Steinmetz, "The Transgender Tipping Point," *Time*, May 29, 2014; Margaret Talbot, "About a Boy: Transgender Surgery at Sixteen," *New Yorker*, March 18, 2013; Laura Wexler, "Identity Crisis," *Baltimore Style*, January/Feburary

2007; George Wiedeman, "Tranvestism," *Journal of the American Medical Association* 152, No. 12 (July 18, 1953), 1167; Cintra Wilson, "The Reluctant Transgender Role Model," *New York Times*, May 6, 2011.

〈온라인 자료〉
Jaime M. Grant et al., "Injustice at Every Turn: A Report of the National Transgender Discrimination Survey," National Center for Transgender Equality and National Gay and Lesbian Taskforce, 2011, www.endtransdiscrimination.org; Beth Greenfield, "Transgender Author Jennifer Finney Boylan Went from Dad to Mom: How It Changed Her Family," Yahoo! Shine, May 3, 2013, ca.shine.yahoo.com/blogs/mothersday/transgender-author-jennifer-finney-boylan-went-from-dad-to-mom--how-it-changed-her-family-162811616.html.

프랭크 로이드 라이트(Frank Lloyd Wright)
〈서적〉
William Cronon, "Inconstant Unity: The Passion of Frank Lloyd Wright" in *Frank Lloyd Wright: Architect*, ed. Terence Riley (New York: Museum of Modern Art, 1994), 8–31; Roger Friedland and Harold Zellman, *The Fellowship: The Untold Story of Frank Lloyd Wright and the Taliesin Fellowship* (New York: HarperCollins, 2006); Brendan Gill, *Many Masks: A Life of Frank Lloyd Wright* (New York: G. P. Putnam's Sons, 1987); Anne C. Heller, *Ayn Rand and the World She Made* (New York: Anchor Books, 2010); Ada Louise Huxtable, *Frank Lloyd Wright: A Life* (New York: Penguin Books, 2008); Walter Isaacson, *Steve Jobs* (New York: Simon & Schuster, 2011); Jeffrey Kluger, *The Narcissist Next Door: Understanding the Monster in Your Family, in Your Office, in Your Bed—in Your World* (New York: Riverhead Books, 2014); Linda Martinez-Lewi, *Freeing Yourself from the Narcissist in Your Life* (New York: Jeremy P. Tarcher/Penguin, 2008); Bruce Brooks Pfeiffer, ed., *The Essential Frank Lloyd Wright: Critical Writings on Architecture* (Princeton, NJ: Princeton University Press, 2008); Meryle Secrest, *Frank Lloyd Wright: A Biography* (New York: Alfred A. Knopf, 1992); Edgar Tafel, *About Wright: An Album of Recollections by Those Who Knew Frank Lloyd Wright* (New York: John Wiley & Sons, 1993); Jean M. Twenge and W. Keith Campbell, *The Narcissism Epidemic: Living in the Age of Entitlement* (New York: Free Press, 2009); Frank Lloyd Wright, *An Autobiography* (New York: Horizon Press, 1977); Frank Lloyd Wright, *A Testament* (New York: Horizon Press, 1957); John Lloyd Wright, *My Father, Frank Lloyd Wright* (Mineola, NY: Dover Publications, Inc., 1992); Olgivanna Lloyd Wright, *The Shining Brow: Frank Lloyd Wright* (New York: Horizon Press, 1960).

⟨신문 · 잡지 · 저널 기사와 의학적 보고⟩

Mamah Borthwick and Alice T. Friedman, "Frank Lloyd Wright and Feminism: Mamah Borthwick's Letters to Ellen Key," *Journal of the Society of Architectural Historians* 61 No. 2 (June 2002), 140–51; Eddie Brummelman et al., "Origins of Narcissism in Children," *Proceedings of the National Academy of Sciences of the United States of America* 112, No. 12 (March 24, 2015), 3659–62; Tamra E. Cater et al., "Narcissism and Recollections of Early Life Experiences," *Personality and Individual Differences* 51, No. 8 (December 1, 2011), 935–39; Grace Glueck, "In Guggenheim Restoration, Wright Laughs Last," *New York Times*, August 12, 1991; Erica Hepper et al., "Moving Narcissus: Can Narcissists Be Empathic?" *Personality and Social Psychology Bulletin* 40, No. 9 (September 2014), 1079–91; Bernard Kalb, "The Author: Frank Lloyd Wright," *Saturday Review*, November 14, 1953; Arthur Lubow, "The Triumph of Frank Lloyd Wright," *Smithsonian*, June 2009; Thomas Mallon, "Possessed: Did Ayn Rand's Cult Outstrip Her Canon?" *New Yorker*, November 9, 2009; Joshua D. Miller, Thomas A. Widiger, and W. Keith Campbell, "Narcissistic Personality Disorder and the *DSM-V*," *Journal of Abnormal Psychology* 119, No. 4 (2010), 640–49; Lewis Mumford, "The Sky Line: What Wright Hath Wrought," *New Yorker*, December 5, 1959, 105–29; Charles A. O'Reilly III et al., "Narcissistic CEOs and Executive Compensation," *Leadership Quarterly* 25, No. 2 (April 2014), 218–31; Jack Quinan, "Frank Lloyd Wright's Guggenheim Museum: A Historian's Report," *Journal of the Society of Architectural Historians* 52, No. 4 (December 1993), 466–82; Elsa Ronningstam and Igor Weinberg, "Narcissistic Personality Disorder: Progress in Recognition and Treatment," *Focus* 11, No. 2 (Spring 2013), 167–77; Eleanor Roosevelt, "Eleanor Roosevelt's Story: This I Remember," *Milwaukee Sentinel*, February 3, 1950; Lars Schulze et al., "Gray Matter Abnormalities in Patients with Narcissistic Personality Disorder," *Journal of Psychiatric Research* 47, No. 10 (October 2013), 1363–69; Jean M. Twenge et al., "Egos Inflating Over Time: A Cross-Temporal Meta-Analysis of the Narcissistic Personality Inventory," *Journal of Personality* 76, No. 4 (August 2008), 875–901; S. Mark Young and Drew Pinsky, "Narcissism and Celebrity," *Journal of Research in Personality* 40 (2006), 463–71; Charles Zanor, "A Fate That Narcissists Will Hate: Being Ignored," *New York Times*, November 29, 2010.

⟨온라인 자료⟩

"Frank Lloyd Wright to His Neighbors," letter, www.pbs.org/flw/buildings/taliesin/taliesin_wright03.html; "Keeping Faith With an Idea: A Time Line of the Guggenheim Museum, 1943–59," web.guggenheim.org/timeline/index.html; *The Mike Wallace Interview*, Frank Lloyd Wright, September 1 and 28, 1957, transcript, www.hrc.utexas

.edu/multimedia/video/2008/wallace/wright_frank_lloyd_t.html; Katy Wald-man, "Are You a Narcissist?" *Slate*, August 24, 2014, www.slate.com/articles/health_and_science/medical_examiner/2014/08/narcissistic_personality_disorder_is_narcissism_a_personality_trait_or_mental.html.

베티 포드(Betty Ford)

〈서적〉

James Cannon, *Gerald R. Ford: An Honorable Life* (Ann Arbor: University of Michigan Press, 2013); Betty Ford, *Healing and Hope: Six Women From the Betty Ford Center Share Their Powerful Journeys of Addiction and Recovery* (New York: Putnam, 2003); Betty Ford with Chris Chase, *Betty: A Glad Awakening* (New York: Doubleday and Company, 1987); Betty Ford with Chris Chase, *The Times of My Life* (New York: Harper & Row, 1978); George McGovern, *Terry: My Daughter's Life-and-Death Struggle With Alcohol-ism* (New York: Villard Books, 1996); Mary Tyler Moore, *After All* (New York: G. P. Putnam's Sons, 1995; Sheila Rabb Weidenfeld, *First Lady's Lady: With the Fords at the White House* (New York: G. P. Putnam's Sons, 1979).

〈신문 · 잡지 · 저널 기사와 의학적 보고〉

Center on Addiction and Substance Abuse at Columbia University, "Addiction Medi-cine: Closing the Gap Between Science and Practice," June 2012; Anna Rose Childress et al., "Prelude to Passion: Limbic Activation by 'Unseen' Drug and Sexual Cues," *Public Library of Science (PLoS) ONE* 3, No. 1 (February 2008), e1506; Robin Marantz Henig, "Valium's Contribution to Our New Normal," *New York Times*, September 29, 2012; Louise Lague, "Addicted No Moore," *People*, October 1, 1984; Robert Lindsey, "Mrs. Ford, in Hospital Statement, Says: I Am Addicted to Alcohol," *New York Times*, April 22, 1978; Enid Nemy, "Betty Ford, Former First Lady, Dies at 93," *New York Times*, July 8, 2011; Leesa E. Tobin, "Betty Ford as First Lady: A Woman for Women," *Presidential Studies Quarterly* 20, No. 4 (Fall 1990), 761–67; Brian Vastag, "Addiction Poorly Understood by Clinicians," *Journal of the American Medical Association* 290, No. 10 (September 10, 2003), 1299–1303; Kimberly A. Young et al., "Nipping Cue Reac-tivity in the Bud: Baclofen Prevents Limbic Activation Elicited by Subliminal Drug Cues," *Journal of Neuroscience* 34, No. 14 (April 2, 2014), 5038–43.

〈온라인 자료〉

"The Best of Interviews With Gerald Ford," transcript, CNN, *Larry King Live Week-end*, February 3, 2001, transcripts.cnn.com/TRANSCRIPTS/0102/03/lklw.00

.html; "Betty Ford: The Real Deal," television program, *PBS NewsHour*, aired July 11, 2011, video.pbs.org/video/2050830175; "Good Medicine, Bad Behavior: Drug Diversion in America," www.goodmedicinebadbehavior.org/explore/history_of_ prescription_drugs.html; IMS Health, "Top 25 Medicines by Dispensed Prescriptions (U.S.)," www.imshealth.com/deployedfiles/imshealth/Global/Content/Corporate/ Press%20Room/2012_U.S/Top_25_Medicines_Dispensed_Prescriptions_U.S.pdf; "Interview With Former First Lady Betty Ford," transcript, CNN, *Larry King Live*, January 3, 2004, transcripts.cnn.com/TRANSCRIPTS/0401/03/lkl.00.html; Interview of Robert DuPont by Richard Norton Smith, October 26, 2010, Gerald R. Ford Oral History Project, geraldrfordfoundation.org/centennial/oralhistory/robert -dupont; William Moyers, "My Name Is Betty," Creators.com, www.creators.com/ health/william-moyers/-my-name-is-betty.html; "The Remarkable Mrs. Ford: *60 Minutes* Revisits a Very Candid Interview With the Former First Lady," CBSNews .com, January 5, 2007, www.cbsnews.com/news/the-remarkable-mrs-ford.

찰스 다윈(Charles Darwin)

〈서적〉

John Bowlby, *Charles Darwin: A New Life* (New York: W. W. Norton, 1991); Janet Browne, *Charles Darwin: The Power of Place* (New York, Alfred A. Knopf, 2002); Janet Browne, *Charles Darwin: Voyaging* (New York: Alfred A. Knopf, 1995); Janet Browne, *Darwin's Origin of Species: A Biography* (New York: Atlantic Monthly Press, 2006); Frederick Burkhardt, ed., *Charles Darwin: The 'Beagle' Letters* (New York: Cambridge University Press, 2008); Ralph Colp, Jr., *Darwin's Illness* (Gainesville, FL: University Press of Florida, 2008); Charles Darwin, *The Autobiography of Charles Darwin, 1809–1882*, edited by Nora Barlow (New York: W. W. Norton, 1958); Charles Darwin, *From So Simple a Beginning: The Four Great Books of Charles Darwin*, edited by Edward O. Wilson (New York: W. W. Norton, 2005); Charles Darwin, *On the Origin of Species*, edited by David Quammen (Toronto: Sterling Publishing, 2011); Adrian Desmond and James Moore, *Darwin: The Life of a Tormented Evolutionist* (New York: Warner Books, 1992); Tom Lutz, *American Nervousness, 1903: An Anecdotal History* (Ithaca, NY: Cornell University Press, 1991); George Pickering, *Creative Malady: Illness in the Lives and Minds of Charles Darwin, Florence Nightingale, Mary Baker Eddy, Sigmund Freud, Marcel Proust, and Elizabeth Barrett Browning* (New York: Oxford University Press, 1974); Daniel Smith, *Monkey Mind: A Memoir of Anxiety* (New York: Simon & Schuster, 2012); Scott Stossel, *My Age of Anxiety: Fear, Hope, Dread, and the Search for Peace of Mind* (New York: Alfred A. Knopf, 2014).

〈신문 · 잡지 · 저널 기사와 의학적 보고〉

Thomas J. Barloon and Russell Noyes, Jr., "Charles Darwin and Panic Disorder," *Journal of the American Medical Association* 277, No. 2 (January 8, 1997), 138–41; Anthony K. Campbell and Stephanie B. Matthews, "Darwin's Illness Revealed," *Postgraduate Medical Journal* 81 (May 2005), 248–51; Sidney Cohen and Philip A. Mackowiak, "Diagnosing Darwin," *Pharos* (Spring 2013), 12–20; Ralph Colp, Jr., "More on Darwin's Illness," *History of Science* 38, No. 2 (2000), 219–36; Ralph Colp, Jr., "To Be an Invalid, Redux," *Journal of the History of Biology* 31, No. 2 (Summer 1998), 211–40; M. Davis and P. J. Whalen, "The Amygdala: Vigilance and Emotion," *Molecular Psychiatry* 6, No. 1 (January 2001), 13–34; Kathryn Amey Degnen and Nathan A. Fox, "Behavioral Inhibition and Anxiety Disorders: Multiple Levels of a Resilience Process," *Development and Psychopathology* 19 (February 2007), 729–46; Justin S. Feinstein et al., "Fear and Panic in Humans with Bilateral Amygdala Damage," *Nature Neuroscience* 16, No. 3 (March 2013), 270–72; Justin S. Feinstein et al., "The Human Amygdala and the Induction and Experience of Fear," *Current Biology* 21 (January 2011), 34–38; John Hayman, "Charles Darwin's Mitochondria," *Genetics* 194, No. 1 (May 1, 2013), 21–25; John A. Hayman, "Darwin's Illness Revisited," *British Medical Journal* 339, No. 7735 (December 14, 2009), 1413–15; Robin Marantz Henig, "Understanding the Anxious Mind," *New York Times Magazine*, October 4, 2009; Douglas Hubble, "Charles Darwin and Psychotherapy," *Lancet* 241, No. 6231 (January 1943), 129–33; W. W. Johnston, "The Ill Health of Charles Darwin: Its Nature and Its Relation to His Work," *American Anthropologist,* New Series 3, No. 1 (January/February 1901), 139–58; Ned H. Kalin et al., "The Primate Amygdala Mediates Acute Fear but Not the Behavioral and Physiological Components of Anxious Temperament," *Journal of Neuroscience* 21, No. 6 (March 15, 2001), 2067–74; Richard Milner, "Darwin's Shrink," *Natural History*, November 2005; Fernando Orrego and Carlos Quintana, "Darwin's Illness: A Final Diagnosis," *Notes and Records of the Royal Society* 61, No. 1 (January 22, 2007), 23–29; Robert J. Richards, "Why Darwin Delayed, or Interesting Problems and Models in the History of Science," *Journal of the History of Behavioral Sciences* 19 (1983), 45–53; Fergus Shanahan, "Darwinian Dyspepsia: An Extraordinary Scientist, an Ordinary Illness, Great Dignity," *American Journal of Gastroenterology* 107 (February 2012), 161–64; Keith Thomson, "Darwin's Enigmatic Health," *American Scientist* 97, No. 3 (May/June 2009), 198–200; A. W. Woodruff, "Darwin's Health in Relation to His Voyage to South America," *British Medical Journal* 1 (1965), 745–50.

〈온라인 자료〉

Darwin Correspondence Project, available online at www.darwinproject.ac.uk;

Darwin Online, darwin-online.org.uk/; Emma Darwin, *A Century of Family Letters, 1792–1896* (New York: D. Appleton and Company, 1915; Archive.org, 2007), archive.org/details/emmadarwincentur02litc; Jerome Kagan, "New Insights into Temperament," Dana Foundation, January 1, 2004, www.dana.org/Cerebrum/2004/New_Insights_into_Temperament.

조지 거슈윈(George Gershwin)

〈서적〉

Merle Armitage, ed., *George Gershwin* (New York: Da Capo Press, 1995); Isaac Goldberg, *George Gershwin: A Study in American Music* (New York: Frederick Ungar, 1958); Edward M. Hallowell and John J. Ratey, *Driven to Distraction: Recognizing and Coping With Attention Deficit Disorder From Childhood Through Adulthood* (New York: Anchor Books, 2011); Heinrich Hoffman, *Struwwelpeter: Merry Tales and Funny Pictures* (New York: Frederick Warne & Co.); William G. Hyland, *George Gershwin: A New Biography* (Westport, CT: Praeger Publishers, 2003); Edward Jablonski, *Gershwin: A Biography* (New York: Doubleday, 1987); Robert Kimball and Alfred Simon, *The Gershwins* (New York: Atheneum, 1973); Howard Pollack, *George Gershwin: His Life and Work* (Berkeley and Los Angeles: University of California Press, 2006); Katharine Weber, *The Memory of All That: George Gershwin, Kay Swift, and My Family's Legacy of Infidelities* (New York: Crown Publishers, 2011); Robert Wyatt and John Andrew Johnson, eds. *The George Gershwin Reader* (New York: Oxford University Press, 2004).

〈신문 · 잡지 · 저널 기사와 의학적 보고〉

S. N. Behrman, "Troubadour," *New Yorker*, May 25, 1929; "Blues," *New Yorker*, December 12, 1925; Heidi M. Feldman and Michael I. Reiff, "Attention Deficit-Hyperactivity Disorder in Children and Adolescents," *New England Journal of Medicine* 370, No. 9 (February 27, 2014), 838–46; Malcolm Gladwell, "Running From Ritalin," *New Yorker*, February 15, 1999; Klaus W. Lange et al., "The History of Attention Deficit Hyperactivity Disorder," *Attention Deficit and Hyperactivity Disorders* 2, No. 4 (December 2010), 241–455; Mark Leffert, "The Psychoanalysis and Death of George Gershwin: An American Tragedy," *Journal of the American Academy of Psychoanalysis and Dynamic Psychiatry* 39, No. 3 (2011), 421–52; Claudia Roth Pierpont, "Jazzbo: Why We Still Listen to Gershwin," *New Yorker*, January 10, 2005; David Schiff, "Composers on the Couch," *Atlantic Monthly*, January 1994; Alan Schwarz, "The Selling of Attention Deficit Disorder," *New York Times*, December 15, 2013; P. Shaw et al., "Attention-Deficit/Hyperactivity Disorder Is Characterized by a Delay in Cortical Maturation," *Proceedings of the National Academy of Sciences of the United States of America* 104, No. 49 (December 4, 2007), 19649–54; Robert A. Simon, "Gershwin Memorial—Turn Out the Stars?" *New Yorker*, August 21, 1937; Chandra S. Sripada et al., "Lag in Maturation of the Brain's Intrinsic Functional Architecture in Attention-Deficit/Hyperactivity Disorder," *PNAS* 111, No. 39 (September 30, 2014), 14259–64; George Still, "Some Abnormal Psychical Conditions in Children," *Lancet* 159, No. 4104 (April 26, 1902), 1163–68; "Talk of the Town," *New Yorker*, January 1, 1927; J. Thome and K. A. Jacobs, "Attention Deficit Hyperactivity Disorder (ADHD) in a 19th Century Children's Book," *European Psychiatry* 19, No. 5 (2004), 303–6.

〈온라인 자료〉

Attention-Deficit/Hyperactivity Disorder, Centers for Disease Control and Prevention, www.cdc.gov/ncbddd/adhd/data.html; Parizad Bilimoria, "3 Interesting Characters in ADHD History," E/I Balance, April 27, 2012, eibalance.com/2012/04/27/3 -interesting-characters-in-adhd-history; "Brain Matures a Few Years Late in ADHD, but Follows Normal Pattern," press release, National Institute of Mental Health, November 12, 2007, www.nimh.nih.gov/news/science-news/2007/brain-matures -a-few-years-late-in-adhd-but-follows-normal-pattern.shtml; Anne Trafton, "Inside the Adult ADHD Brain," MIT News on Campus and Around the World, June 10, 2014, www.newsoffice.mit.edu/2014/inside-adult-adhd-brain-0610.

표도르 도스토옙스키(Fyodor Dostoevsky)

〈서적〉

Susan Cheever, *Desire: Where Sex Meets Addiction* (New York: Simon & Schuster, 2008); Fyodor Dostoevsky, *The Gambler*, translated by Constance Garnett (New York: Modern Library, 2003); Joseph Frank, *Dostoevsky: The Mantle of the Prophet, 1871–1881* (Princeton, NJ: Princeton University Press, 2002); Joseph Frank, *Dostoevsky: The Miraculous Years, 1865–1871* (Princeton, NJ: Princeton University Press, 1995); Joseph Frank, *Dostoevsky: A Writer in His Time* (Princeton, NJ: Princeton University Press, 2010); Joseph Frank and David I. Goldstein, eds., *Selected Letters of Fyodor Dostoyevsky*, translated by Andrew R. MacAndrew (New Brunswick, NJ: Rutgers University Press, 1987); Richard Freeborn, *Dostoevsky* (London: Haus Publishing, 2003); Leonid Grossman, *Dostoevsky: A Biography*, translated by Mary Mackler (Indianapolis/New York: Bobbs-Merrill Company, 1975); Gladys Knight, *Between Each Line of Pain and Glory: My Life Story* (New York: Hyperion, 1997); Richard J. Rosenthal, "The Psychodynamics of Pathological Gambling: A Review of the Literature," *The Handbook of Pathological*

Gambling, edited by T. Galski (Springfield, IL: Charles C. Thomas, 1987); David G. Schwartz, *Roll the Bones: The History of Gambling* (New York: Gotham Books, 2006); Peter Sekirin, *The Dostoevsky Archive: Firsthand Accounts of the Novelist from Contemporaries' Memoirs and Rare Periodicals* (Jefferson, NC: McFarland & Company, 1997); Howard Shaffer, *Change Your Gambling, Change Your Life* (San Francisco: Jossey-Bass, 2012); Sam Skolnik, *High Stakes: The Rising Cost of America's Gambling Addiction* (Boston: Beacon Press, 2011); Lorne Tepperman, Patrizia Albanese, Sasha Stark, and Nadine Zahlan, *The Dostoevsky Effect: Problem Gambling and the Origins of Addiction* (Ontario: Oxford University Press, 2013).

〈신문 · 잡지 · 저널 기사와 의학적 보고〉
Sheila B. Blume, "Pathological Gambling," *British Medical Journal* 311 (August 26, 1995), 522–23; Daniel Bortz, "Gambling Addiction Affects More Men and Women, Seduced by Growing Casino Accessibility," *U.S. News & World Report*, March 28, 2013; Henrietta Bowden-Jones and Luke Clark, "Pathological Gambling: A Neurobiological and Clinical Update," *British Journal of Psychiatry* 199, No. 2 (August 2011), 87–89; Julian W. Connolly, "A World in Flux: Pervasive Instability in Dostoevsky's *The Gambler*," *Dostoevsky's Studies,* New Series 12 (2008), 67–79; Timothy W. Fong, "The Biopsychosocial Consequences of Pathological Gambling," *Psychiatry* 2, No. 3 (March 2005), 22–30; Joseph Frascella et al., "Shared Brain Vulnerabilities Open the Way for Nonsubstance Addictions: Carving Addiction at a New Joint?" *Annals of the New York Academy of Sciences* 1187, No. 1 (February 2010), 294–315; Constance Holden, "Behavioral Addictions Debut in Proposed *DSM-V*," *Science* 327, No. 5968 (February 19, 2010), 935; Ferris Jabr, "How the Brain Gets Addicted to Gambling," *Scientific American*, October 15, 2013; Raanan Kagan et al., "Problem Gambling in the 21st Century Healthcare System," National Council on Problem Gambling, July 3, 2014; Howard Markel, "The D.S.M. Gets Addiction Right," *New York Times*, June 5, 2012; Jennifer Medina, "San Diego Ex-Mayor Confronts $1 Billion Gambling Problem," *New York Times*, February 14, 2013; Denise Phillips, "Gambling: The Hidden Addiction," *Behavioral Health Management* 25, No. 5 (September/October 2005), 32–37; Marc N. Potenza et al., "Neuroscience of Behavioral and Pharmacological Treatments for Addictions," *Neuron* 69, No. 4 (February 24, 2011), 695–712; Christine Reilly and Nathan Smith, "The Evolving Definition of Pathological Gambling in the *DSM-V*," White Paper, National Center for Responsible Gaming; Richard J. Rosenthal, "The Gambler as Case History and Literary Twin: Dostoevsky's False Beauty and the Poetics of Perversity," *Psychoanalytic Review* 84, No. 4 (August 1, 1997), 593–616; Howard J. Shaffer et al., "Estimating the Prevalence of Disordered

Gambling Behavior in the United States and Canada: A Meta-Analysis," Harvard Medical School Division on Addictions, December 15, 1997; David Surface, "High Risk Recreation—Problem Gambling in Older Adults," *Social Work Today* 9, No. 2 (March/April 2009), 18; Carol A. Tamminga and Eric J. Nestler, "Pathological Gambling: Focusing on the Addiction, Not the Activity," *American Journal of Psychiatry* 163, No. 2 (February 2006), 180–81; Caroline E. Temcheff et al., "Pathological and Disordered Gambling: A Comparison of *DSM-IV* and *DSM-V* Criteria," *International Gambling Studies* 11, No. 2 (August 2011), 213–20.

〈온라인 자료〉
American Gaming Association, "Groundbreaking New Research Reveals Impressive Magnitude of U.S. Casino Gaming Industry," October 7, 2014, www.american gaming.org/newsroom/press-releases/groundbreaking-new-research-reveals -impressive-magnitude-of-us-casino-gaming; American Gaming Association, "Problem Gambling Pioneer: Fyodor Dostoevsky," September 1, 2004, www.americangaming .org/newsroom/newsletters/responsible-gaming-quarterly/problem-gambling -pioneer-fyodor-dostoevsky; Cambridge Health Alliance, "The Ticket to Addiction: Fyodor Dostoevky," Addiction and the Humanities, Vol. 3, No. 1, www.basisonline .org/2007/01/addiction_the_h.html; "Disgraced Former San Diego Mayor Maureen O'Connor: Brain Tumor Contributed to Gambling Addiction," CBSNews.com, February 22, 2013, www.cbsnews.com/news/disgraced-former-san-diego-mayor -maureen-oconnor-brain-tumor-contributed-to-gambling-addiction; Sigmund Freud, "Dostoevsky and Parricide," 1928, www.slideshare.net/341987/dostoevsky-and -parricide; National Center for Responsible Gaming, "Gambling and the Brain: Why Neuroscience Research Is Vital to Gambling Research," Vol. 6 of *Increasing the Odds: A Series Dedicated to Understanding Gambling Disorders,* 2011, www.ncrg.org/sites/ default/files/uploads/docs/monographs/ncrgmonograph6final.pdf.

알베르트 아인슈타인(Albert Einstein)
〈서적〉
Jennifer Berne, *On a Beam of Light: A Story of Albert Einstein* (New York: Chronicle Books, 2013); Denis Brian, *Einstein: A Life* (New York: John Wiley & Sons, 1996); Denis Brian, *The Unexpected Einstein: The Real Man Behind the Icon* (New York: John Wiley & Sons, 2005); Alice Calaprice, ed., *The Expanded Quotable Einstein* (Princeton, NJ: Princeton University Press, 2000); Helen Dukas and Banesh Hoffmann, eds., *Albert Einstein, The Human Side: Glimpses From His Archives* (Princeton, NJ: Princeton

University Press, 2013); Albert Einstein, *Autobiographical Notes*, translated and edited by Paul Arthur Schilpp (La Salle, IL: Open Court, 1996); Albrecht Fölsing, *Albert Einstein: A Biography*, translated by Ewald Osers (New York: Viking, 1997); Uta Frith, ed., *Autism and Asperger Syndrome* (Cambridge, UK: Cambridge University Press, 1991); Temple Grandin, *Thinking in Pictures: My Life With Autism* (New York: Vintage Books, 2006); Temple Grandin and Richard Panek, *The Autistic Brain: Thinking Across the Spectrum* (New York: Houghton Mifflin Harcourt, 2013); Gerald Holton, *Einstein, History, and Other Passions: The Rebellion Against Science at the End of the Twentieth Century* (Cambridge, MA: Harvard University Press, 2000); Walter Isaacson, *Einstein: His Life and Universe* (New York: Simon & Schuster, 2007); Ioan James, *Asperger's Syndrome and High Achievement: Some Very Remarkable People* (London: Jessica Kingsley Publishers, 2005); Ioan James, *Remarkable Physicists: From Galileo to Yukawa* (Cambridge, UK: Cambridge University Press, 2004); Dennis Overbye, *Einstein in Love: A Scientific Romance* (New York: Viking, 2000); Tim Page, *Parallel Play: Growing Up with Undiagnosed Asperger's* (New York: Doubleday, 2009); Ze'ev Rosenkranz, *The Einstein Scrapbook* (Baltimore: Johns Hopkins University Press, 2002).

〈신문 · 잡지 · 저널 기사와 의학적 보고〉
Hans Asperger, "Problems of Infantile Autism," *Communication* 13 (1979), 45–52; Jeffrey P. Baker, "Autism at 70—Redrawing the Boundaries," *New England Journal of Medicine* 369, No. 12 (September 19, 2013), 1089–91; Simon Baron-Cohen, "Autism and the Technical Mind," *Scientific American*, November 2012, 72–75; Simon Baron-Cohen et al., "Why Are Autism Spectrum Conditions More Prevalent in Males?" *Public Library of Science (PLoS) Biology* 9, No. 6 (June 2011); Lizzie Buchen, "Scientists and Autism: When Geeks Meet," *Nature* 479 (November 3, 2011), 25–27; Jennifer Connellan et al., "Sex Differences in Human Neonatal Social Perception," *Infant Behavior and Development* 23, No. 1 (2000), 113–18; Geraldine Dawson et al., "Early Behavioral Intervention Is Associated With Normalized Brain Activity in Young Children with Autism," *Journal of the American Academy of Child and Adolescent Psychiatry* 51, No. 11 (November 2012), 1150–59; Marian C. Diamond et al., "On the Brain of a Scientist," *Experimental Neurology* 88, No. 1 (April 1985), 198–204; Dean Falk, "New Information About Albert Einstein's Brain," *Frontiers in Evolutionary Neuroscience* 1 (May 2009); Dean Falk, Frederick E. Lepore, and Adrianne Noe, "The Cerebral Cortex of Albert Einstein: A Description and Preliminary Analysis of Unpublished Photographs," *Brain: A Journal of Neurology* 136 (2012), 1304–27; David C. Giles, " 'DSM-V Is Taking Away Our Identity': The Reaction of the Online Community to the Proposed Changes in the Diagnosis of Asperger's Disorder," *Health* 18,

No. 2 (March 2014), 179–95; Ioan James, "Singular Scientists," *Journal of the Royal Society of Medicine* 96, No. 1 (January 2003), 36–39; Hazel Muir, "Einstein and Newton Showed Signs of Autism," *New Scientist*, April 30, 2003; Oliver Sacks, "Autistic Geniuses? We're Too Ready to Pathologize," *Nature* 429 (May 20, 2004), 241; Oliver Sacks, "Henry Cavendish: An Early Case of Asperger's Syndrome?" *Neurology* 57, No. 7 (October 9, 2001), 1347; Bari Weiss, "Life Among the 'Yakkity-Yaks,' " *Wall Street Journal*, February 23, 2010; Lorna Wing, "Asperger's Syndrome: A Clinical Account," *Psychological Medicine* 11 (February 1981), 115–29; Lorna Wing, "Reflections on Opening Pandora's Box," *Journal of Autism and Developmental Disorders* 35, No. 2 (April 2005), 197–203; Sandra F. Witelson, Debra L. Kigar, and Thomas Harvey, "The Exceptional Brain of Albert Einstein," *Lancet* 353 (June 19, 1999), 2149–53; S. J. Woolf, "Einstein's Own Corner of Space," *New York Times*, August 18, 1929.

〈온라인 자료〉

Simon Baron-Cohen, "Autism, Sex and Science," TEDx Talk, April 13, 2013, www.tedxkingscollegelondon.com/simon-baron-cohen-autism-sex-and-science; Simon Baron-Cohen, "Scientific Talent and Autism: Is There a Connection?" www.youtube.com/watch?v=FUbn2G2Ra-8; "A Conversation With Temple Grandin," transcript/audio, National Public Radio, January 20, 2006, www.npr.org/templates/story/story.php?storyId=5165123; Albert Einstein, *The Collected Papers of Albert Einstein*, www.einsteinpapers.press.princeton.edu; Michio Kaku, "The Theory Behind the Equation," NOVA, October 11, 2005, www.pbs.org/wgbh/nova/physics/theory-behind-equation.html; Ian Steadman, "Watch Simon Baron-Cohen's Full Wired 2012 Talk About Autism," January 18, 2013, www.wired.co.uk/news/archive/2012-10/26/simon-baron-cohen.

앤디 워홀은 저장강박증이었다
 ─역사를 만든 인물들의 정신장애

초판 인쇄 : 2019년 6월 30일
초판 발행 : 2019년 7월 5일

지은이 : 클로디아 캘브
옮긴이 : 김석희

펴낸이 : 박경애
펴낸곳 : 모멘토
등록일자 : 2002년 5월 23일
등록번호 : 제1─3053호
주 소 : 서울시 마포구 만리재옛4길 11, 나루빌 501호
전 화 : 711─7024
팩 스 : 711─7036
E─mail : momentobook@hanmail.net
ISBN 978─89─91136─34─2   03180